수업전문성

Cafe

기초와 원리

수업전문성 *Cafe*

기초와 원리

Andrea M. Guillaume 지음

기획 · 총괄 · 감수 서명석

번역진 곽유진
김외솔
박상현
신혜원
하우영
한민철

PEARSON 아카데미프레스

K-12 Classroom Teaching: A Primer for the New Professionals, Fourth Edition
ANDREA M. GUILLAUME

Authorized Translation from the English language edition, entitled K-12 CLASSROOM TEACHING: A PRIMER FOR THE NEW PROFESSIONANL, 4th Edition by GUILLAUME, ANDREA M., published by Pearson Education, Inc, Copyright © 2012

KOREAN language edition published by PEARSON EDUCATION KOREA and ACADEMY PRESS, Copyright © 2013

Prentice Hall
is an imprint of

PEARSON

이 책은 Guillaume, A. M. (2012). *K-12 Classroom Teaching: A Primer for New Profession*(4th ed.)을 우리말로 옮긴 것이다.
그리고 경우에 따라서는 우리 실정에 맞게 본문 내용을 다소 윤색하였다.

가르칠 수 있는

사람만이

가르쳐라!

Those who can,

teach!

역자 소개

서명석

제주대학교 교수

공주교육대학교 교육학과를 졸업하고, 고려대학교 교육대학원과 한국교원대학교 대학원에서 교육방법과 초등교육학을 연구하여 두 개의 석사학위를 받았다. 그 후 방향을 동양전통으로 급선회한 뒤 한국학중앙연구원 한국학대학원에서 불교전통인 선禪을 탐구하여 철학박사학위를 취득했다. 2002년 제주교육대학교 교육학과에 부임하여 오늘에 이르고 있다. 주된 탐구영역은 교육과정과 수업에 대한 탈근대적 해체에 있다. 또한, 동양의 교학전통을 포스트-포스트-모던 사유지평 속에서 녹여내 현재 우리나라를 이론적으로 점령하고 있는 미국교육학의 거대담론을 비판하고 이를 극복하기 위한 자생담론 만들기에 열중하고 있다. 그런 생각이 반영된 최근 저작으로 동양의 교학전통을 삼박하게 집성한 『가르침과 배움 사이로』(책인숲, 2012)가 있다. 그리고 그는 동양학을 그리워하는 이들에게 『주역』을 현대적으로 강의하면서 동양적 사유의 원시림을 그들과 함께 걷고 있다. 현재, 한국인격교육학회 부회장 겸 『인격교육』 편집위원장으로 활동 중이다.

곽유진 광양초등학교 교사

청춘은 "중[中]에서 화[和]로 가는 끊임없는 발[發]의 과정"이라고 도올선생이 말했다. 인생의 아름다운 템포를 찾는 중이며 나는 현재 'becoming 유진'이다. 제주대학교 초등교육과를 졸업했으며, 같은 대학 교육대학원에서 교육학 석사 과정을 수료했다. 교직 경력은 가까스로 3년을 채워나가고 있다. 학교 폭력, 성적, 스트레스와 같은 시대의 우울이 착종된 학교라는 장소에 있게 되면서, 과연 내가 교사로서 잘 살고 있는지 아니면 '살아지고 있는'것인지 솔직히 감당이 안 될 때가 있다. 그렇지만 배운 것을 실천하겠다는 아이들의 맑은 눈은 교실, 바로 이곳이 응당 내가 있어야 할 곳임을 결심하게 한다. 문장이 좋다. 나를 항상 넘실대게 하는 것은 바로 문장이다. 프루스트의 책처럼, 여기에 있지만 항상 저 너머를 향해 나아가게 하는, 고여 있지 않은 글을 쓰고 싶다. 현재 가장 신경이 쓰이는 것은 바로 리좀형 교실 만들기, 아이들의 다양성을 반영하는 수업_DI의 구현이다. 그리고 나 스스로 우선 '리좀형 인간'이 되는 것이다.

김외솔 제주대학교 강사

제주교육대학교를 졸업하고 같은 학교 교육대학원에서 「자전적 문화기술지를 통한 초등교사의 수업 성찰」로 석사학위를 받았다. 그 후 수업의 본질과 공부의 묘미를 깨닫고자 제주대학교 교육학과 박사과정에서 수학하고 이제 막 수료했다. 교사의 수업 전문성, 한국 전통의 사람됨 공부 등에 관심이 있고, 이에 대한 철학적 사유의 근육을 키우기 위해 끊임없이 학문을 연마하고 있다. 〈학교 현장에서의 인격교육 실태와 그것의 극복으로 가는 길〉이라는 글을 썼으며, 최근에는 수업 전문성을 개념화하기 위한 연구를 진행중이다. 실천하는 교육자의 길을 걷고 싶다. 그러나 기다리고, 또 기다리고 있다. 그리고 무너지고, 또 무너지고 있다. 희망의 기다림은 분명 나에게 옹골진 풍경을 보여줄 것이고, 용기있는 무너짐은 분명 나에게 날카로운 시선을 장착시켜 주리라. 바로 '인이불발[引而不發]'의 메시지처럼 웅숭깊게…….

박상현 제주대학교 강사

제주교육대학교를 졸업하고, 제주교육대학교 교육대학원에서 교육방법을 연구하여 석사학위를 받았다. 그 후 수업철학에 대한 사유의 오지를 걷고 싶다는 충동의 심연에 빠져들어 제주대학교 교육학과 박사과정을 수료했다. 기존의 수업에 대한 담론을 해체하고, 수업을 다양한 관점에서 설명하는 데 흥미를 느낀다. 수업에 대한 사유의 뿌리를 직접 들추어내고, 새로운 수업 담론을 그리고자 하는 욕구는 나의 공부를 지속시킨 힘이리라. 최근 논문인 〈수업 담론에 대한 비판적 성찰: 과학, 예술, 비평 담론을 중심으로〉는 나의 내면 속에서 움터 뻗어 오르는 그 욕구를 추진력으로 삼아 쓴 것이다. 현재는 이러한 욕구를 지독히 좇는 나의 실존을 발견하고, 그 사유를 눈으로 보듯 선명하게 전달하기 위해 지며리 연구하고 있다.

신혜원 동홍초등학교 교사

제주교육대학교를 졸업하고 제주대학교 교육대학원 석사과정에 재학 중이다. 내가 살아가는 대로 가르치고, 가르치는 대로 살고 싶다는 생각으로 책 속에 난 길을 기꺼이 헤매는 중이다. '올바름과 좋음이 많다 못 해 넘쳐나 가야 할 길도 너무 많은 지금, 나는 어떻게 흔들리지 않고 살아갈까?'라는 깊은 고민 끝에 나의 삶을 단단히 받쳐줄 기둥을 동양적 사상에서 찾고 있다. 동양의 교학사상에서 새로운 교육 패러다임을 건져내어 평생 가지고 갈 인생의 철학을 세우고 그것을 수업에 적용시키기 위하여 끊임없이 자문하는 중이다. 현재 주된 관심사는 동양사상에 뿌리를 둔 몸과 마음의 공부론적 규율과 정돈이 어떻게 오늘날 우리들에게 교육적으로 의미있을까이다. 스스로 원칙을 지키며 소신 있게 사는 모습을 보여주는 것이 내가 하는 교육의 시작이라 생각하며 오늘도 나는 아이들과 함께 고민하고 또 배운다. 어느 순간 흔들리지 않는 나를 찾지 않을까 기대하면서…….

하우영 선학초등학교 교사

제주교육대학교를 졸업하고 햇병아리 교사로 1년간 근무하다가 현재 군복무 중이다. 『갈매기의 꿈』의 조나단을 꿈꾸며 학교 현장에 뛰어든 열정 가득한 교사다. 배울 때는 행복하고, 가르칠 때는 더 행복하다. 항상 배우고 싶다. 그리고 가르침에는 더 큰 배움이 있다고 믿고 있다. 또한 다정한 교사이고 싶다. 항상 미소짓고, 혼을 내지 않는 다는 의미가 아니다. 학생들의 본질은 빛의 스펙트럼처럼 불확정적이다. 학생들의 친절한 프로파일러가 되어 학생들의 곁에서 숨은 잠재성을 발견하고, 내재된 가능성과 가치를 발할 수 있게 도움을 주고 싶다. 언젠가는 '치앙-조나단-생도들'로 이어지는 가르침과 배움의 연장선에 설 수 있길 욕망한다. 이 책 또한 그 연장선에서 즉자성을 넘어 실존적인 존재가 되기 위한 첫 단추가 될 것이다. 현재 나의 관심사는 수업 전문성, 창의성이다.

한민철 제주중앙초등학교 교사

제주교육대학교를 졸업하고 제주대학교 교육대학원에서 수학 중이다. 포스트모더니즘이라는 거대 담론이 주류를 이루는 오늘날 동양식 배움인 심학의 코드에 집중하여 다양한 교육적 관점을 견지하고자 노력하고 있다. 동양의 마음공부, 몸공부를 학교 현장에 적용시켜 나가는 일은 새롭게 내 존재의 심연을 건드리는 지적 쾌감의 장을 마련해 주는 계기가 된다. 물론 내가 생각하고 사유하고 있는 사실들이 단지 허울뿐인 허상일지도 모른다. 하지만 "인간은 생각하는 갈대"라는 파스칼의 말처럼 교육의 맥락을 찬찬히 짚으며 그 무언가를 생각하고 또 고민하며 그 생각의 영향을 끊임없이 받고 싶다. '무지를 두려워하지 말고 거짓된 지식을 두려워하라.'는 어느 책 속 글귀처럼 배움을 통해 거짓된 지식을 바로 잡으며 다양한 패러다임의 렌즈를 장착해 나가는 것이 나의 작은 바람이다. 현재는 지리멸렬한 교육현실에 타협하지 않고 교사의 수업 전문성을 심층적으로 드러낼 수 있는 루브릭 개발에 정진하고 또 정진하고 있다.

머리말

1

교사가 살아가는 대표적 위상 공간은 교실이다. 이 안에서 교사는 여러 가지 일을 한다. 그런데 그런 여러 가지 일 중에서 가장 중요한 과업을 하나 뽑아보라 하면 그것은 〈가르치는 활동〉이 될 것이다. 이렇게 교실에서 교사가 학생들을 대상으로 행하는 교육적 행위, 즉 〈가르치는 활동〉을 우리는 수업[teaching]이라 부를 수 있다.

수업, 그것은 교사에게 숙명과도 같은 것.
언제나 교사는 수업을 통하여 자신의 존재론적 살아-있음을 현시한다.
이런 맥락에서 보자면 교사에게 수업은 당위의 능선에서
삶의 풍경을 혁명적으로 직조하는 세계상의 과업이리라.

교사는 교실에서 자신만의 색깔로
디자인해서 보여주는 수업 풍경의 연출가다.
나만의 수업을 만들어서 그 풍경을 펼쳐보이리라.
어떻게든 나만의 파스텔 톤으로 수업을 채색해 보고 싶다.

그런 이들에게 이 책은 일종의 〈수업 매뉴얼〉을 보여줄 것이다. 이 책을 바탕으로 해서 여러분은 수업전문성의 심장과 혈관 그리고 근육을 스스로 찾아내어 단련시켜라. 오랜 가뭄에 시달리는 농부가 관정을 찾아 깊은 땅속에 숨어있는 물을 길어서 메말라 버린 대지를 적시듯이 이 책은 수업전문성을 길어오는 우물물과도 같다. 가뭄 속에서 대지를 바라보는 농부의 마음으로 이 책을 바라보아야 한다. 그래야만 이 책은 여러분에게 수업전문성의 참맛을 보여 줄 것이다. 타는 목마름의 갈급함이 수업전문성을 길어오는 두레박이다. 수업전문성에 대해서 더욱 목말라 해라. 그럴 때 이 책은 갈증해갈이라는 선물을 여러분에게 선사하리라.

그러나 해갈만으로는 무언가 부족하다. 수업전문성에 대해 시추공을 들이대서 그것에 대한 갈증을 어느 정도 해소하였다고 하자. 그것만으로 끝나서는 안 된다. 우리 삶이 흘러가듯이 수업도 어떤 흐름 위에 동승해 있는 무엇이다. 그런데 흐름은 단순한 나무낌이 되어서는 곤란하다. 그 흐름에 직접 에너지를 공급하는 동력원이 있어야 한다. 나룻배를 연상해 보라. 바람이 분다. 그 바람을 이용해서 노를 젓는다. 그러나 거기까지다. 이것은 〈엔진 없는 나룻배〉다. 수업전문성이라는 바다에 나룻배를 띄워보라. 하지만 〈엔진 없는 나룻배〉는 얼마간의 시간이 흐르면 사공이 힘이 빠져 더 이상 앞으로 나아가지 못한다.

다시 반복해서 말해보자. 〈엔진 없는 나룻배〉를 타고 망망대해를 항해한다고 생각해 보라. 얼마나 힘이 들겠는가. 그때 우리는 이런 생각을 할 수도 있다. 이 배를 가지고 순풍과 노질만으로 항해할 것이 아니라 여기에다 엔진을 부착하면 어떨까. 그러면 그 배는 〈엔진 있는 나룻배〉가 될 것이다. 바로 이 책이 그런 일을 한다. 수업전문성이라는 큰 바다를 보다 잘 항해하기 위하여 나룻배에 수업전문성이라는 엔진을 장착하라! 그러면 바로 그 순간 이 배는 〈엔진 있는 나룻배〉가 된다. 성능으로 말하면 이 배가 〈엔진 없는 나룻배〉와 어찌 비교되겠는가.

2

나는 농부의 마음으로 살고 싶다.

여러분도 그러한가.

농부의 마음이 하늘의 마음이라는 점을 나는 또한 알고 있다.

곧, 농심즉천심야農心則天心也

오로지 부지런하고 성실하게 땅을 일구고

그 땅의 소출에 자족하는 삶이 농부의 마음으로

살아가는 삶이요, 그런 변함없는 마음으로

살아가는 것이 바로 하늘의 마음이다.

그래서 나는 말한다.

이제 수업전문성이라는 밭에

이 책의 내용을 비료 삼아 골고루 뿌려라,
오직 농부의 마음으로.
그렇게 하면 여러분의 수업전문성 밭은
순간 옥토가 되어 수확물을 듬뿍 쏟아낼 것이리라.

3

교육실천가들아, 이 책으로 여러분의 교사전문성지수를 부단히 끌어올려라, 시시포스처럼 쉼 없이. 이 책이 수업전문성을 모짝 말하고 있다고 볼 수는 없다. 그러나 이 책은 수업전문성의 세계로 진입하는 여러 통로 중 하나임이 분명하다. 수업전문성의 최전선, 그 중심에 이 책이 서 있다 하리라. 부디 이 책으로 학구적 충전을 다한 뒤에 자기 수업의 청신清新한 기운을 느껴라, 독자들이여! 아래 시들을 가슴 깊이 음미하면서 말이다.

매 순간, 전 생이
삶의 길을 낸다.[1]

우연이 나에게 일어날 수 있는 시대는 이미 지났도다.
나의 것이 아닌 것이 어떻게 나에게 다가올 수 있으랴![2]
하지만 먼 길을 걸어본 사람들은 안다.
길은 항상 내 발걸음에서 시작했고
내 발걸음에 의해 변해가고
내 마음이 빛과 똑같이 빛나고 있었음을
희망하는 자의 길은 스스로 빛났음을.[3]

너 위대함에 이르는 길을 가고 있구나. 지금까지 네게 더할 나위 없는 위험으로 간주되

1 이것은 조문경의 〈전 생이 움직인다〉라는 시 중에서 일부이다.
2 니체의 『짜라투스트라는 이렇게 말했다』 중에서 일부 가져왔다.
3 이것은 오철수의 〈나를 위한 노래 2〉 중의 일부이다.

었던 것이 이제 너의 마지막 은신처가 되었구나! 너는 위대함에 이르는 너의 길을 가고 있다. 네 뒤에 되돌아갈 길이 더 이상 존재하지 않는다는 사실이 네게 더없이 용기를 불러일으켜야 하리라! 너는 위대함에 이르는 너의 길을 가고 있다. 그 누구도 네 뒤를 밟아서는 안 된다! 너의 발 스스로가 네가 걸어온 길을 지워왔다. 그리고 그 위에 '불가능'이란 글자를 남겨놓았다. 올라갈 사다리가 더 이상 없다면 너는 네 자신의 머리를 딛고 올라갈 줄도 알아야 한다. 달리 오를 방도가 없지 않는가? 네 자신의 머리를 딛고, 그리고 네 자신의 심장을 뛰어넘어! 네게 있어서 더없이 부드러웠던 건, 그것도 이제는 더없이 준엄한 것이 되어야 한다. 언제나 자기 자신을 지나치게 아끼고 보살피는 자는 결국 그 지나친 아낌과 보살핌 끝에 병들고 만다. 그러니 찬미해야 할 것이다. 준엄하게 만드는 것을! 나는 버터와 꿀이 흐르는 땅을 찬미하지 않는다! 많은 것을 보기 위해서는 자기 자신으로부터 눈길을 돌릴 줄도 알아야 한다. 이 같은 준엄함이 산을 오르는 모든 사람에게 필요하다.[4]

자, 이제 수업전문성이라는 자신의 산을 혼자 오르라.

언제나,

신의 뜻대로!

아니, Inshallah!

2012년 7월 22일

깊어가는 어느 여름날

보랏빛-노을-무지개가-피어나는-산에-은거하는-사람

서 명 석 이렇게 적어두다.

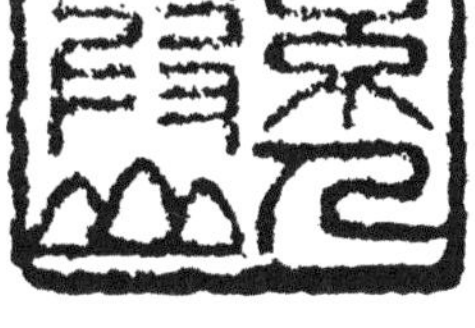

4 이것은 니체의 『짜라투스트라는 이렇게 말했다』「나그네」에서 가져온 것이다.

■

차 례

3
아이들의 다양성에 포괄적으로 부응하는 수업

4
수업계획

5
수업모형과 수업전략

6
학생 평가

7 학습환경 관리

8
학생 훈육

1

수업의 특질

수업[instruction]은 교사가 자신만의 수업[teaching]을 위해서 만든 가장 이상적인 설계도면이고,
수업[teaching]은 아이들이 이 세상에서 최상의 아름다운 학습[learning]을 할 수 있도록 교사가 도와주는
종합예술[holistic performance]이다.

이 장을 시작하기 전에

학습은 적극적인 과정이다. 여러분은 이 장의 내용을 살펴보면서 현재 수업에 대해 가지고 있는 믿음, 동기, 목적을 다시금 생각해 보게 될 것이다. 우선 아래의 차트를 완성해 보라. 지금 여러분이 수업에 대해 갖고 있는 핵심적 신념은 무엇인가? 예를 들어, 교사가 수업을 통해 학생들 간의 차이를 만든다고 생각하는가? 교사로서 자신의 목적을 기록하라. 예를 들어, 여러분은 왜 교직을 선택했는가? 교직을 통해 성취하길 희망하는 것은 무엇인가? 학습은 우리의 지식 창고를 채우는 과정일 뿐만 아니라, 필요할 때 수정하거나 버리는 개념이기도 하다. 스스로 전문성에 대한 학습을 계속함으로써 자신의 수업을 되돌아 보고 조정하라.

교사라는 직업은 쉽게 보일 수 있다

외부에서 교직을 바라볼 때 일반적으로 쉽게 여기는 경향이 있다. 교사가 등장하는 영화를 보면 누구나 가르칠 수 있는 것처럼 보이고, 교사자격증을 취득하는 것은 밤을 지새우는 레지던트만큼 힘든 일처럼 비추어지지도 않는다. 또한 학생의 학업 성적 향상이 교사가 지녀야 할 최우선의 책무인 것처럼 잘못 요구되고 있다는 것도 사실이다(Amrein & Berliner, 2002, 2003; Cochran-Smith, 2003; Rose, 2004). 사실상 수업, 학습, 시험과 같은 요인들 간의 상관관계는 매우 복잡하다. 따라서 성공적인 학습도 교사의 행위뿐만 아니라 교실을 둘러싼 환경들 간의 조합이 요구된다(Fenstermacher & Richardson, 2005: 191). 그렇다고 해서 우리가 학생의 학습에 영향을 미치는 수많은 요인들을 모두 검토할 수도 없는 일이다. 그렇기 때문에 우리는 수업이 얼마나 어려운 일인지에 대해 깨달을 필요가 있다. 아마도 이러한 이유로 일부 교사지망생들은 교육 실습을 하는 동안 교사에 대한 환상이 깨질 수도 있을 것이다(Goldstein, 2005).

수업의 특질을 탐구하기 위한 예비적 과정	
교수-학습에 대한 나의 가장 중요한 신념	교사로서 나의 목적

수업은 쉽지 않다. 왜냐하면 교실은 매우 복합적인 일들이 벌어지는 곳이기 때문이다(Douglas, 2009; Doyle, 1986). 그 이유는 다음과 같다. 첫째, Kaplan(2003)의 주장에 따르면 교사에게는 교사, 관찰자, 평가자, 코치, 적극적

인 지도자, 막역한 친구 등의 다양한 역할이 요구된다. 그들은 이렇게 다양한 역할을 하면서 어려운 문제를 해결하기 위해 의사결정을 한다. 심지어 하루에 수백 개의 의사결정을 하기도 한다(Danielson, 1996). 따라서 교사는 학생의 안전, 학습, 각각의 요구에 대해 생각할 필요가 있다. 이 장의 마지막 부분, '이론에서 실천으로' 2번 문항은 교사의 다양한 역할에 대해 생각해 보고, 그것을 통해 이상적인 교사의 역할을 생각해 볼 수 있는 계기를 제공한다.

둘째, 교실에서는 수많은 사건들이 시시각각 동시다발적으로 벌어진다. 교사들은 자신의 행동에 대한 결과를 깊이 고민할 시간도 없이 빨리 판단해야만 한다.

셋째, 교실이라는 공간은 공통적인 요소로 구성되어 있지만, 학습 상황은 교실마다 다양하다. 학생 각각의 경험과 요구는 교실 분위기에 영향을 미친다. 학생들은 서로 다른 학문적 · 사회적 위치, 흥미, 선호도를 지닌 채 공통적으로 수업에 참여하고, 수업이 끝나면 각기 다른 환경의 가정으로 돌아간다. 학생들의 신체적, 사회 · 문화적, 역사적 환경도 서로 다르다. 결국 교사와 학생은 서로 시간이 지남에 따라 공감대와 그들만의 역사를 만들어간다.

넷째, 사람은 서로 간에 영향을 미치기 때문에 수업이라는 활동은 본래부터 명확한 것이 아니다(Helsing, 2007). 심지어 경력이 많은 교사조차도 교실이 어떻게 될 것이라고 예측하며 수업하는 것은 매우 어려운 일이다. 교실에서는 교사가 추구하는 목적이 분명하지 않고, 교

사의 권위가 문제시 되며, 노력의 결과가 불확실하기 때문이다(Jackson, 1986). 또한 미래에 대한 기대가 많은 교사에게 강력한 동기를 유발시키더라도, 교사는 자신의 노력이 효과적인지에 대해 여전히 의문을 갖는다(Eisner, 2006). 학생들이 진급한 이후 어떤 일들이 벌어질까? 그들은 교사의 지도를 통해 배운 것일까? 혹은 교사와 무관하게 배운 것일까? 다음에 제시한 수업 팁은 학생들이 무엇을 학습했는지를 알 수 있는 전략을 제시한다.

마지막으로 교직은 교사가 학생들과 끊임없이 면대면 상호작용을 해야 하기 때문에 복합적이다. 이것은 사전 준비와 반성 그리고 수정이 요구된다. 또한 교실은 복합적이기 때문에 수업에 대한 기능을 완전히 습득하는 데에는 시간이 많이 걸린다(Berliner, 2004; Cuban, 2010). 따라서 교사는 수업에 대한 신중한 연구와 반성적 경험이 필요하다.

모든 교사는 체제의 일부분이다

어떤 교사도 홀로 존재하지는 않는다. 교실 문을 닫는 것은 외부의 영향으로부터 봉쇄하는 것이 아니다. 그 대신 다음 [그림 1.1]에 나타난 것처럼 교사는 교사에게 영향을 미치는 동심원의 한 가운데에 있다. 과녁을 떠올려 보라. 교사는 과녁의 중심에 있고, 가장 바깥쪽 고리에는 가장 넓은 의미의 사회가 있다. 사회에서 일어나는 일들은 교실에 많은 영향을 미친다. 교사와 학생에게 영향을 미치는 사회적 기대에 대해 알아보자.

교사는 사회가 요구하는 목적 혹은 규칙에 부합하도록 행동하기를 기대 받는다. 게다가 국가의 법률과 같은 규칙은 교사로서의 행동과 전문적 실천의 많은 부분에 영향을 미친다. 이는 구체적으로 법률과 문화적 기대 등과 같이 교실을 둘러싼 포괄적 환경, 국가 혹은 지역 수준의 기대 및 성취기준, 지역 사회의 이슈나 학습자의 특성과 같은 각종 요인들로 구분할 수 있다. 다음에 제시한 [그림 1.1]은 교사에게 영향을 미치는 각종 요인들을 과녁에 비유하여 설명한 것이다.

수업에 관한 지역적 영향

[그림 1.1]에서 중심으로 갈수록 지역적이고 특정한 환경이 강조된다. 이러한 환경은 한정적이고 명시적으로 정의된 목적과 기대를 갖는다. 예를 들어, 국가는 교육과정을 토대로 교육내용 성취기준 content standards을 개발하고, 이러한 성취기준은 지역 수준, 교사의 전문성 계발, 학

수업 팁

퇴실 카드

수업을 하는 동안 학생들이 무엇을 학습했는지에 대해 알고 싶다면, 퇴실 카드를 사용하라. 단원, 학기, 하루의 마무리 부분에서 퇴실 카드를 나눠주고 학생들에게 한 두 가지의 간략한 답을 요구한다. 요구사항은 다음과 같다. "오늘 배운 내용에 대해 하나만 적어보세요.", "수업이 다 끝났는데도 여전히 궁금한 것은 무엇인가요?" 학생들은 표를 내는 것처럼 교실 문을 나가며 상자에 퇴실 카드를 넣는다. 빠르게 카드를 검토하고, 퇴실 카드를 활용하여 다음 수업을 준비하라.

생의 학습 기회에 영향을 미친다. 그리고 지역사회의 환경, 전통, 사건들은 더 많은 지역적 영향력을 발휘하게 된다.

사람들 또한 다양한 지역적 영향력을 발휘한다. 여기서 빠뜨릴 수 없는 하나의 집단이 바로 가정이다. 효과적인 교사는 다양한 가정의 가치와 꿈에 대해 민감하게 반응한다. 그리고 다양한 가정과 지역 사회에 의해 제공된 다양한 원천들을 활용하고 제시한다(Gonzalez, Andrade, Civil, & Moll, 2001; Gonzalez, Moll, & Amanti, 2005). 최근 연구 결과에 따르면 효과적인 가족 프로그램을 통해 학생의 학업성취도가 향상되고, 다른 긍정적인 결과를 기대할 수 있다고 한다(Jeynes, 2005; Sheldon & Epstein, 2005). 신규교사에게 영향을 미치는 다른 요인으로는 모범이 되는 동료교사, 관리자, 경험이 풍부한 교육실천가와 같은 멘토가 있다.

교사에게 영향을 미치는 각종 요인

[그림 1.1]은 다음과 같은 딜레마가 생길 수도 있다. 역사적으로 이 고리 간의 상호작용은 정서적이고, 문화적이고, 정치적이다. 어떤 영향력을 우선적으로 고려해야 하는가? 학생들이 경쟁적일 때, 교사는 다양한 경쟁 원인과 수준이 다른 학생들의 요구 및 우선사항을 어떻게 관리해야 하는가? 다양한 영향력의 원천을 통해 제시되는 기회와 제약은 무엇인가? 이러한 질문은 우리 사회에서 학교교육의 역할이 신중하게 고려되어야 한다는 것을 말해준다.

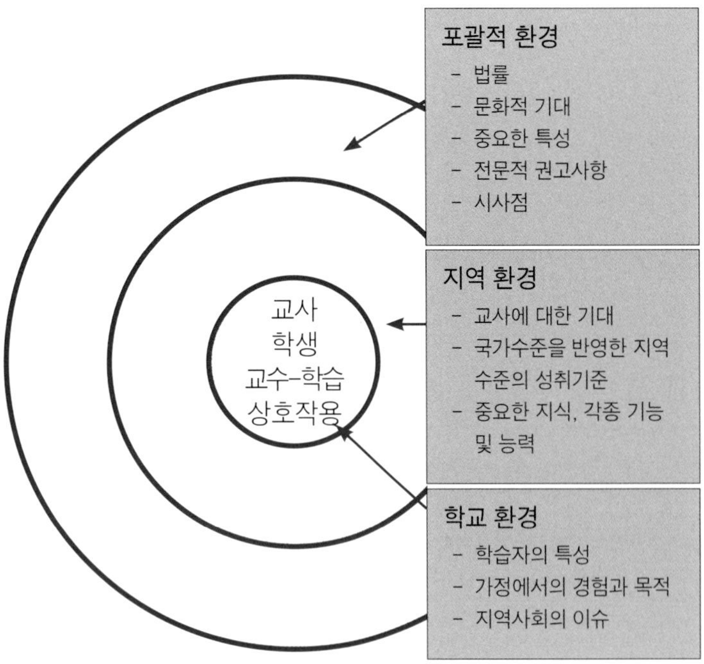

[그림 1.1] 교사들에게 영향을 주는 각종 요인

고리 안의 다양한 영향력의 원천은 많은 기회를 제공한다. 한국은 현재 상대적으로 부유한 국가이고 읽고, 쓰는데 문제가 있는 사람은 거의 없다. 그러나 여전히 경제적으로 어려운 학생들이 있으며, 그들은 학업성취도가 낮고 상대적으로 성공할 가능성도 적다. 또한 도시와 농촌 간의 교육격차 역시 여전히 심각하다. 또 다른 불균형의 예는 일부 학생들에게 정보 격차가 있다는 것이다.

영향력의 고리 혹은 원천에 대해서 일반적으로 직접적인 영향을 나타내는 것은 안쪽 고리다. 동심원의 각 층은 교사가 특정한 방식으로 행동하고 특정한 목적을 달성하기 위한 기회뿐만 아니라, 어려운 상황 역시 보여준다. 그러나 다행히도 학교와 교사는 이러한 상황을 조정할 수 있다. 학교와 교사는 삶과 학습을 증진시키기 위해 불공평한 것들을 줄이도록 행동할 수 있다. 초 · 중등학교 혹은 지방의 학교에서 무료급식을 하는 것이 바로 그 예이다. 또한 정보 불균형에 대한 영향력을 고려하여 모든 학생들이 정보에 쉽게 접근할 수 있도록 지원할 수도

있다. 정보 격차나 컴퓨터 접근성의 차이는 성별, 인종, 사회 · 경제적 지위에 따른 학업성취도 혹은 교육적 경험의 차이를 초래한다.

21세기 교수-학습의 모습

역사를 통해서도 알 수 있지만, 시대적 상황도 교실의 모습을 형성하는 데 영향을 미친다. 현재 일어나는 문제들은 우리를 변화시킨다. 사회의 각종 끔찍한 사건들 혹은 학교현장의 폭력 사건 등을 생각해 보라. 이러한 사건들은 학교 정책과 절차에 영향을 미친다. 그리고 많은 학생과 그 가족의 사고방식에도 영향을 미친다.

최신 경향 또한 교실의 모습을 형성하는 데 영향을 미친다. 21세기는 세계화, 지역 경제, 연결성을 모토로 삼는다. 우리가 살고 있는 이 사회는 산업 기반에서 정보 기반 사회로 변화했다. 몇몇 사람들은 기술사용의 예로 다음과 같은 것들을 말하고 있다.

- 사람들은 수많은 웹페이지에 접속한다.
- 거의 모든 가정에 텔레비전이 있다.
- SNS, 블로그와 같은 웹서비스를 활발히 이용한다.
- 많은 사람들이 스마트 기기를 활용해 소통한다.

확실히 우리는 기술에 흠뻑 젖은 삶을 살고 있다. 많은 사람들이 인터넷에 접속하고 있고, 휴대폰을 보유하고 있다. 또한 평균적으로 미취학 아동들이 매일 50분 동안 컴퓨터를 사용하고 있다(Vandewater, Rideout, Wartella, Huang, Lee, & Shim, 2007). 이처럼 오늘날 학생들은 각종 디지털 환경에 의해 길러지는 디지털 원주민digital natives으로 고려되기도 한다(Prensky, 2001, 2005-2006).

사회적 기술의 영향력은 강력하게 널리 퍼지고 있다. 그리고 몇몇 사람들은 기술의 변화 속도가 계속 빠르게 진행될 것이고, 앞으로의 미래는 더 예측하기 힘들 것이라 예상한다. 학생들이 바라는 미래는 지금보다 훨씬 더 유연하고, 다양하며, 폭넓다. 예를 들어, 미국의 국가기관에서 제시한 Partnership for 21st Century Skills(2009: 5)는 미래의 환경을 다음과 같이 명시한다. "21세기 사람들은 기술과 미디어가 넘쳐나는 환경에 살고 있는데, 이러한 환경에는 여러 가지 특징들이 있다. 그것은 다음과 같다.

1. 과도한 정보에 접속한다.
2. 기술 도구가 급격하게 변화한다.
3. 서로 협력하며 도움을 줄 수 있는 능력이 필요하다.

21세기에는 정보, 미디어, 기술과 관련해서 다양한 기능적, 비판적 사고 기능을 드러낼 수 있어야만 한다." 21세기에 알맞은 학습 결과에 대한 아이디어를 21세기 교수-학습 팁을 통해 살펴보라.

학생들은 또한 교실 내 삶의 형성에 큰 잠재력을 제공한다. 민주적인 교실과 민주주의 목적을 위한 교육 관련 문헌들은 학급과 사회에서 돌봄이 필요한 구성원으로서 각각의 학생이 반영된 교실을 만들라고 권고한다(Allen, 1999; Banks, 2009; Bomer & Bomer, 2001; Education Commission of the States, 2000; Fuhrman & Lazerson, 2005; Rush, 2006). 민주적인 교실에서 학생들은 서로 배려하는 방법을 학습한다. 그리고 자신의 행동과 학습에 대해 책임을 다함으로써 의사결정에 참여한다. 민주적인 실천은 특히 다양한 학생들이 있는 교실에서 더욱 중요하다. 왜냐하면 학생들의 차이성을 인정하며 평등하게 대해야 하기 때문이다. 학생들의 다양성에 포괄적으로 부응하는 수업 팁에는 교실에서 민주적인 절차를 구축하기 위해 도움이 될 만한 내용이 제시되어 있다.

학생들의 영향력은 교실 벽을 넘어 더욱 확장될 수 있다. 예를 들어, Oakes와 Rogers(2006)는 학습의 힘을 갖추고 있는 캘리포니아의 학생들을 다음과 같이 기술했다. 학생들은 성인 학교의 리더 그리고 공동체 구성원들과 함께 효과적으

21세기 교수-학습 팁

21세기 학습 결과를 위한 기준

몇몇 기관에서는 21세기 학습자를 위한 특정한 기준을 제시한다. 우선 21세기 학습을 위한 파트너십Partnership for 21st Century Learning의 아이디어는 다음과 같다.

1. 중핵 교과(예, 수학)와 21세기 테마(세계적 인식과 건강정보 활용능력)
2. 학습과 혁신 기능
3. 정보, 미디어, 기술 기능
4. 삶과 사회생활 기능

또한 21세기 학습자를 위한 American Association of School Librarians(2007: 3)의 기준은 다음과 같다.

1. 탐구, 비판적 사고, 지식 획득
2. 결론 도출, 정보기반 의사결정, 새로운 상황에 지식 적용, 새로운 지식의 창안
3. 지식 공유, 민주 사회의 구성원으로서 사회에 윤리적 · 생산적으로 참여
4. 개인적 · 심미적 성장 추구

로 학습함으로써 열악한 공립 고등학교의 환경을 극복했다. 이와 비슷한 노력의 일환으로 Voices of Youth라는 프로젝트는 고등학교 학생들의 중도 탈락률을 감소시키는 실행연구로 보고서를 만들었다(VOYCE, 2008). 학생들은 자신이 처한 지역적 조건을 검토하고, 현실에 도전하며, 사회적 활동이나 봉사학습 프로젝트에 참여함으로써 공동체를 형성했다.

요컨대 교사로서 여러분은 자신의 이상과 목적뿐만 아니라, 집단의 목적을 지향하는 방향으로 가르쳐야 한다. 핵심적인 사항은 학생들과 함께 수업이 시작되어야 한다는 것이다. 그리고 여러분은 학생들과 그 가족의 다양성에 민감하게 부응해야 한다. 또한 영향력의 바깥고리 부분([그림 1.1] 참고)을 고려해야 할 책무도 있다. 이를 통해 여러분은 아마 다양한 고리에서 발견된 목표로부터 도출되는 문제점을 해결하고 관리하기 위한 기회를 갖게 될 것이다. 여러분이 하는 일의 일부는 다양한 고리의 목표에서 발견된 딜레마를 일시적으로 해결하기 위해 최소한의 절충안을 찾는 것이다. 여러분을 둘러싼 영향력 동심원의 목적과 기대를 고려하기 위해 시간을 투자하라. 영향력을 나타낸 각각의 고리에서 여러분이 희망하는 영향력은 무엇인가? [그림 1.1]의 빈 공간에 간단히 메모하라.

수업은 목적 지향적이다

여러분은 지금 왜 여기에 있는가? 이 장의 처음에 있는 차트를 다시 확인하라. 많은 교사가 직업으로써 교직을 선택한다. 그들은 학생들이 학습하는 데 도움을 주고 싶어하는 욕망이 있기 때문이다. 수업은 학생의 향상을 목적으로 한다.

학생들의 다양성에 포괄적으로 부응하는 수업 팁

민주적인 교실의 실제

민주적인 교실은 자유와 정의와 공정, 평등과 참여의 세 가지 요소를 갖춘 곳이다(Pryor, 2004). 민주적인 교실을 구축하기 위해 다음의 아이디어를 적용해 보라.

- 학생들이 서로 협력하여 교실 행동에 대한 규칙을 제정할 수 있도록 하라(Effrat & Schimmel, 2003).
- 칭찬하는 방법을 가르쳐라. 최근에 주목받는 동료가 했던 칭찬법을 학생들에게 가르쳐라. 또한, 칭찬받는 방법을 가르쳐라. 화자에서 청자로 학생들의 사고가 전환될 것이다. 모든 학생들이 한 가지 또는 두 가지 활동에서 칭찬을 받을 수 있도록 하라. 학생들의 겉모습이나 이미 가진 소유물에 중점을 둔 칭찬을 피하도록 하라.
- 학생들이 스스로 학습할 수 있도록 조장하기 위해 자기주도적 학습이나 학습 약속을 활용하라. 그리고 학생들이 혼자서 학습할 수 있도록 도움을 제공하라.
- 학생들이 스스로 과제를 선택할 수 있도록 하라.
- 학생들이 수행한 과제를 자기-비평할 수 있도록 하라. 그리고 복습한 후에 다시 제출하도록 하라.
- 학생들의 학습 능력에 관계없이, 협동 학습에서 학생들 각자의 전문적 역할이 필요한 곳에서 학습활동을 하게 하라. 예를 들어, 교사가 파편화된 정보를 모둠의 각 구성원에게 제공한다고 하자. 그러면 각 모둠의 구성원들은 목표에 도달하기 위해 자기 모둠의 다른 구성원들이 갖고 있는 정보에 의존해야만 한다.

학생들은 더 많이, 더 깊이 알아야 한다. 그리고 학생들은 각종 기능, 능력, 태도를 향상시켜야 한다. 비록 교사가 학생들에게 영향을 받고, 효과적인 교사들 모두가 시간이 지남에 따라 지속적으로 성장하고 있지만, 수업자 자신을 개선시키는 활동이 수업의 일차적인 목적은 아니다. 수업의 목적은 학습자를 변화시키는 데 있다. 어떤 변화가 일어나기를 바라는가? 그 변화를 누가 이끌어 갈 것인가? 그러한 변화를 위해 어떤 방법을 사용할 것인가? 이러한 문제에 대한 해답은 매우 다양할 수 있다. 우리는 항상 학생들이 교실에 들어올 때와 나갈 때가 다를 것이라 기대한다. 그래서 교사는 학생들의 차이성을 극대화하기 위해 노력해야 한다.

교직은 교사가 일반적으로 많은, 때론 서로 상충되는 목표를 추구하기 때문에 복잡하다. 교사는 학생들이 독립적으로 행동할 수 있도록 도울 수 있지만, 한편으로는 질서를 유지시켜야 하기도 하고, 그들을 순응하게도 해야 한다. 학생들은 또한 자기 자신의 문제에 더 집중한다. 최근 한 설문조사에서는, 초등학교 3학년에서 고등학교 3학년까지의 응답자 중 무려 1/3이 다음의 진술에 동의했다. "나는 분명 학교에서 배우는 것도 있지만, 스스로 알게 되는 것도 있다."(MetLife, 2010)

교사가 학생들의 차이를 만들어낸다는 것은 과연 사실일까? 한 연구에 따르면, 전문적인 교사 양성 과정은 학생의 학습을 향상시키는 것과 관련이 있다(Darling-Hammond, 2000; Laczko-Kerr & Berliner, 2002, 2003). 그리고 Berliner(2004)의 연구에 따르면, 전문적인 교사는 학생의 성취를 더 높일 수 있다. 또한 여러 연구결과에 따르면(Bumgardner, 2010; U.S. Department of Education, 2003) 교사가 학생의 학습에 강력한 효과를 가져다 준다는 확실한 증거를 찾을 수 있다. 1학년 학생을 대상으로 한 연구에 따르면, 학생들의 수학과 학업성취도에서 교사 변인이 가정의 사회 · 경제적 지위 변인보다 다섯 배나 더 높은 상관관계를 보인다(Croninger, Rice, Rathbun, & Nishio, 2007).

수업은 목적 지향적이다. 효과적인 교사는 학생들에게 높은 기대를 하고, 학생들이 교사의 이러한 기대에 부응하도록 온화하게 대한다(Kleinfeld, 1975). 학생을 온화하게 대하는 교사는 다양한 학생들과 진정한 관계를 구축한 후에야 학생들이 성취할 수 있다고 주장한다(Bondy & Ross; 2008; Irvine & Fraser, 1998; Ross, Bondy, Gallingane, & Hambacher, 2008). 결국 교사인 여러분은 학교 내에서 학생의 학습에 기여하는 가장 영향력 있는 사람이다.

수업은 단지 말하는 행위 그 이상이다

'수업은 쉽다'라는 통념은 수업이 단지 말하는 것과 같다는 잘못된 생각에서 나온 것이다. 좋은 강의는 강력한 학습 도구가 될 수 있겠지만, 교사의 입을 떠난 지식이 학습자에게 온전히 다 도달하지는 않는다. 지식은 학습자에 의해 걸러지며, 학습자는 자신의 견해와 경험에 기초해 새로운 정보를 습득한다. 교사는 학생들이 새로운 정보를 습득할 때, 기존에 가지고 있는 지식과 새로이 습득한 정보를 연결시키도록 도와주어야 한다. 교사의 경험과 기대는 학생의 학습 뿐만 아니라 학생들의 문화 및 신체적 특징, 선호도, 사전 경험에 영향을 미친다.

교실은 상호작용이 활발하게 일어나는 역동적인 장소이기 때문에, 단지 '말하는 행위로서의 수업'은 학습자의 목표 또는 그들의 경험을 반영하지 못한다. 또한 최근의 학습 이론에 부합되지도 않는다. 다음 〈표 1.1〉에 최근의 학습 이론을

요약해 두었다.

학습 방법에 대한 이러한 관점들을 살펴보면, 우리는 학습을 단순한 수용 그 이상으로 보고 있다는 공통점을 발견할 수 있다. 대신 이러한 관점에서 학습은 학생들이 유의미한 방식으로 정보를 조직하면서 적극적으로 참여하고, 모르는 것을 질문하며, 오개념을 정개념으로 바꾸어 나가는 것으로 본다(Bransford, 2000; Gagnon & Collay, 2001; Marlowe & Page, 1998; National Research Council, 2000). 순수하게 말하는 행위로서의 수업은 교사가 학생의 성장을 촉진시킬 수 있는 다양한 전략을 무시함으로써 학습을 지나치게 단순화시켜 버린다.

숙련된 교사들은 풍부한 수업전략을 가지고 있다. 한 연구 결과에서는, 학생들이 유사성과 차이점을 밝혀내고, 일반화, 가설 검증 등을 수행할 수 있도록 도움을 주는 수업이 학생의 성취를 지원해주는 것이라고 했다(Marzano, Pickering, & Pollock, 2001).

교사는 또한 학생들이 교재, 경험, 토론 및 탐구를 통해 학습할 수 있도록 도움을 준다(Finkel, 2000). 수업은 듣는 활동을 수반하기 때문에 말하는 행위 그 이상이다(Mosher, 2001; Schultz, 2003). 학생들은 학습할 때, 우선 대상을 알고 그것이 갖고 있는 새로운 정보의 의미를 이해하려고 한다. 학습자들이 대상을 이해할 수 있도록 하는 효과적인 방법 중 하나는 그들의 고민과 질문에 귀를 기울이는 것이다. ‘경청 *역주: 교사가 아이들의 말에 주의 깊게 듣는 활동’은 교사 주도의 정보 제시를 줄이고, 학습자들이 직접 문제를 해결할 수 있는 기회를 제공하며, 학습자들이 자신의 생각을 밝힐 수 있도록 도움을 줄 수 있는 중요한 전략이다. 또한 경청은 수업 의사결정을 내리는 데 활용될 수 있는데, 학습자의 추론활동에 대한 정보를 제공한다.

다음의 수업 팁은 교사뿐만 아니라 학생에게도 도움이 될 수 있는 적극적 경청의 방법을 담고 있다.

교사가 알아야 하는 것과 할 수 있는 것에 대한 기준

우리는 일반적으로 교사는 타고나는 것이라고 생각한다. 그럼에도 교사가 반드시 알아야 하는 지식, 기능, 태도라는 체

〈표 1.1〉 학습 방법에 영향을 미치는 학습이론

행동주의적 접근

- 학습은 연속적으로 일어나며, 의도적 또는 비의도적일 수 있다.
- 관찰 가능한 행동과 상 · 벌의 제공을 통한 행동형성, 결과를 중요하게 생각한다.
- 강화 인자에는 칭찬, 구체적 강화인 스티커, 간식, 상품 등이 있다. 벌에는 타임-아웃, 방과 후 남기, 바람직하지 않은 행동을 한 학생 이름 게시판에 올리기 등이 있다.
- 행동주의 이론가에는 대표적으로 Skinner와 Bandura가 있다.

정보처리 접근

- 사람이 어떻게 정보를 선별적으로 지각하고 저장하며 인출하는지에 대해 다룬다.
- 뇌를 컴퓨터처럼 논리와 규칙에 따라 정보를 처리하는 제한된 용량을 가진 시스템으로 인식한다. 정보는 최초로 감각기를 통해 지각되어 등록된다. 감각기로 입력된 정보 또는 장기기억에서 나온 정보는 단기기억으로 이동한다. 개념은 도식 schemata(*역주: 개념들이 서로 연결된 형태)의 형태로 저장된다.
- 교사들은 학습을 촉진할 수 있도록 수업을 체계화해야 한다. 학생의 주의집중, 사전 지식의 활성화, 아이디어 조직화, 피드백과 의미 있는 실천 제공은 중요한 활동들이다.
- 정보처리 이론가에는 대표적으로 Gagne, Miller, Galanter, Pribam 등이 있다.

구성주의적 접근

- 학생들이 지식을 받아들이기 보다는 직접 구축해 나가는 과정에 초점을 맞춘다.
- 우리는 정보를 내면화하고 그에 따라 행동하기 위하여 끊임없이 새로운 정보와 우리의 지식 체계를 대조해 나간다.
- 학습은 사회적이며, 불평형[disequilibration] 또는 인지적으로 불안정한 경험이라 할 수 있다. 왜냐하면 학습자들이 더 높은 수준에서 인지구조를 재조직할 수 있기 때문이다.
- 학생들은 아이디어를 점검하고 정련함으로써 자신의 현재 사고에 직면해야 한다. 이질집단은 학생들이 다른 사람의 사고에 도전하고 지원할 수 있는 기회를 제공한다.
- 구성주의의 대표적인 이론가에는 Bruner, Driver, Piaget, Vygotsky 등이 있다.

다중지능 이론

- 지능이 단일한 구조라는 개념에 반기를 들고, 인간은 다양한 방식의 지능을 가지고 있다고 제안한다.
- 지능은 다양하며, 현재 총 8개의 유형으로 구분한다.
  ① 언어적[linguistic] 지능
  ② 논리 수학적[logical-mathematical] 지능
  ③ 신체 운동학적[bodily-kinesthetic] 지능
  ④ 음악적[musical] 지능
  ⑤ 공간적[spatial] 지능
  ⑥ 대인 관계[interpersonal] 지능
  ⑦ 자기 이해[intrapersonal] 지능
  ⑧ 자연 탐구[natural] 지능
- 학교와 교사들은 아이들에게 다양한 종류의 경험을 제공해야 한다.
- 교육 실천가들은 한 영역 내의 특정한 수행 및 성과물이 반드시 다른 영역 내의 유사한 수행 수준과 관련된다는 가정에 의문을 제기한다. 이것은 지능이 서로 독립적으로 존재한다는 것을 의미한다.
- 1983년 Gardner에 의해 처음 소개되었으며, 현재 계속 연구가 진행 중이다.

뇌-기반 연구

- 신경과학에서 시작되었으며, 뇌는 많은 종류의 정보(감정, 사실 등)를 동시에 처리하며 옴살스럽게 작용한다고 주장한다.
- 의미를 찾고, 형식을 만들어 나가는 것은 선천적인 것이다.
- 학교에서의 경험은 복잡하고 구체적인 경험으로 뇌가 어떻게 기능하는지에 따라 직접적으로 제공되어야 한다. 그때 경험은 다양하면서도 복합적이고 구체적인 경험을 말하는 것인데 감각적 자극이 풍부한 것이어야 하며, 학습 맥락에 부합되어야 한다.
- 뇌-기반 연구 결과를 교실 상황에 적용하는 일에 신중해야 한다. 연구결과들은 새롭지만 제한적이다.
- 대표적인 뇌-기반 연구 및 이론가에는 Caine and Caine, McClintic, Klimek, Jensen 등이 있다.

계가 존재한다. 미국의 경우 교사들이 수업에서 고려해야 하는 영역을 체계화했다. 이 중에서 가장 영향력 있는 위원회는 NBPTS(National Board for Professional Teaching Standards)이다. NBPTS는 교사가 갖추어야 할 다섯 가지 핵심 영역을 제시했다. 참고로 Danielson의 수업에 대한 뼈대는 신규교사의 실천 영역을 탐구하고, ETS(Praxis examination Educational Testing Service) 평가 내용의 기초가 된다. ETS는 학교 현장의 교사들을 지속적으로 관찰함으로써 교사의 실천 영역을 깊이 있게 탐구한다(Tannenbaum & Rosenfeld, 1997). NBPTS(2002), Praxis(Educational Testing Service, 2002), 그리고 그 밖의 교사 전문성을 설명하는 기준에서 공통적으로 도출한 탁월한 수업에 대한 결론은 다음과 같다.

- 생산적이고 인간적인 학습환경을 조성한다.
- 교과목, 인간 발달, 다양성, 학습에 대해 이해한다.
- 의미 있는 수업을 계획하기 위한 지식을 활용한다.
- 학생들이 심층적으로 학습할 수 있게 도움을 줄 수 있는 방식으로 가르친다.
- 학생들의 성장을 주의 깊게 평가하고, 그 결과를 수업에 반영한다.
- 교수-학습을 반성하고 개선하기 위해 가정, 지역사회, 다른 교육 실천가들과 함께 일하며 전문성을 발휘한다.

교사 전문성에 관련된 연구의 상당부분은 교사와 학생의 경험을 다루고, 의미 있는 수업을 이끌어 내기 위해 학교 교육의 실제를 검토한다. 수십 년 간의

수업 팁

적극적 경청

다음과 같은 적극적 경청을 촉진하는 방법 중 몇 가지를 교실에 적용하라. 이는 교사와 학생 모두에게 도움이 된다.

- 적극적 경청 전략인 'SLANT(Sit up, Lean forward, Ask questions, Nod, Track the speaker)'를 활용하라.
  ① 바른 자세로 앉아라.
  ② 몸을 화자 쪽으로 돌려라.
  ③ 질문하라.
  ④ 고개를 끄덕여라.
  ⑤ 화자에게 집중하라.
- 적극적 경청 전략에 '바꾸어 말하기'를 활용하여 학생들에게 지도하라. "네가 말한 내용은……."
- 질문을 하고 상대가 대답하기 전에 잠시 기다려라. 학생들 역시 마찬가지로 지도하라.
- 발문을 하고 여러 학생들에게 이에 대한 답변을 들어보라. 학생들로부터 나온 여러 답변과 학생 자신의 답변 간의 연관성을 찾도록 하라.
- 학생들이 발언할 때 서로 공을 주고받도록 하라. 공을 가지고 있는 사람만이 발언권을 갖는다.
- 학생들의 발언이 들리지 않을 때, 제대로 듣지 않는 동료들에게 학생의 발언을 교사가 대신 반복하여 전달하지 말라. 대신 이렇게 이야기 하라. "친구들이 네 말을 듣고 싶어하는구나. (잠시 기다렸다가) 좋아 다시 이야기 해 보거라."

연구는 교사와 학생이 학교교육 경험의 의미를 어떻게 이해하는지를 우리에게 제시한다. 또한 이 연구는 교사의 실천을 위해 많은 지침을 제시한다(Berliner, 1984; Marzano, Pickering, & Pollock, 2001; Reynolds, 1992; Richardson, 2001; Stronge, 2002). 이러한 연구결과는 여러분을 성공한 교사, 학생들의 다양성에 포괄적으로 부응하는 교사로 성장할 수 있게 한다. 앞의 수업 팁은 학생들의 다양성에 포괄적으로 부응하는 수업에 대한 시각을 요약한 것이다.

다음 〈표 1.2〉의 질문지는 여러분의 지식과 기능을 알아볼 수 있는데 활용할 수 있는 일종의 자기 평가지다. 여러분의 전문적 성장을 위해 각 항목별로 가장 적합한 부분에 표시하라.

학생들의 다양성에 포괄적으로 부응하는 수업 팁

학생들의 다양성에 포괄적으로 부응하는 교사의 특징은 다음과 같다.

1. 자신과 학생, 그리고 주변에 대한 이해와 학습을 지속적으로 추구한다.
   - 자신의 편견과 지식에 대한 한계를 인지한다.
   - 교사 자신의 불확실한 가정과 무지를 극복하기 위해 데이터를 수집하고, 분석하며 활용한다.
   - 자신, 학생, 가정, 지역사회를 파악하기 위해 노력한다.
2. 수용, 신뢰, 지지, 높은 기대감을 갖고 관계를 형성한다.
   - 학생들의 차이를 당연하게 여긴다.
   - 따뜻함과 믿음을 바탕으로 진정한 관계를 형성한다.
   - 학생의 학습을 성공적으로 이끌기 위해 높은 기대를 갖는다.
3. 학생들의 다양성에 포괄적으로 부응하는 수업 · 평가 접근법을 활용한다.
   - 학생들에 대해 포괄적으로 이해한다.
   - 학생들의 욕구를 충족시킬 광범위한 수업자원을 활용한다.
   - 학생들의 욕구를 충족시킬수 있는 각종 전략을 활용한다.
   - 학생들의 선택과 의미에 기반한 접근을 포함시킨다.
4. 학생들의 다양성에 포괄적으로 부응하는 관리 방법을 활용한다.
   - 과제에 초점을 맞추고, 구조화된 환경을 통해 학습을 극대화시킨다.
   - 학생들과 공동체를 형성하고 진정한 관계를 유지한다.
   - 민주적으로 실천할 수 있는 기회를 제공한다.
   - 학생들이 최종적으로 자기 조절을 할 수 있도록 안내한다.

교사들은 효과적이어야 하지만, 그 기준이 모두 같은 것은 아니다

비록 수업 전문성에 대해 성문화된 영역이 있을지라도 수업은 다양한 상황과 맥락에서 이루어지는 것이다. 그래서 교사는 학생의 학습과 발달을 촉진하기 위해 자신의 재능, 안목, 기능, 전문적 판단을 종합하여 수업해야 한다.

Cicero는 교사가 가르치는 활동을 통하여 학생들에게 교사 자신만의 독특한 선물을 줄 수 있다고 말한다. 그런데 그 선물은 교사의 고유한 특성과 관련되어 있다. 학창시절 여러분에게 큰 영향을 미쳤던 두 명의 교사를 상기해 보라. 이 장의 마지막 부분에 제시한 〈표 1.3〉에 그들이 지니고 있었던 개인적 특성, 전문적 기능, 태도 및 각종 능력을 적어보라.

기억에 남는 교사들에 대해 생각해 보라고 하면, 학생들은 진심어린 관심, 높은 기대, 수업에 대한 열정과 같은 것들을 공통적으로 언급한다. 그러나 이외에도 많은 특징이 있다. 어떤 교사들은 재미있는 이야기를 수업에 활용하기도 하고, 그렇지 않기도 한다. 또한, 경쟁하는 학습활동을 좋아하는 교사도 있지만, 협동하는 학습활동을 선호하는 교사도 있다. 교사들은 교실에서 자신의 능력을 보여준다. 여러분의 능력을 보여주기 위해 이 장의 마지막 부분에 제시한 〈표 1.4〉를 활용하라.

〈표 1.2〉 수업에 대한 자기-분석 질문지

내 용	1	2	3	4
1. 나는 학생들이 어떻게 학습하는지 설명할 수 있다.				
2. 나는 내 전공 교과 지식을 잘 안다.				
3. 나는 학생들이 효과적으로 학습할 수 있도록 하는 하나 이상의 방법을 나열할 수 있다.				
4. 나는 교육내용 성취기준과 연관된 수업을 계획할 수 있다.				
5. 나는 다양한 욕구를 가진 학생들이 교과내용을 알 수 있도록 하는 하나 이상의 수업전략 혹은 기법을 설명할 수 있다.				
6. 나는 전통적인 평가 그리고 그 밖의 다른 측정방법을 통해 학생의 학습을 평가할 수 있다.				
7. 나는 학생의 학습 양식에 기초하여 수업을 설계할 수 있다.				
8. 나는 학생들이 서로에게 도움을 제공하도록 하는 방법과 수업 중 나를 존중하게 하는 방법을 안다.				

마무리

이 장은 수업이 매우 복잡한 행위라는 것을 설명한다. 교사는 학습자와 지역적 맥락을 주의 깊게 고려하면서 학습자들의 성장을 촉진시켜야 한다. 수업의 복잡성에도 불구하고, 우리는 교사가 알아야 하고, 할 수 있어야 하는 것들에 대한 기본적인 역량의 합의점을 찾을 수 있다. 또한 우리는 수업을 잘할 수 있는 방법을 많이 알고 있다. 이를 위해 우리가 할 수 있는 첫 번째 시도는 자신만의 교육철학과 수업관을 확립하는 것이다. 이러한 내용은 2장 〈수업관의 스펙트럼〉에 소개되었다.

아래에 나와 있는 '이론에서 실천으로'는 여러분이 알고 있는 것을 적용하고, 이 책에서 제시한 생각과 여러분 자신의 생각을 연결할 수 있게 해준다.

이론에서 실천으로

1. 여러분은 훌륭한 독자가 자신의 이해 정도를 스스로 확인한다는 것을 알고 있다. 이 책의 내용을 보지 않고, 1장의 핵심 단어들을 나열해 보라. 그리고 나서 다음 그림에 제시된 단어들과 비교해 보라. [그림 1.2]는 1장의 핵심 단어들로 만든 단어 구름이다. 여러분이 나열한 중요 단어들을 [그림 1.2]와 비교해 보라.

[그림 1.2] 단어 구름

2. [그림 1.1]과 〈표 1.2〉에서 여러분이 작성했던 것을 연관지어 보라. 다양한 요소들이 어떤 방법을 통해서 여러분의 능력에 영향을 주고 있었는가? 그것들이 어떻게 미래의 교사로서 여러분의 성장에 영향을 주고 있는가? 상대적으로 경험이 적은 교사와 경험이 많은 교사가 〈표 1.2〉의 질문에 대해 함께 논의할 수 있다. 여러분은 각각의 질문에 대해 그들이 견지한 가치를 비교할 수 있을 것이다.

3. 교사가 아닌 사람을 대상으로 효과적인 수업에 대해 인터뷰하라. 그리고 교육과 관련 없는 분야에 종사하는 전문가와 이야기 해 보라. 훌륭한 교사는 어떤 사람인가? 학생들은 어떤 교사를 원하는가?

〈표 1.3〉 효과적인 교사의 특징

개인적 특성	전문적인 기능, 전문적인 특성, 전문적인 능력
교사 1: ______________________	
교사 2: ______________________	

〈표 1.4〉 학습자들에게 줄 수 있는 개인적 특징

개인적 특성	나의 전문적 기능과 능력

2

수업관의 스펙트럼

"수업을 하는 데 있어 어떤 철학을 갖고 있느냐는 문제가 되지 않는다.
사실상 문제는 철학을 갖고 있느냐 그렇지 않느냐는 것이다.
그리고 그보다 더 큰 문제는 교사가 수업을 위해 자신의 철학에 부응하도록 노력하느냐는 것이다.
수업에 유일한 원칙이 있다면 그것은 바로 말로만 떠드는 것에 철저히 반감을 갖는 것이다."

—George Polya, Mathematical Discovery

이 장을 시작하기 전에

수업관의 계발을 위한 사전 연습

학교현장에는 아래의 연진초등학교 6학년 1반과 같이 다양한 처지의 학생들이 있다. 만약 여러분이 교사라면 그들에게 어떤 도움을 줄 수 있을까? 여러분의 교육관을 반영하여 답해 보라.

* 연진초등학교 6학년 1반(총 32명)
  - 정신지체학생 2명
  - 영재학생 2명
  - 기초학습 부진아 5명
  - 다문화가정 학생 2명
  - 기초수급 대상자 3명

여러분의 철학 혹은 관점은 교육의 이상, 목적, 본질에 대한 신념의 체계적 · 논리적인 표현이다. Bellamy와 Goodlad(2008: 556)는 학교에 대해 "학교의 교육적 사명이 여전히 부족하다"라고 경고한다. 앞의 로고스에서 Polya는 철학의 중요성과 철학에 따라서 열심히 노력해야 하는 이유를 왜 강조했는가? 만약 교사에게 철학이 없다면 잘못된 목적들을 추구하거나 비윤리적 혹은 가치가 없는 도구를 사용할지도 모르며, 잘못된 기준에 의해 우리의 일을 판단할 수도 있다.

최근에 시험 점수만을 추구하는 학교의 책무가 줄어들고 있다는 많은 연구물들(Keller & Bichelmeyer, 2004)을 살펴볼 때 오늘날 교사가 견지해야 할 철학의 중요성은 더욱 부각되고 있다. 따라서 상대적으로 수업에 대한 철학이 부족한 일부 교사(Starnes, 2010)는 불안해하고 있으며, 자신이 목표에 어긋나게 나아가고 있다는 것에 대해 두려움을 갖고 있는 것처럼 보인다. 그로 인해 수업의 질이 떨어지고 있다.

질 높은 수업은 두 가지 측면을 갖고 있다. 바로 좋은 수업good teaching과 성공적인 수업이다. 이때, 좋은 수업이란 가치 있는 목적과 적합한 방법에 기반을 두고 계획에 따라 가르치는 것이다. 성공적인 수업이란 효과적인 수업 또는 학생들이 효과적으로 학습하게 하는 수업을 의미한다.(Fenstermacher & Richardson, 2005) 따라서 수업의 질을 판단하기 위해서 교사는 학생의 학습을 고려해야 한다. 또한 교사는 수업의 계획과 목적, 사용한 방법의 질적 수준에 대해 지속적으로 재평가해야 하는 책무성도 가지고 있다. 이처럼 교사는 무엇을 해야 하는지와 관련한 큰 비전으로부터 파생된 안내지침을 갖고 있어야만 한다(Duffy, 1998). 다음은 교사가 수업관을 계발해야 하는 여섯 가지 중요한 이유를 열거한 것이다.

1. 학생들의 다양성에 포괄적으로 부응하는 교사는 자신의 관점과 책무에 대한 지식에 따라 명확하게 행동한다. 수업관은 자신이 누구이고, 무엇을 성취하길 원하는지를 말해준다.
2. 오늘날 수업은 교사가 감당하기 힘든 일일 수도 있다. 특히 초임교사에게는 더욱 그렇다. 따라서 좋은 수업을 하기 위해서는 교사의 많은 의사결정과 고민이 필요하다. 여기서 수업관은 교사의 의사결정에 대한 나침반의 역할을 한다.
3. 교실에서 교사는 매우 바쁘다. 그리고 교사와 학생의 수행 및 성과에 대한 외부의 압력은 매우 높다. 따라서 이러한 압력에 시달리면 교사는 자신의 행동에 대한 장기적인 목적과 결과를 놓치기 쉽다. 교사의 수업관은 학교에서 학생들이 성취하길 기대하는 것이 무엇인지에 대한 전반적인 초점을 유지하도록 하고, 교사 자신의 노력에 대해 스스로 반성하는 계기를 제공할 것이다.
4. 가르칠 내용 · 방법과 관련한 각종 법률적-강제사항mandates은 교사가 실제로 이를 실행할 때까지는 아무런 의미가 없다. 교사가 학생들과 함께 법률적-강제사항을 어떻게 해석하고, 제정할지에 대해 고민한다면 탁월한 교사가 되는 데 도움이 될 것이다(Elmore, 1979 – 1980; Webb, 2002). 교육에 대한 교사의 비전은 수업에 생기를 불어넣을 수 있는 일종의 안내지침이 될 수 있다.
5. 교사가 자신의 관점을 갖고, 다른 사람들의 관점을 이해하는 것은 타인의 입장을 이해하는 데 도움을 준다. 이는 교사가 어떤 이슈에 관해 다른 관점을 갖고 있는 사람과 대화할 때 사용할 표현을 정하는 데 도움을 줄 수 있다.
6. 법률과 정책에 의해 의도하지 않은 결과가 초래될 수도 있다. 따라서 교사가 명확한 관점을 갖는다는 것은 법률과 정책으로부터 야기된 의도하지 않은 결과에 대해 제대로 평가할 수 있도록 해 준다. 또한 교사의 의사결정이 가치가 있는지 없는지 여부를 판단하는 데 도움이 될 수 있다.

요컨대, 교사의 수업에 대한 고민과 노력들은 교육에 대한 사려 깊은 관점이 형성될 때 더욱 풍부해지고, 응집력 있게 될 것이다. 이 장은 여러분이 수업에 대한 관점을 계발하도록 도움을 줄 것이다.

여러분은 교사로서 옳지 않은 일에 대해 아니라고 말할 수 있어야 하는 도덕적이고 윤리적인 책무성을 갖고 있다.

—Starnes(2010: 75)

교육과정의 유형

교육과정이라는 용어는 언뜻 보기에 간단하게 보인다. 그러나 교육과정은 실제로 다면적이고, 다층적인 개념이다. Eisner(1979)의 경우 학교는 다음과 같은 세 가지 교육과정을 가르친다고 주장한다.

1. 명시적 교육과정Explicit curriculum
2. 잠재적 교육과정Implicit curriculum
3. 영 교육과정Null curriculum

명시적 교육과정은 수업을 통해 계획적으로 선택되고 다루어지는 내용이다. 국어, 수학, 사회와 같은 전통적인 교과영역들의 내용이 그 예이다. 명시적 교육과정에서는 국어 학습자의 경우 국어 습득과 내용 숙달이 가장 먼저 지도되어야 한다. 명시적 교육과정은 또한 교사들이 의도적으로 선정하고 가르치는 각종 기능 혹은 관습들을 포함한다. 예를 들어, 명시적 교육과정을 통해 학생들은 청결, 공손함, 협력 등을 배울 수 있다. 일부 장애를 가진 학생들의 경우, 명시적 교육과정은 자기를 스스로 돌보는 법과 삶을 살아가는데 필요한 각종 기능들을 배우기 위한 역할을 하기도 한다.

또한 학생들이 ICT[information and communication technology]를 활용해서 성취할 수 있는 것과 교육내용 성취기준은 명시적 교육과정의 기반이 되기도 한다. 예를 들어, 전 세계 교육기술 컨퍼런스인 ISTE[International Society for Technology in Education](2007)는 초 · 중등학생이 ICT를 활용하여 성취할 수 있는 여섯 가지 주요 항목을 정하여 다음과 같이 제시한다.

1. 창안과 혁신: 학생들은 창의적 사고를 보여주고, 지식을 구성하고, 혁신적인 산출물을 개발하고, 기술을 활용하여 처리한다.
2. 소통과 협력: 학생들은 협력적으로 소통 및 과업을 하고, 서로의 학습을 지원하고, 다른 학생들의 학습에 기여하기 위해 디지털 미디어와 디지털 환경들을 활용한다.
3. 자료 조사와 정보사용의 능숙도: 학생들은 정보를 수집하고, 평가하며, 활용하기 위해 디지털 도구를 이용한다.
4. 비판적 사고, 문제해결 능력, 의사결정 능력: 학생들은 적합한 디지털 도구와 수업자원들을 활용하여 연구를 계획 및 실행하고, 프로젝트들을 관리한다. 그리고 문제를 해결하고, 의사결정을 하기 위해 비판적 기능들을 활용한다.
5. 디지털 시민의 자질: 학생들은 기술과 관련한 인간, 문화, 사회의 이슈들을 이해하고, 법적 · 윤리적 행동을 실천한다.
6. 기술에 대한 개념 이해: 학생들은 기술의 개념, 체제, 작동과 관련해서 충분히 이해한 것에 대해 설명한다.

국가수준 교육과정을 참고하여 여러분이 가르치고 있는 학년 학생들의 성취기준을 살펴보라. 그 다음 학생들의 학습 결과를 산출토록 하는 학교 경험에 대해 생각해 보라. 이때의 학교 경험들이 바로 명시적 교육과정이다.

명시적 교육과정과는 반대로 잠재적 교육과정은 목적을 가지고 선택된 것이 아니다. 오히려 학교에서 이루어지는 활동과 그에 따른 예기치 않은 결과를 통해 암암리에 가르쳐진다. 일부의 사람들은 잠재적 교육과정이란 '가르치는 것'이 아니라 '예상 밖의 상황에 처하는 것'이라 말한다. 이러한 이유로 잠재적 교육과정은 기억에 매우 오래 남는 경향이 있다. 잠재적 교육과정의 예로는 경쟁과 권위에 대한 복종이 있다. 이에 대해 미국에서 뉴욕의 교사상을 수상한 John Gatto는 잠재적 교육과정을 비판하였다. 즉, 학교교육 그 자체는 옹호하였지만, 강제적인 학교교육 장치에 대해서는 비판하였다. 그는 미국 학교의 잠재적 교육과정에 대한 그의 관점을 다음과 같은 두 가지 예를 포함하여 설명한다.(Gatto, 1992, 2001)

- 나는 학생들에게 혼란스러움만을 가르친다. 내가 가르치는 모든 것은 맥락이 무시된 것이다. 나는 단지 맥락 없이 가르친다.
- 나는 학생들에게 정서적 의존도를 가르친다. 나는 별표나 레드카드, 웃음과 찌푸림, 상품, 표창과 불명예의 방법 등을 통해 학생들을 가르친다. 또한 학생들은 어쩔 수 없이 교사의 명령에 따라 자신의 의지를 포기한다.

여러분의 수업을 떠올려 보았을 때 Gatto의 말에 동의하는가? 분명히 많은 교사는 명시적 교육과정에 따라 수업내용을 선정했을 것이다. 오히려 잠재적 교육과정은 교사의 장기적인 판단에 따른 의식, 충동적인 선택들로부터 야기된 일종의 의도하지 않은 결과이다. 잠재적 교육과정은 때때로 명시적 교육과정과 충돌하기도 한다. 그 이유는 잠재적 교육과정의 긍정적인 측면 때문이다. 즉, 잠재적 교육과정의 내용에는 친절, 존중, 성공하기 위해서 필요한 능력과 같은 긍정적인 관념들도 포함된다.

잠재적 교육과정의 장점 중 하나는 잠재적 교육과정에 대해 교사가 인지하고 있을 경우, 교사가 의도한 수업의 범위를 결정할 수 있고, 유익하지 않은 수업에 대해서도 고민할 수 있다는 것이다. 게다가 많은 학생은 잠재적 교육과정을 통해 자신의 행동에 대한 무언의 규칙을 이해하기도 한다. 또한 학생들의 다양성에 포괄적으로 부응하는 교사는 모든 학생들이 '자신만의 독특한 문화와 타인과 공유하는 문화'가 무엇인지에 대해 알도록 도와줄 필요가 있을 것이다(Weinstein, Tomlinson-Clarke, & Curran, 2004). 학교의 문화를 분석하기 위해 다음에 제시한 '학생들의 다양성에 포괄적으로 부응하는 수업 팁'에 대해 고민해 보라.

세 번째 영 교육과정은 교과목을 가르치지 않았기 때문에 학생들이 배우게 되는 것을 말한다. 예를 들어, 만약 학교에서 과학 시간에 인류의 기원에 대해 진화론적인 측면만을 가르친다면 학생들은 진화론만이 사실이고, 반면 창조론은 거짓이며 신화적인 이야기라고 생각할 수도 있다. 만약 학교에서 교사가 창조론에 대한 입장을 의도적으로 배제하여 가르쳤다면 이것은 영 교육과정이 되는 것이다.

예를 들어, 공룡 멸종에 관한 명시적 교육과정을 무시하고, 새로운 사실을 부각시켜 이것이 더 적절한 내용이라는 역사적 사실의 영향력에 의해 영 교육과정이 만들어지기도 한다. 또 다른 예로, 과거의 학생들은 손으로 직접 글을 쓰는 능력을 배웠다면, 현재의 학생들은 이와 더불어 키보드를 통해 글을 작성하는 방법을 배우고 있다. 또한 미래의 학생들은 현재의 기능을 대체하여 터

학생들의 다양성에 포괄적으로 부응하는 수업 팁

학교 문화 검토

학교 문화를 통해 학생들이 배우는 것도 잠재적 교육과정의 일부분이다. 따라서 교사는 학교의 공식문서, 규칙, 의식, 의례, 교실내-일상적-생활규칙-및-절차[routine]를 분석함으로써 학교 문화를 검토할 수 있다. 다음과 같은 질문을 검토함으로써 학교 문화를 알아보라(Wren, 1999).

- 학교 신문, 학교 문집 등에 담긴 메시지는 무엇인가?
- 학교의 공식문서에 담긴 메시지는 무엇인가?
- 개학식과 방학식에 하는 활동들은 무엇인가?
- 교목, 교화 등 학교를 상징하는 것은 무엇인가?
- 두드러지는 성취를 위한 학교의 방안은 무엇인가?
- 학교의 정책은 무엇이고, 어떻게 지속적으로 효과를 발휘하는가?
- 학교 행사에 어떤 학생들이 참여하는가?
- 같은 방식으로 문화를 경험하는 학생들의 다양한 요소들은 무엇인가? 다른 방식으로 문화를 경험하는 학생들의 다양한 요소들은 무엇인가?

치스크린(Gartner, 2010), 음성인식 프로그램(Rogers, 2006), 시선추적 장치(Hadhazy, 2010), 가상 접속기(Hadhazy, 2010), 뇌파조정시스템(Gaudin, 2009)과 관련된 각종 기능들을 배울 것이다.

Eisner(1979)가 말한 명시적 교육과정, 잠재적 교육과정, 영 교육과정은 교사가 가르쳐야 하는 활동 혹은 가르치지 말아야 하는 활동에 주의를 기울이게 한다. 학교에서 배웠던 것들 중 여러분의 머릿속에 뚜렷이 기억에 남는 것에 대해 생각해 보라. 그것들은 아마 학급교육과정에 기록되어 있지 않을 수도 있다. 다음에 제시되는 교육에 대한 끊임없는 질문들을 고려하면서 여러분의 관점을 계발하기 위한 중요한 과업을 시작해 보라.

교육에 대한 철학적 물음

> 모든 위대한 교사의 교육과정은
> 그 교사가 전달한 것에 비하면 매우 사소한 것이었다.
> 여러분은 교사로부터 교과를 배운 것이 아니라 삶을 배웠다.
> 만약 교사가 이러한 자질을 갖고 있었다면
> 여러분은 나눗셈 수업에서도 관용과 정의, 용감함과 긍지,
> 공경과 연민과 같은 것들을 배웠을 것이다.
>
> —William Alexander Percy

철학적 질문은 과학적 질문과는 다르다. 과학의 경우 자연계에 대한 질문의 대답은 데이터에 의존한다. 그러나 철학은 미학, 논리학, 도덕성, 실재의 본질, 지식의 특성과 같은 현묘(玄妙)한 일을 다룬다.

다음과 같은 질문들은 결코 사라지지 않는다. 그리고 이에 대한 답을 하는 것은 쉽지 않은 일이다. "교육은 사회의 특정한 규칙 혹은 학생들의 개인적인 계몽을 위해 필요한 것인가?", "전통적인 교육과정은 오늘날의 학생들에게 적합한가(Noddings, 1995)?" 교육현장에서 이와 같은 질문들은 다분히 의도적인 것이다. 이러한 질문을 통해 교사는 아이들이 개별 혹은 집단적으로 어떻게 하면 가장 최선의 교육을 받게 할 수 있는지에 대한 계획을 하게 된다.

특히 교육에 대한 유용한 일련의 질문들을 Dillon(1987)이 포착해 내 다음과 같이 제안하였다. 다음의 질문은 16세기 철학자 John Comenius가 가졌던 관심사와도 매우 유사하다.

1. '좋은' 사회란 무엇인가? 좋은 사회에서 살고 있는 선한 사람은 누구인가?
2. 교육의 목적은 무엇인가?
3. 모두가 배워야 하는 것은 무엇인가? 왜 그러한가?
4. 학습의 본질은 무엇인가?
5. 탁월한 수업이란 무엇인가?
6. 학교는 무엇을 해야 하는가?

이러한 질문에 대해 교육 이론에 기반해서 교사 자신만의 답을 계발하는 일은 분명 도움이 될 것이다.

수업을 바라보는 네 가지 관점

교육과정 학자들은 교육에 관한 다양한 관점을 연구해왔다(Kliebard, 2002; Tyack, 2003; Tyack & Cuban, 1995). 예를 들어, 빈곤으로 인한 전쟁, 우주 경쟁과 같은 사건들은 학교나 교육의 목적에 대한 국가 관점의 노선에 영향을 주었다.

또한 우리는 시간의 변화에 따라 관점들의 유사점을 발견했다. 즉, 이러한 관점들은 몇 가지로 분류될 수 있다. 아마 여러분은 관념론, 실재론, 본질주의와 같은 철학들을 연구했을 것이다. 그런데 Prakash와 Waks(1985)는 교육 철학에 대한 또 다른 범주를 제시한다. 〈표 2.1〉은 수업을 바라보는 네 가지 관점(기술적, 합리적, 개인적, 사회적)을 보여준다. 〈표 2.1〉을 연구하며 각각의 관점을 인지하는 것은 우리가 무엇을 성취해야 하며, 어떻게 그것을 성취할 수 있는지에 대한 뚜렷한 비전을 갖게 한다.

교육에 대한 기술적 관점은 일반적으로 초 · 중 · 고 공립학교에 적용되어 있다. 반면에 합리적 관점은 대학교에 만연해 있는 관점이다. 그리고 개인적 관점은 사립학교 또는 독립학교(국가에서 지원을 받지 않는)와 언스쿨링[unschooling]과 같

〈표 2.1〉 Prakash와 Waks의 수업을 바라보는 네 가지 관점

	좋은 것이란 무엇인가?	교육의 목적은 무엇인가?	학습이란 무엇인가?	교사는 무엇을 해야 하는가?
기술적 관점	- 효율성 - 숙달	- 높은 학업성취도를 양산하는 것 - 수치화할 수 있는 결과에 대해서 생산적인 방법으로 학생들을 다루는 것	- 기억 - 문제해결: 규칙에 사실 적용	- 암기 습득을 위한 정보를 제공하라.
합리적 관점	- 훈련된 사고 - 창진[initiation] - 상상력	- 가치로운 활동에 학생을 참여시킴으로써 가치를 전달하는 것 - 학생들의 인지적 사회화	- 문제해결: 고차원의 창의적이고 논리적 능력 - 복합적 스키마 형성	- 학습자들이 교과의 구조를 알 수 있도록 하는 생각과 개념을 제시하라. - 토론과 프로젝트를 이끌어라.
개인적 관점	- 자아 실현(개별적으로 자신의 잠재력에 도달하도록 함)	- 개인이 고유의 목적에 이르는 길을 계발할 수 있도록 하는 기회를 창안하는 것	- 자신의 실수와 경험으로부터의 학습 - 자기 성찰 - 내면과의 접촉을 통해 자아 중심적 존재가 되는 것	- 독립적으로 활동하게 하고, 개별적으로 인지하게 하라. - 탐구를 위한 자원과 공간을 제공하라.
사회적 관점	- 공동 선의 맥락에서 개인적 발달 - 사회적 책임감	- 민주 시민의 삶을 살 수 있는 역량을 제공하는 것 - 사회의 이슈와 관련된 문제를 확인하고 해결하는 능력을 가르치는 것	- 집단과 상호작용 - '나'에서 '우리'로의 사고 전환 - 학생들이 의미 있는 문제와 관련지을 때까지 교과목에 집중	- 집단 프로젝트 혹은 활동을 위한 선택의 기회를 제공하라. - 문제를 확인하고 해결하도록 촉진하라. - 리더십을 가르쳐라.

이 전통적인 교육적 시도와는 거리가 먼 시스템 내에서 적용되는 관점이다. 그러나 영향력 있는 몇몇 공립학교에서는 교육개혁의 일환으로 개인적 주체화를 수용하고 있다(Darling-Hammond & Friedlaender, 2008; Wolk, 2010). 따라서 개인적 주체화를 강조하는 학교에서는 학생들이 교육과정을 계획하는 데 있어 주된 역할을 하고 스스로 교육활동을 하도록 지원해 준다. 여기서 교사는 학생들에 대한 조력자의 역할을 하게 된다.

오늘날 더욱 지지를 받고 있는 관점으로 사회적 관점이 있다. Bellamy와 Goodlad(2008: 566)는 "학교의 사명은 학생들이 민주적 사회에 적극적으로 참여하는 사람이 되기 위한 각종 지식, 기능, 성향을 갖도록 하는 것이다"라고 주장한다. 또한 Banks(2008)에 따르면 학교는 세계화 시대에 발맞추어 학생들에게 시민의 자질을 준비할 수 있도록 해야 한다고 강조한다. 민주시민 의식을 갖추게 하기 위한 실천의 한 가지 예로는 학생 포트폴리오를 들 수 있다. 이 포트폴리오에서 학생들은 지역사회의 정치적 과정에 참여한 입안자의 역할에 대해 설명한다(Glickman, 2009). 여러분이 살고 있는 지역에 가장 널리 퍼져 있는 관점은 앞서 네 가지 관점 중에 어떤 관점인가? 혹시 기술적 관점에서 벗어나 있는 관점을 발견할 수 있는가?

현장 교사들은 이러한 관점 중에서 어떤 관점을 견지하고 있는 것처럼 보이는가? 다음에 제시한 〈표 2.2〉는 이 교사와 안 교사의 수업에 대한 관점을 간략히 보여준다. 〈표 2.1〉에 제시된 관점 중에서 이 교사와 안 교사의 관점과 같은 것을 찾아보라. 이 교사와 안 교사는 학생들이 서로 소중하게 여기고, 집단에서 과업을 잘할 수 있도록 도와주는 일이 교사가 할 일이라고 생각한다. 또한 이 교사와 안 교사는 학생들의 욕구를 충족시키기 위해 자신의 수업 방법을 조정하고, 학생들이 중요한 문제를 해결하는 데 적극적인 자세를 갖도록 촉진자의 역할을 한다. 이러한 입장들은 사회적 관점과 어느 정도 일치한다. 그러나 이 교사와 안 교사의 관점을 반드시 사회적 관점이라고만은 할 수 없다. 왜냐하면 이 교사와 안 교사는 자신의 관점에 따라 중핵적인 영역을 가르치고, 학교교육의 맥락 내에서 학생들에게 문제해결능력을 습득시키기 위한 수업계획을 하고 있기 때문이다. 사회적 관점에 대한 일부 급진주의자들은 사회를 재건하기 위해 학교를 활용해야 한다고 제안한다. 기술적 관점으로 이 교사와 안 교사를 바라보았을 때는 두 교사 모두 각종 기본적인 기능들의 습

〈표 2.2〉 두 교사의 수업철학 비교

	이 교사	안 교사
좋은 사회에서 살고 있는 좋은 사람이란 누구인가?	- 그릇된 행동을 하기 전에 조치를 취하는 사람 - 현재 삶의 질을 향상시키기 위해 주변과 조화롭게 살고, 지식을 습득하는 사람	- 문화적 다양성을 인지하고, 받아들일 수 있는 사람 - 일하고, 서로 어울리며, 친절과 존중이 조화를 이루는 사람 - 지식을 추구하기 위해 열정적으로 참여하는 사람
교육의 목적은 무엇인가?	- 동등한 기회를 창안하는 것 - 학생들이 목적과 꿈을 갖도록 하는 것 - 사고를 확장시키는 것 - 자부심과 캐릭터를 형성하는 것	- 참여하는 삶을 이끌어 내는 것 - 사회적 발달을 장려하는 것 - 개별적인 열정을 발견하도록 기회를 제공하는 것 - 지역사회에 적극적으로 참여하도록 하는 것 - 평생학습을 장려하는 것
모두가 배워야 하는 것은 무엇인가?	- 새로운 아이디어 산출에 공헌하고, 사회를 이해하는 민주시민에 대한 것 - 문제해결능력	- 교과목에 도전하는 적극적인 태도 - 교과목을 실제 세상에 적용하는 것 - 민주시민으로 참여하기 위한 방법
학습의 본질은 무엇인가?	- 상호작용을 통한 사전 정보의 구축 - 질문을 하는 것 - 이해하는 것(단순한 기억은 아니다) - 직접 해보고, 관찰하고, 읽는 것	- 사전 정보와 새로운 경험을 비교하는 것 - 시행착오 - 보는 것Watching - 자연법칙의 표현을 검토하는 것Examining physical representations - 집단과의 상호작용 - 안전한 환경 속에서 발전되는 것Fostered by safe environment
탁월한 수업이란 무엇인가?	- 다수의 학생들이 목표에 도달하도록 하는 것 - 학생의 학습을 풍부하게 하기 위해 각종 수업 방법의 변화를 유연하게 받아들이는 것	- 교육과 아이들에 대한 열정을 유지하는 것 - 사회에서 요구하는 바람직한 조처 내지 행동에 대해 모범을 보이는 것 - 모든 학생들의 욕구에 도달하도록 헌신하는 것 - 학습의 다양한 방식과 속도를 감안하여 계획하는 것 - 학습자의 자존감을 존중하는 것 - 배경지식을 활용하는 것

듣을 매우 강조하지만, 집단과의 관계에 대해서는 상대적으로 덜 강조한다. 다음에 제시한 이 교사와 안 교사의 과업을 검토하며 여러분은 두 교사가 견지하고 있는 관점에 대해 생각해 볼 수 있을 것이다.

Prakash와 Waks(1985)에 따르면 중립적인 철학은 없다고 한다. 여러분이 알고 있는 가장 일반적인 관점은 무엇이고 그러한 관점의 장점은 무엇인가? 만약 단점이 있다면 무엇인가?

교사는 현재 존재하고 있는 관점들을 검토해 봄으로써 아직 검토하지 않는 관점과 관련한 질문에 다양하게 답변할 수 있다. 또한 최선의 관점을 견지하기 위해서 자신의 관점에 대해 계속해서 사고해야 한다는 사실을 깨닫게 된다. 수업에 대한 교사의 관점들은 분리되어 있는 이상적인 것이 아니라 아이들에게 가장 큰 영향을 미치는 매우 중요한 문제이다.

자신의 관점 계발

물고기는 물 속에 있지만, 결코 물을 볼 수 없다. 겉으로 보기에 비교적 간단한 교육적 질문에 대해 여러분은 물고기의 입장이 되는 것이고, 다음과 같은 교육적 질문에 답하는 것은 여러분에게 보이지 않는 세상에 대해 탐구하라는 것과 유사하다. 따라서 교육에 대한 질문들을 고려하는 것은 세상은 어떻고, 어떠해야 하는지에 대한 여러분의 암묵적인 관념을 드러내는 것을 의미한다. 또한 그러한 관념들은 교사 자신이 견지하고 있는 여러 관점들로 대체하여 생각할 수 있다.

다음 질문을 가지고 교사로서 자신의 관점에 대해 생각해 보라. 단, 유명한 사람들의 말을 인용할 필요는 전혀 없다. 각 질문들에 대한 답을 1쪽 이상 작성하지 마라.

1. '좋은' 사회란 무엇인가? 좋은 사회에서 살고 있는 선한 사람은 누구인가?
2. 교육의 목적은 무엇인가?
3. 모두가 배워야 하는 것은 무엇인가? 왜 그러한가?
4. 학습의 본질은 무엇인가?
5. 탁월한 수업이란 무엇인가?
6. 학교는 무엇을 해야 하는가?

아마 여러분은 이러한 질문에 대해 해석하기가 다소 힘들 수도 있을 것이다. 이러한 질문을 통해 여러분은 자신이 생각한 것이 무엇인지를 발견하게 되고, 자신이 중시하는 신념을 포착해 낼 수 있다. 어떠한 방식으로든 이러한 질문들에 대해 답해 보라. 하지만 기술적 관점이나 사회적 관점 등의 생각에 고정되어 답하기 보다는 이러한 관점에서 벗어나 자유롭게 생각해 볼 필요도 있다.

우선 이러한 질문의 답에 대한 초안을 간단히 작성한 후에 그 답들이 일관성이 있는지 확인하라. 만약 일관성이 없다면 그 답들을 일관성이 있도록 수정하라. 그리고 불필요한 말들을 제거하고 자신이 질문에 답한 내용을 큰 소리로 읽어본 후, 친구들에게도 읽어줘라. 다음의 수업 팁은 다소 섬뜩할 수는 있으나, 그런 맥락을 떠나서 여러분이 수업에 대한 올바른 관점을 갖고 있는지 아닌지에 대한 단서를 제시한다. 이를 통해 앞의 질문들과 관련하여 교사 자신의 관점을 구성하는데 도움이 될 것이다.

'좋은' 사회란 무엇인가? 좋은 사회에서 살고 있는 선한 사람은 누구인가?

"'좋은' 사회란 무엇인가? 좋은 사회에서 살고 있는 선한 사람은 누구인가?"라는 질문들을 고려하는 것은 교사 자신의 수업관을 음미하는 일이다. 이와 관련하여 좋은 사회에서 중요시하는 가치와 신념에 대해 고민할 수 있는 세 개의 팁을 다음과 같이 제시하였다.

1. '좋은' 사회란 무엇인가? 라는 질문에 대해 다시 확인하라. 많은 사람은 가장 열악한 사회 구성원들을 다루는 방법을 살펴보는 것이 진정한 사회에 대해 확인하는 법이라고 말한다. 여러분은 이 말에 동의하는

수업 팁

어느 교사의 비문碑文

비문은 사람의 무덤, 명판, 묘비, 과거의 인생을 기념하기 위해 새겨진 글이다. 비문들은 보통 짧고 풍자적이다. 시인들은 다른 사람들처럼 종종 자신만의 비문을 만든다. 예를 들어, 파이(π) 값 계산에 인생을 바친 수학자인 루돌프(Ludolph van Ceulen, 1550-1610)는 그의 묘비에 파이(π) 값을 새겼다. 또 다른 수학자인 폴 에어디시(Paul Erdos 1913-1996)는 "결국 나는 어리석지 않다"라고 비문에 새겼다. 다양한 역사적 비문들을 찾아보라. 그 다음 여러분 자신의 비문을 작성하라. 그리고 그렇게 살기 위해 노력하라.

가? 예를 들어, "신체적 장애를 갖고 있는 아이들을 어떻게 다룰 것인가?"의 문제가 바로 그것이다. 여러분은 이러한 구성원들을 포함한 좋은 사회에서 어떠한 책임들을 확인할 수 있는가?

2. 1장의 [그림 1.1]을 다시 보라. 이는 여러분이 가르치고 있는 하나의 체제를 고려하도록 해 줄 것이다. 사회가 여러분에게 요구하는 기대들에는 어떤 것들이 있을까? 여러분은 그러한 기대에 부응하도록 사회에서 가능한 것에 대한 관점을 어느 정도 형성할 수 있는가?
3. 좋은 인간, 좋은 사회가 견지해야 하는 열 가지의 핵심적 가치와 특성을 열거하라. 그러나 그 이상의 목록을 만들기 위해 노력하는 것은 중요하지 않고 교사 자신에게도 많은 도움이 되지는 않을 것이다. 자신만의 목록을 만들기 위해 노력하고, 다른 것과 비교해 보라. 내가 생각하는 보편적 가치 중 핵심적인 것은 다음과 같다.

동정	존중	관용
평등	봉사	평화
자유	정의	통일성
정직	책임감	

이것들 중에서 여러분이 가치 있다고 보는 것은 무엇인가? 위 가치들 중 삭제할 필요가 있는 것은 무엇인가? 어떤 가치를 더 추가하고 싶은가?

교육의 목적은 무엇인가?

교육의 목적에 대해 고려할 때, 사회가 어떻게 사람들을 바람직하게 할 수 있는

지에 관해 생각해 보라. 좋은 인간, 좋은 사회와 관련해 여러분이 작성한 가치와 신념들의 목록을 다시 살펴보라. 교육이 '좋은 사회'를 창안하는 매개체가 되는가? 개별적 민주시민을 양성하기 위한 매개체로 교육에 초점을 두는 경우도 있다. 다음은 마틴 루터 킹(King, 1947)의 에세이 중 일부분을 발췌하였다. 교육의 목적에 관한 다음의 에세이는 대학생들을 위해 작성되었다.

> 그러므로 교육의 기능은 학생들이 집중적이고 비판적으로 사고하도록 가르치는 것이다. …〈중략〉… 우리는 인간이 지닌 지능만으로는 충분하지 않다는 것을 기억해야만 한다. 지능은 진정한 교육의 목적을 달성하기 위한 추가적인 하나의 특징일 뿐이다.

교육의 목적에 대해 교육이란 다음 세대가 현 세대에 존재하는 최상의 것을 전달하는 것이라는 주장도 있다. 예를 들어, 영국 수필가 Chesterton은 "교육은 하나의 세대에서 다른 세대로 지나가는 사회의 영혼이다"라고 썼다. 여전히 많은 사람들은 교육을 통해 사회를 변화시킬 수 있을 것이라 생각한다. 여러분의 관점은 어떠한가? 교육을 통해 성취할 수 있고, 성취해야만 하는 것은 무엇인가?

교육에 대해 폭넓게 생각하라. 교육과 학교는 같은 개념이 아니다. 가르치는 것에 대한 다양한 매커니즘과 교육의 목적을 이루기 위해서 어떻게 해야 할지에 대해 생각해 보라.

모두가 배워야 하는 것은 무엇인가? 왜 그러한가?

'모두가 배워야 하는 것은 무엇이고 왜 그러한지'에 대한 고민은 각각의 사회 구성원들에게 교과목을 가르치는 것이 충분히 중요한지에 대해 생각할 기회를 제공할 것이다. 예를 들어, 한국에는 문화적으로 다양한 아이들이 존재한다. 따라서 이러한 상황에서 교사는 학생들이 무엇을 배워야 하는 지에 대해 신중하게 결정할 필요가 있다. 다양한 흥미와 욕구를 가진 학생들이 '좋은 사람'이 되고, 사회에 기여하거나 사회를 변화시키도록 하는 데 도움이 되는 최선의 교육내용은 무엇인가?

단지 전통적인 교육내용이 무엇인지에 대해 고려하기 보다는 사회적 쟁점, 각종 기능, 가치, 역량에 관해서 생각해야 한다. Theodore Roosevelt는 '인간을 대상으로 교육할 때 도덕적인 측면을 소홀히 여기면, 사회에 부정적인 영향을 끼치는 사람을 길러낼 수 있다'라고 생각했다. 여러분은 학생들이 왜 교사가 제안한 것을 배워야 하고, 그렇지 않은 것을 배우지 말아야 하는 지 설명할 수 있겠는가. 이러한 물음은 사회에서 숙달되어야 하는 핵심적이고 공통적인 학습에 관한 것이다. 이에 따라 여러분이 고려해야 할 다섯 가지 팁은 다음과 같다.

1. 앞서 여러분이 작성한 좋은 인간이 갖추어야 할 가치, 특성, 지식, 기능의 목록을 되돌아보라. 여러분이 판단하기에 좋은 사람은 선천적으로 타고난다고 생각하는가? 아마 완전히 그렇지는 않을 것이다. 사람들은 이러한 긍정적인 요소들을 학습한 것이다. 여러분이 앞서 열거한 좋은 사람과 좋은 사회에 대한 특성을 살펴보라. 그리고 좋은 것을 얻기 위해 사람들은 어떠한 지식, 가치, 기능들을 배워야 하는 지 밝혀라. 이것이 바로 중핵 교과다.
2. 공간적 측면에 초점을 두어 학교에서의 경험을 마음속에 그려 보라. 다른 학교나 장소에서 기초적인 것이 아니라고 생각했던 것 중에서

'기초적인 것'은 무엇이었는가? 다양한 언어, 춤, 악기, 기하학에 대한 학습은 장소에 따라서 기초적인 것이라 여겨지기도 한다. 또한 기초교과에 대한 생각은 국가에 따라 다를 수 있다. 예를 들어, 미국의 교육과정에서는 산수와 같은 기초교과목에 수년간 초점을 맞추었던 반면, 높은 교육 수준을 갖고 있는 그 밖의 다른 나라의 교육과정에서는 학년 수준에 맞는 기초교과에 초점을 맞추었다.

3. 시간적 측면에 초점을 두어 학교에서의 경험을 마음속에 그려 보라. 여러분은 지식은 불변하고 시간이 지나도 영원히 남는다고 생각할 수도 있다. 반면에 이와 대비되는 관점으로 '세계는 변한다'는 관점도 존재한다. 이러한 관점을 고려해 본다면 여러분은 지식과 각종 기능들을 우리가 처한 상황에서 발견해야 한다. Adams(1780)는 그의 부인에게 보낸 편지에서 다음과 같이 말한다. "내 아들들이 자유롭게 수학과 철학을 공부하도록 나는 계속해서 각종 정책들과 전쟁에 대해 연구해야만 합니다"라고 말이다. 세계가 계속해서 변화한다는 것은 그곳에 처해있는 사람들에게 핵심적인 지식의 변화를 요구한다.
4. '모든' 교과목이 중요하다고 생각하지 마라. 알려져 있는 모든 것을 배운다는 것은 불가능하다.
5. 교사는 매우 다양한 집단을 교육시키고 있다는 점을 상기하라. 교사는 개인의 차이성에 대해 다양하게 고려해야 한다. 예를 들어, '영재 학생에게 발달이 지체된 학생과 같은 교육과정을 운영해야 할 것인가?'와 같은 질문을 해 볼 수 있다. 여러분이 이러한 갈등에 대해 고려하는 것은 여러분이 중요하다고 생각하는 주제 혹은 결과들에 대한 목록을 열거하는 데 도움을 줄 수 있을 것이다. 즉, '모든 학생들이 학습내용을 성취하는 데 목표를 둘 것인가?' 아니면 '일부의 학생들이 학습내용을 성취하는 데 목표를 둘 것인가?'에 대해 고려하라.

요컨대, 교과목에 대해 폭넓게 생각하라. 교과목은 학교에서 교과를 통해 이루어지는 각종 수업 외에 인생 수업도 포함된다. 단지 학교는 교육하는 기관 중 하나일 뿐이다.

학습의 본질은 무엇인가?

학습의 본질은 지식의 본질, 학습자의 본질, 학습해 나가는 과정을 포함하는 개념이다.

지식의 본질에 주목하여, 자신에게 다음과 같은 질문을 해 보라. 지식은 불변하는가 혹은 일시적인가? 지식은 객관적인가 혹은 주관적인가? 지식의 본질에 대해 검토하는 철학의 지류를 인식론이라고 한다. 여러분의 인식론적 신념은 가르칠 내용과 방법에 대한 의사결정에 영향을 준다. 예를 들어, 증거에 따라 변화한다고 생각하는 과학적 지식에 대한 신념은 학생들에게 증거에 대한 선호와 같은 가치, 가설 검증과 같은 기능을 학생들에게 가르쳐야 하는 의무를 야기한다.

이번에는 학습자의 본질에 주목하여, 자신에게 다음과 같은 질문을 해 보라. 사람들은 선천적으로 악한가 혹은 선한가? 일반적으로 사람들에 대한 여러분의 신념은 무엇인가? 사람들은 보통 옳은 일을 할 것인가 아니면 그렇게 하기 위해 외부적인 동기가 있어야만 하는가? 인간의 본성과 관련한 신념은 어떻게 교실을 관리하고 학생들과 상호작용할 것인가와 같은 교실 의사결정에 반영될 것이다.

끝으로 학습의 본질에 주목하여, 자신에게 다음과 같은 질문을 해 보라. 모든 인간들이 어떤 것을 배우는 과정은 무엇인가? 우리는 환경으로부터 어떻게 정보를 얻고, 의미를 창출하고, 그 정보를 활용하는가? 학습 선호도에 대한 적절한 차이성들은 무엇인가? 이것과 관련해서 한 가지를 제안한다면 "모든 사람이 각자 다른 방식으로 학습한다"는 식의 결론은 그다지 효과적이지 않다는 것이다. 인간의 학습에 대하여 모든 사람이 합의한 공통적인 부분을 찾을 수 없다면, 학생의 요구에 부응하려는 교사의 시도는 헛된 일이 될 것이다.

탁월한 수업이란 무엇인가?

1장을 읽으면서 탁월한 수업에 대하여 고민해 보았을 것이다. 즉, 수업이 일반적인 노력과는 어떻게 다른지, 교사로서의 전문적 역량의 영역은 무엇인지, 탁월한 교사는 다른 교사와 비교해서 과연 어떻게 다른지에 대해 생각해 보았을 것이다. 다음의 다섯 가지 질문 목록은 이와 같은 생각에 힘을 실어주는 원동력이 될 것이다.

1. 탁월한 교사에게 요구되는 일련의 개인적 특성이 과연 존재할까? 어느 정도 수준이 되어야 '좋은 사람'의 표본인 탁월한 교사라 할 수 있는가? 만약 탁월한 교사가 존재한다면, 좋은 사람의 모범이 되어야 하는 탁월한 교사만의 특수한 의무는 무엇인가?
2. 어느 정도 수준이 되어야 '바람직한 사회'의 필수적인 구성원인 탁월한 교사라고 할 수 있는가? 탁월한 교사는 바람직한 사회를 형성시키는 어느 정도 수준에서 활동해야 하는가?
3. 탁월한 교사가 되기 위해서는 좋은 사람이 되는 것만으로 충분한 것인가? 탁월한 교사는 일련의 특별한 전문적 기능으로 대표되는 것들을 알거나 할 수 있다는 점에 여러분은 어느 정도 동의하는가? 그러면 탁월한 교사가 지녀야 하는 전문적 지식, 각종 기능, 능력이란 과연 무엇인가?
4. '탁월한 교사는 좋은 학습자가 되어야 한다'는 점이 과연 얼마나 중요할까?
5. 탁월한 교사들이 지녀야 하는 도덕적, 윤리적 책임은 무엇인가?

학교는 무엇을 해야 하는가?

학교의 역할에 대해 고려할 때, '학교'란 사회에서 교육을 담당하는 여러 기관 중 하나라는 점을 명심하라. 홈 스쿨링home schooling과 언스쿨링unschooling(Holt, 2004)과 같은 노력들은 학교가 교육을 담당하는 기관 중 하나라는 점을 보여준다. '사회적 교육과정'에는 각종 매체, 가족, 이웃, 종교기관, 청소년 단체 등이 포함된다(Cortes, 2000). 학교 교육만이 가지는 특별한 공헌점은 무엇일까? 다음과 같은 질문에 대답해 보라.

1. 학교가 해야 하는 것은 무엇인가? 교사의 임무는 무엇인가? 학생이 국어와 수학에 대한 높은 성취를 거둘 수 있도록 추구하는 것이 교사의 유일한 목적이라 할 수 있는가?
2. 좋은 사회를 구현하는 것이 학교의 역할이라고 볼 수 있는가? Berliner(2006)는 학교는 거대한 사회적 문제를 해결하라고 촉구하는 반면, 사회의 구성원들은 학생들의 학업성취 차이에 영향을 미치는 가난과 같은 근본적 원인들을 무시하고 있다고 주장하였다.

이러한 질문들에 대한 답을 고민하다 보면 교육에 대한 자신만의 입장을 구축하게 될 것이다. 그러한 입장은 교사로서 우선순위를 정하고 전문적인 의사결정을 내릴 때 유용한 길잡이가 될 것이다.

자신의 관점 활용

자신의 관점은 연간 계획, 매 차시수업, 수업 중 학생과의 상호작용, 수업에 대한 교사의 의사결정에 모두 반영되어야 한다. 또한 수업에 대한 관점은 교사가 직접적으로 해야 하는 진술로 나타나야 한다. "무엇을 가르쳐야 하는가?"와 "학생들을 어떤 방식으로 나누어야 하는가?"와 같은 물음들은 철학적이고 경험적인 증거에 기초해 답이 내려져야 한다(Fenstermacher & Richardson, 2005). 그리고 교사의 관점을 풍부하게 하고, 수업에 관해 전문적인 의사결정을 내리는 데 도움이 되는 교육 연구의 내용을 활용해야 한다.

여러분의 관점은 단기적인 수업 의사결정에 유용한 길잡이가 될 수 있다. 어떤 교사는 자신의 관점을 한 문장으로 압축하고 그것을 색인 카드에 적어 계속 모아둔다. 그 교사는 근심이 생기고 기운이 빠질 때면 퇴근 전 그 카드들을 넘겨본다. 자신이 카드에 적혀 있는 대로 일을 잘 처리했다는 생각이 들면 행복해진다고 한다.

학생의 경우 이와 관련된 연구에서 한 문장 대신, 한 단어로 자신의 관점을 압축하는 것이 더 효과적이라는 점을 발견하였다(Guillaume, Yopp, & Yopp, 2007). 또한 그 단어가 자신들의 하루 일과를 어떻게 이끌어주는가에 대해 생각하는 것이 얼마나 좋은지 알게 되었다. 이 점을 반영하여 '열정, 배려, 협동, 고군분투, 책임' 등과 같은 단어들을 새롭게 목록에 포함시켜 자신의 관점을 정리하였다. 어떤 교사는 자신의 관점을 게시판에 제시하거나 수업 중 말로 표현하며 자신의 관점을 학생들과 공유한다. 또한 자신의 관점을 고수하는 범위 내에서 학생들에게 익명으로 피드백을 받기도 한다. 다음에 제시한 수업 팁 '교사의 책무성 실현을 위한 자신의 관점 활용'에서 다른 아이디어들을 확인하라.

장기적으로 수업에 대해 판단할 때도 자신의 관점을 활용하라. 교사가 장기적인 수업계획이나 평가를 다루는 학교의 각종 위원회에서 일을 할 때, 전문가로서 여러분이 추구해야 하는 전체적인 윤곽과 관련해서 의문을 계속해서 제기하라. 동료가 의견을 제시할 때 교육의 목적에 관한 동료의 신념을 귀담아 들어라. 그리고 공통점을 찾아보라. 또한 언제 여러분이 그러한 행동을 수업에서 선택할지 상기시켜 보라. 필요하지 않다면 선택하지 않아도 된다. 예를 들어, 여러분이 모둠 프로젝트를 주로 한다면 학생들은 개별적인 학습 기능을 경험하는 기회가 줄어들 것이다. 장기적인 관점에서 탁월한 성취와 관련해 여러분의 선택을 점검하라.

마지막으로 여러분의 관점을 수정하라. 여러분은 이미 많은 인생 경험을 했기 때문에 자신의 관점은 시간이 지나도 급격하게 변하지는 않을 것이다. 생각이 깊은 교사는 자신의 경험을 토대로 자주 자신에 대해 반성하고, 반성을 통해 자신의 생각을 개선하려고 노력한다.

마무리

오늘날 교사가 주의해야 할 점은 대단히 많다. 또한 부족한 시간에 비해 숙달해야 할 기준이나 결과 목록들도 매우 많다. 우선 처리해야 할 일들이 상충되기도 한다. 교사인 여러분이 중요하게 생각하는 것에 관해 분명한 초점을 유지해야 한다. 왜냐하면 이를 통해 여러분은 바쁜 하루를 마무리하며 여러분의 노력이 이 세상에 기여했는지 여부를 판단하는 데 도움을 줄 수 있기 때문이다. 교사가 잘 형성된 교육관을 갖는다는 점은 여러분이 전문적 책무성의 한 부분인 학교 정책, 수업 실천, 위원회, 교과 외 교육과정의 의무에 대한 역할을 하도록 도움을 줄 수 있다.

1, 2장을 통해 여러분은 수업의 본질과 교육에 대한 비전을 이해하기 위한 기반을 마련할 수 있을 것이다. 이러한 기반은 다음 장부터 제시되는 수업계획, 수업, 평가, 교실 관리에 대해 교사가 전문적인 의사결정을 내리는 데 도움이 될 것이다.

수업 팁

책무성 실현을 위한 수업관을 활용할 때 고려사항

교육적 책무성에 대한 이상을 실현하는 데 자신의 관점을 활용하기 위해 다음의 팁들을 시도해 보라.

1. 시험점수에 구애받지 마라. 여러분은 능숙하고 배려심이 있는 미래의 시민을 양성하기 위해, 학생들의 학습을 돕고 사회적 기능을 사용하도록 하는 것을 최우선으로 두어야 한다(Garrett, 2006). 학문적인 목적과 더불어 중요한 사회적 목적에 초점을 두는 데 도움이 되는 교사의 관점을 활용하라. NASP(National Association of School Psychologists, 2002)는 사회적 기능을 다음과 같은 네 가지 범주로 나눈다.

   - 생존 기능(예, 소소한 주의산만을 무시, 자신이 추구하는 방향을 고수하는 것)
   - 대인관계 기능(예, 활동에 참여하고 공유하는 기능)
   - 문제해결 기능(예, 결과에 대해 인정하고, 수용하는 기능)
   - 갈등해결 기능(예, 동료로부터 받는 사회적 압력이나 갈등을 다루는 것)

2. 교사가 가르치려고 하는 독자적인 목표보다는 국가 혹은 지역 수준의 교육과정을 고려하라. 바람직한 학교는 학습에 대한 좁은 범위를 넘어 더 넓은 범위의 비전을 향해 나아간다(Keller & Bichelmeyer, 2004).
3. 교사의 전문적인 포트폴리오 원리를 조직하는 데 자신의 관점을 활용하라.
4. 여러분의 관점을 교실에 잘 보이는 곳에 게시하라. 여러분이 하루를 마치기 전에 구체적인 방식으로 여러분의 관점을 어떻게 실행했는지 적어도 한 가지 사례에 대해 스스로에게 물어보라. 그리고 내일 실천할 목표 한 가지를 설정하라.

이론에서 실천으로

1. 잠재적 교육과정이나 영 교육과정처럼 교실에 숨겨져 있는 교육과정에는 어떤 것들이 있는지 학생들에게 물어보라. 중 · 고등학생들은 교사의 별다른 설득 없이도 그들의 경험을 잘 말하곤 한다. 예를 들어, 한 중학생은 '학교의 수준별 학급편성만으로 몇몇 학생들이 다른 학생들보다 더 똑똑한 학생으로 평가받는다'라고 인식하고 있었다. 나이가 어린 학생들은 다음과 같은 구체적인 물음에 반응하기도 한다. "여러분은 학교에서 자신이 잘 하고 있는지 여부를 어떻게 파악하나요?", "교사들이 좋아하는 행동은 무엇인가요?", "여러분이 알고 싶지만 학교에서 배우지 못하는 내용은 무엇인가요?" 여러분은 학생들의 이러한 반응에서 어떤 본보기를 찾을 수 있는가? 이에 따라 좋은 결과를 얻었는가?

2. 수업관이 다른 네 명의 교사를 가지고 가상으로 인터뷰를 했다. 〈표 2.1〉의 기술적 관점, 합리적 관점, 개인적 관점, 사회적 관점을 참조하여 각 교사의 관점이 무엇인지 답해 보라.

1) 교실에서 나는 많은 _____을 하려고 노력한다.

김 교사: 나는 학생들이 자신의 활동을 선택할 수 있는 기회를 주려고 한다. 학생들은 자신의 흥미를 따를 필요가 있다.

박 교사: 나는 학생들이 실생활의 문제에 대해 알 수 있는 자료를 준비하려고 한다. 학생들은 그 문제에 대해 이야기하는 경험을 할 필요가 있다.

한 교사: 나는 학생들이 중요한 사실을 기억할 기회를 주려고 한다. 이 사실들은 학생들의 삶에 많은 도움을 줄 것이다.

곽 교사: 나는 학생들이 한 분야에서 전문가(예를 들어, 예술가나 과학자)와 같이 생각할 수 있는 기회를 주려고 한다.

2) 여러분은 _____ 할 때 교실에서 학생들이 문제를 해결하고 있다는 것을 알게 될 것이다.

김 교사: 학생들이 자신의 명백한 관점을 가지며, 문제 상황에 직면했을 때 그 정보를 활용하는 것이 문제해결이다.

박 교사: 학생들이 실제 사회에서 정당한 것을 발견하고, 그것에 대해 실제로 어떤 일을 할 수 있는 마음과 용기를 보여주는 것이 문제해결 과정이다.

한 교사: 학생들이 더 복잡한 연습문제를 해결하기 위해 자신이 알고 있던 사실을 활용할 때, 비로소 생각이 떠오를 것이다.

곽 교사: 학생들이 창의성과 논리를 활용해서 교실의 문제를 해결하고, 새로운 것을 만들어 낼 때 비로소 자신들이 문제를 해결하고 있다는 사실을 알게 된다. 교사는 학생들이 떠올린 것을 주의 깊게 검토해 보아야 한다.

3) 학생의 학습에 대한 평가는 _____이다.

김 교사: 학생의 학습에 대한 평가는 종종 학생 개인의 품위와 자존감을 떨어뜨린다.

박 교사: 학생의 학습에 대한 평가는 학생들에 의해 형성된 기준을 바탕으로 모둠별로 이루어진다.

한 교사: 학생의 학습에 대한 평가는 정확도에 대한 객관적인 측정이 이루어질 때만 유효하다.

곽 교사: 학생의 학습에 대한 평가는 학생들의 포트폴리오를 포함하여야 한다. 포트폴리오에서

학생들은 주제에 대한 자신의 스타일과 접근 방식을 보여줄 수 있다.

4) 교사로서 나는 ____을 시도하는 데 어려움을 겪는다.

김 교사: 교사로서 나는 학습자를 내 모든 선택의 중심에 놓을 때 어려움을 겪는다. 만약 활동이 학생 개개인의 욕구를 충족시키지 못한다면 나는 굳이 그 활동을 하지 않을 것이다.

박 교사: 교사로서 나는 내가 한 말에 책임을 지는 것에 어려움을 겪는다.

한 교사: 교사로서 나는 학생들이 책을 활용하여 각종 기능들을 재미있게 가르치는 것이 어렵다.

곽 교사: 교사로서 나는 학생들과 흥미로운 도전에 함께 참여하는 일에 대해 강조하는 것이 어렵다.

5) 교사에 대한 나의 비유는 ____이다.

김 교사: '학생들이 자신을 더 잘 알 수 있게 도와주는 렌즈'

박 교사: '공공선을 위한 행위에 불을 붙이는 스파크'

한 교사: '최상의 생산품을 위해 효율적으로 재료를 활용하는 공장 지도자'

곽 교사: '학생들이 행위를 판단하는 법을 알 수 있게 도와주는 현자'

위의 가상의 문장들은 교사의 수업관을 분명하게 하기 위한 하나의 구체적인 예를 제공한 것이다.

답: 기술적 관점: 한교사, 합리적 관점: 곽교사, 개인적 관점: 김교사, 사회적 관점: 박교사

3. 교실 수업에서 발생하는 흔한 문제에 대한 다양한 관점의 영향을 떠올려 보면서 여러분의 사고를 확장하라. 이러한 다양한 이론들이 〈표 2.3〉에 열거된 요소들과 어떤 연관이 있는지 생각해 보라. 그리고 표의 빈 칸을 여러분의 관점으로 채우도록 하라. 그리고 차후의 장을 읽을 때, 〈표 2.3〉에서 여러분이 기록한 내용을 다시금 확인해 보라.

4. 학교의 운영방침을 분석해 보라. 자신이 근무하는 학교의 운영방침을 먼저 확인하라. 온라인을 통해서도 학교의 운영방침을 분석할 수 있다. 그리고 그것에 대해 여러분이 동의하는지, 그렇지 않는지에 관해 생각해 보라. 경력이 많은 교사들과 함께 학교의 운영방침이 어떻게 생성되는지 이야기해 보라. 그리고 집단적 합의, 개념적 일관성, 운영방침 제정과 같은 문제에 대해 토의해 보라.

5. 교실 수업 환경은 때때로 교사가 수업 관점을 정하는 데 장애물로 작용하기도 한다. 예를 들어, 교사는 학생들이 스스로 자신의 과업에 대해 평가하기를 원할 것이다. 그러나 교사는 표준화 평가를 해야만 하는 환경에 처해 있다. 여러분의 생각을 구조화하고 잠재적인 난관을 사전에 파악하기 위해 〈표 2.4〉를 활용하라.

6. 교사 자신의 관점을 드러내 보이기 위한 다양한 방법을 창안하라. 다음에 제시된 아이디어들 중에서 하나 또는 그 이상을 시도하라.

- 콜라주 또는 그림의 조각 활용
- 포토 스토리3 활용(무료 유틸 프로그램)
- 여섯 마디 회고록 활용(예, "나는 학습을 결코 멈추지 않겠어!")

〈표 2.3〉 자신의 수업관 설정 1

	공통된 학습 경험	적절한 수업 방법	평가 도구	숙제	학부모에 대한 기대
기술적 관점					
합리적 관점					
개인적 관점					
사회적 관점					
자신의 관점					

〈표 2.4〉 자신의 수업관 설정 2

	자신의 신념	예상되는 난관	고려한 전략
좋은 사회			
교육(학교)은 무엇을 해야만 하는가			
학생들은 무엇을 배워야만 하는가			
나는 어떻게 가르쳐야 하는가			

3

아이들의 다양성에 포괄적으로 부응하는 수업

만일 학생들이 우리가 가르치는 방식대로 학습할 수 없다면,

우리는 학생들이 학습하는 방식으로 가르쳐야만 한다.

—Ignacio Estrada

이 장을 시작하기 전에

아래의 사진을 보고, 이 교실에서 학습하고 있는 아이들이 어떤 욕구와 흥미를 가지고 있을 지 추측해 보라. 교실이 학생들에게 편안하게 다가오고, 또한 학생들의 다양성에 포괄적으로 부응할 수 있는 공간인지 알아보고자 한다. 지금 확인하거나 실천해야 할 가장 중요한 다섯 가지 사항이 있다면 무엇인가?

* 고려사항: 학생들의 신체적 능력, 문화적 요인(가정, 인구), 흥미, 학문적인 욕구, 언어 수준을 고려하시오. 또한 여러분이 이러한 상황에서 기자재를 사용했을 때 얻게 되는 장점에 대해서 떠올려 보시오.

개인의 차이성에서 나오는 풍부한 다양성은 교실에서 살아 숨 쉬고 있다.
우리는 학생들이 성공적인 학교생활을 할 수 있도록 돕기 위해
학생들의 관점, 문화, 욕구를 받아들여야 한다.
그리고 우리는 끊임없이 자문해야 한다.
"이 학생의 학습을 도울 수 있는 더 좋은 방법은 무엇인가?"
"나는 학생들의 학습을 조성하기 위해 무엇을 더 배워야 할까?"

이 장은 여러분에게 다양한 학생의 욕구와 특성에 대하여 소개하고, 교실에서 학생들의 다양한 요구에 부응하는 접근법을 제시한다.

학생들의-다양성에-부응하는-수업

학생들의-다양성에-부응하는-수업[responsive instruction]의 기본은 학생들을 서로 다르게 대하는 것에서부터 출발한다. 일부 교사들은 자랑스럽게 자신들의 목적은 모든 학생을 똑같이 대하는 것이라 반박한다. 이러한 교사는 학생들이 속한 집단이나 사전 경험에 영향을 받지 않고 학생들을 다루고자 한다. 그렇지만 Grant(1995: 10)는 다음과 같이 주장한다. "모든 학생들 개개인의 다양성과 인간성은 반드시 수용되고 지지받아야 한다. 반면 모든 집단 그리고 집단을 구성하는 모든 구성원을 동일하게 보려고만 하는 사람들은 인간의 차이성과 다양성의 아름다움을 놓치거나 부정하게 될 것

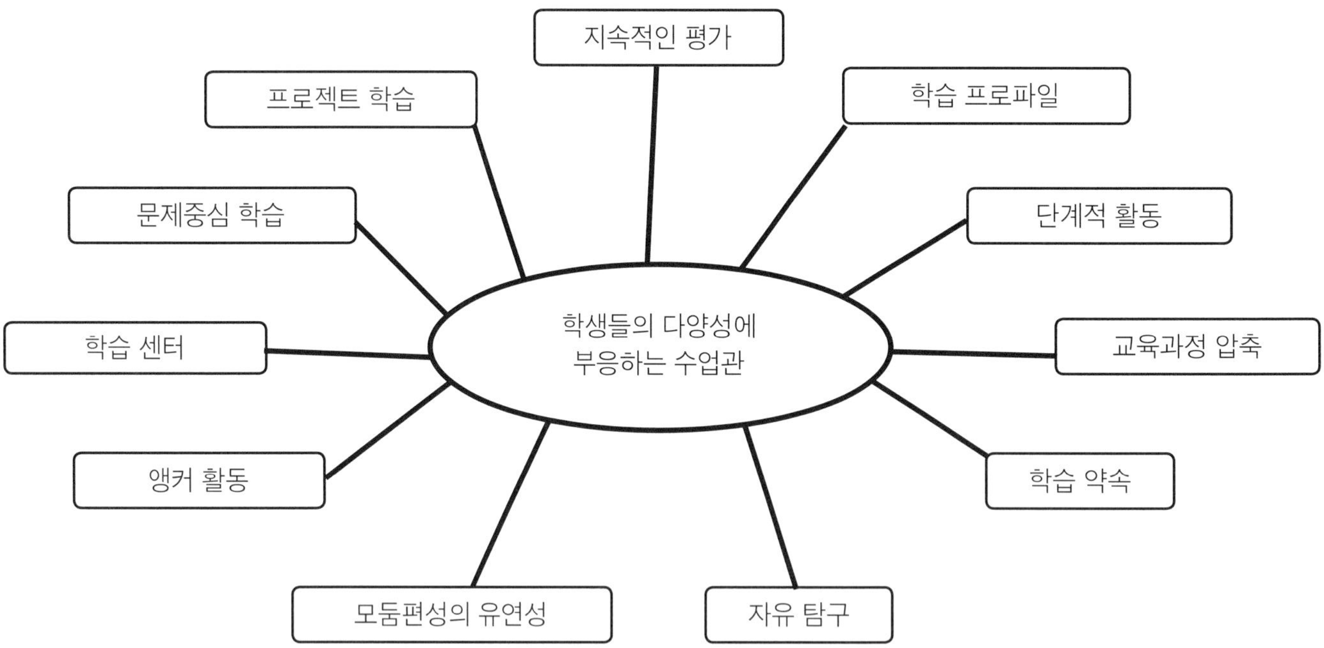

[그림 3.1] 학생들의 다양성에 부응하는 수업관: 교사들은 학생들의 완전학습을 위하여 수업을 과도하게 표준화시키는 대신 학생의 강점, 욕구, 선호도에 대한 지속적인 평가에 기초를 둔 개별 학습 계획을 수립하여야 한다.
* 출처: http://www.sde.com/

이다."

비록 모든 학생들이 높은 기대를 받고 공평하게 대우받으며 마땅히 존중받아야 할지라도, 다양한 학생들은 서로 다른 것을 필요로 하기 마련이다. 따라서 학생 각자를 똑같이 대하는 것은 본질적으로 '불공평'하다. 그러나 아직 교사 대다수가 동일성을 신봉하고 학생들을 똑같이 취급한다.

교실에서 학생들을 개별적으로 대할 수 있는 방법은 다양하게 존재한다. 여러분은 학생들의 강점을 찾을 수 있으며 수업에 그들의 흥미를 반영할 수 있다. 또한, 개별 학생들의 발달 과정을 지속적으로 평가하면서 이를 반영한 수업을 할 수 있어야 한다. 이를테면 민주적인 교실 관리, 다양한 수업전략, 다양한 자극을 주는 학습환경, 학생의 선택권 보장 등이 바로 그것이다. 학생의 욕구에 부응하려면, 여러분은 다음과 같이 실천할 수 있다. 즉, 한 가지 결과물을 얻기 위한 과제와 활동의 범위를 점차 확장하거나, 새로운 수업전략을 습득하고, 장기적인 목표를 설정하며, 학생들에 대한 개별 상호작용 방식을 변화시킬 수 있다. 이러한 교사의 활동은 시간이 다소 많이 걸린다. 그 밖에도 과업 수행 시간이 많이 필요한 학생들에게 과업의 양을 줄여주거나, 도움을 줄 수 있는 또래 학생과 같이 학습할 수 있도록 해 보라. 이러한 활동들은 시간이 적게 걸린다.

각각의-학습자-수준과-특성에-맞춘-수업

교사들은 기존의 '획일화one-size-fits'된 방식으로는 학생들의 요구를 충족시킬 수 없으며, 교사 또한 만족할 만한 수업을 할 수 없다는 점을 인식하고 있다(Hall, 2009). 교육현장의 이러한 딜레마를 풀 수 있는 좋은 해결책으로 제시되는 것이 바로 'Differentiated Instruction'(이하 DI)이다. DI는 '각각의-학습자-수준과-특성에-맞춘-수업(서명석, 2012)'으로 아이들의 차이성을 적극 '반영response'하는 수업이다.

DI는 교사가 학생들의 준비도, 흥미, 학습 프로파일 같은 다양한 차이성에 부응하도록 하는 학생 중심 접근법이다. Tomlinson(2005)은 DI를 다음과 같이 정의했다.

> "DI는 학생이 가진 차이성에 수업을 맞추어야 한다고 가정하는 수업철학이다. 교사는 학생들을 교육과정에 발을 맞추어 똑같이 행군시키기보다는, 학생들의 다양한 준비도, 학습 방식, 흥미에 부응하여 수업을 조정해야 한다. 그러므로 교사는 학습한 것을 '규명'하고 표현할 수 있는 다양한 방법을 사전에 계획한다."

또한 DI란 '학생들이 정보의 수합, 개념의 이해, 학습 결과물의 표현에 대한 다양한 선택권을 가질 수 있도록 현재의 패턴을 대대적으로 바꾸는 것'이다(Tomlinson, 2005). Hall(2009)은 DI를 같은 학급 내 다양한 능력을 지닌 학생들을 위한 접근법이라고 했으며, 개별 학생들을 위하여 수업이 '재단tailored'될 뿐만 아니라, 모든 학생들에게 통용되는 기준과 목표도 함께 중시된다는 점을 강조하였다. 교사들은 다양한 방식으로 아이들의 차이성을 포착하고 그에 대응한다. DI는 하나의 단일한 '전략'으로 설명될 수 없으며, 다양한 전략이 복합적으로 작용하는 '방법론'이라고 할 수 있다(Hall, 2009).

DI는 여러분이 학생들의 다양한 수준의 준비도, 흥미, 학습 프로파일에 부응할 수 있도록 돕는다. DI의 핵심 요소들은 본질적인 학습, 학생 선택권, 유연성, 지속적인 평가에 초점을 맞추고 있다.

DI의 효과성에 대한 연구는 아직 걸음마 단계이지만, DI가 학생들의 성취를 성공적으로 이끄는 데 효과적이라는 연구 결과가 계속 나오고 있다(Huebner, 2010). DI는 교사들이 학생의 준비도, 흥미, 학습 프로파일에 대한 정보를 수집하는 것에서부터 출발한다. Tomlinson(2005)에 따르면, 교사들은 학생에 대한 정보를 크게 세 가지 차원에서 활용하고 있다.

- 내용[Content]—학생들이 학습하는 것 또는 학생들이 학습내용에 접근할 수 있는 방법
- 과정[Process]—학생들이 내용을 파악하고 처리하는 행위
- 학습 산출물[Product]—학생들이 학습한 결과를 드러내는 장기적 시도 혹은 노력의 결과

내용[Content]

- 범위(Rock, Gregg, Ellis, & Gable, 2008): 학생들이 얼마나 다양한 학습을 필요로 하는지 알기 위해 교사들은 학생들의 평가결과를 바탕으로 그 범위를 조사한다. 검토할 내용은 다음과 같다.
  - 최저 성적과 최고 성적 간의 차이가 얼마나 되는가?
  - 분포의 나머지 부분은 어떻게 분산되어 있는가?
- 읽기 선택권(Knowles, 2009): 학생들은 좋은 문학작품을 직접 선택하여 폭넓게 읽고, 읽은 내용을 독서일

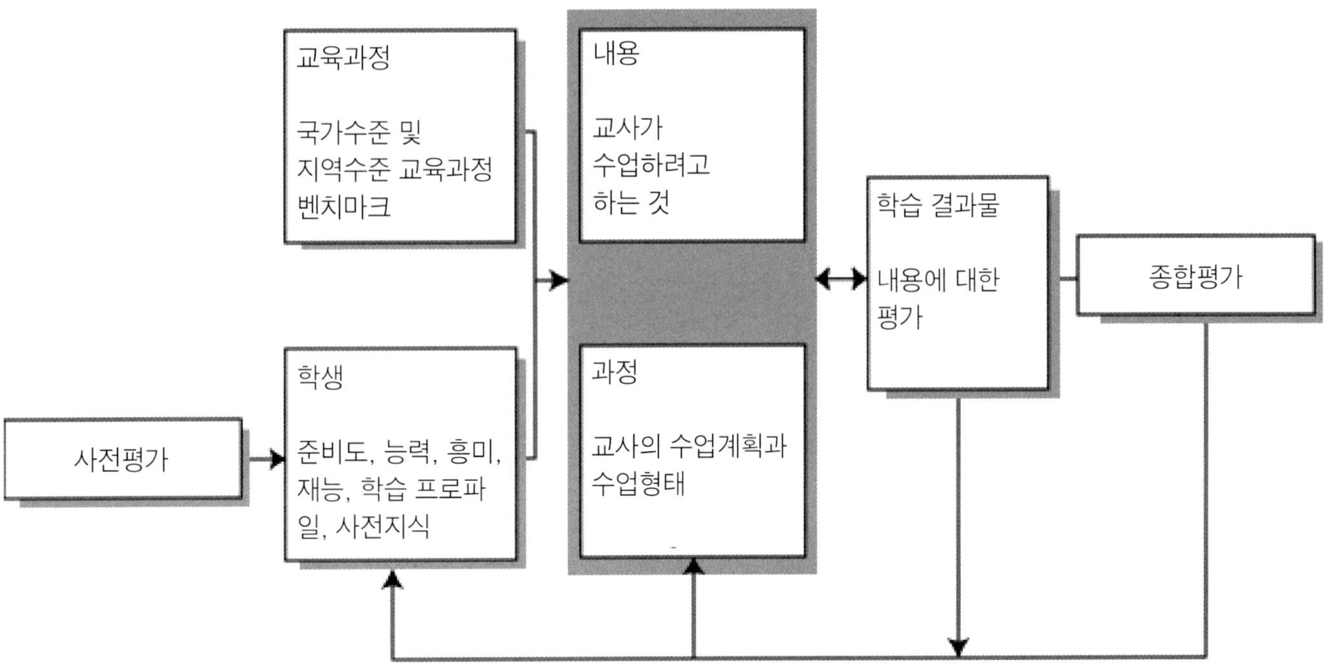

[그림 3.2] DI의 계획 및 실행에 적용되는 학습 사이클 및 의사결정 요소

지에 기록한다.

- 지원수준(Kelley & Clausen-Grace, 2009): 교사는 학생들을 관찰하며 그들에게 필요한 지원 수준과 종류를 결정한다. 한 예로, 독립적인 읽기 능력을 키워주기 위해 교사는 학생들을 관찰하면서 학생들의 수준을 구분한다. 그리고 모든 학생들이 각자의 수준에서 책을 잘 읽을 수 있도록 다양한 방법으로 지원한다. 또한, 교사는 읽기에 어려움을 겪는 학생들을 면밀히 관찰하고, 동시에 흥미로운 책을 고를 수 있도록 하는 등의 특별한 도움을 주어야 한다.
- 과제 수행(Nunley, 2006): 학생들은 학기 중 독립적인 수행 시간 동안 자신이 선택한 과제를 해결한다. 학생이 직접 주제를 선택하는 '자유탐구' 수행이 그 예이다.

과정[process]

- 정보 선택[Input Choices]: 학생들은 정보를 탐색하기 위해 다양한 종류의 텍스트, 전문가 인터뷰, 오디오 및 멀티미디어 자료와 같은 다양한 자원을 활용한다.
- 블로그(Colombo & Colombo, 2007): 교실 밖 학습시간을 늘리기 위하여 교사는 동영상과 음성 파일 등 풍부한 자료를 담은 블로그를 만들기도 한다. 다양한 욕구를 가진 학생들은 블로그에서 자신들의 직접적인 욕구에 부응하는 자료를 선택한다. 한 예로, 읽기에 어려움을 느끼는 학생들은 교과서 읽기 전략을 설명하는 교사의 음성 파일을 재생하여 들을 것이다.
- 선택판(Anderson, 2007): 학생들은 개별적으로 학습 선택 목록을 받고, 그 목록 가운데서 원하는 것을 고른다. 학습 선택권은 학생의 준비도에 따라 다양하다.

학습 산출물[product]

- 학습 산출물 선택 약속[Product Option Contracts](Anderson, 2007): 학생들은 목록을 보며 학습 산출물을 고르거나, 자신이 하고 싶은 것을 직접 제안한다. 또한 개인 작업 또는 모둠 작업 형식 중 하나를 택하며, 교사와 약속한 학습 서약서에 시간표를 기록한다.
- 다양한 기술(Painter, 2009): 학생들은 학습 산출물을 만들어 내기 위한 도구를 선택한다. 멀티미디어 프로그램, 전자 출판용 소프트웨어, 그리기 프로그램, 만화 편집 프로그램, 워드 프로세서 등이 그 예이다.
- 문화적으로 민감한 평가(Thousand, Villa, & Nevin, 2007): 학생들은 자신이 알고 있는 것을 익숙한 방식으로 표현할 수 있다. 이러한 평가의 예로 번역 시험, 학습과정에서 이루어지는 상호작용과 수업 중 대화가 있으며 그 외에도 지필 형식을 취하지 않는 대안적 평가 방식이 있다.

〈표 3.1〉은 Tomlinson의 아이디어를 참고하였으며, 여러분이 DI를 계획할 때 점검해야 할 사항을 담고 있다.

학습자의 수준과 특성에 맞춘 수업에 접근하는 수많은 방법이 있겠지만, DI를 하기 위한 일반적인 절차는 다음과 같다.

1. 다음 수업할 내용에 대한 학생의 흥미와 현재 이해 정도를 점검하라.
2. 평가 자료에 근거하여 학습 산출물을 선정하라. 학생들이 동일한 교육과정을 이수하고 있다는 사실을 명

심하고, 내용기준은 최저 기대수준으로 제시하라.

3. 학생들의 활동이 학습 산출물과 관련되도록 학습활동을 계획하고, 학생들이 흥미에 따른 선택을 할 수 있도록 허용하라. 학생들은 자신이 아직 숙달하지 못한 내용에 대한 활동만을 수행한다.
4. 모둠편성을 유연하게 하라. 학생 흥미와 학습 산출물에 알맞은 다양한 기준에 근거하여 짝 또는 모둠을 편성하라.
5. 형성평가를 자주 실시하여 학생의 학습 성공을 위한 정보를 수집하고, 그 후 학생 활동과 학습 산출물을 조정하라. 형성평가를 통해 얻은 정보를 바탕으로 총괄평가 결과를 분석하라.

수업사례

6학년 철수는 초등학교 저학년 시절을 미국에서 보냈다. 한국말이 아직 서툴다. 어려운 개념이 쏟아지는 사회시간 같은 경우, 수업내용을 거의 따라잡지 못한다. 그렇다고 영어 실력이 뛰어나지도 않다. 워낙 어릴 적에 배웠던 탓에 지금은 영어 실력도 많이 뒤처지게 되었다.

김 교사는 사회 시간에 배우는 '영해, 영토'와 같은 어려운 개념을 어떻게 하면

〈표 3.1〉 DI를 계획할 때 점검할 사항

	준비도	프로파일	흥미
내용	• 학습목표를 같게 할 것인가, 다르게 할 것인가?	• 학생이 선호하는 학습양식은 무엇인가? • 학생의 강점 지능은 무엇인가?	• 어떻게 학습목표를 세울 것인가? • 학생들에게 어떤 자료 선택권을 제공할 것인가?
과정	• 어떤 수업전략을 선택할 것인가? • 모둠 활동으로 할 것인가, 개별 과제를 제시할 것인가?	• 청각자료를 사용할 것인가, 시각자료를 사용할 것인가? • 구조적인 자료를 활용할 것인가, 비구조적인 자료를 활용할 것인가? • 개인으로 할 것인가, 협동으로 할 것인가?	• 학생들이 선호하는 기능을 어떻게 길러줄 것인가? • 학생들에게 어떤 활동 선택권을 제공할 것인가?
학습 산출물	• 어떻게 기본 개념을 적용 및 확장시키게 할 것인가? • 학생마다 같은 기준을 적용할 것인가, 다른 기준을 적용할 것인가? • 어떻게 학습 부진아에 대한 보충지도와 우수학생에 대한 심화지도를 할 것인가?	• 학습 산출물의 다양한 형식을 어떻게 허용할 것인가? • 학습 산출물을 향상시키기 위하여 어떤 기능을 가르칠 것인가?	• 학생들에게 어떤 학습 산출물 선택권을 제공할 것인가? • 학습 산출물을 향상시키는 데 도움이 되는 맥락을 제공해 줄 수 있는 학생들의 실제 흥미 영역은 무엇인가?

쉽게 가르쳐 줄 수 있을지 고민하였다. 그래서 7~8세 수준의 아이들을 대상으로 쓰인 백과사전식 그림책을 꺼내들었다. 김 교사는 같이 책을 읽어 나가며 철수에게 부족한 점이 무엇인지 더욱 자세히 알 수 있었다. 철수는 우리나라 역사에 대한 배경지식이 모자란 탓에 "조선이 뭐에요?"라는 어처구니없는 질문을 하기도 했다.

김 교사는 철수에게 도서관에 가서 읽고 싶은 책을 빌려오라고 했다. 영어로 된 책과 한글로 된 책 둘 다 골라오라고 하였다. 철수가 빌려온 책 중 한글로 된 책은 초등학교 1~2학년 수준이었다. 4학년 수준의 책을 읽어보게 하니 어려워서 이해하지 못한다고 했다. 영어로 된 책의 경우 미국의 10~11세 정도 되는 아이들이 읽는 수준이었다.

"영어 수업시간은 어떠니? 수업내용이 잘 이해되니?"

"네. 사람들이 말하는 내용이나 영어 단어는 너무 쉬워요. 근데 시험 볼 때, 한국어로 되어 있는 문제를 이해하지 못할 때가 많아요."

영어를 잘 하는 편인데 항상 1~2문제 정도 틀리는 이유가 거기에 있었다. 김 교사는 영어 전담 교사, 그리고 동학년 동료교사들과 이 문제에 대해 논의하고 조언을 구했다. 간단한 리스닝 및 스피킹 연습이 주로 이루어지는 날에는 철수가 영어 수업에 들어가지 않고, 대신 교실에서 요즘 배우는 내용과 관련된 책을 읽는 것으로 의견이 모아졌다.

철수는 항상 아침마다 도서관에 가서 책을 빌린다. 학기 초부터 하루에 1~2권 정도의 책을 꾸준히 읽고 있으며 독서 수준도 많이 향상되었다. 김 교사는 자신의 자녀가 어릴 때 읽었던 전집을 철수네 집에 들러 직접 전해주기도 했다. 철수는 다 읽은 책에 대해서 간단하게나마 기록장에 정리해 둔다. 영어로 된 책도 꾸준히 읽고 있다. 영어에 능통한 부모님의 도움을 받으며, 또래들 보다 다소 어려운 수준의 책도 함께 읽어 나간다.

일반적인 교실 상황에서 출발하는 DI - 유니버셜 디자인

DI는 평범한 일반 교실 상황에서 시작되었다. 초기 DI는 일반적인 수업 상황에서 충분한 도전감을 제공받지 못하고 있는 우수한 학습자들에게 적용되었다. 교실 속 다양성은 점점 증가하고 있으며, 이제 특별한 능력을 지닌 소수의 학생들이 아닌 모든 학생들을 대상으로 DI가 적용된다. DI는 현재 교실 상황을 크게 바꾸지 않으면서, 다양한 학생들에게 긍정적인 영향을 줄 수 있는 수업을 하기 위한 효과적인 수단이 될 것이다.

교실에서 DI를 시작하려 할 때, 교사에게 강력한 힘을 실어줄 수 있는 것이 바로 '유니버셜 디자인Universal Design(이하 UD)'이다. UD는 학생들의 다양한 욕구, 흥미, 선호도를 받아들이는 것에 기반한 수업을 추구한다. UD는 초기에 장애를 가진 학생들을 위한 구조물을 만드는 데에서 시작되었다. 사실 UD는 원래 건축 분야에서 접근성을 높이기 위한 고민에서 출발된 것이었다(Pisha & Coyne, 2001). 집이 모두 지어진 이후에 거주자의 요구에 맞추어 집을 수리하는 것보다는 UD를 통해 맨 처음 기초 공사를 할 때부터 철저히 집에 살 사람들의 다양한 욕구에 부응해야 한다는 생각이 바로 그것이다. 한 예로, 경사로는 휠체어를 사용하는 사람들뿐만 아니라, 유모차를 미는 사람이나 무겁고 부피가 큰 물건을 옮기는 사람들도 사용할 수 있으며 일반 보행자들도 이용할 수 있다. 즉, 이러한 구조물이 따로 의도하지 않았지만 모든 사용자들에게 이익을 주고 있었다. 학습에 대한 UD 역시 다양성을 염두에 두는 것이다. 그리고 수업은 처음부터 근본적으로 다양한 학습 욕구(국어 습득, 영재성, 정서적 혹은 행동적 어려움, 동기의 차이, 학습 혹은 신체적 장애)에 부응하여 기획되어야 한다. 여러분이 단원과 차시별 수업을 계획할 때 UD(Center for Applied Special Technology [CAST], 2010)는 다음과 같은 복합적인 방법을 제공함에 따라 세 가지 과업을 성취하도록 한다.

- 제시Representation— 학생들이 정보를 활용 가능한 지식으로 변형시킬 수 있도록 도움을 주기 위해, 아이디어가 어떻게 '제시'되어야 할지에 대한 선택권을 학생들에게 제공하라. 모든 학생들이 인지할 수 있도록 다양한 형태의 정보(인쇄된 텍스트, 디지털 텍스트, 녹음 자료 등)를 포함시켜라. 또한 다양한 형식의 정보를 제공해야 하고, 그 정보는 명확해야 한다. 마지막으로, 확실히 이해할 수 있도록 학생들에게 다양한 선택권을 제공하라.
- 행동과 표현Action and Expression—학생들이 자신이 알고 있는 것을 설명할 수 있도록 하기 위해 신체적인 움직임과 표현에 관한 다양한 선택권을 제공하라. 또한 학생들이 목표를 설정하고 진보를 모니터링 하는 것과 같은 관리적 기능을 활용할 수 있도록 하는 다양한 선택 역시 고려하라.
- 참여Engagement— 학생의 흥미를 북돋아주고 학생들의 끊임없는 노력과 인내를 지원하며 학생 자신의 학습을 조절할 수 있도록 다양한 선택권을 제공하라.

CASTCenter for Applied Special Technology의 공식 홈페이지(http://www.cast.org)는 UD에 대한 각종 자료와 수업 사례를 제

〈표 3.2〉 UDL 원리 틀

UDL 원리 틀
원리 1. • 효과적인 인지적 학습이 이루어지도록 하기 위하여 다양하고 유연한 방식으로 내용을 제시하라. • 수업 실천 방법: 다양한 사례 제공, 중요한 특징 강조, 다양한 형식으로 내용 제시, 학습에 도움이 되는 배경 맥락 제공 원리 2. • 효과적으로 전략적 학습이 이루어지도록 하기 위하여 다양하고 유연한 방법으로 학습 결과물을 표현하도록 허용하라. 또한 실습할 수 있는 기회를 제공하라. • 수업 실천 방법: 능숙한 수행 및 수행 결과물에 대한 다양한 모델 제공, 교사의 지도 아래 직접 실습해 볼 수 있는 기회 제공, 지속적으로 타당한 피드백 제공, 학습한 기능을 드러낼 수 있는 기회 제공 원리 3. • 효과적으로 정의적 학습이 이루어지도록 하기 위하여 학습 참여에 대한 다양한 선택권을 제공하라. • 수업 실천 방법: 내용과 도구에 대한 선택권 제공, 적절한 도전 수준 제공, 보상에 대한 선택권 제공, 학습 맥락에 대한 선택권 제공

〈표 3.3〉 UDL 이론에 기반한 DI 사례

주제: 세계 여러 나라의 자연과 문화	
UDL 원리 기반 수업 실천 방법	DI 적용 사례
풍부한 사례 제공 및 다양한 매체를 활용한 내용 제시	학생들은 대륙별로 세계 여러 지역의 자연환경과 인문환경에 대해 충분한 조사 학습을 한다. 세계 여러 나라의 위치, 기후와 지형 등에 대하여 학생들이 조사해 온 학습지 및 세계지도, 세계의 어린이에 대한 책을 교실에 비치해 둔다. 또한 공부할 나라와 관련된 〈세계 테마기행〉, 〈누들로드〉와 같은 다큐멘터리를 함께 시청한다. ICT실로 이동하여 학생들이 모두 플리커(www.flickr.com)에 접속하도록 한다. 모둠별로 맡은 나라의 사진을 검색해 보도록 한다. 플리커 사이트는 구글맵과 연동되어 있어서, 어떤 나라의 특정 지역을 클릭하면 그 지역에서 찍었던 사진들을 연관 검색어와 함께 찾아볼 수 있다. 또한 세계 여러 나라의 건축물을 직접 제작해 볼 수 있도록 종이 크래프트지를 나누어 주고 만들어 보게 한다.
학습에 대한 충분한 맥락 및 학습 선택권 제공	세계 주요 농작물이나 지하자원 등이 얼마나, 어떻게 이동하는지 보여주는 인포그래픽 지도를 활용하여 개별적으로 조사했던 세계 여러 나라들의 자연과 문화가 어떻게 다른지 통합적으로 살펴보도록 한다. 학생들은 여러 가지 자료를 통하여 수업에 대한 배경정보를 얻고, 이 주제에 대한 탐구를 지속해 나갈 도전감 역시 획득한다. 이 주제의 마지막 활동은 '세계 박람회'이다. 6학년 전체가 함께 참여한다. 반 별로 3~4개의 모둠을 구성한다. 모둠별로 자신들이 조사하고 싶은 나라를 1지망부터 3지망까지 써서 교사에게 제출한다. 교사는 겹치지 않는 범위 내에서 나라를 분배하고, 필요하다면 추첨을 하도록 한다. 학생들은 모둠별로 박람회를 준비해 나가며, 교사는 그 과정을 계속 지도하며 1주일마다 한 번씩 진행 상황을 점검한다. 어떤 내용을 가지고 어떤 방식으로 박람회를 꾸려 나갈 지에 대한 학생들의 선택을 교사는 존중해야 한다. 큰 모둠 안에는 소모둠을 만들도록 하여 의사소통 및 피드백이 신속하고 원활하게 이루어지도록 한다. 수업 중 교사가 있는 자리는 일종의 '학습센터'이다. 완료한 결과물을 검사해 주는 곳이 아닌, 학생들이 앞으로 어떻게 진행해 나가야 할지에 대한 방향을 제시해 주는 곳이다.
학습한 기능을 드러낼 수 있는 유연한 기회 제공	모둠별로 자신이 맡은 주제와 역할이 다르다. 이를테면, 그 나라의 요리에 대해 조사하고 싶은 학생들은 기본적인 레시피와 함께 나중에 박람회 때 마련할 시식코너를 기획한다. 전시장 소개를 맡은 학생들은 그 나라의 인문환경과 자연환경을 소개할 5~6개 정도의 안내판을 제작하고 3~4분 정도 그 나라에 대해 소개할 멘트를 준비하고 연습한다. 그 나라를 상징할 수 있는 장식물이나 건축물을 제작할 사람도 뽑는다. 박람회 당일 날에는 학교 전체 학생들이 방문한다. 반별로 학생들을 인솔할 가이드, 체험을 완료하였는지 검사할 확인자, 각 나라 전통 놀이를 준비한 체험코너 관리자, 시식 코너 운영자 등 모든 학생들이 자신에게 맞는 역할을 맡아서 박람회를 운영한다. 박람회가 끝나고 6학년 전체에서 최우수 모둠을 뽑는다.

공한다. UD의 원리는 수업의 질을 판단할 수 있는 중요한 기준을 제공한다. 그 기준은 다음과 같다.

1. 수업을 통해 학생들이 이해를 촉진하고 정보에 쉽게 접근할 수 있는가?
2. 수업을 통해 학생들이 수업에 참여하고, 정보를 습득하며, 자신이 알고 있는 것을 표현할 수 있는가?

이렇게 장애를 가진 사람들을 위한 디자인에서 출발하게 된 UD는 모든 학습자들의 요구에 맞추어 수업방법, 자료, 평가 등이 모든 학생들에게 적용 가능하도록 교육과정을 디자인한다는 의미로 쓰인다. 유니버셜 디자인을 적용한 수업Universal design for learning(이하 UDL)의 세 가지 원칙은 다음과 같다.

위의 세 가지 UDL 원리를 적용하여 DI를 실천하라. UDL 이론과 결합된 DI의 실천을 통해 교사는 학생들이 쉽게 다가갈 수 있는 수업을 할 수 있을 것이다.

다양한 모둠 편성

'누가 누구와 함께 학습해야 하는가?'라는 물음은 여전히 갑론을박이다. 한 예로, 특수한 요구를 가진 학생들이 일반 학생들과 함께 교육받아야 한다는 것이 법률로 정해져 있다. 그리고 Oakes(2005)의 연구에 따르면, 기대와 경험이 결핍된 고등학생의 경우 낮은 학업 수준을 면치 못한다. 사실, 많은 학교에서 형평성을 고려하고 학업성취도의 차이를 줄이기 위한 노력으로 '디트레킹Detracking *역주: 능력에 차별을 두지 않고 실시하는 교육'을 실시하고 있다(Burris, 2010). Fordham Institute(2008)는 '학업낙오자방지법' 시행 후 학업성취도가 낮은 학생들의 성적은 보통 정도로 오르는 동안 학업성취도가 높은 학생들의 성적은 오히려 떨어졌다고 보고하였다. 그렇다면, 영재 학생들은 자신과 동질적인 학급에서 좀 더 세심한 관심, 심화된 교육과정을 속성으로 이수하는 교육을 제공받을 권리를 가지고 있는 것인가?

모둠 편성

대부분의 학생들에게 모둠 수업은 효과적이다(Lou et al., 1996). 그러나 정적인 능력 집단, 이를테면 1학년 읽기 모둠 같은 경우, 모둠 수업이 성공적인 기회를 제공하지 못하는 경향이 있다(Chorzempa & Graham, 2006). 여러분이 만약 능력별 모둠 편성의 효과를 극대화시키려고 한다면 아래에 나와 있는 지침을 명심하라.

- 모둠 편성 시 학생 능력에 대한 양적 평가 대신 내용에 대한 숙달과 관련된 구체적인 수행 및 성과에 대한 평가에 근거하여야 한다.
- 모둠 편성은 유연해야 한다. 즉, 모둠은 필요에 따라 모둠원들이 섞이거나 재편성될 수 있어야 한다.
- 모둠 편성 시 일반적인 지각 수준 대신 특정한 능력, 과정, 흥미와 같은 학생들의 요구에 한정하여 다루어야 한다.
- 모둠 편성 시 다양한 동료와 함께 어울릴 수 있는 기회가 제공되어야 한다(Caldwell & Ford, 2002).

여러분은 다양한 방식으로 모둠을 편성할 수 있다. 몇 가지 일반적인 모둠 편성 방식은 다음과 같다.

- 전체: 교사는 동시에 모든 학생들에

게 동일한 수업을 제공한다. 주어진 시간 동안 모든 학생들은 같은 과업을 해결한다.

- 소모둠: 3~5명 단위의 모둠이 편성되고, 학생들은 다른 학생들과 함께 활동한다. 모든 모둠에게 동일한 과업이 주어지거나, 모둠별로 다른 수업 또는 과업이 제시되기도 한다. 모둠은 동질집단이거나 이질집단으로 편성된다. 또한 모둠은 무작위로 편성될 수도 있고, 교사 또는 학생이 직접 선택할 수도 있다.
- 짝: 학생들은 두 명씩 짝을 이룬다. 모둠처럼 짝 역시 동질/이질/무작위 또는 교사나 학생의 선택으로 편성될 수 있다. 동료 학습[tutoring]은 짝 학습의 특수한 형태이다.
- 개인: 학생은 교사에게 일대일 수업을 받거나 개개인마다 다르게 주어진 과업을 해결한다.

일반적으로 모둠 편성 그 자체만으로 긍정적인 효과를 기대하기는 어려우며, 궁극적으로 중요한 것은 결국 수업이다. 모둠 편성은 교사가 모둠 학습에 대하여 완벽하게 파악하여 학생들을 훈련시키고 또한 모둠에 따라 수업할 내용이나 방식을 다양하게 변형시킬 수 있을 때 가장 효과적이다. 그러므로 다양한 전략들이 효과적이며, 여러 가지 방식의 모둠 편성을 혼합하여 사용한다면 학생의 학습이 더욱 촉진될 수 있을 것이다. 〈표 3.4〉에서 여러분이 모둠 편성을 할 경우 고려해야 할 요인들을 소개한다.

혼합 모둠 편성

Gregory와 Kuzmich(2004)는 학생 모둠에 대한 유용한 제안을 한다. 바로 단원별로 학생들이 전체[Total]/ 개별[Alone]/ 짝[Partners]/ 모둠[Small group] 형태로 학습할 수 있는 기회를 주는 것이다. 전체 학습 형태에서 여러분은 정보를 학생들에게 제시하거나, 시범을 보여주는 것이 좋다. 개별 학습 형태에서 학생들은 일지 전체를 완성하거나 자기 평가를 하게 된다. 짝 학습 형태에서 학생들은 인터넷을 검색하거나 동료의 검토를 받을 수 있다. 모둠 학습 형태에서 학생들은 브레인스토밍을 통해 문제를 해결한다.

그러므로 여러분은 모둠을 편성할 때 학생들의 흥미를 반영하고 다양한 형태의 평가 자료에 근거하여 학생들이 무엇을 알고 있는지에 대하여 고려해야 한다. 또한 여러분의 목적과 구체적인 내용 목표 모두와 연관될 필요가 있는 것에 주목하라. 모둠을 다양한 방식으로 편성하라. 학생들이 다양한 동료와 정기적으로 어울릴 수 있는 기회를 제공하라. 이는 학생들이 사회적 기술을 습득하는 데 도움을 준다.

Guillaume, Yopp과 Yopp(2007)은 다양한 무작위 모둠 편성 전략을 제시한다.

- 서 있는 대로 번호를 붙여 나가고 (1,2,3,1,2,3,…) 같은 번호 사람들끼리 모둠을 이루게 하라.
- 같은 달에 태어난 사람 또는 집안 형제 중 첫째, 둘째, 셋째끼리 모둠을 이루게 하라.
- 반으로 자른 그림엽서를 나누어주고, 자신이 가진 그림의 나머지 반쪽을 가진 사람을 찾아 짝을 이루게 하라.
- 카드를 나누어 주고 같은 숫자 또는 같은 무늬의 카드를 가진 사람과 짝을 이루게 하라.

이처럼 다양한 학생 모둠 편성과 UD, DI와 같은 접근은 여러분이 다양한 스펙트럼을 넘나들며 모든 학생의 요구에 부응하도록 도움을 줄 것이다.

〈표 3.4〉 모둠 편성 시 고려 사항

모둠 배치 형태	장점	단점	기타
전체 예) 새로운 개념 소개 / 교실 전체 토론	• 학생들의 경험이 전체적으로 공유될 수 있는 장이 마련된다. • 교사가 학생을 관리하기 용이하다. • 교사가 수업을 준비하는 시간을 절약할 수 있다. • 교사 주도의 수업시간을 극대화시킬 수 있다.	• 학생들의 다양한 요구를 부응하기 어렵다. • 학생들 간의 상호작용이 저해된다. • 학생들이 선택할 수 있는 기회가 줄어든다.	• 기본적으로 학생들이 풍부한 배경지식을 가지고 있어야 한다. • 모든 학생에게 적절한 학습목표가 제공되어야 한다. • 모든 학생들이 이해할 수 있는 수업이 이루어져야 한다.
소모둠 예) 협동 학습 / 프로젝트법	• 학습 부진아에 대한 지도 시간을 절약할 수 있다. • 학생의 요구에 기초하여 학습목표, 학습속도 및 활동을 유연하게 조정할 수 있다. • 학생들 간의 상호작용이 촉진된다.	• 교사는 여러 가지 수업, 자료, 활동을 하기 위하여 세심한 준비를 해야만 한다. • 학생들을 관리하기 어렵다. • 학생들의 책임감이 줄어든다. • 학생들에게 협동 학습에 필요한 기술을 별도로 훈련시켜야 한다.	• 학생들 간의 상호작용이 촉진된다. • 학생들에게 사회적 기술을 길러줄 수 있다. • 학생들은 서로의 학습에 도움을 줄 수 있다. • 학생들의 요구 또는 흥미가 학습목표와 직결되어야 한다.
짝 예) 짝 읽기 / 동료 수업	• 학생들 간의 상호작용이 극대화된다. • 학생들에게 동기를 부여할 수 있다.	• 학생들의 책임감이 줄어든다. • 과제에 부여되는 시간[time on task]이 줄어든다. • 학생들에게 협동 학습에 필요한 기술을 별도로 훈련시켜야 한다.	• 모든 학생들이 발언하도록 유도할 수 있다. • 학생들에게 사회적 기술을 길러줄 수 있다. • 학생들은 서로의 학습에 도움을 줄 수 있다.
개별 예) 중요한 개념을 놓쳤거나 학습이 부진한 학생을 집중적으로 지도	• 특수한 요구를 가진 학생에 대한 집중적인 수업이 가능하다. • 교사는 타당하고 구체적인 평가정보를 얻을 수 있다.	• 교사와 함께하는 수업시간이 충분히 확보되지 못한다. • 학생들에게 타인에 대한 책임감을 길러주기 어렵다.	• 특수한 요구를 지닌 학생에게 알맞은 수업형태이다.

학생이 가진 특수한 요구에 부응

2011년 9월 기준으로 전국 16개 시 · 도교육청별로 집계한 현황에 따르면, 특수교육 대상 학생은 총 82,665명으로, 이 중에서 특수학교에 다니는 중증 장애학생은 57,306명이다.

특수교육 대상자는 시각장애, 청각장애, 정신지체, 지체장애, 정서 · 행동장애, 자폐성장애, 의사소통장애, 학습장애, 건강장애, 발달지체로 진단 · 평가된 사람을 선정한다. 현재 장애학생을 위한 특수교육은 장애가 심한 학생을 가르치는 특수학교와 비교적 장애가 가벼운 학생을 위해 일반 초 · 중 · 고교에 설치된 특수학급으로 나뉘어 이루어지고 있다. 전국의 특수학교에 재학중인 학생들은 주로 시각장애, 청각장애, 정신지체, 신체장애학생들이고, 일반 학교 내의 특수학급에 속해 있는 학생들은 주로 교육가능 정신지체와 약시, 난청, 신체허약, 학습장애학생들이다.

특수한 요구를 가진 학생을 다루기

특수한 요구를 가진 학생에게 주의 깊은 관심과 자세한 지침이 필요하다. 여러분은 때로는 가족 구성원, 혹은 특수학생이 의지할 수 있는 든든한 지원군, 또한 학생의 교육적 요구에 부응하는 전문가로서의 역할을 수행해야 할 것이다. 교사와 함께 자료 전문가, 교육 심리학자, 언어치료사, 작업요법사occupational therapist, 교육 행정가들이 하나의 팀을 이루기도 한다. 여러분이 '특수교육 운영계획'에 따라 교육 활동을 실천하려면 학생 기록을 면밀히 확인해야 한다. 또한 좋은 교사로 성장하려면 자신의 수업과 그에 따른 학생의 반응을 지속적으로 모니터링 해야 한다.

때로 여러분은 특수한 요구가 있다고 진단 받지 않았지만 특수교육을 제공해야 할 필요가 있는 학생을 만나기도 한다. 그들은 학습, 의사소통, 친구들과의 관계에서 끊임없이 문제를 일으킨다. 특수 교육을 받아야 할 필요가 있다고 사려될 경우, 신중히 학생을 관찰하여 그 내용을 기록해 두고 학생의 수행물을 전문가에게 가져가 장애 여부에 대한 진단 · 평가를 의뢰해야 한다. 교사는 학생의 가족들과는 친밀하게 소통을 유지해 나가야 하며, 특수교육대상 학생에 대한 정확한 진단과 평가를 내려줄 수 있는 특수교육지원센터를 찾아 문의해야 한다. 특히 학습부진아 등이 특수교육대상자로 선정되지 않도록 주의해야 한다.

조절과 수정

"학생의 다양성에 정확하게 부응하는 학교는 모든 학생들은 가치로우며 교육 실천가들이 학생 간의 다양성을 당연하게 여겨야 한다는 민주적인 철학을 반영한다. 그리고 학교 문화는 보살핌 윤리ethic of caring와 공동체 정신을 반영한다(Baglieri & Knopf, 2004: 525)." 게다가 이러한 학교의 핵심 원리는 모든 구성원들이 서로 다른 것이 당연하다는 것이다. 학생들의 다양성에 부응하는 교사들은 학생들에게 '누구도 완벽하지 않다'는 점을 인식시키며 우리의 불완전성이 도리어 우리가 누구인지 규정하는 데 기여하고 있음을 깨닫게 한다. 또한 교사들은 세상을 인식하고 소통해나가는 방식을 풍요롭게 만들어 나가는 데 도움을 준다. 이러한 관점에서 보면, 우리 중 누구도 장애를 가지고 있다고 볼 수 없다. 장애에 대한 개념은 오직 우리 안에 존재할 뿐이다. '장애'라는 개념은 상황이 아닌 개인과 환경 간의 상호작용 속에서 규정된다(Broderick, Mehta-Parekh, & Reid, 2005).

조절과 수정은 학생들의 잠재력을 신장시킬 수 있는 수업과 교육 환경으로 학생들의 '납득할만한' 차이성에 대응할 수 있도록 해 준다. 조절과 수정은 학생의 학업 참여수준을 높이고, 교사들이 교실 관리에 쏟는 시간을 줄인다(Lee, Wehmeyer, Soukup, & Palmer, 2010).

조절은 학생들이 학습해야 하는 내용을 본질적으로 바꾸지 않되, 학생의 능력과 요구에 따르는 것이다. 조절은 학생들에게 정보를 제시하는 방식 또는 학습 결과를 표현하는 방법에 변화를 준다.

학생의 요구에 따라, 여러분은 물리적인 환경, 정보 제시 방법, 학습자료, 학생들이 지식을 나타내는 조건을 조절해야 한다. 장애인용 기능성 가구, 수업 전 사전검토, 확대 인쇄된 교과서, 가족들이 돌아가며 검사하는 주간 학습 일지, 필기 시험을 대체하는 구술시험 등이 그 예이다. 조절은 기대되는 학습 결과를 거의 바꾸지 않고 상황에 변화를 주는 것이다.

반면에 수정은 학생들이 배워야 하는 내용 자체를 본질적으로 바꾸는 것이다. 수정은 학생들이 다양한 수업 수준에 따른 자료를 이용하거나 다양한 수행 및 수행 결과물 기준에 따라 평가받도록 한다.

학생 개개인에 대해, 배워야 할 단어 목록을 반으로 줄여주거나 수학 문제를 풀 때 계산기 사용을 허용하는 것, 시험 중 '단어 은행'을 제공하는 것 등이 '수정'의 예이다. 수정은 주로 학생들이 발육 지연이나 외상에 의한 뇌손상과 같은 뚜렷한 장애를 갖고 있는 경우에 시도된다. 우리는 학생들이 다양한 요구를 가지고 교실에 온다는 것을 알고 있다. 우리는 학생들이 각자 잠재력을 실현할 수 있도록 기술적인 도움을 지원해 줄 의무가 있다.

영재 그리고 우수한 학습자에게 도전하기

Gardner(2006)는 영리하다는 것이 다양한 방식으로 해석되어야 한다고 주장한다. 게다가 학생들은 제각기 재능을 지닌다. 그러나 극히 소수만이 '영재'로 판정되어 교육을 제공받는다. 교육과학기술부 영재학생 현황 자료에 따르면 2011년 8월 기준으로 총 111,818명의 영재학생이 영재학교, 영재학급, 영재교육원 등 전국 2,679개 영재교육기관에 재학 중이다.

영재성giftedness에 대한 정의는 다양하며, 영재 적격성 여부 판정을 위한 다양한 기준과 정책이 마련되어 있다. 일반적으로, 영재 학생들은 지능, 창의성, 예술성, 노력(과제 집착력)영역에서 또래보다 훨씬 우수한 수행 및 결과를 나타낸다. 영재 학생 스펙트럼은 다양하지만, 기본적으로 영재는 자신의 흥미 영역과 연관된 복잡한 개방형 문제를 잘 다루는 탁월한 문제해결자이다.

많은 영재들이 정서적 · 학문적으로 진지할 것이라 여겨진다(Manning, 2006). 교사들은 교실이 영재 학생들로 가득 찬다면 수업이 훨씬 수월해질 것이라 생각하는 데 이것은 큰 착각이다. 엄청난 재능과 더불어, 우수한 학습자들은 교실 수행 및 결과물에 영향을 미치는 수많은 문제에 직면해 있기 때문이다.

Manning(2006)은 영재성과 관련된 교실 속 이슈들에는 문제가 많은 수행 습관, 타인에 대한 과민 반응 등이 있다고 밝혔다. 고도로 영재성을 갖춘 남학생과 학습장애를 가진 학생의 교실 속 행위 패턴이 유사하다고 한다(Shaywitz et al., 2001). 우리는 어떤 분류 방식을 사용하더라도 인간을 완전히 설명해 줄 수는 없다. 교사에 의해 모든 학생들의 능력은 신장되어야 한다.

영재 학생들에 대한 교육은 뜨거운 논쟁거리이다. 학교 홈페이지에 들어가서 영재 대상 학생에 대한 규정에 대해 검토하라. 현재 우리나라는 「영재교육진흥법」에 따라 시 · 도영재교육진흥위원회를 설치 및 운영하고 있으며, 영재교육담당

기관은 크게 영재학교, 영재학급 및 영재교육원으로 나뉜다. 영재 학생들은 대개 일반 학급에 속해 있으며, 주기적으로 영재교육원에서 특수한 교육을 받는다.

영재 학생 선발을 위한 의뢰 절차를 확인하라. 선발 과정에는 한 개 이상의 선별수단screening device이 포함되어야 한다(Smutny, 2003). 영재선발 전형은 대개 학부모 요청 또는 담임교사에 의한 관찰로 시작된다. 어떤 학생이 영재성이 있다고 판단될 경우, 학생을 주의 깊게 관찰하고 이러한 질문을 해 보자.

1. 학생이 빠르게 학습하며 많은 양의 정보를 가지고 있는가? 학생이 쓰기 또는 말하기 표현에 독창성을 드러내는가?
2. 학생이 고도로 창의적인 방식으로 자료를 활용하는가? 학생이 독특하고 통찰력 있는 관점을 가지고 논의를 이끌어 가는데 기여하는가?

학생을 관찰할 때, 영재성의 모든 신호를 감지하고 있는지 확실히 해야 한다. 장애를 가졌거나 언어 구사 능력이 다소 떨어지는 경우, 다른 학생에 비해 영재성이 두드러지게 드러나지 않을 수도 있음을 명심하라.

영재 학생의 요구에 부응

다양성에 부응하는 수업은 내용에 대한 접근을 용이하게 하는 수업을 제공할 뿐만 아니라, 현재 수준에 알맞게 심화된 내용을 제시하며 학생들의 수준을 향상시키기 위한 격려를 포함한다. 영재 학생들은 학교에서 매일 새로운 의미를 발견할 수 있도록 일반 교육과정을 상당부분 조정해 달라고 요구하기도 한다. 여기서 영재학생이란 영재성이 있다고 판별된 학생과 더불어 특정 내용 영역에 대하여 강한 흥미를 가지거나 고도의 수행을 할 수 있는 학생 모두를 포함한다.

많은 교사들은 영재 학습자의 요구에 부응하는 것이 학습 부진아들을 다루는 것보다 더욱 도전적이라고 생각한다. 영재 학생들은 보통 상당한 내용을 학습한 상태로 학교에 입학을 하며, 학년 수준을 훨씬 뛰어넘고 다른 학생에 비해 학습목적과 선택에 대하여 매우 독립적인 접근을 시도하기도 한다. 또한 교사에게 곤란한 질문을 하기도 한다. 교사는 영재 학생들이 고도의 수준에서 수행하며 본질적으로 학업상의 진일보를 할 수 있도록 해야 한다. 그러나 학생들의 요구는 우리가 평상시 하는 교육 활동을 통해서는 완전히 충족되지 않을 것이다.

유니버설 디자인, 반응중심중재(Rollins, Mursky, Shah-Coltrane, & Johnsen, 2009), 학생들의 다양성에 부응하는 수업(Manning, Stanford, & Reeves, 2010)과 같은 접근법은 영재 학생들의 요구에 부응하는 데 유용한 틀거리를 제공한다. 탐구학습 역시 효과적이다. 그 밖의 효과적인 전략에는 교육과정 속진, 교육과정 압축, 심화 수업이 있다.

속진

속진은 학생들이 자신의 수준에 알맞는 수업을 받기 위하여 높은 학년으로 이동하거나 다른 환경에서 공부할 수 있게 하는 것이다. 중학교 학생이 고등학교 또는 근처의 대학에서 수학 강의를 받거나, 일반 교실에서 높은 학년 수준의 자료를 가지고 공부할 수도 있다(Reis & Renzulli, 1995).

교육과정 압축

교육과정 압축은 다음 단원에 나올 내용에 대한 사전평가에서 출발한다. 영재 학생들은 평가가 끝나고 숙달하지 못한 내용에 대해서는 다른 학생들과 수업을 받지만, 남는 시간에는 자신들의 요구에 부합하는 프로젝트를 시작하거나 독립 연구를 수행한다(Reis & Renzulli, 1995). 교육과정 압축 시 교실 수업을 대체하는 전략에는 속진, 지역 사회 서비스 프로젝트, 독립 연구, 강화 활동 등이 있다. 체계적인 학생 평가 입문 지식을 갖추는 것은 교육과정 압축을 효과적으로 운영하는 데 필수적이다.

심화 수업

영재 학생들은 동료 학생들과 동일한 주제에 대하여 배우되, 그 깊이와 복잡성을 심화시킬 수도 있다(California Department of Education & California Association for the Gifted, 1994). 내용을 심화시키기 위하여 다음을 참고하라.

- 내용 중 전문적 용어나 도구에 대해 더욱 탐구하도록 하라.
- 더 세부적으로 들어가도록 하라.
- 내용과 연관된 패턴을 찾도록 하라.
- 내용의 구조를 찾도록 하라.
- 내용과 연관된 윤리적 숙고 사항을 검토하도록 하라.
- 답을 할 수 없는 질문에 대하여 탐구하도록 하라.

심화 수업 시, 학생들은 내용 안에서 혹은 다른 독립적인 내용을 끌고 들어와 내용 간의 관계를 검토할 수 있다. 심화 수업은 학습 또는 흥미 센터learning or interest centers(Wilkins, Wilkins, & Oliver, 2006), 다양성을 반영한 과업, 학습 약속, 모둠 프로젝트와 같은 방법으로 성취될 수 있다.

마무리

"전 절대 실력이 안 돼요. 아직 발레에 대해 하나도 모른다고요."
"네가 발레를 얼마나 아는 지는 별로 관심들이 없어. 거기서 널 가르쳐줄거야. 그러니깐 발레 학교지. 중요한 건 네 움직임과 표현이야."
"표현이요? 무엇을요?"
"넌 시도해 볼 만큼 실력이 있다고 봐. 하지만 엄청나게 많은 연습이 필요하지."

—Billy Elliot

학생에게 숨겨진 특별한 면을 발견할 수 있는 능력. 영화 〈빌리 엘리어트〉에 등장하는 대사이다. 가난한 탄광촌에 사는 빌리는 권투를 배우러 갔다가 우연히 발레 수업에 참석하게 된다. 발레복을 입은 소녀들 사이에서, 권투 글러브와 운동화를 신고 우스꽝스러운 표정과 동작으로 발레를 배우는 빌리의 모습은 잊지 못할 명장면이다.

빌리가 런던발레학교 오디션을 볼 수 있게 하려고, 발레 교사는 무료로 개인 강습을 해주고 나중엔 빌리의 집으로 직접 찾아가 가족들을 설득한다. 빌리의 아버지는 막내아들이 무용을 배우도록 허락하는 것은 둘째 치고 런던까지 갈 차비도 없는 상황이었다. 격렬한 반대. 그렇지만 빌리의 춤을 보고 난 뒤 생각이 바뀐다. 아들이 가진 재능은 결코 부정할 수 없는 눈부신 것이었다. 아버지는 그동안 공을 들인 노조 파업 운동을 포기하고 다시 일터에 복귀한다. 깊숙이 담아둔 아내의 예물을 꺼내 전당포에 판다. 아들에게는 그 보석보다 더 반짝거리는 재능이 있기 때문이었다.

만약 빌리가 계속 권투를 배웠더라면,

발레를 배우지 않았더라면 어떻게 되었을까. 빌리의 재능을 알아볼 수 있는 사람을 만나지 않았다면 어떻게 되었을까. 아버지의 굳은 결단이 없었다면 빌리는 지금 어딘가에서 아비의 뒤를 따라 광부로 일하고 있지 않았을까.

이 영화는 발레 〈백조의 호수〉에서 백조로 분한 발레리노 빌리의 멋진 도약 장면으로 끝이 난다. 한 마리 백조가 탄생하는 순간. 춤이 왜 좋으냐는 질문을 받고, 빌리는 춤을 출 때 한 마리의 새가 되고, 전기가 통한다고 대답했다. 정말 순수하고 투명하게 춤을 좋아하는 것이다. 심지어 "나는 유년 시절 같은 거 필요 없구요, 발레만 하면 되요."라고 말할 정도였다. 자신이 그토록 그리던 꿈에 다다른 그 순간, 빌리의 기분이란.

그렇다면 이 시대를 살고 있는 아이들은 빌리처럼 고유한 개인차를 인정받고 있을까? 학교마다 너나할 것 없이 똑같은 교과서로 획일적인 수업을 하고 같은 기준으로 아이들을 평가한다. 그로 인해 아이들은 모두 같은 목적지를 향하여 끊임없는 무한경쟁의 장으로 내몰리는 실정이다. 평가일이 다가오면 학생들의 다양성에 부응하는 수업 대신 다량의 문제지를 복사하여 하루 종일 학생들에게 풀게 하기 일쑤다. 학력향상이라는 미명 아래 수업의 생동감은 증발하고, 아이들이 가진 다양성은 처참히 무시된다.

현대는 상징-소통 환경의 변화를 읽어낼 수 있는 '개인'이 영향력을 얻는 시대이다. 훌륭한 자아를 가진 '참된 개인'을 만들어 나갈 수 있는 교육이 바로 이 시대에 무엇보다도 필요하다. 그렇지만 현재 교육 방식으로는 이러한 개인을 만들어내기에 어려움이 있다. 무엇보다도 큰 문제는 학교가 학생을 '개인'으로 인정하고 있지 않다는 점이다. 학생들은 일종의 '떼'로 취급받고 있을 뿐이다.

박성현(2011: 24)은 개인을 '탄생하기도, 번성하기도 어려운 종족'이며, '그 자체로서 하나의 기적'이라 표현하였다. 아이들이 가진 고유한 차이의 인정은 아이들을 각자 의미 있는 존재로 거듭나게 할 것이다. 학생들의 다양성에 적극적으로 부응하는 수업, 차이성이 극대화 되는 수업, DI는 분명 교육의 낡은 패턴을 깨뜨리는 좋은 해결책이 될 것이다.

"We just decided to."

— 〈The Newsroom〉 Season 1, ep #1.

다양성에 부응하는 수업을 시도할 때 앞에 제시된 여러 접근법들은 여러분이 지속적이며 심도 있는 탐구와 실천을 하도록 할 것이다. 전문가로 나아가기 위한 올바른 인식을 쌓아나가며 지금 바로 사용할 수 있는 응급 대처 전략을 미리 마련해 두어라. 또한 넓은 마음을 가지고 생활하기를 바란다. 학생들의 특별한 학습 요구가 일반적인 요구보다 소홀히 다루어져서는 안 된다. 여러분은 학생들의 다양한 요구에 부응할 수 있도록 그에 따라 처음부터 근본적으로 수업을 구성해야 한다.

이론에서 실천으로

1. 학생의 다양성에 포괄적으로 부응하는 교사는 학생을 이해하려고 노력하며 그들이 계속적으로 성장할 수 있도록 한다. 이 장에 나온 접근 방식 중 한 가지를 선택하여 실천해 보라.
2. 〈표 3.5〉를 참고하여 현재 여러분의 주위에서 수업자원을 찾아보자.

DI 가상 시나리오

곽 교사는 신학기를 시작하며, 제일 먼저 자기가 맡은 학생들의 프로파일을 확보한다. 학습 프로파일은 학생들마다 다른 준비도, 흥미, 관심사, 요구 등에 대하여 파악하는 데 큰 도움이 된다. 또한 학생들의 다양한 학습 특성을 파악하면서 교사 자신에게 편안한 수업보다는 학생들에게 편안한 수업이 무엇인지에 대해 고민할 수 있게 된다. 학습 프로파일 형식은 학년 수준에 따라 다양하지만 기본적으로 어떠한 학습 양식을 선호하며 강점지능이 무엇인지 파악할 수 있도록 구성된다.

학습 프로파일지와 더불어 가정으로 학부모에게 기초조사표를 보낸다. 기본적인 가정환경 및 부모와 자녀의 이해 정도를 정확하게 파악하고 있어야 한다는 것이 곽 교사의 입장이다. 교사가 가정의 사회 · 경제적 수준을 알고 있어야 한다는 점에서도 마찬가지이다. 교사는 학생의 주변 환경이 학습 방식에 어떤 영향을 미치며, 또한 학생이 이로 인해 학습 선택권에 제약을 받고 있지 않은지 파악해야 하기 때문이다.

프로파일 상에 드러나는 몇몇 특성은 경우에 따라 중요도가 달라진다. 예를 들어, 3~4학년의 경우, 프로파일에 성별은 크게 고려될 필요가 없는데 고학년의 경우 성별에 따른 학습 방식이나 정보처리 방식, 언어, 관심사는 수업에 있어 중요한 변수가 된다. 강점지능은 학생뿐만 아니라 학부모에게도 진로에 대하여 고민할 때 중요하게 다루어진다.

30여명 내외의 다인수 학급을 관리해야 하는 현 상황에서, '정통 개인별 맞춤식' 수업은 사실상 불가능하다. 곽 교사 역시 개인의 수준에 맞게 교육하는 것이 무엇보다 필요하다고 생각한다. 여러 시행착오 끝에, 현 다인수 학급 상황에서

〈표 3.5〉 학생의 다양성에 포괄적으로 부응하는 수업자원을 찾아라!

1. 최소한 하루에 한 번은 일반적인 교육환경에서 통합 교육을 받는 학생을 지도해 보라.	
2. 영재 학생에 대한 수업의 전문가 혹은 정책 담당자를 찾아라.	
3. 아이들의 다양성에 부응하는 수업을 하는 교사를 찾아라.	
4. 가족을 포함하여 수업에 대한 조언을 해 줄 수 있는 인물을 찾아라.	
5. 장애학생들에게 제공되는 기술적 지원에 대하여 알아보라.	
6. 우수한 학습자에게 도전의식을 제공하고 심화된 내용을 다루는 교육기관을 확인하라.	
7. 집중력이 부족한 학생들을 위하여 학습공간을 조정하는 데 지원을 해줄 수 있는 기관을 확인하라.	
8. 학생 뿐만 아니라 가족들의 요구에도 부응할 수 있도록 도움을 주는 서비스를 알아보라.	
9. 언어 장애를 교정해주는 기관을 알아보라.	

DI를 구현하는 가장 최선의 방법을 찾았다. 바로 다양한 학습 양식에 따른 학습 선택권을 제공하고, 흥미에 따른 주제탐구 활동을 하는 것이다.

학습 프로파일을 작성하며 가장 흥미로웠던 것은 바로 학생마다 선호하는 학습양식이 다르기 때문에, 편안하게 생각하는 수업의 형태가 다르다는 점이었다. 일부 학생은 교사가 주도하는 구조적인 수업을 받으며 혼자 골똘히 생각하는 것을 선호하며, 다른 학생은 토론과 발표가 활발하게 이루어지는 개방적인 수업을 선호하였다. 곽 교사는 장 독립적 · 장 의존적인 학습자 모두가 편안하게 느낄 수 있는 수업을 하기 위해 노력하였다. 특히 자신이 장 의존적인 학습자에게 더욱 유리한 학습환경을 만들고 있다는 것을 깨닫고, 구조적인 과제와 개방적인 과제가 모두 다루어지도록 수업을 조정해 나갔다.

이는 평가방식에도 큰 영향을 미치는데, 학습 결과물을 다양한 방식으로 표현해낼 수 있는 다양한 기회를 제공하였다. 지필 평가는 기본적으로 이루어지며, 다양한 수행평가 방식을 적용하였다. 이를테면, 시를 감상할 때 시의 느낌을 극대화하기 위하여 단순히 소리를 내며 낭독하거나 그림으로 느낌을 표현해 보는 데 그치지 않고 직접 시를 움직임으로 표현하는 '액션 낭독' 기법을 활용한다. 이때, 4인 1조로 모둠을 구성하는데 운동감각적 기능이 떨어지는 학생은 움직임을 표현하는 대신 시에 맞는 어조로 낭독하도록 허용하였다. 음악 수행평가의 경우에도, 선천적으로 음정이 불안하거나 가창보다 기악에 능통한 학생들은 굳이 노래를 부르지 않더라도 동일한 제재곡을 악기로 연주할 수 있도록 하였다. 다양한 방식의 수행평가를 통해 학생들은 지필고사에서 오는 스트레스와 불안감을 어느 정도 해소할 수 있었으며, 곽 교사는 학생들에게 다양한 강점과 가능성을 발견할 수 있었다.

곽 교사는 '1인 1주제 탐구대회'를 연다. 한 학기에 한 번씩, 학생들에게 스스로 특별히 관심을 갖는 주제를 선택하고 그에 대해 언제, 어떻게 독자적으로 연구를 해 나갈지 일종의 '서약서'를 작성하도록 한다. 원래는 학기 중에 학생들이 탐구를 수행하도록 하였으나, 초등학생들의 특성상 3~4개월 동안 한 주제(장기적으로 연구할 만한 주제가 아닌 이상)에 대해 파고드는 것을 많이 어려워하였다. 그래서 방학 중으로 탐구 기간을 옮겼더니 학생들이 의욕적으로 참여하게 되었으며 탐구 결과물의 질도 많이 향상되었다. 서약서는 부모와 함께 작성한다. 방학 기간 중 가정에서 탐구가 이루어지게 되므로 가족이 함께 참여할 수 있는 주제와 방법을 찾고, 교사는 적절한 탐구문제가 설정되었는지 사전에 파악하여 지도할 수 있다.

1인 1탐구 서약서

●●●(학생)은 선생님과 다음과 같이 약속합니다.

첫째, 저는 제가 선택한 탐구 주제에 대해 스스로 공부하겠습니다.

둘째, 저는 1인 1탐구를 성실히 수행하며 방학이 끝난 후
그 동안 연구한 결과를 반드시 발표하겠습니다.

셋째, 저는 다음과 같은 1인 1탐구 프로젝트를 _____년 ____월 _____일까지 완성하고
이를 학급 친구들에게 발표하겠습니다.

탐구주제 ______________________________

탐구방법 ______________________________
____
____

탐구내용 ______________________________
____
____
____
____

보고서 방식
(예: 관찰일지, 실험 보고서, 체험학습 보고서, 포트폴리오 등)

교　사 서명: _______________
학부모 서명: _______________
학　생 서명: _______________

4

수업계획

수업계획은 일종의 앵테르방시옹intervention이다.

왜냐하면 이것에는 어떤 것에 대한 고도의 의도적이며 계획적인

'참여, 발언, 조정, 중재, 개입, 간섭, 작용, 역할, 관여, 처치'라는 의미의 스펙트럼이 녹아들어 있기 때문이다.

따라서 수업계획은 교사가 행하는

수업에 대한, 수업에 의한, 수업을 위한 포괄적 앵테르방시옹이다.

이 장을 시작하기 전에

인생을 살아오면서 성공을 경험해 본 인생선배로서 여러분은 계획을 세우는 것에 관해 어느 정도는 알고 있다. 이 장을 읽기 전에, 여태까지 자신의 삶을 어떻게 계획해 왔는지 생각해 보라. 그리고 몇 가지 떠오른 생각을 바탕으로 다음 질문에 대한 답을 적어보라.

계획을 위한 사전 연습

1. 여러분은 언제 계획을 세우는가? (고려 사항: 사소한 것에서 중요한 것까지 생각해 보라. 여러분은 매일 계획을 세우는가? 아니면 해야 할 일이 생길 때 계획을 세우는가?)
2. 여러분은 계획을 세우는 데 어떤 형식을 사용하는가? (고려 사항: 여러분은 '목록 형식'의 계획을 세우는가? 아니면 '흐름도 형식'의 계획을 세우는가? 그것도 아니라면 그냥 머릿속에 계획한 것을 기억해 두는가?)
3. 여러분은 계획을 세울 때 무엇을 주목하는가? (고려 사항: 여러분은 계획이 자신에게 얼마나 도움이 되는지 생각하는가? 아니면 계획을 변화에 대응하기 위한 하나의 방편으로 생각하는가?)
4. 여러분은 자신이 설정한 계획의 달성 여부를 어떻게 아는가?

이 장을 읽으면서, 여러분이 알고 있는 넓은 의미에서의 계획을 교실에서의 수업계획과 비교해 보라. 수업에서 중요하게 생각하는 것에 대해 더욱 초점을 두기 위해 수업계획을 수립한다.

이 장은 교사의 의도대로 수업을 운영하는 데 도움이 될 것이다. 이 장에서 다루는 주요한 여섯 가지는 다음과 같다.

1. 수업에 대한 교사의 책무성을 중시하는 사회적 맥락은 수업계획에 영향을 미친다. 그리고 수업계획은 모든 학생들에게 양질의 학습 기회를 제공하기 위한 것이다.
2. 수업계획의 시작은 학생을 파악하는 것이다.
3. 교사가 성취하고자 하는 것과 교사의 목표에 의해 계획이 수립된다.
4. 수업계획 속에는 수업자원 사용에 관한 내용이 포함되어야 한다.
5. 장기적인 수업계획은 보통 단기적인 수업계획보다 선행되어 수립된다. 장기적인 수업계획은 하루 동안의 수업계획에 대한 하나의 구조를 제공한다.
6. 단기적인 수업계획 또는 차시별 수업계획을 통해 매일 매일의 수업에 적합한 활동들이 배치된다.

수업계획

수업을 계획하는 것은 교사가 처한 맥락에 따라 달라진다. 여러분은 기준에 근거한 책무성을 중시하는 문화 속에서 살고 있다. 1980년대 미국에서 시작된 교육개혁 활동에서 중요했던 점은 학생의 학습 기대치에 대한 성취기준을 작성하여 구현해 냈다는 것이다. 교육내용 성취기준content standards과 학생 수행 및 성과에 대한 성취기준student performance standards이 바로 그것이다. 교육내용 성취기준은 학생들이 알아야 하는 것과 할 수 있는 것을 의미한다. 그리고 학생 수행 및 성과에 대한 성취기준은 학생들이 아는 것과 할 수 있는 것을 어떻게 보여줄 것인가에 대한 것이다.

성취기준에 근거한 수업의 기초

성취기준에 근거한 수업과 관련해서, 교육계에서는 우선 교육내용 성취기준을 개발하고, 이것을 학생 수행 및 성과에 대한 성취기준으로 활용하였다. 그리고 나서 교육실천가들은 이러한 성취기준을 학생이 숙달하였는지를 평가하기 위해서 평가 도구를 개발하거나 선정하였다. 흔히 쓰이는 평가도구로는 필기시험과 교사 관찰이 있다. 교육실천가들은 성취기준과 관련하여 학생들의 초기 수행 및 성과를 점검한 후에, 학생들이 성취기준을 달성할 수 있도록 유도하는 수업을 계획한다. 그리고 나서 교사가 학생들에게 성취기준 달성을 안내하는 데 도움이 되는 자료를 개발하거나 선정한다. 다음으로 교사는 학생들에게 정보를 제시하고 중간 중간에 학생들의 진보를 확인한다. 이어서 학생들은 성취기준에 대한 달성 여부를 평가받는다.

끝으로 교육실천가들은 결과를 분석하고 다음 수업활동을 결정한다. 교육실천가들은 새로운 교육내용으로 넘어가도 되는지, 아니면 성취기준을 더 개발해서 현장에 제공해야 하는지 여부를 결정한다. 성취기준에 근거한 수업의 중요한 특징은 수업목표, 수업에 필요한 자원, 수업평가와 같은 요소가 고르게 정렬되어 있다는 점이다. 교육내용에 대한 성취기준으로 인해 학생들이 무엇을, 어떻게, 언제 학습해야 하는지, 학습한 것을 어떻게 평가해야 하는지에 관한 교육적 이야기가 대두되기 시작했다.

이러한 이야기 속에서 다음의 질문들과 같은 학교교육에 대한 끊임없는 딜레마가 생긴다. 학교교육은 표준화보다 개인화를 목표로 삼아야 하는가?(Noddings, 2010) 모든 학생들에게 똑같은 성취기준을 따르게 해야 하는가, 아니면 학생 개개인의 발달단계에 적합한 성취기준을 따르게 해야 하는가?(Rettig, McCullough, Santos, & Watson, 2004) 무엇보다 중요한 점은 최상의 성취기준을 통해 교사는 의도를 가지고 학생들을 바라볼 수 있다는 것이다. 이제 여러분은 성취기준을 교육을 개선하는 데 중요한 부분으로 생각해야 한다(National Research Council, 2008). 다음으로 여러분이 할 일은 포괄적으로 부응하는 교사와 같이 학생들에게 엄격하고 적절한 성취기준을 충족시키기 위한 양질의 학습 기회를 제공하는 것이다.

수업계획은 점점 광범위해지는 학생들의 요구를 충족시키고 학생들이 지닌 학습에 대한 높은 기대치를 달성하도록 하기 위한 것이다. 포괄적으로 부응하는 교사는 학생의 관점, 현재 경험 정도, 요구와 능력을 고려하고, 모든 학생이 학습과 발달에 있어 한결같이 앞으로 나아가도록 독려하는 것을 목표로 한다. 교사에게 있어 자신이 맡은 학생이 학습하도록 만드는 것은 매우 중요한 책무이다. 이것은 교과서 출판사, 교육용 소프트웨어 개발자, 동료교사가 할 수 있는 것이 아니다. 또한 수업계획은 학생이 수업을 통해 가능한 짧은 기간 내에 최대한 많이 학습하고 성장하도록 돕기 위해 필요하다.

수업계획의 첫걸음: 학생에 대한 이해

교사는 무엇을, 언제, 어떻게 가르칠 것인가와 같이 수업에 관한 결정을 내릴 때 학생들이 원하는 것을 고려해야 할 책임이 있다. 사실, 교사가 수업계획에 관한 결정을 내릴 때 중요한 기준은 개별 학생이 효과적으로 학습을 할 수 있는지 여부이다.

효과적인 수업계획은 학생과 관련된 다양한 정보를 수집하고 분석하는 것에서 시작된다. 수업이 개별 학생은 물론 교실에 있는 학생 전체를 위한 효과적인 학습의 결과로 이어지게 하기 위해서는 수업계획 시 다음 사항을 고려해야 한다. 즉, 교사는 사전에 학생이 이미 알고 있고, 할 수 있는 것을 파악하여 수업을 계획해야 한다. 그리고 학생의 강점과 요구 및 관심사 등을 반영하여 수업을 계획해야 한다.

수업을 계획하는 것은 또한 특정 교과내용에 대한 학생의 요구와 관심에 대해 사전에 평가하는 것도 포함된다. 형성평가나 진단평가(6장 참고)를 통해 교사는 수업을 하기 전에 학생들이 이미 알고 있는 것, 생각하고 있는 것, 할 수 있는 것을 파악할 수 있다. 그러나 몇몇 교사는 시간의 압박을 느껴서 수업계획 시 형성평가 단계를 건너뛰기도 한다. 이 유혹에 넘어가지 마라. 형성평가는 학생의 성취도에 지속적으로 영향을 미친다(Marzano, 2007).

학생에 대한 사전 정보를 수집하는 몇 가지 전략으로는 쪽지시험, 교사와 학생간의 비공식적인 대화, 학생의 자기점검, 수업일지 등이 있다. 〈표 4.1〉에는 학생들이 클릭커clicker라는 휴대용 장치를 통해 입력한 형성평가 정보를 교사가 수집, 기록, 분석하는 데 수용자 반응 체계를 사용한 사례가 제시되어 있다.

Gregory와 Kuzmich(2004)는 학생이 알고 있는 것을 파악하기 위해서 교사는 사전에 평가를 신속하게 실시해야 한다고 제안하였다. 사전평가의 예로는 모둠별 문제해결, 과제해결 등이 있다. 이러한 사전평가의 사례는 다음과 같다.

- 모둠별 문제해결의 사례: 초등학교 수학시간에 교사는 사각형 단원을 가르치고 있다. 수업을 시작하며 교사는 학생들이 모둠별로 모여서 "장기판 위에는 직사각형이 몇 개 있을까?"라는 발문에 답하도록 한다. 학생들의 답변을 통해 교사는 학생들이 어떤 개념을 알고 있는지, 문제를 풀기 위해 어떤 과정을 밟는지에 대해 관찰하여 기록한다. 그리고 학생들의 추론과정 간의 차이를 파악하고 기록한다.
- 과제해결의 사례: 과학 과제를 해결하기 위해, 학생들은 자신이 설정한 가설이 관찰한 현상에 비추어 어떤 오류가 있는지 분석한다. 과제는 이러하다. "컵에 얼음을 띄운 얼음물이 가득 담겨있어요. 얼음이 다 녹으면 컵 바깥으로 물이 넘칠까요? 지숙이는 물이 넘친다고 예측했어요. 지숙이가 잘못 생각한 부분은 무엇일까요?" 학생들은 과제를 제출하기 전에 자신이 분석한 내용에 대해 토론한다.

〈표 4.1〉 형성평가를 위한 수용자 반응 체계

화면에 메시지창이 뜨면 학생들은 클릭커clicker라고 불리는 휴대용 장치를 통해 자신의 생각을 교사의 컴퓨터에 전달한다. 학생들의 생각은 수치로 표현된다. 다음 자료는 고등학교 교사가 학생 회의를 개최할 때 클릭커를 통해 학생들의 의견을 반영한 내용이다.

■ 간디는 "스스로 생각하는 법을 아는 사람에게는 교사가 필요없다"라고 말하였다. 여러분은 이 말에 동의하는가?

1. 강한 긍정 2. 긍정 3. 부정 4. 강한 부정

〈설문조사 결과〉
강한 긍정: 20%, 긍정: 43%, 부정: 27%, 강한 부정: 10%

4학년 교사가 과학 수업을 계획하기 위해 학생들의 자료를 수집했는 데 무려 70%의 학생들이 오답을 선택했다. 이 자료를 바탕으로 다음의 문제를 풀게 한다.

■ 지진은 다른 어떠한 작용보다 지구 표면을 변화시키는 데 가장 많은 영향을 미친다.

1. 그렇다. 2. 아니다.

교사는 충분한 사전평가를 통해, 수업계획에 필요한 정보를 생산적으로 수집할 수 있다. 그 결과 교사는 학생들이 이미 알고 있거나 이해하고 있는 것을 중복해서 다루지 않을 수 있다.

교과내용에 대해 학생이 기존에 알고 있는 것 외에도, 학생이 흥미를 느끼는 부분을 고려해야 한다. 교과내용 중에서도, 학생이 가장 흥미로워 하는 부분을 고려하여 수업계획을 세운다면, 수업을 통해 학생들이 스스로 세운 목표를 이룰 수 있을 것이다. 그리고 학생들에게 더 많은 동기가 부여될 것이다. 학생이 자유시간에 읽는 책은 무엇인지, 학생이 주로 하는 활동이 무엇인지를 관찰하면, 교사는 학생이 흥미를 갖고 있는 부분을 알 수 있을 것이다. 학생의 흥미를 파악하기 위해 교사는 수업에서 다룰 내용과 직접적으로 관련된 간단한 설문지를 사용할 수도 있다. 즉, 교사는 수업을 계획하기 위해 다음 수업 팁에 제시된 학생 흥미 설문지를 학생들에게 나누어 작성하게 할 수 있다.

교사는 학생들이 사전에 작성한 설문 결과에 따라 관심분야가 같은 학생들끼리 모둠을 구성하고 모둠별로 서로 다른 자료를 읽게 한다. 그리고 과제도 모둠별로 수행하게 한다. 물론 나중에는 학생의 흥미와 관계없이 모둠원들을 섞어놓고, 학생들이 사회적 쟁점에 대해 각자 알고 있는 지식을 공유하도록 할 것이다. 그럼으로써 교실에서 사회적 쟁점에 대한 학생들의 다양한 생각과 의견을 이끌어 낼 수 있을 것이다.

3장에서는 유니버설 디자인, DI, 조절과 수정의 원리를 소개하였다. 매일매일 수업을 계획할 때에는 우선 다음과 같은 접근법들을 염두에 두어야 한다. 수업을

수업 팁

학생의 흥미를 파악하기 위한 설문지

곧 학습할 단원에 대한 학생의 흥미를 알아보기 위해 학생들에게 간단히 설문지를 작성하도록 해 보자. 다음은 사회 수업에서 학생 흥미 설문지를 활용한 사례이다.

학생의 흥미 등급 부여: 우리나라의 사회적 쟁점 중 무엇에 대해 배우고 싶은가요?

사회 수업을 통해 최근 우리나라에서 부각되고 있는 사회적 쟁점에 대해 여러분과 자유롭게 이야기를 나누어 보려고 합니다. 다음은 여러분이 학습할 사회적 쟁점 중 몇 가지를 나열한 것입니다. 선생님은 여러분이 어떤 사회적 쟁점에 가장 관심을 갖고 있는지 알고 싶습니다. 각각의 사회적 쟁점에 대해 1에서 5까지 번호를 매기세요. 흥미로울수록 1에 가까운 점수를, 흥미롭지 않을수록 5에 가까운 점수를 매기세요.

스마트폰 중독 문제 1 2 3 4 5
원자력 발전 찬반문제 1 2 3 4 5
저출산 문제 1 2 3 4 5
기타: 자유롭게 적어보세요. ______________________

여러분은 이러한 사회적 쟁점을 이해하는 데 도움을 줄 수 있는 가족이나 주위의 사람들을 알고 있을 것입니다. 만약 그렇다면 그 분들의 이름을 쓰고, 어떻게 그 분들이 여러분을 도와줄 수 있는지에 대해서 기록하세요.

통해 학습자의 광범위한 요구가 충족되는가? 신체적 장애가 있는 학생의 경우는 수업을 어떻게 조절할 것인가? 학업성취가 뛰어난 학생에게는 더 잘하도록 어떻게 자극할 것인가? 읽기 능력에 문제가 있는 학생이 교육 내용을 잘 이해하고, 동시에 읽기 기능을 개선하도록 하기 위해 여러분은 어떻게 도울 것인가?

다양한 학생의 요구를 충족시키기 위한 수업을 계획하는 과정의 다음 단계로, 교사는 학생 개개인의 구체적인 사항을 고려하여 명확하고 적절한 수업목표를 설정하여야 한다. 그리고 나서 광범위하고 다양한 자원을 수업에 사용해야 하며, 장 · 단기적으로 수업을 잘 조직하고 발전시켜 나가야 한다. 학생을 이해하는 것은 수업계획의 다음 단계인 수업목적을 설정하는 데 도움이 된다.

수업목적은 수업계획의 원동력

교사가 생각하고 있는 수업목적이 없다면, 수업시간을 어떻게 활용하는지는 아무런 의미가 없다. 그러나 교사와 학생은 함께 나아가야 할 곳이 있다. 따라서 교사는 나아가야 할 곳을 안내해 줄 명확한 수업목적을 설정해야 한다.

수업목적의 종류

학생을 위한 여러분의 전반적인 목적은 무엇인가? 여러분은 학생들이 어떤 지식을 알고 어떤 기능을 익히기를 원하는가? 교사의 비전과 관심사에 따라 학생이 알아야 하는 것, 학생이 도달해야 하는 상태에 대한 교사의 수업목표가 결정된다. 예를 들어, 『Partnership for 21st Century Skills』이라는 책에서 21C 학생의 학습 결과와 이를 지원하기 위한 체제 [그림 4.1]을 제시한다. 이 그림은 오늘날 학생들이 달성해야 하는 결과를 전반적으로 제시하고 있다. 여기에 제시된 결

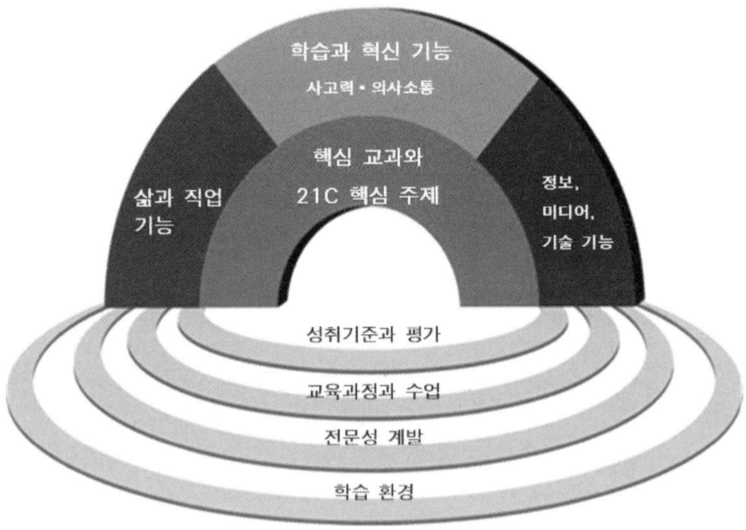

[그림 4.1] 21C 학생의 학습 결과와 이를 지원하기 위한 체제

* 출처: www.p21.org/overview

과는 주요 교과목에 대한 지식뿐만 아니라, 오늘날과 미래를 살아가는 데 필요한 기능을 포함한다는 점을 주목하라. 이 그림의 하단에는 학생의 학습 결과에 영향을 미치는 지원 체제들이 나와 있다.

정부에서 제시하는 성취기준도 수업목적에 영향을 미친다. 2장을 참고하여 자신의 수업관을 떠올려 보라. 아마도 정부에서 제공하는 일반적인 교육내용 성취기준에 대한 것과는 다른 차원의 것이 떠오를 것이다. 여러분이 교사로서 학생에게 기대하는 것과 목적은 아마도 학생의 태도 및 행동과 관련이 있을 것이다. 여러분은 학생이 학습에 끈기를 보이는 것에 관심이 있는가? 학생이 객관성을 갖는 것에 관심이 있는가? 학생이 책임감을 갖는 것에 관심이 있는가? 학생이 공감하는 것이나 의사소통을 효과적으로 하는 것에 관심이 있는가? 예를 들면, 최근에는 정서지능에 대한 관심이 늘어나고 있다(Csikszentmihalyi & Csikszentmihalyi, 2006; Goleman, 1995, 1998). 정서지능이 높으면 어떤 감정을 느끼는지를 알 수 있고 감정을 관리할 수도 있다. 그리고 타인과 공감할 수도 있고, 당황스러운 일이 일어나도 차분함을 유지할 수 있다. 또한 효과적인 팀워크의 중요성이 커지면서, 정서지능이 높이 평가되고 있다. 『Partnership for 21st Century Skills』(2004)는 생활에 필요한 기능으로 다음의 내용을 제시하고 있다.

- 유연성(불확실한 상황에서 다양한 역할, 자신이 해야 할 업무, 스케줄 및 전후관계에 적응하고, 우선순위를 정하는 것)
- 시간과 목표 관리(목표 설정, 우선순위 설정, 장 · 단기 목표 간의 균형 유지, 자원 관리)
- 효과적인 상호작용(언제 말하고 들어야 하는지에 대해 아는 것)
- 다른 문화와의 의사소통(문화적 차이 존중, 다양한 사람들과 효과적으로 같이 일하는 것)

교육을 받은 사람이라면 누구나 무언가에 대해서 알고, 느끼며, 행동할 수 있어야 한다. 그렇기 때문에 이론가들은 교육목적과 관련한 세계를 인지적 영역, 정의적 영역, 심동적 영역의 세 영역으로 나누었다.

다음 쪽에 제시한 〈표 4.2〉를 보면 각 영역에 대하여 자주 사용하는 분류체계가 나와 있다. 각 분류체계에서 첫 번째 분류 수준이 가장 쉽고 낮은 수준이다. 수준이 높을수록 학습자에게 요구되는 것이 많아진다. 더 복잡한 수준으로 갈수록 학습자를 더 낮은 수준으로부터 이끌어내야 하고, 각각의 수준은 학생들의 학습에 대한 이해도와 판단, 수행 및 성과를 향상시키는 데 기여한다. 이 분류체계를 통해 여러분은 두 가지를 기억하게 된다. 첫 번째, 교사는 비단 인지적인 정보만을 가르치는 것이 아니다. 즉, 교사는 다양한 종류의 수업목적을 명확하게 설정해야 한다. 두 번째, 교사가 가르치는 각각의 영역에는 이해의 수준과 행동의 수준이 있다. 즉, 교사는 학생이 각 수준을 숙달할 기회를 제공해야 한다. 학생은 점점 더 심도있고 복잡한 방식으로 정보를 처리해야 하고, 섬세한 사고와 감정, 행동을 통해 세상에 반응해야 한다.

학계에서 가장 많이 이야기하는 분류체계는 Bloom이 제시한 인지적 영역의 분류체계이다. 다양한 수준은 보통 국가수준 성취기준으로 제시되며, 교사는 학생이 이 분류체계의 모든 수준에 도달할 수 있도록 돕는다. 다음의 예를 살펴보자. 다음은 우리나라의 초등학교 수학과 교육과정에서 발췌한 내용이다.

- 간단한 평면도형의 밀기, 뒤집기, 돌리기 활동을 통하여 그 변화를 이해

〈표 4.2〉 Bloom의 교육목표분류체계에 따른 학생의 학습 영역 분류

영역	수준
인지적 영역 사고력	지식: 회상, 기억 이해: 이해한 것을 표현 적용: 새로운 환경에서 지식을 활용 분석: 논리적이지 않은 오류나 차이를 밝힘 종합 혹은 창안: 어떤 새로운 것을 만들어내는 것 평가: 판단력과 의사결정 (Bloom, Englehart, Hill, Furst, & Krathwohl, 1956)
정의적 영역 감정	수용: 어떤 외부의 자극에 대한 인식 반응: 질문에 대한 자극의 정도 가치: 어떤 요청이 없을 때에는 신념에 따라 행동 조직: 일련의 가치 체계의 공고화 특성화: 어떤 신념의 틀과 일치하는 모든 행동을 표현 (Krathwohl, Bloom, & Masia, 1964)
심동적 영역 행동	모방: 한 모델을 관찰한 후 그 행동을 따라함 조작: 어떤 모델 없이 행동을 수행함 정교성: 어떤 모델이나 방향없이 개선된 행동을 수행함 연계성: 조절, 시간, 속도로 일련의 행동을 계열화하고 수행하는 데 통제력이 있고, 적시성이 있고, 시리즈를 순서화하여 수행함 자연적 적응: 일상적이고 자발적으로 일을 수행함 (Harrow, 1969)

한다(3학년).

- 실생활에서 찾을 수 있는 자료를 목적에 맞는 그래프로 나타내고 해석할 수 있다(4학년).
- 약수와 배수 사이의 관계를 이해하고, 이를 문제해결에 활용할 수 있다(5학년).
- 주어진 문제에서 조건을 바꾸어 새로운 문제를 만들고, 그 문제를 해결할 수 있다(6학년).

시간을 충분히 들여서 Bloom의 분류체계를 자유자재로 사용할 수 있도록 숙지하라. 이 장의 끝부분에 있는 '이론에서 실천으로' 5번 문제는 Bloom의 분류체계를 숙지하는 데 도움이 될 것이다. Bloom의 분류체계를 익히다보면 몇 가지 한계점을 발견할 지도 모른다. 수준 간의 순서가 항상 맞지 않을 수도 있다는 점이다. 예를 들어, 분석 단계의 수준이 반드시 종합 단계의 수준 앞에 오지 않을 수도 있다(Marlowe & Page,

1998).

그래서 Anderson과 그의 몇몇 동료는(Anderson, 2005; Anderson et al, 2001) Bloom의 분류체계를 수정하였다. Bloom의 분류체계의 수정판에서는 인지적 영역에서 수준 두 개의 순서가 바뀌었고, 각 수준의 이름도 원래는 명사로 표시하였는데, 동사로 바뀌었다. 이는 〈표 4.3〉에서 확인할 수 있다.

또한 수정판에서는 각 인지적 영역의 수준에서 갖출 수 있는 지식의 다차원적인 속성을 인정한다. 사실적 지식, 개념적 지식, 절차적 지식, 메타인지적 지식. Anderson 등(2001: 29)은 이러한 지식의 유형을 다음과 같이 정의한다.

- 사실적 지식: 어떤 지식 분야와 친숙해지기 위해서, 또는 그 지식 분야 안에서 문제를 해결하기 위해 학생이 알아야 하는 기본적인 요소
- 개념적 지식: 개별화된 기본 요소들 간의 상호관계 속에서 개별적인 기본 요소들이 함께 기능
- 절차적 지식: 무엇을 어떻게 수행하는 가에 대한 방법(탐구 방법, 기능, 알고리즘 기법, 방법론을 언제 사용할 지 판단하는 기준)
- 메타인지적 지식: 자신의 인지에 대한 지식과 의식뿐만 아니라 인지에 대한 전반적인 지식

Bloom의 교육목표분류체계 수정판은 표로 이루어져 있다. 제일 왼편 세로줄에는 인지적 영역의 수준, 제일 윗편 가로줄에는 네 가지 차원이 제시된다. Bloom의 분류체계 수정판 또한 모두 중요한 기능을 한다. 이 분류체계는 교사에게 견고한 기본 지식과 그 지식을 좀 더 정교한 방식으로 다룰 기회를 제공한다. 또한 Bloom의 분류체계 수정판은 학생의 다양한 요구에 따라 과제를 차별화하는 데 유용한 도구로 쓰일 수도 있다(Noble, 2004).

〈표 4.3〉 Bloom의 분류체계(인지적 영역)에서 수정된 수준과 위계

원래 수준과 위계	수정된 수준과 위계
평가(Evaluation)	창안하다(Create)
종합 혹은 창안(Synthesis)	평가하다(Evaluate)
분석(Analysis)	분석하다(Analyze)
적용(Application)	적용하다(Apply)
이해(Comprehension)	이해하다(Understand)
지식(Knowledge)	기억하다(Remember)

목적은 인지적 영역, 정의적 영역, 심동적 영역 등 다양한 영역으로 나누어질 수 있다. 교사는 교육적 결과물을 다양한 수준으로 상세화하여 설정할 수 있다.

수업목적 VS 수업목표

광범위하거나 일반적인 결과를 보통 목적이라 부른다. 목적을 통해 교사는 장기적인 수업계획을 이끌어 나간다. 일반적인 목적은 좀 더 구체적이고 세부적인 내용을 함축한다. 여기서 구체적이고 세부적인 진술에 해당하는 수업목표는 그날그날 수업의 방향을 잡아준다. 따라서 수업목표란 학생이 최종 목적을 달성하기 전에 숙달해야 하는 중간 단계라고 생각할 수도 있다. 〈표 4.4〉에 제시된 진술을 수업목적과 수업목표로 구분할 수 있는지 확인해 보라.

수업목적은 높은 이상을 추구하는 방식으로 진술된다. 이는 아직 실행단계로 바로 이어질 수 있는 상태가 아니며, 학생이 구체적으로 어떤 행위를 해야 하는

지 친절하게 안내하고 있지 않다. 〈표 4.4〉에 나오는 진술들의 상세화 정도는 서로 다르지만, 수업목적과 수업목표는 서로 비슷한 점이 있다. 수업목적과 수업목표 모두, 학생이 할 수 있어야 하는 것을 기술하는 방식으로 표현된다. 다시 말해서 수업에는 목적이 있는데 국가수준 성취기준을 살펴보면, 학생이 도달해야 하는 것들을 기술하는 방식으로 작성되어 있다. 때문에 교사는 학생과 학생의 학습에 중점을 두어야 한다. 예를 들어, 다음은 5학년 국어 쓰기 영역의 성취기준이다.

"학교나 지역 사회에서 일어난 중요한 사건에 대해 보도하는 기사문을 쓴다." 학생들이 이러한 성취기준을 달성하기 위해 도움이 될 만한 몇 가지 수업목표는 다음과 같다.

1. 기사문의 특성을 이해할 수 있다.
2. 중요한 사건을 선정하여 조사할 수 있다.
3. 조사한 내용을 육하원칙에 따라 쓸 수 있다.
4. 읽는 이를 고려하여 그림, 사진, 도표 등을 활용할 수 있다.

교사는 수많은 수업목표를 설정하고 수업에서 구현한다. 이 장 뒤편에 제시한 '차시별 수업계획' 부분을 살펴보면 수업목표를 작성하는 데 도움이 될 것이다. 그럼에도 불구하고 수업목표를 설정하기 위해 수업목적이 전제되어야 한다. 수업목적은 무엇을 성취해야 하는 가에 대한 폭넓은 통찰을 가능하게 한다.

〈표 4.4〉 수업목적 VS 수업목표

첫 번째 사례: 수학

1. 학생들은 종이와 연필을 가지고 두 자리 수의 덧셈문제 중 90%를 정확하게 계산할 수 있다.
2. 학생들은 자신의 계산 기능을 향상시킬 수 있다.

두 번째 사례: 과학

1. 학생들은 참고자료 없이 물의 순환에 대한 도표를 그리고, 인간이 물의 순환에 어떠한 영향을 미칠 수 있는지 적어도 두 가지 의견을 기술할 수 있다.
2. 학생들은 자신의 삶에서 결정을 내리는 데 과학적 원리를 사용할 수 있다.

수업목적 결정

전문성 있는 교사는 중요한 의사결정을 내려야 할 책임이 있다. '무엇을 가르쳐야 하는가? 누구를 가르쳐야 하는가? 언제 가르쳐야 하는가?'라는 의사결정이 바로 그것이다. 일년 또는 한 학기 동안의 수업목적을 정할 때에는, 다양한 자료를 검토해야 한다. 1장에서 다루었던 [그림 1.1] 교사들에게 영향을 주는 각종 요인에 대해 떠올려 보라. 학습에 대한 목적을 작성할 때에는 다음의 권유사항을 고려하라. 꼭 필요하다면 혼자서 하되, 가능하면 다른 교사들과 함께 생각해 보라. 몇 가지 권유사항에 대해서는 학생의 가족 구성원 등 학습과 관련된 다른 관계자의 관점을 참고하면 교사는 좀 더 풍부하게 사고할 수 있다. 특히 일년 또는 한 학기 전체를 아우르는 수업목적을 설정할 때 다음과 같은 팁은 유용하다. 또한 교사가 특정 단원을 계획할 때에도 이러한 팁을 활용할 수 있을 것이다.

- 학생에 대한 정보를 분석하라. 학생들이 지금 알고 있는 것은 무엇인가? 학생들은 어떻게 학습하는가? 학생들은 무엇을 배우고 싶어 하는가? 학생들의 관심사는 무엇이고 학생들은 어떤 계획을 가지고 있는가?

어려운 성취기준을 달성하는 과정에서 학생들은 어떤 도움을 필요로 하는가?

- 교사 자신의 수업관을 검토하라. 학생들에게 어떤 희망을 가지고 있는가? 학교장의 학교경영방침이 무엇인지도 확인하라.
- 교육내용 성취기준을 검토하라. 시간을 들여서 학생들이 달성해야 하는 교육내용 기대수준에 대해 이해하라. 대충 훑어보는 것만으로는 깊이 이해할 수가 없다. 많은 교사의 경우, 서로 다른 교과영역 간의 연결점이 있는지 함께 검토하는 것이 유용하다고 한다. 또한 '변화'나 '구조'와 같은 공통적인 핵심 개념을 찾는 것도 유용하다고 한다(Hurt, 2003). 미국에서 강조하는 21세기에 필요한 학습 기능이 무엇인지에 관해서도 빠뜨리지 말고 확인하라. 예를 들어, 의사소통 능력, 협력하는 능력을 수업에서 함양하는 방법은 무엇인가? 비판적 사고와 문제해결 능력을 키워주는 방법은 무엇인가?
- 학생을 고려하여 교육내용 성취기준을 검토하라. 학생의 진보현황, 요구, 흥미에 따라 각각 다른 수업목적을 설정해야 하는가? 예를 들어, 학생 중 일부에게 누락된 지식을 가르치기 위해 중간 단계의 수업목적을 설정할 필요로 있는가? 또한 어떤 학생들을 위해 학년 수준보다 훨씬 높은 단계의 수업목적을 설정할 필요가 있는가?
- 교사의 자료를 검토하라. 교과서와 같이 여러분이 채택한 교육과정 자료에 제시된 수업목적은 무엇인가? 자료들은 성취기준에 알맞은가?

앞서 살펴본 자료를 바탕으로 여러 가지 정보를 적어보라. 수업목적이 서로 겹치는 영역을 찾아보고, 서로 일치하지 않는 영역도 찾아보라. 이 과정에서 비판적인 시각을 가져라. 기존의 관행을 개선하기 위해서 사용할 수 있는 다른 수업목적의 목록은 없는가? 경험이 풍부한 교사나 다른 동료들과 대화하라. 그리고 수업목적들 간의 우선순위를 매겨라. 장기적인 계획을 세우고, 하루 수업 일정을 정하고, 차시별 수업을 계획할 때, 여러분은 이러한 수업목적들을 염두에 두어야 한다. 예를 들어, 여러분의 수업목적이 '문화 간 의사소통'에 초점을 두고 있다면 수업 일정을 정할 때에 다른 문화에 대해 조사하는 프로젝트를 포함해야 할 것이다. 만약 교사가 공감능력과 공동체 연대감을 중시한다면, 지역사회의 양로원과 협력하는 학습 프로젝트를 수업계획에 포함시킬 수도 있을 것이다.

수업자원을 활용한 수업계획

일단 수업목적을 설정하고 나면, 수업계획의 다음 단계는 매우 수월해진다. 어떤 자료나 수업자원을 사용해야 학생들이 수업목적을 달성하고 학습을 촉진할 수 있을지 주변을 둘러볼 필요가 있다. 학생들의 사전 경험, 흥미, 능력, 요구 등에 대해 여러분이 알아낸 것을 바탕으로 모든 학생이 앞으로 나아갈 수 있게 하는 수업자원을 찾아보라. 또한 학생이 숙달해야 할 교육내용에 대한 교사의 기대를 바탕으로 학생들에게 유용한 수업자원도 찾아보라. 교사가 설정한 목적을 향해 교사와 학생이 함께 나아가는 데 도움을 줄 수 있는 도구들이 많이 있다.

교과서

많은 교사들은 계획을 세울 때 교과서와 같이 기존에 채택되어 있는 자료를 바탕으로 계획을 수립한다. 사실 대부분의 학교는 교과서를 사용한다. 어떤 경우에는

학교 지침을 통해 교사에게 엄격하게 교과서 사용을 요구하기도 한다. 교과서는 교과서 개발팀이 개발하고 충분한 검토를 거친다. 검토는 각 내용 영역별로 이루어지며, 주기적으로 교정하는 절차를 거친다. 그래서 교과서는 교사들이 수업계획의 시작점으로 사용하기에 알맞다. 교과서는 학생이 학습하는 데 효과적인 지원자의 역할을 할 수 있다(Elsaleh, 2010; Wakefield, 2006). 또한 교과서에 관한 온라인 자료를 활용하면 많은 학생과 지역간의 상호작용을 촉진하고 도움을 줄 수 있다(Sunkin, 2010).

하지만 교과서와 교과서의 결점에 대해서는 오랫동안 논쟁이 있었다. 어떤 저자들은 교과서의 내용이 지루하고, 밋밋하며 지나치게 단순하다고 주장한다(Dorrell & Busch, 2000; Jones, 2000; Ravitch, 2003a, 2003b). 또한 교과서는 성취기준을 다루지 않을 수도 있으며(O'Shea, 2005), 학습에 대한 연구물에서 권고하는 내용들을 따르지 않을 수도 있다. 예를 들어, Brenner와 Hiebert(2010)에 따르면, 교사는 읽기 교과서의 핵심적인 내용을 충실하게 따라야 하지만, 주요 교과서 본문에는 3학년이 하루에 읽어야 하는 전체 단어의 일부만이 포함되어 있었다고 한다. 이들이 분석한 것에 따르면, 많은 교과서에 내용상 부정확한 것들이 실려있었으며(Levy, 2000; Loewen, 1996; Jehlen, 2000), 계급의 특권 문제와 같은 왜곡된 내용도 포함되어 있었다(Dutro, 2009).

이러한 이유로 교사는 교과서를 주의깊게 살펴보고 잘 판단하여 현명하게 사용하는 것이 중요하다. 우선 여러분이 설정한 수업목적, 수업목표, 이와 관련된 성취기준을 검토하라. 그리고 이와 관련하여 교과서를 검토하라. 교과서의 정확도와 완성도를 확인해 보고 편향된 내용은 없는지 찾아보라.

교사가 교과서 사용에 대해 검토할 때, 교과서가 학생들의 목적을 달성하는 데 도움을 주는 여러 자원 중의 하나로 사용되어야 한다는 점을 명심하라. 그리고 다른 풍부한 자료와 함께 교과서를 하나의 보조자료로 사용하라.

풍부한 수업자료

풍부한 자원을 포함시켜 수업을 계획하라. 예를 들어, 수업에서 사용할 수 있는 기본적인 자료에는 교구, 실물 교재, 다양한 인쇄물, 소프트웨어, 지도, 지구본, 야외용 스피커, 가족구성원, 멀티미디어 등이 있다. 이처럼 수업에서 풍부한 자원을 활용하는 것은 다양한 목적을 달성하는 데 도움이 된다. 첫째, 수업에서 다양한 자원을 사용하면, 학생의 세계를 포함한 학습환경을 조성하는 자료로 사용할 수 있다. 둘째, 학생들은 전문가들이 현장에서 사용하는 사고방식을 익히는 데 도움을 얻을 수 있다. 예를 들면, 사회학자들은 기본적인 자료를 해석하는 법(인터뷰 분석, 지도 사용 등)을 알고 있는데 기본적인 자료를 수업에 활용함으로써 학생들도 이와 같은 사회학자들의 사고방식을 배우게 되는 것이다. 셋째, 다양한 요구를 가진 학생들이 정보에 접근할 수 있다. 예를 들어, 교과서 기반 수업 환경은 읽기에 어려움을 겪는 학생이 학습하는 데 불리하게 작용한다(Frey, Fisher, & Moore, 2005). 따라서 풍부한 수업자료를 사용하여 학생이 이러한 상황으로부터 벗어나도록 도와줄 수 있다. 풍부한 자료는 학생의 흥미와 호기심을 불러 일으키며, 학생들이 교육 내용을 더 잘 다루고 기억할 수 있도록 해 준다. 또한 학생들은 좀 더 효과적으로 자료를 이해하고 활용할 수 있으며, 학습한 내용이 실제적인 맥락에서 내용이 어떻게 적용되는지 충분히 탐구할 수 있다. 이를 통해 학생의 학습은 더욱 심화된다. 물론 풍부한 자원을 수집하기 위해서 교사는 어느 정도 시간을 투자해야 하며, 수업에 대하여 충분히 고민해야 한다. 그렇지만 많은 예산이 필요한 것은 아니다.

수업을 계획할 때 또는 교사가 수업 시연을 하려고 할 때에는 수업 기자재 역시 고려되어야 한다. 많은 학교에는 영상 지원 시스템이 마련되어 있어서 교사가 다양한 정보를 제시할 수 있다. 수업에 도움을 주는 다양한 인터넷 자원을 활용하라. 비디오 클립, 웹 카메라 자료, 멀티미디어 파일, 사진 및 그림 등은 마우스 클릭 한 번으로 간편하게 얻을 수 있다. 디지털 정보를 수업에 활용하기 위한 몇 가지 아이디어는 다음에 제시된 21세기 교수-학습 팁을 살펴보면 된다.

ICT 목적에 맞게 수업자원을 활용하기 위해 어떤 것을 학생들에게 사용하게 할 수 있는지를 파악하라. 대부분의 교실에는 인터넷이 연결된 데스크탑 컴퓨터나 노트북이 설치되어 있다. 많은 교사는 컴퓨터를 보다 효과적으로 사용하기 위해 화상캠, 과학 데이터를 수집할 수 있는 측정 장치, 장애학생의 수업에 도움을 줄 수 있는 장치 등을 컴퓨터에 연결한다. 인터넷의 활용은 인터넷 기반 학습의 장을 열게 하였고, 최근에는 소셜미디어[Social media]까지 그 범위가 확장되고 있다. 오랫동안 사랑 받은 온라인 프로젝트 학습 사이트인 '웹퀘스트(http://webquest.org/index.php)'를 참고하라. 블로그, 위키, 즐겨 찾기 목록 공유 사이트[social bookmarking]와 같은 소셜 미디어에서는 누구나 콘텐츠 개발자가 될 수 있으며, 다른 사람들과 정보를 공유하고 자유롭게 소통할 수 있게 한다.

일부 교실에는 전자칠판이 있다. 그러나 전자칠판의 효과성에 대한 연구 결과가 서로 엇갈린다. 전자칠판이 학생들의 동기, 참여, 사고와 성취를 촉진시키는 데 사용될 수 있다(Lopez, 2010; Metiri Group, 2006; Torff & Tirotta, 2010)는 연구가 있는 반면 전자칠판이 학생들에게 끼치는 영향은 미미하고 영향의 범위도 고르지 못하다는 주장도 있다. 예를 들어, Marzano(2009)의 연구에 의하면, 전자칠판에 대한 연구물 중 4분의 1은 전자칠판이 학습에 부정적인 영향을 끼쳤다. 그 결과 일부 교육실천가들은 전자칠판을 비용대비 가치없는 것으로 판단하였다(Johnson & Hirsch, 2010; Meeks, 2009). Marzano(2009)는 전자칠판의 효과성을 극대화시킬 수 있는 전자칠판 활용법에 관해 다음과 같이 제안하였다.

- 수업이 매끄럽게 운영되고 있을 때, 전자칠판을 통해 적절하게 조직된 자료 일부를 제시해야 한다.
- 전자칠판을 통해 주요 핵심 내용을 나타내는 시각 정보를 제시해야 한다.
- 전자칠판에 수용자 반응 체계와 같은 투표 시스템의 결과를 제시하여 수업에 활용해야 한다.
- 전자칠판의 기능(박수소리 음성 파일, 정답 벨소리 파일 등)을 학생에 대한 강화로써 활용해야 한다.

수업 기자재는 교사가 수업을 효과적으로 운영할 수 있고, 학생 학습의 결과(교과목에 대한 학습 성취, 사회적 발달, 태도)를 촉진시킨다는 연구결과가 있다(Kulik & Kulik, 1991; Metiri Group, 2006). 수업에서 기자재의 활용 시 교사는 주의 깊게 수업목적을 고려하고 수업 도구로써 기자재를 효과적으로 실행하여 마음이 편안한 상태에서 교수-학습을 할 수 있어야 한다. 이러한 도구는 교사에게는 하나의 기능이 된다. 교육내용과 학습과정에 학생들의 참여를 유도하기 위해 선택한 수업 기자재를 사용하라. 교사는 학생들의 발달을 촉진하고 교육내용을 숙달시키며 21세기 학습을 달성시킬 수업 기자재를 적극적으로 확보해야 할 책임이 있다. 만약 교사가 인터넷에서 찾은 자료로 수업을 하게 된다면, 학교는 학생들의 정보격차를 줄이는 데에도 신경을 써야 한다. 이에 대해 교사는 사전 대책을 강구할 필요가 있다. 학생들의 반응에 부응하는 교사는 수업에 필요한 기자재를 적극적으로 마련하기 위해 노력해야 한다.

요컨대 교사는 초기 수업을 계획할 때, 교사와 학생들이 사용가능한 폭넓은 자원

21세기 교수-학습 팁

수업에 디지털 정보를 활용하는 법

- 교사(학생)가 직접 촬영하거나 웹 사이트에서 검색한 디지털 영상을 활용하라. Fliker는 인기있는 사진 공유 사이트이다.
- 교사가 녹음한 음성과 직접 녹화한 영상 파일이나 YouTube(youtube.com)와 TeacherTube(teachertube.com)와 같은 웹 사이트에서 검색한 자원을 활용하라.
- 학교에서 영상 사이트에 접속할 수 있는 여건이 안되는가? 그렇다면 사전에 교사가 파일을 다운로드하여 다양한 파일 형식으로 변환하여 사용하라.
- 저작권법을 확인하고 그에 따라야 한다는 점을 명심하라. 물론 일반적으로 교사는 교육적 목적으로 소량의 정보를 사용할 수는 있다. 하지만 저작권과 관련하여 의심되는 사항이 있다면 저작권 사용 인가를 신청하라.

을 고려하라. 〈표 4.5〉은 특정 단원 또는 특정 차시와 관련있는 여러 가지 수업자원에 대해 브레인스토밍하는 데 사용할 수 있다. 그리고 이러한 수업자원을 장 · 단기적인 수업계획을 세우는 데 활용하라.

장기적인 수업계획

교사들이 수업계획을 세우는 방식은 제각각이지만, 수업계획을 세울 때에는 접근의 폭을 최대한 넓혔다가 구체적으로 좁혀 나가는 것이 가장 합리적이다. 장

〈표 4.5〉 수업자원에 대한 브레인스토밍

단원 또는 주제: 성취기준 또는 필수적인 발문:	
수업자원의 유형	• 브레인스토밍: 이러한 유형의 수업자원에 관해 생각한 내용을 목록으로 작성하라.(가능한 수업자원은? 사용하는 수업자원의 실제 자료명은?)
수업 기자재	• 교사가 사용해야 할 수업 기자재는 무엇인가? • 학생들은 어떤 수업 도구를 사용해야 하는가? (고려할 점: 생산성 있는 도구, 연구 도구, 의사소통 도구) • 수업 기자재가 어떻게 학생들의 다양한 요구를 충족시키는 데 도움을 줄 것인가?(예를 들어, 도움이 되는 기자재, 모국어 지원, 읽기 능력이 낮은 학생들을 위한 기자재 지원)
문서 자료	• 교과서 • 다양한 유형의 인쇄자료(신문, 도서, 차트, 책자, 편지 등) (고려할 점: 학생들의 수준을 고려한 인쇄자료를 사용하라.) • 학생의 글
영상자료	• 사진, 비디오 클립, 미술작품 등을 생각해 보라. (고려할 점: 사용 가능한 웹 사이트 목록이나 검색어 목록을 작성하라.)
교과목에서 주로 사용하는 용어	• 교과에서 사용되는 전문 용어는 무엇인가? (고려할 점: 소프트웨어, 애플리케이션, 예술 매체, 인터뷰를 통해 얻은 정보, 계산 측정 등 다양한 전문 용어를 고려하라.)
현장 경험	• 가족 구성원들이 갖고 있는 전문적 지식은 무엇인가? (예를 들어, 역사적 사건에 대한 인터뷰나 사회 전반에 대한 현재의 경험) • 지역사회 구성원들로부터 얻을 수 있는 지식은 무엇인가? • 교실에서 세계 여러 나라를 방문하기 위해 사용할 수 있는 사이트는 무엇인가? • 멀리 떨어져 있는 사람들과 관계를 유지하는 데 도움을 주는 것은 무엇인가?

기적인 수업계획을 세울 때에는 한 해 혹은 한 학기를 계획하고 난 뒤, 주간 · 일간 수업활동의 체계를 설정한다. 이를 위해 학생들에 대한 지식, 사용 가능한 수업자원, 수업목표 등을 고려해서 장기적인 수업계획을 수립해야 한다. 다음의 수업 팁은 장기적인 수업계획을 설정하는 데 도움이 되는 몇 가지 조언을 제시한 것이다.

연간 수업계획

학생들에 대한 지식과 교사가 중요하게 생각하는 수업목표에 유념하여, 교사가 가르치는 모든 영역에 대한 교육내용 성취기준을 살펴보라. 연간 수업 진도 계획에는 교사가 성취기준에 대해 언제 가르쳐야 하는지에 대한 방향이 제시되어 있다. 또한 이것을 통해 성취기준을 다루기 위해 활용할 수 있는 수업자료를 생각해 볼 수도 있다. 그러나 연간 수업 진도 계획이 있다고 해서 교사가 학생들이 이루어야 할 교육과정 목적을 정확하게 가르칠 수 있는 것은 아니다. 성취기준에 대한 주의 깊은 연구를 통해서만 교사는 수업을 학생들의 세계에 의미있도록 연결하여 가르칠 수 있다. 만약 연간 수업 진도 계획이 없다면, 학기 또는 연간 교육과정 지도curriculum map를 만들어라.

다른 교사들은 이와 같은 작업을 하기 위해서 스프레드시트를 활용한다. 교과부 웹사이트에서 다운받은 성취기준 파일을 통해 교사는 연간 수업계획 작업을 시작할 수 있다. 성취기준을 살펴보고, 이에 대해 고민하며, 다양한 성취기준을 연결해줄 수 있는 기본개념을 찾아보라.

Hurt(2003: 15)는 교과부의 성취기준을 살펴보는 데 교사에게 지침이 될 수 있는 유용한 질문목록을 다음과 같이 제시하였다.

1. 성취기준에서 가장 중요한 것은 무엇인가?
2. 성취기준을 중요하게 만드는 요소는 무엇인가?
3. 교사는 학생들에게 영속성 있는 것을 가르치기 위해 성취기준을 어떻게 활용할 수 있을까?
4. 교사는 학생들 삶의 다른 측면과 학생들을 둘러싸고 있는 세계가 학습에 적용되도록 성취기준을 어떻게 활용할 수 있을까?

만약 여러분이 다양한 교과를 통합해서 가르쳐야 한다면 무엇을 먼저 해야 할까? 이러한 경우, 많은 교사는 사회 또는 과학 교과를 통합 교과의 기본 교과로 삼고 다른 교과영역을 고려하는 것이 도움

수업 팁

장기적인 수업계획을 세울 때 고려할 점

1. 학생의 평가 자료에 근거하여 수업계획을 세워라.
2. 수업시간 활용법에 대한 교사의 의사결정은 수업목적과 수업의 우선순위를 반영한다는 점을 명심하라.
3. 만약 교사가 수업시간에 주의를 기울이지 않는다면 대부분 차시수업시간과 단원 수업시간은 교사의 예상보다 두 배 더 길어질 수 있다는 점을 명심하라.
4. 수업자료를 어떻게 사용할 지에 대한 염려보다는 수업자료를 사용하지 못하는 경우에 대한 걱정을 하라.

이 된다고 생각한다. 이 과정에서 여러분은 교육내용을 통합해야 한다는 점을 주목하라. 교육내용 통합은 성취기준을 실생활의 맥락과 연관짓거나 삶에서 핵심적이고 영속적인 것에 대해 깊이 다가가도록 하여 강력한 학습이 이루어지도록 한다. 그러나 모든 성취기준이 의미있게 통합되는 것은 아니다. 독립적인 성격이 강한 성취기준은 조직화하여 무리짓지 말고 남겨두어라. 즉, 일년 또는 학기 중에 도입활동이나 소단원과 같은 다른 체계를 통해 독립적인 성취기준을 다루기 위한 계획을 세워라.

성취기준을 논리적으로 조직화하였다면, 성취기준을 일 년에 걸쳐서 순서대로 배열한다. 각각의 교과영역마다 어떻게 시간을 배분할 지를 결정할 때에는 월간 학교일정, 방학, 지역의 전통 등에 대해 검토하라.

교과서가 무엇을 언제 가르칠 것인지를 결정하는 데 중요한 자료로 사용되더라도, 성취기준을 주의 깊게 살펴본 후에 교과서를 검토해 보라. 다시 말해서 성취기준의 범위와 계열성을 살펴보고 나서 교과서를 검토하기 시작하라. 그리고 여러분이 선택한 수업자료들을 적절한 수준으로 다룰 수 있는 단원이나 성취기준을 결정하고 추가적으로 필요한 사항을 확인하는 데 교사용 지도서의 정보를 살펴라. 이와 같은 활동을 통해 여러분은 교육내용 성취기준에 부합되지 않는 수업자료를 가려내는 데 도움을 얻게 된다.

수업자원을 보충하거나 교재를 대신할 풍부한 수업자원에 대한 아이디어를 얻기 위해서는 앞서 제시한 브레인스토밍 차트 〈표 4.5〉를 활용하라. 또한 특정 단원을 그 해의 특정 시기에 가르쳐도 적합한 지에 대해서도 생각하라. 교사의 수업계획이 좀 더 구체적으로 설정되면서, 교사는 가르치려는 주제를 학교 일정에 적절하게 맞추어 나가야 한다.

단원계획

교사용 지도서를 살펴보면 수업이 단원별로 배열되어 있다. 단원은 하나의 토픽^topic^과 테마^theme^ 또는 기능을 다루는 여러 차시들로 이루어져 있다. 예를 들어, 문학 단원에서는 특정한 책이나 장르에 대해 다룬다. 그리고 사회 단원에는 특정 집단의 사람들 또는 시대적 요소가 제시되어 있다. 수학 단원에서는 측정과 같은 기능 영역이 포함되어 있다. 단원의 길이는 그 범위가 한 두 차시(일주일 정도의 분량)에서부터 여러 차시(두 달 정도의 분량)에 이르기도 한다. 일반적으로 수업에서 단원의 길이는 4주에서 6주 정도의 분량이다.

단원을 계획하는 방법은 다양하다. 교사가 학습활동을 개발하거나 선택하고, 그것을 순서대로 배열할 때 유연성을 발휘하여 수업목표를 다루기 위해 염두에 두어야 할 세 가지 방법이 있다. 백워드식 수업설계, 일반화^big idea^ 접근, 주제 중심 수업^thematic instruction^이 바로 그것이다. 백워드식 수업설계는 교사가 학생들에게 교육내용 성취기준을 달성시키기 위해 단원을 계획할 때 많이 사용하고 있는 방법이다. 이러한 방법을 백워드식 수업설계 또는 백워드 디자인^backward design^(Wiggins & McTighe, 2005)이라고 한다. 백워드식 수업설계 모형은 '학생들의 수행 및 성과는 학생들이 알고 있는 것을 밝히는 것이 핵심이다'라는 확신을 토대로 시작되었다. 백워드식 수업설계 하에서 교사는 우선 학생들이 단원을 배우고 나서 알아야 하는 것과 할 수 있어야 하는 것을 확인한다. 다음으로, 교사는 무엇을 통해 교육내용에 대한 학생들의 이해정도를 파악할 것인지에 대해 고려해야 한다. 끝으로 학생들의 최종적인 수행 및 성과에 대해 확실하게 파악하였다면, 교사는 학생들이 수행 및 성과에 대해 준비할 수 있는 활동을 개발해야 한다. 백워드식 수업설계를 활용하기 위해서는 다음의 단계를 거쳐야 한다.

1. 학습내용 달성에 관한 교육내용 성취기준 또는 결과를 선택하라.
2. 주제, 쟁점 또는 일반화를 통해 앞서 선택한 결과들을 통합하라.
3. 교육내용에 대해 학생들이 깊이 생각한 내용을 확인할 수 있는 필수 문항을 만들어라. 그리고 단원에 대한 보조 문항도 만들어라.
4. 학생들이 교육내용을 달성하였는 지를 확인할 수 있는 수행 및 성과를 결정하라. 그리고 이에 적절한 다양한 측정도구를 고려하라.
5. 가능하다면 학생들과 함께 루브릭을 개발하라. 또는 각각의 수행 및 성과를 평가하기 위한 다른 측정도구를 개발하라.
6. 교육내용을 달성시키기 위한 학생 활동을 선택하라.
7. 단원의 각 요소들이 서로 보완될 때까지 계속해서 검토하고 수정하라.

백워드식 수업설계 모형은 "교사가 가장 좋아하는 활동을 가르쳐라"라는 교육적 접근을 완전히 뒤집었다. 대신에 학생들이 최종적으로 수업목표를 달성하도록 도움을 줄 수 있는 수업을 제공하는 데 초점을 둔다. 이것이 백워드식 수업설계의 강점이다.

다음으로 전문가들은 사회 교과(Ellis, 1998; Savage & Armstrong, 2000) 또는 과학 교과(Gega & Peters, 2002)와 같은 교육내용 영역의 단원계획 방법으로 사용했던 일반화 접근 방법을 추천한다.

1. 우선 교육내용과 관련된 주요 아이디어를 결정하라. 주요 아이디어 또는 일반화는 사실과 개념을 연결시켜 준다. 예를 들어, '나무'라는 것은 하나의 개념이다. "나무에서 잎이 떨어졌다"라는 것은 하나의 사실이다. "나무와 다른 유기체는 외부 환경의 자극에 반응한다"라는 것은 일반화된 진술이다. 일반화된 진술은 여러 가지 개념과 관련이 있고 설명력이 강한 좀 더 포괄적인 진술이다. "모든 인간 사회는 변화한다"라는 진술은 사회과에서 제시되는 일반화된 진술의 예이다. 여러분이 연간 수업계획을 세우면서 교육내용 성취기준을 분석할 때, 이러한 일반화된 진술들을 확인할 수 있다.
2. 여러분이 일반화된 진술을 찾았을 경우, 성취기준에 준하여 수업목표를 작성하라. 그리고 나서 학생들이 일반화된 내용을 학습하는 데 도움이 되는 활동을 선택하라. 활동을 선택할 때에는 교과서와 문헌, 시사문제, 일반서적(비교과 도서)과 같은 다른 수업자료들을 참고할 수 있다.
3. 하루 동안의 수업을 위한 활동을 배열하라. 좋은 수업은 학생들의 삶과 교육내용을 연결하는 수업이다. 여러분은 적절한 발문, 설명 또는 활동을 통해 학생들의 삶을 교육내용에 연결지을 수 있는 수업을 계획할 수 있다.

학생들은 일반화된 내용을 학습하며, 교육내용에 대한 폭넓은 이해를 하기 위해서는 사실과 개념을 서서히 결합시켜 나가야 한다는 것을 깨닫게 된다. 바로 이 점에 주목하라. 교사가 학생들에게 사실과 구체적인 정보를 가르치는 일은 매우 중요하다. 단원을 계획할 때 일반화 접근 방법을 사용하면 학생들의 학습이 좀 더 폭넓고, 더욱 일관된 이해의 구조로 확장된다.

이 외에 일반화 접근을 통한 수업계획은 다음과 같은 장점도 있다. 즉, 이러한 방법으로 수업을 계획할 경우, 매일 어

떤 활동을 단축하고 연장할 지에 대해 쉽게 결정을 내릴 수 있다. 많은 교사는 수업시간을 운영하는 데 압박을 받는다. 하지만 일반화 접근을 통해 단원을 계획하면 교사는 학생들이 핵심 개념을 이해하고, 생산적인 학습 경험에 좀 더 많은 시간을 보낼 수 있도록 도움을 준다.

단원을 계획하는 세 번째 방법은 주제 중심 수업이다. 많은 교사는 주제를 통해 교육내용을 통합하는 것이 교육내용 성취기준을 효과적으로 달성하는 데 도움이 된다는 사실을 알고 있다. 그리고 이러한 방법이 학생들에게 수업에 대한 흥미도 제공할 수 있다고 생각한다. 이 방법은 단지 특정 교과목과 관련된 핵심 개념에 의존하는 대신, 주제에서 파생된 여러 가지 학습활동들을 토대로, 주제와 관련된 단원들을 구성하여 수업이 이루어진다. 이때 주제와 관련된 단원은 간학문적인 성격을 띤다(Kovalik & Olsen; 2001; Pappas, Kiefer, & Lvstik, 2006; Roberts & Kellough, 2008; Ronis, 2008). 주제와 관련된 단원은 분리되어 독립적으로 존재하기 보다는 교육내용을 전체적으로 제시하기 때문에 유용하다.

또한 교사는 주제와 관련된 단원을 통해 다양한 방법으로 수업을 운영할 수 있기 때문에 이러한 방법은 교육적 경험이 파편화되어 있는 일반적인 장애학생들에게 유용하다. 왜냐하면 장애학생들은 실생활 속에 교과영역이 반영된 수업을 통해 교육내용을 다양하게 경험할 수 있기 때문이다(Gardner, Wissick, Schweder, & Canter, 2003).

이 연구자들은 수업 기자재가 발달함에 따라 주제와 관련된 단원에서 장애학생들은 다양한 수업 기자재를 통해 학교 테두리 너머의 다양한 경험을 한다고 보았다. 그리하여 평생 학습 기능을 획득하고, 이것을 발휘할 수 있도록 도움을 제공받을 수 있다고 주장한다.

주제 중심 수업은 주제를 핵심으로 하여 단원들이 구성된다. 저학년에게는 '가정'과 같은 주제를 사용할 수도 있고, 고학년에게는 '발견' 또는 '상호의존'과 같은 주제를 제시할 수도 있다. 서로 다른 교과영역의 개념들은 주제를 통해서 드러나고 연결된다. 또한 주제와 관련된 단원은 보통 학생들의 선택에 의해서 선정되는 경우도 있다. 즉, 학생들은 그 단원에서 적어도 몇 가지의 학습 경험을 선택할 수도 있다.

학생들이 함께 학습하고 그 결과를 공유하는 데 사용되는 선택과 집단토의의 원리는 주인의식과 공동체 의식을 향상시킨다. Pappas 등(2006)은 다음과 같이 주제 단원을 계획하기 위한 단계를 제시한다.

1. 주제를 선정하라. 주제는 많은 교과영역의 정보가 포함되도록 그 범위가 폭넓을 필요가 있다. 그러나 주제의 범위가 너무 광범위할 경우, 주제들 간의 의미 있는 연결이 이루어질 수 없다. 수업의 목적과 학생들의 흥미를 염두에 두어라.
2. 계획망을 만들어라. 의미 구조도와 같은 하나의 망을 만들기 위해 브레인스토밍을 하라. 이러한 망을 통해 여러분은 주제를 계속 만들면서 많은 사례들을 탐구해 볼 수 있다. 다음 [그림 4.2]는 계획망을 압축하여 제시한 것이다. 이 망을 만들 때는 수학 또는 역사와 같은 일반적인 교과영역을 포함하기 보다는, 기존의 구분된 사고의 틀을 깨야 한다는 점에 주목하라. 교사는 망을 그리며 생각들 간의 연관성에 주목할 것이고, 자신의 생각을 무리지어 범주화시킬 수 있다. 이 때 책, 수업 기자재, 실물 자료, 지역사회 자원 등의 수업자원에 대한 생각도 함께 기록하라.
3. 수업자원을 선택하라. 수업계획을 세울 때, 풍부한 수업자원을 학생들에게 제공하는 것을 목표로 삼아라. 예술작품, 각종 문헌, 프린트 자료, 실물 자료, 수업 기자재, 지역사회 자원 등을 포함시켜라.
4. 활동을 계획하라. 주제를 다루는 활동을 선정하거나 만들고 풍부한 수업자원을 활용하라. 그리고 학생들이 학습목표를 향해 나아가도록 격려하라. 학생들에게도 학습활동을 선택할 기회를 제공해야 한다는 점을 명심하라.

다음으로 교사는 단원을 시행한다. 평가를 위한 계획을 고려하는 것 또한 중요하다. 다문화 연구자들은 수업을 계획할 때, 주제 중심 접근 방법을 지지한다. 왜냐하면 이러한 방법은 가치있고 효과적인 주제를 중심으로 교육내용을 조직한다는 면에서 교사와 학생들에게 전통적인 교과목의 구분을 없애주기 때문이다. 교육과정의 경계를 재구조화하면서 우리는 교실을 더 민주적으로 변화시킬 수 있다.

여러분은 어떻게 단원계획을 세웠는가? 몇몇 교사는 필요한 경우, 활동을 재조정할 수 있는 색인 카드를 활용한다. 수업계획을 링바인더와 같이 페이지를 자유롭게 바꿀 수 있게 만든 노트에 정리해서 다른 수업자료들을 손쉽게 추가하는 교사들도 있다. 어떤 교사들은 수업계획을 템플릿과 워드 프로세스로 만들어 문서화된 정보를 쉽게 복사하고 붙일 수 있도록 한다.

민족 연구에 관한 Banks(2005)의 연구에서는 일반화[big idea] 접근를 통해 일반화에 초점을 두는 방법과 주제와 관련된 단원계획을 세울 때 간학문적인 것에 초점을 두는 단원계획 방법을 모두 제시하였다. 이러한 방법을 통해 학생들은 다양한 사례를 수집하여 민족성, 사회화, 문화 간 의사소통, 권력과 같은 보편적인 지식을 형성한다. Banks(2005)는 이러한 수업계획 방법을 통해 교사는 학습자로 하여금 점차 다양화되는 세계에 참여하기 위해 필요한 지식과 여러 가지 관점을 제공할 수 있다고 주장했다. 그리고 그와 다른 연구자들은 교육과정 계획에 관한 결정을 포함해서 교사가 내리는 결정이

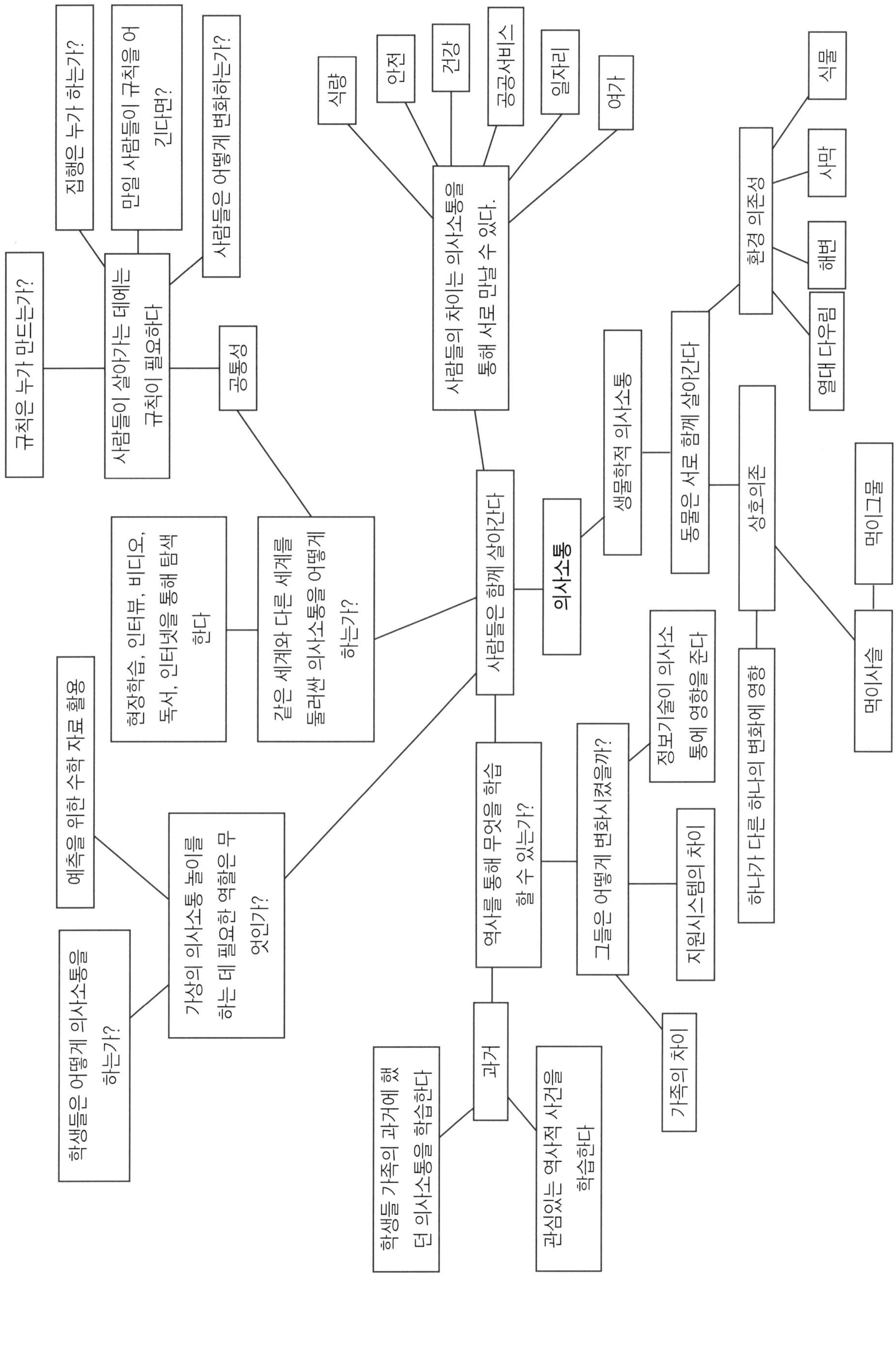

[그림 4.2] 수업계획망 예시

완벽하게 전문적이지는 못하다고 생각하였다. 여러분이 해마다, 단원별로, 주별로, 매일매일의 교육내용과 수업을 준비하는 방법에는 학생들에게 여러분이 무엇을 원하는지에 대한 비전이 반영되어 있다.

일간, 주간 일정

일단 여러분이 무엇이 언제 일어날 지에 대한 폭넓은 관점을 견지했다면 일간, 주간 일정을 만들어 보라. 신중하게 작성된 주간 교실 일정은 잘 꾸며진 정원에 비유할 수 있다. Benzel(1997)에 따르면 모든 정원에는 '구조bone', '이행binder', '변화burst'의 역할을 하는 식물들이 있어야 한다고 한다.

예를 들어, 시간이 지나도 변하지 않는 매우 큰 나무는 정원에서 하나의 구조로 자리잡고 있다. 그리고 정원에는 관목과 같이 사람들의 손질에 따라 변화할 수 있는 이행적 요소가 있다. 또한 시간에 따라 줄기가 자라고 꽃을 피우며 변화하는 다양한 색채의 꽃들이 있다. 이러한 꽃들은 정원에 생기와 활력을 불어넣는다. 주간 수업계획을 세울 때, 시간 구조는 정원에서 변하지 않는 구조에 해당하며 교실내-일상적인-생활규칙과 되풀이되는 일들은 정원에서 변화 가능성을 지닌 이행적인 성격을 띠며, 교사 저마다의 수업은 정원에서 항상 변화하는 꽃을 의미한다.

〈표 4.6〉은 같은 학교에서 각각 4, 5학년을 맡고 있는 교사 두 명이 작성한 교실의 하루 일정의 구조를 제시한 것이다. 구조는 변하지 않는 고정적인 것으로써 김 교사와 한 교사는 시간을 잘 활용하고, 학생들에게 수업에 대한 방향을 제시하기 위해 구조화되고 안정적인 시간 계획표를 작성했다.

두 교사는 모두 시간 계획표에 비슷한 교과영역을 포함시켰다. 여러분은 시간 계획표를 통해 학교에서 균형감 있게 교육과정을 운영하고 있고, 체육, 영어 교과의 전담교사를 수업에 활용한다는 사실을 알 수 있다. 그렇기 때문에 김 교사와 한 교사는 이러한 전담교과의 경우 수업시간을 자유롭게 선택할 수 없다.

이와 같이 계획된 시간 내에서의 교실내-일상적인-생활규칙과 되풀이되는 학교 일과 속에서 발견되는 변화 요소로는 종소리 복습을 찾을 수 있다. 예를 들어, 김 교사 반 학생들의 경우, 조회시간에 '종소리 복습'(아침 종소리가 울릴 때 실시하는 간단한 복습 활동)을 해야 하고 선생님께서 과제를 검사할 것이라는 사실을 알고 있다. 그렇게 함으로써 학생들은 하루 동안 자신이 해야 할 과업에 대해 더욱 집중할 수 있다. 수업을 마치는 활동에서 찾아볼 수 있는 변화 요소의 또 다른 예는 교사가 학생들에게 과제를 안내하며 수첩에 메모하도록 하는 활동(메모 활동)이다. 변화 요소는 하루 동안의 수업에서 발생하는 교사 개개인마다의 독특한 활동들이다. 또 다른 예로는 과학 수업에서의 현장 조사, 사회 수업에서의 프로젝트 학습이 있다.

앞서 정원을 들어 제시한 비유적 요소인 구조, 이행, 변화의 요소는 정해진 과목별 시간표 내에서 교실 수업에 들어가는 중등교사들에게도 적용된다. 중등교사들은 한 차시의 시간을 효과적으로 운영하기 위해 구조, 이행, 변화의 요소를 압축해서 사용한다. 다음 〈표 4.7〉은 중학교에 근무하는 박 교사가 학기 초, 주간 · 일간 계획을 구조적으로 작성한 것이다.

차시별 수업계획

차시수업은 하나 또는 두세 개의 수업목표에 초점을 두는 비교적 간단한 수업계

<표 4.6> 교사 두 명의 일간 수업계획표

김 교사의 교실(4학년)	한 교사의 교실(5학년)
08:30 - 08:50 조회 • 아침 학습활동 • 종소리 복습 • 애국조회(월요일) • 체조조회(수요일) • 과제 확인	08:30 - 08:50 조회 • 아침 학습활동 • 애국조회(월요일) • 체조조회(수요일) • 과제 수합
9:00 - 09:40 수학 시간 9:50 - 10:30 사회 시간	9:00 - 9:40 체육 또는 음악 시간 • 격일제 운영: 화, 목은 체육 / 수, 금은 음악 9:50 - 10:30 수학 시간
10:30 - 10:50 쉬는 시간	
10:50 - 11:30 국어 시간 • 모둠 구성, 활동 안내, 활동 실시 • 읽기 수업 11:40 - 12:20 과학 시간	10:50 - 11:30 사회 시간 • 프로젝트 학습 • 학습 후 토의 11:40 - 12:20 국어 시간
12:20 - 13:10 점심 시간	
13:10 - 13:50 체육 또는 음악 시간(격일제 운영: 화, 목은 음악 / 수, 금은 체육)	13:10 - 13:50 국어 시간 14:00 - 14:40 영어 시간
13:50 - 14:10 마무리 • 메모 활동(과제 안내) • 청소	14:40 - 15:00 마무리 • 과제 안내 • 청소
전담 수업 및 교실 외 수업 안내: • 영어 수업: 화요일, 목요일 9:00 - 9:40 • 체육관 수업: 월요일, 수요일, 금요일 13:10-13:50 (운동화를 잘 챙기도록 합니다.) • 도서관 수업: 화요일 11:40 - 12:20 또는 재량시간	전담 수업 및 교실 외 수업 안내: • 영어 수업: 월요일, 목요일 14:00-14:40 • 체육관 수업: 월요일, 화요일, 목요일 9:00 - 9:40 • 도서관 수업: 화요일 10:50-11:30
14:10 종료	15:00 종료

열이다. 학생들이 한 차시수업에서 수업목표를 달성했을 때, 학생들은 단원 전체 그리고 지도목적과 관련된 좀 더 복잡한 아이디어, 태도, 행동을 구축하는 데 더욱 근접하게 된다. 차시별 수업시간은 교육내용, 학생의 나이와 수준에 따라 달라지더라도, 일반적으로 1시간 내외이다. 차시별 수업의 특징은 다음과 같다.

1. 한 단위의 논리적인 구조로 되어있다.
2. 수업활동들은 서로 연관되어 있으며, 수업의 목적은 매우 제한된 수업목표와 관련 있는 생각이나 기능을 탐구하는 것이다.

수업목표가 다양한 형식을 취하고 있더라도(Gronlund, 2004), 흔히 쓰이는 형식은 행동목표(Mager, 1997)이다. 행동목표는 한 차시의 수업이 끝날 때 학생들의 지식, 기능, 태도, 능력이 어떻게 달

〈표 4.7〉 중학교 국어교사 교사의 수업계획표

<table>
<tr><th></th><th>월요일</th><th>화요일</th><th>수요일</th><th>목요일</th><th>금요일</th></tr>
<tr><td>주간 · 일간 계획
(중학교 1학년 국어
보충수업)</td><td>• 문법 수업
• 쓰기 수업</td><td>• 읽기 수업
• 듣기 수업
• 말하기 수업</td><td>• 말하기 수업
• 역할극 수업</td><td>• 퀴즈 활동
• 게임 활동</td><td>• 학생들의
이해 여부
(쪽지 시험)</td></tr>
<tr><td>구조[bone]</td><td colspan="5">• 방과후에, 45분씩 수업을 운영한다.
• 월요일에는 문법, 쓰기 수업을 화요일에는 읽기, 듣기, 말하기 수업을, 수요일에는 말하기, 역할극 수업을, 목요일에는 퀴즈와 게임 활동을 진행한다. 그리고 금요일에는 지금까지 배운 내용에 대해 쪽지 시험을 치른다.
• 월요일, 화요일, 목요일, 금요일은 15시부터 수업이 운영되고, 수요일은 14시부터 수업이 운영된다.</td></tr>
<tr><td>이행[binder]</td><td colspan="5">• 주의집중: 출석 확인. 교사는 학생들의 주의를 집중시키기 위해 사진자료를 제시하고 간단한 발문을 통해 학생들의 흥미를 이끌어 낸다.
• 자료준비: 사전에 도우미 학생에게 자료를 준비시킨다.(경우에 따라 수업 중에 학생들에게 자료를 준비시키기도 한다.)
• 마무리: 교사는 간단한 발문을 제시하고 수업내용을 칠판에 다시 정리하며 수업을 마무리한다.
• 과제 제시: 금요일 쪽지 시험에 대비하여 복습 과제 및 예습 과제를 부여한다.</td></tr>
<tr><td>변화[burst]
(수업계획과
수업에 대한 고려사항)</td><td colspan="5">• 수업계획 시 참고자료:
- 국가수준 교육과정
- 국어 교과용 지도서
- 국어 교과서
- 인터넷 사이트(인디스쿨, 교사 커뮤니티)
• 수업 방법: 협동 학습
• 해야 할 일: 학생들이 짝 활동을 통해 서로의 의견을 제시할 수 있도록 짝 인터뷰 활동을 실시한다. 짝 인터뷰가 제대로 실시되지 않을 경우, 학생들의 짝을 교사가 임의로 변경하여 활동을 수행한다.</td></tr>
</table>

라지는 것인지에 대한 수업의 구체적인 진술이다. 여러분이 초임교사 시절, "수업이 끝난 후 학생들은 무엇을 할 수 있어야 할까?"라는 행동목표는 교사가 학생과 학습 결과물에 초점을 두도록 영향을 미쳤을 수도 있다.

초임교사들은 처음에는 좋은 수업목표를 작성하는 데 시간이 많이 소모되고, 자신이 작성한 수업목표가 어색하게 느껴질 것이다. 그렇지만 반복해서 작성하다보면 수업목표를 작성하는 시간이 점점 줄어들 것이며, 자신의 수업은 더욱 정교해진다. 따라서 수업목표 작성은 시간을 투자할 만한 가치가 있는 일이다.

수업목표는 교사로 하여금 학생들이 알아야 하는 것을 분명하게 해 줄 것이며, 학생들이 수업목표에 관해 학습할 수 있는 기회를 늘려준다. 수업목표가 없는

〈표 4.8〉 행동목표의 구성요소

행동: 학생들이 수업의 결과로 할 수 있는 것 중 교사는 특히 무엇을 생각해야 하는가?(관찰 가능한 학생의 숙달된 행동은 무엇인가?) 위에 제시한 첫 번째 수업목표에서는 '계산할 수 있다'가, 두 번째 수업목표에서는 '그리고'와 '기술할 수 있다'가 여기에 해당된다.

조건: 학생들은 어떤 조건에서 수업목표를 수행해야 하는가?(시간에 제한이 있는가? 학생들이 사용할 수 있는 자료는 무엇인가?) 위에 제시한 수업목표의 앞부분에 이러한 조건을 찾을 수 있다. 교사는 학생의 특성과 학생의 적절한 수행 및 성과에 대한 교사 기대에 따라 그 조건들이 어떻게 바뀔 것인지 예상할 수 있다.

기준: 학생들이 얼마나 잘 수행해야 하는가?(얼마나 많이? 얼마나 빠르게? 어느 수준의 정확도로?) 제시된 첫 번째 수업목표는 백분율로 정확도의 수준을 제시하였으며, 두 번째 수업목표에서는 학생이 기술해야 할 최소 개수를 설정하였다. 교사는 학생들에게 적절한 기준의 종류와 수준에 대하여 신중하게 고민해야 한다. 수업목표 성공 여부에 대해 교사가 작성한 기준은 수업을 계획할 때 교사가 하는 결정에 영향을 미치기 때문이다.

수업 팁

행동목표의 작성

1. 학생들이 수업시간 내내 할 수 있는 것이 아닌, 목표로 삼은 수업결과에 초점을 맞추라.
2. 수행 및 성과를 측정하기 위해 사용할 수 있는 기법이 아닌, 관련된 기능 또는 개념에 초점을 맞추라.(예를 들어, 단순히 "43쪽 문제를 해결해 보세요."가 아니라 왜 그 문제를 해결해야 하는지 학생들에게 생각해 보도록 해야 한다.) 만약 수업목표에 교사의 중요한 의도가 반영되지 않는다면, 그 수업목표는 아무런 의미가 없다(Mager, 1997).
3. 추구하는 학습 결과가 불분명할 경우, '체크리스트' 또는 '목록'과 같은 지표를 추가하라.
4. 실제로 사용하게 될 기준과 조건들만 목록에 포함시켜라. '조건'을 설정할 때는, 학생들이 이해한 것을 표현하기 위하여 사용하는 것 또는 사용하지 않는 것에 대해 생각하라. 그리고 학생들이 지식을 활용할 필요가 있는 실제 상황에 대해 떠올려 보라. '기준'을 설정할 때는, 만약 모든 학생들이 90퍼센트의 정확도에 도달하였는지 확인할 수 없다면 수업목표에 포함시켜서는 안 된다.

수업계획은 단순히 교사가 수업시간 중에 하는 것을 기록한 대본에 불과하다. 다음의 수업 팁을 통해 수업목표 작성에 대한 도움이 될 만한 사항을 제시하였다.

수업목표 작성

앞서 〈표 4.4〉에 제시하였던 다음 수업목표를 다시 살펴보라.

1. 학생들은 종이와 연필을 가지고 두 자리 수의 덧셈문제 중 90%를 정확하게 계산할 수 있다.
2. 학생들은 참고 자료 없이 물의 순환에 대한 도표를 그리고, 인간이 물의 순환에 어떠한 영향을 미칠 수 있는지 적어도 두 가지 의견을 기술할 수 있다.

이러한 수업목표는 행동목표에 일반적으로 명시되는 세 가지 구성요소로 이루어져 있다(Popham & Baker, 1970). 그것은 행동, 조건, 기준이다. 이 세 가지 구성요소는 다음의 〈표 4.8〉에 자세히 제시하였다. 교사용 지도서와 다른 교육과정 자료에서 다양한 수업목표 사례들을 찾아보라. 각각의 수업목표마다 행동목표의 세 가지 구성요소가 포함되고 있는지 확인해 보라.

행동목표는 학생의 학습에 관심을 기울일 수 있다는 가능성에도 불구하고, 몇 가지 이유로 비판을 받는다. 일단 행동목표로 인해 수업이 교사주도적으로 흐를 수 있다. 그리고 수업목표 달성을 위해 기계적인 방식으로 나아가기 때문에 학생들의 자기주도적인 학습을 위한 여지를 거의 남겨두지 않는다. 교사가 수업목표를 얼마나 신중하게 설정하고 고수해야 하는지에 대한 의견은 둘로 나뉜다.

Mager(1997)는 교사가 관찰 가능한 행동에 초점을 두어야 한다고 말한다. Gronlund(2004)는 이와는 반대로 관찰 가능한 행동에 초점을 두지 말아야 한다고 말한다. 많은 교사들은 수업목표에 조건과 기준을 암시적으로 남겨두고, 오직 관찰 가능한 행동만을 포함시킨다. 교사는 수업목표를 설정하고 수업을 안내하는 데 수업목표를 활용할 수 있는 능력을 갖출 때까지 계속해서 완전한 형식을 갖춘 행동목표를 작성해야 한다. 그렇게 하다보면 나중에 약식으로 수업목표를 작성한다고 하더라도, 수업목표에 함축되어 있는 모든 것을 완전히 이해하여 작성할 수 있을 것이다. 그리고 결국 수업목표를 작성하기도 전에 수업목표에 포함되어야 하는 것을 머릿속에 쉽게 떠올릴 수 있을 것이다. 수업계획을 세우는 데 점점 능숙해진다면, 학생들의 학습을 조장하는 데 있어 자신에게 가장 유용한 행동목표의 형식을 선정하라. 만약 학생들이 학습을 통해 무엇을 배워야 하는지 여러분이 분명히 알고 있다면 수업을 구조화하기 위한 의사결정을 할 준비가 된 것이다.

차시수업 구조화

차시수업은 수업목표를 다루는 규칙적인 구조의 활동들이 의미 있게 결합되어 있다. 수업계획에 대한 유용한 구성 방식은 다양하지만, 차시수업의 구성 방식은 이와 유사한 부분을 공유한다. 모든 차시수업은 도입, 전개, 정리의 세 가지 부분으로 운영된다.

'도입'은 앞으로의 수업을 위한 무대를 설정하는 단계이다. 이 단계에서는 학생의 주의를 집중시키거나 학생들이 자신만의 세계에서 수업 주제로의 여행을 하도록 유도한다. 일반적으로 학생친화적인 언어로 수업목표를 진술하고 수업의 목적을 제시한다. 교사는 수업에 대한 행

〈표 4.9〉 수업 단계별 활동

<table>
<tr><th colspan="2">수업 계열상 단계별 활동</th></tr>
<tr><td>도입</td><td>1. 학생들의 주의를 집중시켜라. 실제 사물을 사용하거나 이야기 · 그림 · 책 · 동영상 · 노래 등을 활용하라.
2. 문제를 제시하라.(학생들에게 차시수업을 통해 문제를 해결할 수 있도록 도전 의식이 생기게 하라.)
3. 도입 또는 정리 단계에서 학생들이 참여할 수 있는 연습문제를 제공하라.
4. 교육내용에 대한 학생들의 배경지식, 경험, 의견을 이끌어내라.
5. 수업목표를 진술하라.
6. 수업에 대해 간단히 소개하라.
7. 학생들의 행동에 대한 교사의 기대 요구를 제시하라.
8. 학습문제를 진술하라.</td></tr>
<tr><td>전개</td><td>1. 구두 혹은 그래픽 도안으로 정보를 제시하라.
2. 중요한 특성, 정례, 반례를 언급하라.
3. 시범을 보여라.
4. 읽기 활동을 하라.
5. 토론 활동을 하라.
6. 실제 체험해 볼 수 있는 자료를 활용하라.
7. 문제해결을 위하여 모둠별 협동 학습을 하라.
8. 도표와 그래프를 만들어라.
9. 내용 탐색을 위하여 교사의 발문과 학생들의 질문을 활용하라.
10. 도서관, 인터넷을 활용하여 자료를 탐색하라.
11. 컴퓨터 기반 수업을 하라.
12. 학생의 이해 정도를 확인하라. 학생의 반응에 기반을 두어 수업을 조정하라.</td></tr>
<tr><td>정리</td><td>1. 수업목표를 재진술하라.
2. 개별적인 차시수업의 부분들을 논리 정연한 전체로 종합하라.
3. 결론을 도출하라.
4. 학습한 내용을 요약하라.
5. 이해 정도를 평가할 수 있는 간단한 퀴즈를 내라.
6. 학생들에게 학습한 내용을 말하도록 요구하라.
7. 수업 도입부에 학생들의 사전 지식을 파악하기 위해 제시한 도표 또는 그래프에 대해 다시 논의해 보라.
8. 그래프에 새로운 정보를 반영하여 수정하라.
9. 학생들에게 학습한 것을 실제 생활에 어떻게 적용할 수 있는지 보여주라. 또는 실제 생활과 연관을 지을 수 있도록 발문하라.
10. 학생들에게 다음에 배우게 될 내용이 무엇일지 발문하거나 학생들이 답을 하지 못하는 질문들을 일지에 기록하라.
11. 오늘 수업을 다음시간에 해결해야 할 문제 또는 탐색해야 할 아이디어와 연결지어라.</td></tr>
</table>

동 기준을 진술해도 된다. 학생들은 교사가 진술한 행동 기준을 통해 수업에서 무엇을 할 수 있어야 하는지를 명확하게 인지한다. '전개' 단계에서 학생들은 수업목표와 관련된 개념을 진전시킨다. '정리' 단계에서는 교사가 학생들이 학습한 것을 최종적으로 정리하고 일반화시킨다. 이 단계에서 학생들은 학습한 내용을 교실 밖 실제 세계로 연장시킬 수 있을 것이다. 다음의 〈표 4.9〉는 도입-전개-정리 형식에 따라 수업을 구축하려 할 때 도움을 줄 수 있는 몇 가지 선택 가능한 활동을 제시한 것이다.

그리고 다음의 〈표 4.10〉의 화석에 대한 수업은 '도입-전개-정리' 형식을 통한 활동 몇 가지를 보여준다. 이 수업을 재검토 해 본다면 앞으로 수업에서 도입, 전개, 정리에 대해 염두에 두어야 할 다양한 대안이 떠오를 것이다. 나는 수업 기자재를 거의 사용하지 않고 이 수업을 운영하였다. 하지만 교사는 수업을 계획할 때 수업 기자재가 수업을 향상시키고 수업 경험을 다양하게 변화시키는 데 어떤 도움을 줄 수 있는지 고려해야 한다. 화석에 대한 수업은 가장 일반적인 차시수업계획 요소를 담고 있다.

〈표. 4.10〉 화석에 대한 수업

수업계획: 화석 생성 과정
과목: 과학 학년: 4학년 학생: 20명 시간: 80분
수업목표 1. 화석의 생성 과정을 설명할 수 있다. 2. 학생 나름대로 독창적인 화석 모형을 만들 수 있다.
수업절차 1. 도입: 발문을 통해 학생들에게 지난 시간에 배운 화석의 특징을 상기시킨다. 학습문제를 제시하고 오늘 수업활동을 안내한다. 2. 전개: 화석이 만들어지기 위해서는 어떤 조건이 충족되어야 하는지 알아본다. 학생들에게 자신만의 화석 모형을 만들어 보도록 하라. 시범을 보이고, 학생들이 개별적으로 수행하도록 하라. 가. 점토를 일정량씩 나누어 주고, 부드럽게 주무르도록 하라. 나. 점토에 찍어낼 물건을 고르도록 한다. : 조개, 나뭇잎, 조개 껍데기, 닭뼈(책상 위에 놓여있다) 다. 준비가 된 학생들은 점토에 선택한 모양을 찍고 떼어낸다. 그리고 나서 모양이 찍힌 부분을 중심으로 석고물을 붓는다. 라. 석고가 마르면, 점토 부분을 떼어낸다. 3. 정리: 화석 모형과 실제 화석이 만들어진 과정을 비교하고, 교재 내용을 다시 살펴본다. 4. 과제: "화석의 생성과정을 가족 구성원 중 한 명에게 설명하라."
평가: 학생들은 교과서와 자신이 만든 화석 모형을 참고하여, 화석의 생성 과정을 설명할 수 있어야 한다.

차시수업계획의 요소

교사는 차시수업에 도입, 전개, 정리 단계를 포함하도록 조직하는 것 외에도, 수업계획에 관한 정보도 포함시켜야 한다. 이렇게 함으로써 교사는 수업 중에 자신과 학생들에 대한 수업 의도를 파악하는 데 도움을 받을 수 있으며 체계적인 수업을 할 수 있을 것이다. 차시수업계획의 요소에는 매우 다양한 요소가 있지만, 일반적으로 다음의 여섯 가지 요소가 포함된다.

1. 학생에 대한 구체적인 정보: 언어 숙달 정도, 읽기 수준, 행동적 요구 등 학생에 대한 맥락적 정보를 포함하라. 이러한 정보는 포괄적으로 학생의 다양성에 부응하는 수업을 제공하는 데 도움을 준다. 교사에게 필요한 자료에 관한 정보를 포함하고 차시수업에 영향을 미치는 다른 맥락적 정보를 고려하라.
2. 개념, 일반화 또는 기능: 교사가 수업에서 다루려 하는 일반화된 내용을 떠올려 보라. 각각의 차시수업 단계가 모여서 하나의 수업이 된다. 교사는 광범위한 학습을 표현할 중요한 발문을 선택한다. 발문에는 다섯 개 미만의 핵심 어휘를 포함시켜라.
3. 수업목표: 관찰 가능한 학생 행동, 수행 및 성과에 대한 조건, 성공기준을 활용하여 차시수업에 대해 교사가 의도한 결과를 진술하라. 그리고 이와 관련한 교육내용기준을 목록화하라. 일반적으로 한 차시수업 당 1~3개 정도의 수업목표가 포함된다. 인지적, 정의적, 심동적 영역을 모두 고려하라.
4. 수업절차: 도입-전개-정리 형태를 활용하여 차시수업의 각 단계에서 해야 할 것을 조직하라. 우선 교사가 학생들에게 말해야 할 것과 해야 할 것에 대해 일반적인 표현으로 제시하라. 그리고 중요한 부분 혹은 어렵거나 새로운 교육내용이 나올 때는 관련 내용이 정리된 다른 인용문을 포함시켜라. 만약 교사 대신에 기간제 교사가 수업을 하게 된다면, 그 기간제 교사는 제한된 텍스트로 인해 어려움을 느끼겠지만, 여러분이 작성한 수업계획을 보며 학생들을 가르치는 데 어려움이 없을 정도로 자세한 설명을 포함시켜야 한다. 이러한 수업계획은 다음에 나올 내용이 무엇인지 상기할 수 있도록 빠르게 훑어 볼 수 있게 정리된 하나의 '목록' 정도로 생각하라. 학생 모둠 편성 방식인 TAPS(Total group, Alone, Partners, Small groups전체, 모둠, 짝, 소모둠)를 떠올려 보라. 개인 또는 모둠 참여에 따라 달라지는 활동, 수정과 조절 등에 대한 정보 역시 포함시켜라. 예상되는 수업시간을 포함시켜라. 이것은 확실한 시간 관리를 할 수 있게 하며, 활동시간이 얼마나 걸릴 지에 대해 실질적으로 예상하는 데에도 도움을 준다.
5. 평가: 수업목표와 우발적 학습의 관점에서 학습을 어떻게 평가할 지에 관한 계획을 포함시켜라. 수업이 얼마나 잘 이루어졌는 지에 대한 평가도 고려하라. 수업목표, 활동, 평가가 일관성을 가지고 있는지 주의하라.
6. 학생의 다양성에 부응: 마지막으로 적절한 차시수업을 위한 학생의 요구와 관심에 부응할 필요가 있는 특별한 고려 사항을 포함시켜라.

다음의 〈표 4.11〉에는 많은 상황에서 사용될 수 있는 수업 지도안 양식이 제시되어 있다.

주의 깊게 작성한 수업 지도안은 수업

을 향상시킬 수 있다. 교사들은 학생들을 위한 좋은 수업을 준비하는 데 모든 노력을 쏟아야 한다. 자신의 수업 지도안이 더욱 구체적이고 정교해질수록, 교사는 학생들 앞에서 더 당당해질 수 있으며 자신의 말이나 행동이 아닌 학생들의 학습에 집중할 수 있게 된다. 또한 경험을 통해 많은 것을 배울 수 있으며, 더 합리적으로 수업계획을 세울 수 있다. 따라서 수업을 구체적으로 계획하는 것은 수업계획에서 필수적인 일이다. 수업계획은 초심자에게 꽤 벅찰 수 있다. 다음에 소개될 '해야 할 것'과 '하지 말아야 할 것'은 유용한 팁이 될 것이다. 다음은 수업을 계획할 때, '하지 말아야 할 점'들이다.

1. 쓸데없이 시간을 낭비하지 말아라. 교사들이 이미 사용하고 있는 기존의 자료를 활용하고 나서, 자신의 자료들을 확인하라. 자신만의 수업관, 학생들의 특성, 성취기준에 따라 자료들을 수정하라. 수업계획은 교사 자신이 마음먹은 대로 수립되는 것이다. 다른 교사의 자료를 통해서도 좋은 아이디어를 얻을 수가 있다. 개별 학생들의 요구와 흥미를 충족시키고 수업목표와 성취기준과 직접적으로 연관된 활동에서 많은 아이디어를 선정하라. 만약 교사가 교과서 내용을 바꾸지 못하는 상황이라면 교과서에 나온 활동들이 그만한 가치가 있는지 철저히 분석하라. 학생들을 위한 탄탄한 수업을 제공하려면, 필요한 경우 교

〈표 4.11〉 수업 지도안 양식

수업계획	
학생: 시간:	
수업자료: 개념/기능: 수업목표:	
도입:	(시간:)
전개:	(시간:)
정리:	(시간:)
평가:	
학생의 다양성에 부응:	

과서 내용을 일부 수정할 수도 있다. 적어도, 이러한 교육적 결정을 뒷받침하는 확실한 합리적 근거는 준비해 두어야 한다.

인터넷도 풍부한 수업자원이 될 수 있다. 수업계획을 위해 학년 수준에 맞는 주제를 선정하여 그와 관련한 정보를 검색하라. 다음의 21세기 교수-학습 팁에는 웹 사이트에서 우수 수업을 찾을 때의 고려할 기준이 제시되어 있다. 인터넷에서 영감을 주는 수업을 찾았다 하더라도, 그 수업이 자신들의 학생과 성취기준에 걸맞게 적용될 수 있는지 확인하라.

2. 수업 결정시 수업자료를 우선시 하지 말아라. 수업계획이란 점심시간까지 시간을 때울 수 있는 활동을 찾거나, 2월말까지 교재를 끝낼 수 있도록 수업을 성의없이 계획하는 것이 결코 아니다.
3. 교육내용이 교사에게 다소 생소하더라도 수업에 대해 자신감을 잃지 말아라. 수업할 내용에 대한 정보를 파악하기 위해서 관련 서적, 인터넷을 확인해 보라. 모든 교사들은 교과목 지식을 향상시키기 위해서 계속해서 생각해야 한다.
4. 재미있는 것으로만 학생의 관심을 끌려고 하지 말아라. 사실상 학생 참여는 매우 중요하지만, 재미있는 것이 늘 학생의 학습을 촉진하지는 않는다.

수업을 계획할 때, '해야 할 점'은 다음과 같다.

1. 교육내용을 철저하고 엄밀하게 다루는 데 중점을 두라. 많은 교사들은 수업시간에 시간에 쫓기면서 수업을 한다. 주제에 대한 깊이 있는 탐색 없이 간단히 언급하고 끝내기보다는, 핵심 기준을 반영하지 않거나 충분히 탐색할 수 없는 주제들의 경우에는 과감히 다루지 않는 것도 고려하라. 자신이 수립한 수업계획이 지속적이고 의미 있는 학습을 촉

21세기 교수-학습 팁

인터넷에서 우수 수업 찾기

- 교육내용의 성취기준에 맞는 차시수업을 찾아라. 표면적 수준에서 비슷한 수업이 아닌, 폭넓고 전이 가능한 아이디어를 얻을 수 있는 수업을 찾는데 목적을 두어라.
- 하나 이상의 성취기준을 다루는 수업을 선택하라. 예를 들어, 수업은 서로 다른 교육내용 영역에서 사회적 결과, 기술적 결과와 같은 성취기준을 동시에 다룰 수 있다.
- 효과적인 수업의 구성 요소를 찾아보라. 예를 들어, 수업은 학생의 사전 지식과 관련되어야 하고, 학생의 상호작용을 조장해야 한다.
- 엄밀히 따져서 깊이 있는 수업내용을 찾아라. 가령, 과학시간에 '칼칼나마 알아철 니주납 수구수은백금'과 같이 원소기호를 외우기 위한 주문은 학생들이 금속의 이온화 경향 순서를 기억하는 데 도움이 될 수 있다. 그러나 그러한 주문들은 학생들의 개념적 이해를 조장하는 데에는 도움이 되지 않는다. 이와 같은 주문은 왜 그렇게 해야 하는지에 대해서는 가르치지 않거나 다른 학습에 전이시켜 가르칠 수 없다.
- 인터넷에서 출력한 학습지들은 기본적으로 기존 문제집에서 발췌한 학습지보다 좋지 않다는 점을 명심하라.

진할 수 있도록 노력하라.

2. 동료 혹은 동학년 교사들과 함께 수업을 계획하라. 동료교사들의 경험과 풍부한 지원이 여러분에게 도움이 될 것이다.
3. 학생들의 다양한 반응을 예상하라. 문제가 될 수 있는 상황에 관한 대안적 수업계획을 개발하라.
4. 여러분이 처음 학생들을 가르쳤던 수업 혹은 청중 때문에 곤란했던 수업 경험을 떠올리며 수업 리허설을 해보라.
5. 수업 시작 전에 수업자료들을 사전에 준비하라. 수업을 시작하기 전 마음이 편안하도록 쉽게 활용할 수 있는 자료들을 미리 준비해 두어라.
6. 만약 수업에 대해 다시 생각하거나, 의미 있는 학습을 위해 다른 수업계획을 하고자 한다면 수업내용을 스크랩하여 준비하라. 여기에는 여러분이 참관 수업한 내용도 해당된다.

마무리

교사는 학생들에게 효과적인 학습경험을 제공하기 위해 노력하지만 수업계획이 제대로 이루어지지 않을 경우, 수업 외적으로 낭비되는 시간이 늘어나 버린다. 좋은 수업계획을 위한 지름길은 없다. 학습자료를 손수 만들고, 교과서를 충실히 가르치는 교사들도 신중한 수업계획을 통해 학생들이 교육내용을 잘 이해하도록 노력해야 한다. 학생들이 무엇을 학습해야 하는지, 학생들이 학습하는 데 어떤 도움을 줄 수 있는지에 대해 교사가 고민하는 시간이 많으면 많을수록 학생들이 성공할 가능성은 더욱 높아진다.

수업은 목적 지향적이다. 이 장을 통해 교사는 학습에 대한 구조화된 경험을 실천하고 다시금 생각해 보는 계기를 갖게 되었을 것이다. 그리고 교사의 수업에 생기를 불어넣을 수 있도록 수업계획에 대한 몇 가지 내용을 확인할 수 있었을 것이다.

이론에서 실천으로

1. 다른 교사들과의 관계를 형성하라. 교사를 위한 소셜 네트워크에 가입하라. 온라인과 오프라인을 통해 활동하는 다양한 교사 모임들이 있다.

2. 여러분이 관심을 갖고 있는 교육내용 영역과 학년 수준을 선택하라. 그리고 국가수준 교육과정의 성취기준을 검토하라.

3. 하나의 교육내용 성취기준을 선택하라. 선택한 성취기준을 달성하기 위한 필수적인 질문을 작성하라. 그리고 나서 몇 가지 수업목표 목록을 만들어 보라. 또한 교육내용 성취기준과 관련한 다양한 수업자원 목록을 작성하라.

4. Bloom의 교육목표분류체계(인지 · 정의 · 심동적 영역)는 교사가 수업을 계획할 때 그 범위를 확장하는 데 유용하게 사용된다. 그러나 이러한 영역들을 교실에 적용하는 것에 관한 비판의 목소리도 존재한다. 따라서 여러분이 학창시절 때, 매우 가치있는 무언가를 학습했던 교실의 모습을 떠올려보고 그때의 경험을 수업목표의 인지적, 정의적, 심동적 영역 측면에서 분석해 보라.

1) 수업목표에 주로 포함되었던 영역은 무엇인가?
2) 그렇다면 그 영역에서 이해나 수행 및 성과가 요구되었던 수준은 무엇인가?
3) 여러분은 Bloom의 교육목표분류체계를 교실에서 활용하는 것에 관해 어떻게 생각하는가?

5. 다음에 제시된 일반적인 교사의 진술을 보고, 각각의 수준을 확인해 보면서 Bloom의 교육목표분류체계의 내용들을 익혀보라. 그리고 나서 각각의 수준에 대한 진술문을 기록해 보라.
1) 주인공이 올바른 선택을 했는가? 그랬다면 그 이유는 무엇인가?
2) 장별로 이야기를 조직하고, 각 장마다 좋은 제목을 쓰시오.
3) 이야기 속의 사람들과 같은 문제를 가진 사람들을 현실 세계에서 찾아서 그 사람들과 이야기를 해 보라.
4) 이야기 속에 등장하는 인물의 이름을 적어 보라.
5) 자신만의 언어로 이야기를 다시 말해보라.
6) 이야기에서 주인공을 상징하는 그림이나 건축물을 만들어 보라.
정답: 가. 평가, 나. 분석, 다. 적용, 라. 기억, 마. 이해, 바. 종합 및 창안

6. 수업에서 몇 가지 개념을 선택하거나 다음의 기능과 개념 중 몇 가지를 선택하여 행동목표로 작성하라.
1) 한 단락을 다섯 문장으로 구성하라.
2) 서사적인 이야기에서 플롯 구조를 확인하라.
3) 컴퓨터의 결함을 고쳐라.
4) 중요한 역사적 사건의 원인과 결과를 설명하라.
5) 수학에서 서술형 문제를 풀어라.
6) 최소한 1.5m가 되는 대리석을 던질 수 있는 장치를 창안하라.
7) 배구 서브를 하라.
8) 미술에서 색을 활용하는 방법을 분석하라.

여러분이 작성한 수업목표를 분석하여 다음 항목들이 포함되어 있는지 확인하라.

1) 학생들의 행동을 완벽히 설명할 수 있는 관찰 가능한 동사. 관찰 가능한 동사(해당되는 동사에 밑줄을 그어라.)
2) 관찰 가능한 행동의 수행 및 성과를 나타내는 조건(해당되는 조건에 동그라미 표시를 하라.)
3) 수행 및 성과에 대한 기준. 해당되는 기준(해당되는 기준에 괄호를 표시하라.)

동료교사에게 여러분이 수행한 내용을 설명하라.

7. 비디오 기록이나 참관 수업을 통해 수업계획을 살펴보라.
1) 수업을 안내하기 위한 행동목표를 작성하라. 인지적 · 정의적 영역을 모두 기록하라.
2) 필요한 수업자료는 무엇인가?
3) 간단히 도입-전개-정리 계획을 작성하라. 여러분이 비디오에서 살펴본 것을 기반으로 '정리' 단계를 다시 작성하라.
4) 여러분은 학생들이 목표에 완벽히 도달했는 지 여부를 어떻게 파악할 것인가?

8. 도입-전개-정리의 형식을 활용하여 수업을 계획하라. 〈표 4.11〉에 제시된 형식을 활용하라.

학생들을 위한 몇 가지 수업목표를 선택하거나 이 장에서 제시된 수업계획 중에서 하나를 택해 다시 수정하여 작성하라. 여러분이 다른 수업을 계획할 때에도 이러한 형식을 활용하라.

5

수업모형과 수업전략

"여러분의 선택을 살펴보고 가장 좋은 것을 골라서 적용하라."

—Pat Riley

이 장을 시작하기 전에

수업모형 및 수업전략과 관련한 사전 경험은 앞으로 여러분이 이 장에서 학습할 내용에 영향을 미칠 것이다. 이 장을 읽기 전에 다음 몇 가지 수업모형과 수업전략에 대해 점검해 보라. 여러분이 점검한 내용을 앞으로 제시될 내용과 비교해 보라.

수업모형과 수업전략을 탐구하기 위한 사전 연습		
수업모형 또는 수업전략	친숙함의 정도 평가	수업모형과 수업전략을 생각할 때 떠오르는 표현
1. 발문중심 학습	1 2 3 4	
2. 교사가 주도하는 수업모형	1 2 3 4	
3. 탐구 수업모형	1 2 3 4	
4. 협동 학습 수업모형	1 2 3 4	

*1: 전혀 모름, 2: 모름, 3: 조금 알고 있음, 4: 매우 잘 알고 있음

학생의 학습목표를 성취하기 위한 수업모형과 수업전략을 선정할 때에는 많은 선택사항이 있다. 어떻게 하면 가장 적절한 수업모형과 수업전략을 선택할 수 있을까? 첫째, 수업모형과 수업전략을 선정할 때에는 학생들을 고려해야 한다. 학생들의 장점을 활용하고, 쉽게 접근할 수 있는 수업모형과 수업전략을 선택하는 것이 좋다(Grant & Sleeter, 1998; Horgan, 1995). 둘째, 수업모형과 수업전략을 선정할 때에는 목표를 고려해야 한다. 목표를 이루기 위해 적합한 단계는 무엇인가? 디지털 세상에서 성공하기 위해 필요한 기능은 어떤 것들이 있는가? 21세기 학습 영역과 관련된 연구들을 보면 다양한 기능들을 제시하고 있는데, 그 중에서 공통적인 기능들을 우리는 확인할 수 있다(American Association of School Librarians, 2007; Partnership for 21st Century Skills, 2009; Resnick, 2010; Sheridan-Rabideau, 2010; Tullis, 2010; Westby, 2010). 위의 연구 결과를 요약하여 정리하면 21세기에 성공하기 위해서는 다음과 같은 기능들이 필요하다.

- 문제해결, 의사결정, 비판적 사고
- 창의적 사고(혁신과 미학)
- 협동(구성원과 리더로서 다양한 집단과 함께 개방적이고 융통성 있게 학습할 수 있는 성향과 기능)
- 다중정보 활용능력(디지털, 시각, 언어 활용 능력을 포함하여 의미를 전달하고 창출하기 위해 상징체계를 분석하고 활용하는 기능)
- 새로운 지식을 발생시키기 위해 탐구하는 기능
- 계속적 성장을 위한 성향(다양한 상황에서 학습하기 위한 개별적 책임, 책무성, 자기 평가 요소를 포함)

위의 기능들이 학생에게 다양한 요구를 충족시킬 수 있다는 사실에 주목할 필

요가 있다. 즉, 위의 기능들은 학생에게 지식know things, 활용do things, 정서feel things 기능을 요구한다. 따라서 학생들이 이러한 기능을 성취하고 세계에 성공적으로 기여하게 하는 능력들을 갖추는 데 적합한 수업모형과 수업 전략을 선택해야 한다. 수업모형에 공통적으로 해당하는 두 가지 핵심적 도구는 정보 및 의사소통 기술information and communication technology, ICT과 발문 전략이다.

정보 및 의사소통 기술ICT

ICT는 상황 맥락적, 활동적, 사회적, 반성적 학습의 본질에 적합한 학습 도구이다(Driscoll, 2002). 기술자원은 보다 폭넓게 수업모형을 선택하는 데 효과적인 도구를 제공하고, 그 후 학생들이 디지털 정보활용능력을 향상하는 데 도움을 준다.

비록 모든 수업모형이 ICT를 요구하지 않더라도 일부 수업모형은 ICT를 많이 활용하고 있다. 정보 및 의사소통 기술은 매우 신속하게 수업자원을 제공하고, 자료 처리와 분석을 도와주기 때문에 이런 측면에서 문제해결학습이 하나의 예가 될 수 있다. 시뮬레이션 수업도 또 하나의 예이다. 예를 들어, 게임과 같은 가상현실, 우주, 비행, 의료, 법률, 군사 등과 같은 전문 직종 교육의 시뮬레이션 수업에서도 ICT를 활용한다. 시뮬레이션 학습에서 정보 및 의사소통 기술은 활용자들이 실제 일어날 결과에 대해 걱정하지 않고, 시간과 자원 그리고 다른 변인들을 조작할 수도 있다.

컴퓨터 기반 시뮬레이션 수업은 교실에서 많이 활용되고 있다(O'Toole & Dunn, 2008; Peterson, 2010). 동물 해부 실습이 하나의 예이다. 몇몇 교사와 학생들은 윤리적인 문제, 비용 등의 이유로 동물 해부 실습을 꺼려한다. 몇 가지 단점에도 불구하고(Allchin, 2005), 컴퓨터 기반 해부 실습에 대한 평가는 전통적인 실제 동물 해부에 참여하는 학생들과 비교하여 동등한 수준으로 학습할 수 있음을 보여준다(Maloney, 2002; Predavec, 2001).

정보 및 의사소통 기술은 여러분이 선택한 수업모형을 위해 유용한 기능을 제공한다. 예를 들어, 차별화된 협동 학습을 하는 동안에 여러분은 다른 수준으로 교재를 제공하거나 시각 장애학생들을 위해 컴퓨터로 크게 읽어주는 교재를 제공할 수 있다. 요약하면 정보 및 의사소통 기술은 정보를 효과적으로 제시하며 학생의 탐구를 돕고, 상호작용과 의사소통을 촉진한다(Hamm & Adams, 2002; Schultz-Zander, Buchter, & Dalmer, 2002). 그리고 학생들이 더욱 폭넓은 범위의 결과물을 만들어낼 수 있도록 도움을 준다.

디지털 불균형이 있다고 생각해 보자. 우리는 모든 학생들이 유능한 디지털 능력을 가진 사람이 될 수 있도록 정보 및 의사소통 기술을 활용하여 학교 간의 격차를 없애도록 할 책임이 있다. 어떤 수업모형을 활용하더라도 학생들에게 적합한 정보 및 의사소통 기술 표준을 연구하고 수업과 학습에 도움을 주는 기술을 활용하도록 점검할 필요가 있다.

교실에서의 발문전략

* 『수업전문성 Cafe: 그것의 지형과 맥락』(아카데미프레스, 2011: 103-168)에서 관련 내용을 참고하기 바란다.

수업모형 선택

우선 앞의 〈이 장을 시작하기 전에〉 내용을 떠올려 보라. 여러분은 수업모형과 수업전략들을 친숙히 활용하고 있었는가? 일반적으로 교사들은 자신이 교육받은 대로 가르치려는 경향이 있다. 그래서 편안하고 친숙한 전략을 선택하고 싶어 하지만 좋은 수업을 하기 위해서는 어느 정도의 부담을 느끼게 마련이다. 그리고 처음 시도해보는 아이디어도 있을 수 있기 때문에 편안할 수만은 없을 것이다. 수업모형 선택에서 중요하게 생각해야 할 요소는 학생들에 대한 고려, 수업목표의 확인, 해당 연구물의 참고, 수업의 맥락 검토 등이 있다.

아동낙오방지법No Child Left Behind Act은 연구 중심 수업모형을 요구한다. Slavin(2003)은 '과학적 연구'가 실험 및 유사 실험 설계를 이용한다고 설명한다. 간단히 말해서 이런 연구는 임의적으로 선택된 학생들의 결과와 다른 처치를 받은 학생들과의 결과를 비교한다. 연구자들은 집단 간의 점수 결과를 통계기법을 활용하여 분석한다. 이런 차이점들은 통계적으로 유의미한 결과에 중요성을 둔다. 과학적 연구는 "이 전략이 얼마나 이 집단에게 효과적인가?", "이 전략을 활용하였을 때 어떠하였는가?"라는 질문의 대답으로서 수업모형과 수업전략을 선택하는 데 도움을 준다.

과학적 연구는 학교와 교사들의 창의적이고 실험적인 시도를 지원하기 위해 활용될 수 있다(Slavin, 2003). 그리고 과학적 연구를 적용한 학생들과 비슷한 특성과 발달을 보이는 학생들에게 어떻게 이 전략이 활용될 수 있는지에 대한 정보를 제공할 수도 있다. 예를 들어, 학업

성취(Baker, Gersten, & Lee, 2002)가 낮고, 학습 지체(Swanson, 2001; Swanson & Sachse-Lee, 2000)를 보이는 학생들은 교사가 주도하는 수업모형Direct Instruction이 적절할 것이다.

그러나 수업모형과 수업전략의 효과성이 학생들의 학업성취 결과와 관련이 있다고 하지만(Marzano et al., 2001), '최선'의 수업모형과 수업전략이 무엇인지는 제시하지 않는다. 예를 들어, 수학 교과의 학업성취를 비교하는 것만으로 수업모형과 수업전략의 적절성을 판단하지만, 실제 효과적인 교사들에게 공통적으로 나타나는 특징들은 발견하지 못하고 있다(Smith, Hardman, Wall, & Mroz, 2004). 위의 연구 결과는 오히려 "어떤 조건 하에서 이 수업전략이 유용한가?", "어떤 학생들에게 이 수업전략이 적합한가?"라는 질문에 관한 정보를 제공하고 있다.

연역적 수업전략과 귀납적 수업전략

연역적 수업전략: 일반적 규칙 → 구체적 예시
귀납적 수업전략: 구체적 예시 → 일반적 규칙

주요 개념, 기능, 이해와 관련된 한 가지 분명한 전략은 수업시간에 교사가 직접 설명하는 것이다. 수업의 도입 부분에 개념과 이해를 설명하는 수업전략은 연역적 수업전략이다. 연역적 수업전략을

활용하면서 교사는 개념과 주요 학습 기능을 수업의 도입 부분에 설명하고, 수업의 나머지 부분은 실제로 해 보는 활동으로 구성한다. 연역적 수업전략의 논리는 일반적인 것에서 구체적인 것으로 수업을 진행하는 것이다. 연역적 수업전략은 먼저 일반적인 규칙을 제공하고 구체적인 예를 제시한다. 귀납적 수업전략은 연역적 수업전략과 반대이다. 귀납적 수업전략은 먼저 교사가 구체적인 자료를 제시하고 그 다음 학생들이 일반적인 규칙을 발견해 내도록 유도한다. 귀납적 수업전략은 주요 개념, 기능, 이해에 대해 수업 후반부까지 명확히 설명하지 않고 학생들이 스스로 설명하고 발견하도록 유도한다.

여러분은 연역적 수업전략과 귀납적 수업전략 모두를 이해하고 활용해야 한다. 왜냐하면 두 전략 모두 각각 다른 특징이 있고 학생들에게 각각 다른 기능과 태도를 길러줄 수 있기 때문이다. 이 두 가지 전략은 학업성취를 향상시키는 데 효과적인 것으로 밝혀졌다(Marzano et al, 2001). 따라서 연역 추리 기능과 귀납 추리 기능은 모두 중요한 기능이다(Partnership for 21st Century Learning, 2007).

예시 수업모형

이 장의 나머지 부분은 다음과 같은 일곱 개의 수업모형을 제시하고 설명한다.

1. 교사가 주도하는 수업모형
2. 탐구 훈련 수업모형
3. 개념 획득 수업모형
4. 순환 학습 모형

5. 개념 형성 수업모형
6. 탐구 수업모형
7. 협동 학습 수업모형

각각의 수업모형에 대해 설명하고, 도입-전개-정리의 형식을 활용하여 예시를 보여주었으며, 장점과 단점을 제시하였다. 예시 수업모형들은 나름대로의 특징이 잘 드러나도록 하였다. 그러나 여러분은 이 수업모형에 대해 충분히 제시되지 않은 많은 부분을 나름대로 구성하여 실행해야 한다. 또한 수업 예시에서 학생들의 차이성을 반영한 수업을 어떻게 할 수 있는지에 대한 정보를 몇 가지 제시하였다. 이런 정보들은 수업에 대한 의사결정이 1차시 단위 수업에서도 여러 차례 일어날 수 있다는 것을 의미하며 다양한 수업전략들이 의사결정의 맥락 속에서 활용된다.

교사가 주도하는 수업

교사가 주도하는 수업모형은 널리 활용되며 유용한 연역적 수업전략 중 하나이다. 교사가 주도하는 수업모형을 때로 '설명적 수업모형'이라 부르기도 한다. 교사가 주도하는 수업모형은 교사가 학생들에게 정보와 기능을 직접적으로 전달하여 학생들이 이와 관련된 정보와 기능을 습득하게 한다. 교사의 주요 책임이 정보를 제시하는 것이기 때문에 교사가 주도하는 수업모형의 주요 부분은 교실에서 중요한 지식과 기능 전달 시간으로 구성된다. 실제 교실에서 학생들은 제한된 시간 내에 효과적인 방식으로 정보와 기능을 익히도록 요구받기 때문에 교사가 주도하는 수업모형은 유용할 수 있다.

교사가 주도하는 수업모형에 대한 기술

교사가 주도하는 수업모형의 수업에서 교사는 체계적으로 목표와 관련된 정보를 제시하고, 이해를 확실히 하기 위해 학생들의 참여를 세심히 안내한다. 이 모형은 교사가 효과적으로 교과내용을 제시하고, 학생들에게 수업목표를 향해 나가도록 하는 데 강조점이 있다. 정보 혹은 기능의 통제는 처음에 교사에게 달려있다. 교사의 통제 아래 학생들이 먼저 해보고, 나중에 개별적으로 숙달한다.

교사가 주도하는 수업모형의 단계

교사가 주도하는 수업모형에는 7단계 모형과 5단계 모형이 있다(Hunter, 1982). 7단계 모형(Hunter, 1982)은 학생의 행동에 대한 기대를 설명하는 것으로 시작된다. 예를 들어, 교사는 학생들에게 다음과 같이 이야기한다. "여러분! 바르게 앉으세요." 행동 기대에 대한 설명은 교사가 주도하는 수업모형의 5단계 모형에서는 생략된다. 일반적으로는 보다 간략한 5단계 모형이 많이 활용되고 있다.

그러나 〈표 5.1〉에서 보듯이 여러분이 5단계 모형을 살펴볼 때 이 수업모형은 수업을 구조화하는 하나의 예라는 점을 기억해야 한다. 왜냐하면 일부 교사들은 모든 수업이 5단계로 구성되는 것이 아니며, 단계는 하나의 선택이라고 생각하기 때문이다. 수업의 시간과 형태는 매우 다양해서 모든 단계를 거칠 수도 있고, 그렇지 않을 수도 있다. 또한 교사가 학생의 수행 및 성과를 평가하면서 수업 단계의 순서를 바꾸며 활용할 수도 있다.

교사가 주도하는 수업모형의 수업 예시

〈표 5.2〉는 낱말 쓰기 기능을 설명하는 간단한 예시이다.

교사가 주도하는 수업모형의 장점과 단점

많은 연구는 교사가 주도하는 수업모형의 효과성을 지지한다. Adams와 Engelmann(1996)이 실행한 교사가 주도하는 수업모형에 대한 350개 논문의 메타 분석을 살펴보면, 교사가 주도하는 수업모형이 학생들의 학업성취에 매우 효과적인 것으로 설명하고 있다. Slavin(1997)은 이와 비슷하게 교사가 주도하는 수업모형이 특히 읽기와 셈하기 등 기초 기능에 효과적인 것으로 밝히고 있다. Baker와 Gersten, 그리고 Lee(2002)는 수학 교과에서 낮은 학업성취를 보이는 학생들에게 특히 효과적인 것으로 보고하고 있다.

교사가 주도하는 수업모형의 장점은 핵심 정보를 명확히 제시하고, 학생들을 활동하게 하며 내용을 습득한 이후에는 개별 연습을 하는 과정이 단계화되어 있다는 점이다. 교사가 주도하는 수업모형은 교육의 핵심 목적 중 하나인 한 세대

〈표 5.1〉 교사가 주도하는 수업모형 단계(5단계 수업모형)

도입	1. 사전 설정 가. 집중: 학생의 주의 집중을 간략히 유도하라. 나. 목표: 학생의 입장으로 수업목표를 진술하라. 다. 취지: 학생에게 왜 이 목표가 중요한 지에 대해 설명하라.
전개	2. 제시 목표와 관련한 명확한 정보를 제공하라. 아래에 제시한 다섯 가지 내용을 적절히 활용하라. 중요한 개념을 정의하여 제시하라. 중요한 특성을 학생들과 공유하라. 예와 반례를 제시하라. 시범을 보여라. 평소 학생들을 능동적으로 참여하게 함으로써 학생들의 이해도를 확인하라. 3. 안내된 연습 학생들이 교사의 지도 하에 목표를 실천하도록 하라. 가능한 모든 학습자들에게 피드백을 해주기 위해 순회지도하라. 순회지도 시에는 우선 한 학생의 노력에 대해서 구체적으로 칭찬해주고, 더 노력해야 할 것이 무엇인지에 대한 방향을 제시하고, 그런 다음 또 다른 학생을 순회지도한다.
정리	4. 마무리 모든 학생들이 도움 없이 목표로 하는 정보와 기능을 습득하였는지 관찰하라. 수행 및 성과에 대한 평가, 간단한 시험, 능동적인 참여 전략은 학생의 숙달 정도를 확인하는 데 도움을 준다. 5. 독립적 연습 학생들이 새로 습득한 정보와 기능을 익히게 하고 스스로 학습할 수 있는 과제를 제시한다. 수업시간에 배운 내용을 숙제나 독립적 연습을 통해 학생들이 실천할 수 있도록 하라. (주의사항: 교사가 주도하는 수업 모형의 일부 버전에는 정리 단계 이전에 학생들이 독립적으로 연습하는 단계가 추가된다. 하지만 이 단계에서 교사는 학생들의 활동을 평가해서는 안 된다.)

에서 다음 세대에게 지식과 기능을 전수하는 목적을 달성하는 데 효과적인 체계를 제공한다. 또한 교사가 새로운 정보 또는 기능을 통제하며 학생들에게 가르칠 내용을 전달할 수 있도록 한다.

교사가 주도하는 수업모형은 읽기, 쓰기, 셈하기 기능의 습득에 관심을 두고 있는 여러 국가에서 널리 활용되고 있다. 교사가 주도하는 수업모형은 많은 교사들에게 편안한 방법이다. 왜냐하면 대부분 예상 가능한 단계를 따르기 때문에 교사는 수업시간 동안 많은 결정을 스스로 내릴 수 있기 때문이다.

교사가 주도하는 수업모형의 단점(Coles, 2000)은 과도하게 정보 또는 기능의 전달을 강조한다는 점이다. 이 수업모형은 전적으로 연역적이기 때문에 교사가 중요한 개념을 제시하고 학생은 수동적으로 활동한다는 단점을 갖고 있다. 교사는 활동 내용과 활동 선택에 대해 주로 통제를 한다. 학생들은 교사가 주도하는 수업모형에서 제한된 선택의 기회를 갖게 된다. 또한 학습자의 실제적 삶과 관련된 연계성이 부족할 수 있다. 이런 단점은 학생의 동기를 감소시킨다(Flowers, Hancock, & Joyner, 2000).

마지막으로 많은 장점에도 불구하고 몇몇의 연구는 교사가 주도하는 수업모형의 효과에 대해 긍정, 부정의 효과를 모두 제시하고 있다. 그리고 일부 연구는 교사가 주도하는 수업모형의 효과를 지지하고 있지만, 다른 연구는 이를 지지하지 않는다.(Din, 2000; Yu & Rachor, 2000; MacIver & Kemper, 2002; St. John, Manset, Chung, & Worthington, 2001)

지금까지 교사가 주도하는 수업모형의 장점과 단점을 살펴보았다. 여러분은

〈표 5.2〉 교사가 주도하는 수업모형의 수업 예시 / 1학년 1학기 국어(쓰기) 2단원 이렇게 생각해요 (40-41쪽)

학습목표: 낱말을 바르게 쓸 수 있다.	
사전 설정	1. 집중: 낱말을 잘못 쓴 예가 담긴 동영상을 보며 글씨 쓰기에 관심을 갖는다. 2. 목표: 낱말을 바르게 쓸 수 있다. 3. 취지: 글자의 짜임을 생각하며 낱말을 바르게 쓸 수 있고, 낱말의 내용을 이해할 수 있다.
제시	4. 시범: 그림을 보고 음식이름을 어떻게 쓰는지 보여준다. (예시: 김밥, 비빔밥, 김치 등) 5. 중요한 특징 설명: 글자를 쓸 때 중요한 특징을 설명한다. 6. 이해 점검: 교사는 글자를 틀리게 쓰거나, 문장에 알맞은 낱말을 쓰지 않으면 어떻게 되는지 물어보고 점검한다.
안내된 연습	7. 학생들은 교사의 안내에 따라 그림을 보고 알맞은 낱말을 보기에서 골라 쓰는 활동을 한다. 그리고 교사는 학생들이 이해하였는지 순회하면서 지도한다.
마무리	8. 수행 및 성과 평가 • 교사는 그림을 보고 글씨를 쓰게 하는 학습지를 나눠준다. • 학생들은 학습지를 작성하고, 다하면 교사에게 제출한다.
독립적 연습	9. 만약 학생들이 마무리 단계에서 이해를 잘하지 못한다면, 교사는 추가로 과제를 제시하여 독립적으로 연습하게 할 수 있다.

앞으로 교사가 주도하는 수업모형을 활용할 것인가? 교사가 주도하는 수업모형은 모든 학생들이 공통된 목표를 달성하고, 시간을 효율적으로 활용하는 장점이 있으나 학생들이 스스로 개념을 발견할 수 있는 기회를 제공하지 못하고, 모든 학생들이 동일한 사전 경험을 가지고 있다는 전제 하에 출발해야 한다는 단점이 있다.

교사가 주도하는 수업모형 활용의 적절성을 판단하기 위해 수업 의도를 설명하는 교사의 말이나 행동을 주시해 보라. 예를 들어, "교재 42쪽을 펴세요"라는 말로 수업을 시작하여 학생들에게 똑같은 활동을 전체적으로 시키려 할 때는 교사가 주도하는 수업모형 활용을 생각해 보라. 다음의 수업 팁은 교사가 주도하는 수업모형을 활용할 때 도움을 줄 것이다. 즉각적이고 구체적인 피드백은 학생들의 활동에서 중요한 부분이다.

귀납적 수업전략

"수업은 학생들이 스스로 발견하도록 도와주는 예술 활동이다."

—Mark Van Doren

귀납적 수업전략은 교사가 주도하는 수업모형과 정반대이다. 귀납적 수업전략을 통해서 교사는 학생들이 구체적인 자료를 다루고 동료들과 상호작용하면서 중요한 개념을 스스로 발견하도록 한다. 또한 수업 전반부에 상세하게 설명하는 대신, 교사는 학생들이 자료를 다루면서 개념을 스스로 발견하도록 유도한다. 교사가 주도하는 수업모형은 결과물에 집중하지만 귀납적 수업전략은 지식이 형성되는 과정에 집중한다. 학생들은 질문하고, 적절한 방법을 통해 질문을 해결하며, 정보를 모으고, 분석하고, 결론을 낸다. 학생들은 이러한 방법을 활용하여 학습과정을 배운다. 귀납적 수업전략에 대한 예시가 다음 수업 팁에 소개되어 있다.

귀납적 수업전략은 본질적으로 수렴적

수업 팁

교사가 주도하는 수업모형으로 가르치는 체육 수업의 실례

종종 수업 중에 갑자기 어떤 기능을 가르칠 필요가 있다. 예를 들어, 학생들이 허들 수행평가를 앞두고 허들을 어떻게 넘는지 알아야 한다고 하자. 학생들이 이에 대해 잘 이해하는지 확인하기 위해 교사가 주도하는 수업모형을 활용하라. 교사는 이 모형을 여러 번 시도해 봄으로써 별도의 수업계획안 없이 자연스럽게 이러한 방법을 활용하고 내면화 할 수 있을 것이다. 다음의 절차를 활용하라.

√ 교사가 먼저 시범을 보인다.
√ 교사는 학생들의 이해도를 확인한다.
√ 교사와 학생이 함께 해본다.
√ 학생들이 익힌 내용을 교사에게 보여준다.
√ 교사는 적절한 학생의 수행 및 성과에 대해 격려한다.

이면서 발산적이라고 볼 수 있다. 학생들이 개념이나 일반화를 시도하도록 하는 것은 수렴적인 측면이다. 수많은 개념과 일반화가 이루어지는 것은 발산적인 측면이다. 이 장에서는 다양한 귀납적 수업전략을 활용하는 다섯 가지 수업모형이 소개된다.

탐구 훈련 수업모형

Suchman(1962)의 탐구 훈련 수업모형은 학생들이 사실을 관찰하며 나아가 이론을 발달시킬 수 있도록 도움을 준다. 탐구 훈련 수업모형은 학생의 자연스러운 호기심을 활용하고 학생들에게 질문자의 입장에서 사실을 바라보게 한다는 장점이 있다. 교실에서 학생들은 교사의 발문에 대답은 하지만, 교사에게 질문을 하지는 않는다. 질문을 하도록 하는 것은 학생들의 학습을 촉진하게 하는 효과가 있다.

탐구 훈련 수업모형의 기술

탐구 훈련 수업모형에서 교사는 학생들의 호기심을 자극하기 위하여 혼란스러운 사태를 제시한다. 이러한 혼란스러운 사태에서는 학생들이 기대하는 것과 실제로 일어나는 것에 차이가 있을 수 있다. 예를 들어 보자. 교사가 내용물이 가득 차 있는 개봉하지 않은 콜라 캔 두 개를 수조에 집어넣는다. 두 개의 캔 중 하나는 둥둥 뜨고, 다른 하나는 밑으로 가라앉는다. 학생들은 이러한 결과를 아주 당혹스럽게 바라본다. 둥둥 떠 있는 캔은 설탕이 들어가지 않은 다이어트 콜라였으며, 이를 통해 설탕 대신 들어간 첨가물의 밀도가 설탕 보다 작다는 것을 알 수 있다.

혼란스러운 사태를 보여주고 나서 교

사는 학생들에게 자신들이 관찰한 것을 설명하도록 한다. 그리고 이것을 더욱 발전시키기 위해 학생들에게 예, 아니오로 대답할 수 있는 질문을 한다. 질문을 통해 학생들은 혼란스러운 사태에 대한 정보를 수집하게 된다. 그리고 수집된 정보를 기초로 혼란스러운 사태에서 관찰된 인과관계를 검증한다. 최종적으로 학생들은 혼란스러운 사태를 설명할 수 있는 규칙을 찾게 된다.

Suchman은 과학수업에 활용하기 위해 탐구 훈련 수업모형을 만들었으나, 혼란스러운 사태를 활용하는 탐구 훈련 수업모형은 여러 교과와 여러 학년에서 활용될 수 있다.

〈표 5.3〉 탐구 훈련 수업모형의 단계

도입	1. 문제와 직면하는 단계: 학생들에게 혼란스러운 사태를 제시하라.
전개	2. 자료 수집을 통한 문제 상황을 입증하는 단계: 학생들이 예, 아니오로 대답할 수 있는 질문을 하도록 하며 혼란스러운 사태에 관한 정보를 수집하게 하라. 3. 자료 수집을 통한 실험 단계: 적절한 변인을 연결시키고 인과관계를 증명하게 하라.
정리	4. 자료를 조직하여 규칙이나 설명을 구성하는 단계: 자료 수집과 실험 과정 동안에 얻은 정보를 조직하고 혼란스러운 사태를 설명하게 하라. 5. 탐구과정을 분석하는 단계: 탐구하는 동안에 사용했던 문제해결 전략들을 분석하게 하라.

〈표 5.4〉 탐구 훈련 수업모형의 수업 예시 / 5학년 1학기 과학 2단원 전기회로 (62-65쪽)

학습목표: 전지, 전선, 전구를 연결하여 불이 켜지는 조건을 말할 수 있다.	
도입	1. 문제에 직면 – 전구에 불이 켜지는 경우와 전구에 불이 켜지지 않는 경우를 제시한다. • 학습목표 제시: 전지, 전선, 전구를 연결하여 불이 켜지는 조건을 말할 수 있다.
전개	2. 자료 수집을 통한 문제 상황 입증 – 학생들은 그들이 이해하고 해석한 것을 검증해 보는 질문을 한다. • 학생들이 예, 아니오로 대답할 수 있는 질문을 하면서 혼란스러운 사태에 관한 정보를 수집한다. • 예시 – 학생: 전지, 전선, 전구를 모두 연결하였나요? – 교사: 예, 아니오 3. 자료 수집을 통한 실험 – 교사는 관련 변인을 확인하고 인과관계에 대한 가정을 설명하는 단계로 나아간다. • 학생들은 전구에 불이 켜지는 이유와 불이 켜지지 않는 이유를 설명할 수 있는 실험을 하며 인과관계를 검증한다.
정리	4. 자료를 조직하여 규칙이나 설명을 구성 – 학생들은 전구에 불이 켜지는 조건에 대해 설명한다. • 학생들은 그들이 발견한 규칙이나 설명을 발표한다. 5. 탐구과정 분석 – 학생들은 탐구전략을 분석하며 가장 효과적이고 생산적인 질문, 그리고 그러하지 못했던 질문을 떠올려 본다. 교사는 새로운 정보를 제시하고 발문하며 학생들이 계속 탐구활동을 전개해 나갈 수 있도록 한다.

탐구 훈련 수업모형의 단계

〈표 5.3〉은 Suchman의 탐구 훈련 수업모형의 단계를 제시한다. 1단계는 문제에 직면하는 단계로 교사는 학생들에게 혼란스러운 사태를 제시하고 탐구절차를 설명해 준다. 2단계는 자료 수집을 통한 문제 상황을 입증하는 단계로 학생들은 관찰한 혼란스러운 사태에 관한 정보를 예, 아니오로 답할 수 있는 질문을 통해 수집한다. 3단계는 자료 수집을 통한 실험 단계로 학생들은 적절한 변인을 연결시켜 혼란스러운 사태의 인과관계를 증명하게 된다. 4단계는 자료를 조직하여 규칙이나 설명을 구성하는 단계로 학생들은 자료 수집과 실험 과정 동안에 얻은 정보를 조직하고 혼란스러운 사태를 설명한다. 5단계는 탐구과정을 분석하는 단계로 학생들은 탐구하는 동안에 사용했던 문제해결 전략들을 분석한다.

탐구 훈련 수업모형의 수업 예시

〈표 5.4〉는 탐구 훈련 수업모형의 수업 예시이다. 이것은 다양한 학년에서 활용될 수 있다.

개념 획득 수업모형

귀납적 수업전략은 학생들이 패턴을 변별하고 구조를 떠올리면서 구체적인 자료를 가지고 중요한 아이디어를 발견할 수 있도록 한다. 정보를 분류하는 능력은 발견의 과정에서 핵심적인 부분이다.

범주화 또는 항목 분류 작업은 여러 가지 중요한 기능을 갖고 있다. 이러한 기능은 다음과 같다. 첫째, 환경의 복잡성을 감소시킨다. 둘째, 우리가 개별적 목표를 확인할 수 있도록 해준다. 셋째, 학습을 더욱 효과적으로 만든다. 넷째, 모든 대상의 속성을 검증할 필요 없이 의사결정을 하는 데 도움을 준다. 다섯째, 우리에게 사태와 사태를 관련시키고 순서를 매기는데 도움을 준다(Bruner, Goodnow, & Austin, 1960). 더 나아가 Bruner 등은 세계에 대한 이해는 단순히 사물에 대한 것이 아니라고 이야기한다. 새로운 정보

수업 팁

사진을 활용한 귀납적 수업의 예시

하루 일과나 수업을 시작할 때 시도되는 탐구는 학생들의 호기심을 자극한다. 사진 분석은 좋은 방법이다(Guillaume, Yopp, & Yopp, 2007).

1. 최근의 사건이나 교과내용을 잘 보여줄 수 있는 흥미로운 사진을 찾아라. 가정, 신문, 교재, 인터넷에서 찾은 사진 중 하나를 골라 활용하라. 이때 '그 날의 가장 이슈가 되는 사진'을 찾아라.
2. 학생들에게 사진을 보여주어라.
3. 학생들에게 그 사진을 세심하게 관찰하도록 하라. "무엇이 눈에 띄는가? 그 사진 안에 찍힌 것은 무엇인가?"
4. 학생들에게 그 사진에 대해 추측해 보도록 하라. "언제 찍은 것인가? 사진 속의 사람들은 어떤 사람들인가? 사진 속의 이야기는 무엇인가?"
5. 수업과 사진의 내용을 관련지어라. 수업의 마무리 부분에서 사진을 다시 보여주고, 학생들이 추론한 내용을 수정하도록 하라.

를 처리하는 체계는 사고방식에 의해 형성된다. "정보를 분류하고 세계에 응답하는 것은 세계의 문화에 대해 생각해 보게 한다. 개별적으로는 전통과 문화의 사고방식에 반영되고 자신이 학습한 분류체제를 통해 걸러지게 된다." 개념 획득 수업모형(Bruner et al., 1960)은 분류체계를 명확히 하며, 학생들이 정보를 의미 있게 분류하려는 목적을 가지고 정보를 개념적으로 생각하게 하도록 유도한다.

개념 획득 수업모형의 기술

수업의 처음은 도입 단계로 교사는 분위기를 조성하며 학생들의 흥미를 이끄는 몇 가지 예를 간략히 제시하고 학생들이 해야 할 과제를 안내한다. 다음으로 수업의 전개 단계는 세 부분으로 나누어지는데 첫째는 자료 제시 및 개념 형성단계이다. 이 단계에서 학생들은 특정 개념의 속성을 포함한 긍정적 예와 그렇지 않은 부정적 예를 관찰한다. 이때 학생들이 관찰하는 예들은 교사가 사전에 준비한 것이며 "예", "아니오"로 표시하여 한 쌍으로 한 번에 한 개씩 제시된다. 학생들은 제시된 예들을 관찰하면서 긍정적 예들이 가지고 있는 공통된 속성을 찾아 써보는 활동을 한다. 그 다음 교사는 추가적인 예시를 제시하고, 학생들은 긍정적 예들이 가지고 있는 공통된 속성을 기초로 개념에 대한 가설을 세운다. 둘째는 획득된 개념의 검증 단계이다. 이 단계에서 학생들은 제시된 예들을 긍정적인 것과 부정적인 것으로 구분하는 활동을 한다. 또한 긍정적인 예와 부정적인 예를 직접 만들어 보는 활동을 하면서 획득된 개념을 검증하게 된다. 셋째는 사고전략의 분석 단계이다. 이 단계에서 학생들은 개념을 획득하는 과정에서 사용한 사고전략을 분석하고 토의하게 된다. 마지막으로 수업의 정리 단계에서는 수업에서 다룬 개념의 속성과 정의를 정리한다.

김 교사는 씨앗 게임을 하며 씨앗의 이동 방법에 대한 개념 획득 수업을 하고 있다. 교사는 씨앗의 사진 자료를 보여주면서 준비한 사진 자료를 "예"와 "아니오"로 표시하여 왼쪽 사각형과 오른쪽 사각형으로 나누어 갖다 놓는다. 이런 과정을 지켜보면서 학생들은 교사가 사진 자료들을 씨앗의 이동 방법에 따라 바람에 의해 이동하는 씨앗과 동물에 의해 이동하는 씨앗으로 나누었음을 알게 된다. 이렇게 학생들이 습득한 개념을 검증하기 위해 김 교사는 "예"와 "아니오"가 붙지 않은 다양한 씨앗들의 사진을 제시하고 학생은 자신의 가설에 따라 사진들을 "예"와 "아니오"로 분류한다. 그리고 "예"와 "아니오"에 해당하는 예를 직접 만들어 본다. 학생들의 가설로부터 씨앗의 이동 방법을 정의한다. 학생들은 이런 수업과정을 통하여 씨앗의 이동 방법에 대한 개념을 습득하게 된다. 사고전략의 분석에서는 씨앗의 이동 방법 개념을 습득하는 과정에서 활용한 사고전략을 분석한다. 마지막으로 수업 정리 단계에서는 씨앗의 이동 방법에 대한 개념을 정리, 확인하고 간단한 수행 및 성과를 평가한다.

개념 획득 수업모형의 단계

〈표 5.5〉는 개념 획득 수업모형의 단계를 서술하고 있다. 교사가 한 번에 한 쌍의 예를 보여주고 있다는 점에 주목하라. 때로는 학생들이 자신의 가설이 확실하다고 느낄 수 있도록 제시 순서를 바꾸거나 새로운 예시를 추가하는 것이 필요할 수 있을 것이다. 또한 학생들은 정확하게 제시된 예들을 관찰하면서 개념을 발견하지만, 그 개념이 교사가 의도했던 것이 아닐 수도 있다는 것을 주의해야 한

〈표 5.5〉 개념 획득 수업모형의 단계

<table>
<tr><td colspan="2">도입</td><td>1. 학생들의 흥미를 이끌기 위하여 몇 가지 예들을 간략히 제시하라. 이런 예들의 형태는 다양할 수 있다. 예를 들면, 단어, 물건, 그림, 사진, 지도에 나타난 장소 등이 포함된다.
2. 학생들의 과제를 소개하라. 제시되는 예들을 분류할 수 있는 개념을 발견한다.</td></tr>
<tr><td rowspan="3">전개</td><td>자료 제시
및
개념 형성</td><td>3. 어떤 개념의 속성을 포함한 긍정적 예와 그렇지 않은 부정적 예를 한 쌍으로 한 번에 한 개씩 제시하라. 이때 학생들에게 "예", "아니오"를 표시하여 개념의 속성을 포함한 긍정적 예와 그렇지 않은 예를 알려주어라. 학생들이 예들을 보면서 긍정적 예들의 공통적 속성을 찾아보고 개념에 대한 가설을 세우게 하라.</td></tr>
<tr><td>획득된 개념의 검증</td><td>4. 긍정적 예와 부정적 예를 구분하지 않고 개념의 속성을 포함한 긍정적 예와 부정적 예를 계속해서 제시하여 학생들이 획득된 개념을 검증하도록 하라. 또한 학생들이 "예", "아니오"에 해당하는 예를 직접 만들어 보게 하라.
5. 학생들이 동료와 개념에 대한 가설을 공유하고 토론할 기회를 제공하라. 교사가 제시한 모든 자료와 학생들이 제안한 개념이 맞는지 확실히 하기 위해 어느 정도 토론을 안내하라. 학생들의 개념이 잘못되었다면 잘못된 개념에 반대되는 예들을 제시하라. 학생들이 대부분 개념을 발견하였을 때, 개념을 합의할 수 있는 마지막 기회를 제공하라. 전체 학생을 위해 합의된 개념을 크게 말하도록 하라.</td></tr>
<tr><td>사고전략의 분석</td><td>6. 학생들이 개념을 획득하는 과정에서 사용한 사고전략에 대해 토의하게 하라.</td></tr>
<tr><td colspan="2">정리</td><td>7. 수업시간에 다룬 개념의 속성을 설명하고 학생들이 획득한 개념을 정리한다.</td></tr>
</table>

다. 이럴 경우에는 교사가 의도한 개념의 중요한 속성을 확실히 하기 위해, 학생들에게 의도한 개념과 다르게 보이거나 다르게 들리는 부정적 예들을 추가로 제시하라. 만약 학생들이 교사가 의도한 개념 이외의 개념을 발견한다면, 교사는 학생들이 발견한 개념과 반대되는 예를 추가로 제시해야 한다.

개념 획득 수업모형의 수업 예시

〈표 5.6〉은 개념 획득 수업모형을 활용한 수업의 예시이다.

순환 학습 수업모형

순환 학습 수업모형은 구체적 자료의 직접 경험을 통해 수업내용을 이해하고 실제 세계에 적용해 보는 귀납적 수업전략을 활용한다. 순환 학습 수업모형은 학습을 탐구와 해석의 과정 및 결과, 이해를 형성하고 발달시키는 정보와 사고과정의 적용, 현재 경험과 과거 경험의 통합으로 정의하는 구성주의 학습이론에 기초한다(Marlowe & Page, 1998). 순환 학습 수업모형은 반드시 수업의 도입 부분과 정리 부분이 실제 세계 경험에 기초해야 한다는 점에서 귀납적 수업전략을

〈표 5.6〉 개념 획득 수업모형의 수업 예시 / 3학년 1학기 과학 1단원 우리 생활과 물질 (42-43쪽)

학습목표: 주위에 있는 고체의 공통점을 알고, 고체가 무엇인지 설명할 수 있다.		
도입		1. 학생들의 흥미를 이끌 수 있는 예들의 사진을 보여 주며 분위기를 조성한다. (예: 장난감, 음료수, 운동기구, 컴퓨터 등) 2. 이번 시간의 학습목표를 확인한다. • 주위에 있는 고체의 공통점을 알고, 고체가 무엇인지 설명하여 봅시다.
전개	자료 제시 및 개념 형성	3. 사진으로 "예", "아니오"의 예들을 ppt로 보여 주면서 어떤 물체의 속성이 "예"에 속하는 속성인지 생각해 본다. • "예", "아니오" - "예": 로봇 장난감/ "아니오": 콜라 - "예": 과자/ "아니오": 물 • 학생들은 예시들을 보며 공통된 속성을 찾아 적고 가설을 세우며 수정하는 활동을 개별적으로 진행한다.
	획득된 개념의 검증	4. 교사는 "예"와 "아니오"를 제시하지 않은 예들을 추가로 제시하고, 학생은 자신의 가설에 따라 예들을 "예"와 "아니오"로 분류한다. 그리고 학생들은 "예"와 "아니오"에 해당하는 예를 직접 만들어 본다. 5. 학생들의 가설로부터 고체의 속성을 정의하고, 고체의 개념을 제시한다.
	사고전략의 분석	6. 개념을 획득하는 과정에 사용한 전략을 분석한다.
정리		7. 고체의 속성과 개념을 정리한다. • 수행 및 성과 평가 - 고체가 무엇인지 설명할 수 있나요?

활용하는 다른 수업모형과 차별화된다. 순환 학습 수업모형은 직접적 경험을 하게 함으로써 모든 학생들이 배경 지식을 형성하고 내용 지식을 심화시키며, 개념을 습득하고 사고력 신장을 돕는 학습모형이다.

순환 학습 수업모형 기술

순환 학습 수업모형은 다음과 같이 네 가지로 구성된다.

첫째는 참여 단계이다. 탐색을 위하여 학생들의 흥미를 끄는 실제 세계 문제 또는 사태를 제시하며 수업이 시작된다. 학생 또는 교사가 개별적 이야기, 변칙 사례, 최근 일어난 사건, 장난감, 시, 깊이 생각한 질문 등을 제시하는 것은 학생들이 수업에 참여하는 데 도움이 된다.

둘째는 탐색 단계이다. 학생들은 구체적인 자료들을 직접 다루며 문제나 질문을 탐색한다. 이 단계를 통해 보다 추상적 이해를 유발하는 배경 지식을 구축한다.

셋째는 개념 도입 단계이다. 학생들이 직접 경험을 마친 후에 교사는 학생들이 지식을 체계화하고 개념을 명명하며 설명할 수 있도록 도와주기 시작한다.

넷째는 개념 응용 단계이다. 학생들은 새로 형성한 지식을 실제 문제 또는 사태에 적용한다.

순환 학습 수업모형의 단계

수업설계에서 활용되는 다양한 형태의 순환 학습 수업모형은 3단계에서 5단계의 모형이 있지만, 이들 모형은 단지 나누어진 형태만 조금 다를 뿐이다. 〈표 5.7〉은 이 중에서 널리 활용되는 순환 학습 수업모형 중 한 모형의 단계를 서술한

〈표 5.7〉 순환 학습 수업모형의 단계

도입	1. 참여: 학습주제와 관련하여 학생들이 흥미있어 하고 몇 가지 질문들이 떠오르는 실제 세계의 현상, 물건, 문제점을 간략히 제시하라. • 주제와 제시되는 질문과 관련하여 학생들의 사전 지식을 알아보기 위해 학생들의 질문이나 대화를 주의 깊게 경청하라. • 현상에 대한 개념 도입과 설명은 아직 제시해서는 안 된다. • 학생들의 질문 목록을 작성하라.
전개	2. 탐색: 학생들이 학습주제와 관련하여 직접 경험에 참여할 수 있도록 자료를 제공하라. • 학생들은 탐색의 사전 단계부터 질문을 하기 시작한다. • 학생들은 새로운 개념과 질문을 만들기 시작한다. 탐색 과정에서 발생되는 개념과 어휘를 평가하기 위해 학생들을 면밀히 관찰하라. 3. 개념 도입: 탐색 과정에서 발생한 개념을 체계적으로 발전시켜라. • 학생들에게 적절한 어휘나 용어를 제공하라. • 만약 필요하다면 학생들의 이해를 세련되게 할 수 있도록 정보에 대한 직접 설명과 관련 자료의 읽기 경험을 제공하라.
정리	4. 개념 응용: 학생들이 새로 형성한 이해를 적용할 수 있는 새로운 문제나 상황을 제시하라. • 실제 세계와 연계하라. • 다음 순환 학습을 위한 출발점으로서 실제 세계와의 연계를 활용하라.

것이다. 〈표 5.7〉에 제시한 순환 학습 수업모형 형식은 각 단계에서 평가를 끼워 놓고 있는 것이 특징이다. 다른 유용한 형식으로는 5E 순환 학습 수업모형이 있다. 5E란 참여Engage, 탐색Explore, 설명Explain, 개념 응용Extend, 평가Evaluate이다.

순환 학습 수업모형 수업 예시

〈표 5.8〉의 수업은 5학년 과학 수업에서 순환 학습 수업모형을 활용하는 예시이다. 순환 학습 수업모형에서는 학생들을 참여

〈표 5.8〉 순환 학습 수업모형 수업 예시 / 5학년 1학기 과학 2단원 전기회로 (66-67쪽)

학습목표: 전기회로를 사용하여 전기가 통하는 물체와 통하지 않는 물체를 구별할 수 있다.	
도입	1. 참여 • 동기 유발 - T: 철사에 자석을 붙이면 어떻게 되었나요? 철사 대신 플라스틱이나 고무를 사용했다면 어떻게 되었을까요? - S: 전기가 통하지 않았을 것 같습니다. • 학습목표 확인 - 전기가 통하는 물체와 전기가 통하지 않은 물체를 구별해 봅시다.
전개	2. 탐색 • 전기회로 꾸미기 - 전기가 통하는 물체와 전기가 통하지 않는 물체를 구별하기 위한 전기회로를 꾸며 봅시다. • 전기회로에 여러 가지 물체 연결해 보기 - 전기 회로에 여러 가지 물체를 연결해 봅시다. • 전구에 불이 들어오는 것과 들어오지 않는 것 구별하기 - 전구에 불이 켜지는 것을 발표해 봅시다. - 전구에 불이 켜지지 않는 것을 발표해 봅시다. 3. 개념 도입 • 도체와 부도체 용어 도입하기 - T: 물체를 연결했을 때 전구에 불이 켜지는 까닭은 무엇인가요? S: 전기가 통하기 때문입니다. - T: 전기가 통하는 물체는 주로 무엇으로 이루어져 있나요? S: 금속으로 이루어져 있습니다. - T: 전기가 통하지 않는 물체는 주로 무엇으로 이루어져 있나요? S: 금속이 아닌 다른 물질로 이루어져 있습니다. - T: 전기가 통하는 물체는 도체라고 합니다. 도체에는 어떤 물체가 있나요? S: 철, 알루미늄, 구리 등입니다.
정리	4. 개념 응용 • 전기 부품에서 도체와 부도체 부분 찾기 • 도체와 부도체로 만들어진 생활용품 알아보기 • 정리 - 주변에서 도체인 물체의 예를 세 가지 이상 말해 봅시다. - 도체와 부도체를 구별하는 방법을 말해 봅시다.

시키기 위해 실제 세계 현상으로 시작하고, 관련된 개념을 탐색하며, 탐색 단계에서 형성된 개념을 발전시키고, 실제 세계에 되돌려 본다.

개념 형성 수업모형

Taba(1967)의 수업모형은 학습자들이 구체적인 자료를 분류하고 자료 간에 새로운 관계를 맺음으로써 새로운 개념을 형성하게 한다.

개념 형성 수업모형 기술

개념 형성 수업모형은 종종 '목록 열거-분류-명명 및 범주화'로 불리는데 이 수업모형에서는 수업과정을 통해 정보를 처리하는 학생들의 능력을 증가시킨다. 수업의 도입 단계에서 학생들은 목록을 많이 열거하게 될 학습주제와 관련하여 질문한다. 수업의 전개 단계는 세 부분으로 나누어 진다.

첫째, 목록 열거 단계에서는 학생들이 학습주제나 질문에 관련된 자료 목록을 풍부히 열거한다.

둘째, 분류 단계에서는 학생들이 자료를 선택한 기준에 따라 자료들을 분류한다.

셋째, 명명과 범주화의 단계에서는 분류한 자료들을 명명한다. 분류한 자료들의 명명은 개념을 더욱 공고히 하고 일반화하게 한다. 이때 종종 학생들은 다른 방식으로 자료를 재분류할 수도 있다.

수업의 정리 단계에서는 설명 문단을 작성하는 것처럼 학생들이 새로운 방식으로 정보를 활용하며 수업을 정리한다.

개념 형성 수업모형은 특정한 개념을 유도하거나 발산적 방식으로 정확한 개념 또는 일반화 결과를 많이 도출하기 위해 활용될 수 있다. 그리고 개념 형성 수업모형은 적용 범위가 넓다. 다음에 제시된 수업 팁은 수업의 정리 부분에서 개념을 확고히 하는 하나의 사례다.

개념 형성 수업모형의 단계

〈표 5.9〉는 개념 형성 모형의 단계를 제시한다.

〈표 5.9〉 개념 형성 수업모형의 단계

단계	내용
도입	1. 학생들이 많은 목록을 열거하게 될 학습주제와 관련하여 질문을 하게 하라.
전개	2. 목록 열거: 전체적으로 살펴보면서 학생들이 말하는 것들을 목록 용지에 기록하라. 몇몇 교사들은 기록을 하기 위해 문장 조각, 큰 카드, 전자칠판을 이용하기도 한다. 3. 분류: 학생들에게 비슷한 목록을 같이 배치하게 하라. "어떤 목록을 같이 분류할 수 있나요?"와 같은 질문으로 분류를 이끌어 낼 수 있다. 4. 명명 및 범주화: 학생들에게 새로 분류한 목록을 명명하게 하라. "이렇게 분류한 목록을 무엇이라고 부를 수 있을까요?"
정리	5. 학생들의 분류에서 생긴 새로운 개념에 주목하도록 요구하라. 6. 학생들의 체계에 따라 새로운 정보들을 분류하라. 그 다음 학생들이 새로운 정보들을 다시 분류하여 새로운 정보들을 명명하게 하라. 7. 여러분은 아마도 학생들에게 작문이나 개작과 같은 몇 가지 방식으로 학생들이 분류했던 정보를 활용하도록 요구할 것이다.

〈표 5.10〉 개념 형성 수업모형의 수업 예시 / 과학 3학년 1학기 1단원 우리 생활과 물질 (50-51쪽)

<table>
<tr><th colspan="2">학습목표: 물질을 고체, 액체, 기체로 분류할 수 있다.</th></tr>
<tr><td>도입</td><td>1. 학생들이 학습주제와 관련한 질문을 하게 한다.
- T: 주사위와 사이다는 어떻게 다른 특징이 있나요?
S: 만들어진 물질이 다릅니다.
• 학습목표 확인
- 물질을 고체, 액체, 기체로 분류할 수 있다.</td></tr>
<tr><td>전개</td><td>2. 목록 열거
- T: 고체에는 어떤 예들이 있나요?
S: 블록, 주사위, 연필, 숟가락 등
- T: 액체에는 어떤 예들이 있나요?
S: 사이다, 물, 우유 등
3. 분류
• 실험관찰 18쪽에 나온 그림카드를 잘 보고 그림카드 속의 물질을 고체, 액체, 기체로 분류하여 봅시다.
• 고체: 잠수복, 시계, 연필 등
• 액체: 물, 바닷물
• 기체: 부채바람, 선풍기바람 등
• 다른 친구들이 분류한 결과와 비교하여 봅시다.
4. 명명 및 범주화
• 고체: 크기와 모양이 변하지 않는 특징을 지닌 물질을 고체라고 합니다.
• 액체: 담는 그릇에 따라 모양이 변하지만 양은 변하지 않는 특징을 지닌 물질을 액체라고 합니다.
• 기체: 담는 그릇에 따라 모양이 변하고, 눈에 보이지 않으며, 담는 그릇을 항상 고르게 가득 채우는 특징을 지닌 물질을 기체라고 합니다.</td></tr>
<tr><td>정리</td><td>5. 정리
• 모양과 크기가 변하지 않는 성질의 물질을 무엇이라고 하나요?
• 고체입니다.
• 그릇에 따라 모양이 변하는 성질의 물질을 무엇이라고 하나요?
• 액체입니다.
• 일정한 모양이 없지만 담는 그릇을 고르게 채우는 성질의 물질을 무엇이라고 하나요?
• 기체입니다.
6. 차시예고
• 다음 시간에는 1단원에서 공부했던 내용을 정리해 보도록 하겠습니다.</td></tr>
</table>

개념 형성 수업모형의 수업 예시

〈표 5.10〉은 개념 형성 모형 수업의 예시이다.

학생이 주도하는 탐구 수업모형

학생이 주도하는 탐구 수업모형에서 학생들은 풍부한 자료와 정보 자원을 갖고 직접 경험을 하면서 어떤 문제를 해결하게 된다. 이때 교사는 제시자의 역할 대신에 촉진자의 역할을 한다. 또한 학생이 주도하는 탐구 수업모형에서는 문제를 해결하기 위한 다양한 해답과 방법이 생성될 수 있다. Glasgow(1997)는 학생이 주도하는 탐구 수업모형이 시대적으로 적절하기 때문에 활용하기를 권유하였고 학생이 주도하는 탐구 수업모형을 문제중심학습problem-based learning이라 명명했다.

> 학생들이 학습한 정보, 개념, 기능들은 문제와 연관되어 기억된다. 학생들이 다른 문제에 직면할 때 문제는 학생들의 재생과 파지를 향상시킨다. 문제는 적극적으로 정보를 새로운 문제에 적용할 수 있는 인지 구조 또는 체제 속에 통합시킨다.(Glasgow, 1997: 42)

문제중심학습에서는 실제적인 문제를 해결하기 위해 학생들을 모둠으로 나누고 풍부한 자료를 활용한다. 예를 들어, 다음과 같이 실제적인 문제를 다룰 수 있다. 초등학생은 교실에서 기르기 좋은 애완동물을 결정하고(Lambros, 2002), 중학생은 '자녀를 살리기 위해 금지 약물 판매 가게에 침입한 부모에게 의사가 어떤 조치를 제안할 것인가?'와 같은 도덕적 딜레마 문제를 다룰 수 있을 것이다(Slavin-Baden & Major, 2004). 그리고 문제중심학습과 다른 형태의 학생이 주도하는 탐구 수업모형들은 모든 학년 수준과 일반적이고 특수한 교육 환경에서도 가능하다. 따라서 이러한 수업모형은 교육과정을 넘나들면서 실행될 수 있다(Auder & Jordan, 2005).

학생이 주도하는 탐구 수업모형 기술

학생이 주도하는 탐구 수업모형은 학생들이 어떤 문제를 개인적으로 경험할 수 있고 문제를 해결하기 위해 자료를 직접 경험할 수 있는 경우라면 어떤 교과에서든지 활용될 수 있다. 예를 들어, 사회 교과에서 학생들은 노숙자에 대한 문제를 학습하면서 노숙을 직접 경험해 보거나

〈표 5.11〉 학생이 주도하는 탐구 수업모형의 단계

단계	내용
도입	1. 문제 제시: 많은 해결책이 있고 학생들의 흥미를 끌 수 있는 문제를 제시하거나 이용하라.
전개	2. 가설 설정: 학생들에게 질문을 만들면서 문제를 명확히 설명하도록 안내하고 학습문제에 대한 예상 결론으로 가설을 세우게 하라. 3. 탐색: 학생들이 문제를 해결하기 위한 방법에 대해 토의하도록 이끌어라. 학습을 위한 지침을 설정하라. 구체적인 자료와 정보 자원을 포함하고 적절한 자료를 다양하게 제공하여 직접적 경험을 하며 문제를 해결하도록 하라. 학생들이 자신의 방법을 활용할 때 학생들을 점검하고 적절한 시기에 학생들이 방법을 수정하고 고칠 수 있도록 도움을 주라. 4. 가설 검증: 학생들이 잠정적으로 내린 결론이 맞는지 확인하게 하라.
정리	5. 일반화: 학생들에게 문제와 탐구과정에 관하여 결론을 내도록 안내하라.

노숙자를 직접 관찰해 본다. 또한 수학 교과에서 학생들은 자료를 모으고, 분석하며, 결과를 제시하고 결과를 기초로 실행하는 조사 학습을 설계할 수 있다. 한편 학생이 주도하는 탐구 수업모형에서 학생들의 문제해결 노력은 사회에 반영되어 기금을 만들거나 사회적 조치를 하도록 이끌 수도 있을 것이다. 학생들이 주도하는 탐구 수업모형의 단계는 다음과 같다.

첫째, 문제 제시 단계로 학생들에게 흥미를 이끌 수 있는 문제를 제시한다.
둘째, 가설 설정 단계로 학생들은 질문을 만들면서 문제를 정의하고 문제에 대한 해결책을 예상해 본다.
셋째, 탐색 단계로 관련 자료를 읽거나 토론하고 구체적인 자료를 가지고 경험하면서 탐구하며 결론적으로 가능한 해결책을 내놓는다.
넷째, 가설 검증 단계로 학생들의 잠정적 결론이 맞는 지 확인한다.
다섯째, 일반화 단계로 학생들이 문제와 탐구과정에 대해서 결론을 내도록 한다.

비록 학생이 주도하는 탐구 수업모형을 통해 학생들이 교과의 내용을 이해하여 습득할 수 있을지라도 학생들이 직접 경험을 통해 이해하고 습득하게 될 교육 내용을 교사가 미리 결정할 수는 없을 것이다. 교사가 자료를 직접 제시하기 보다는 풍부한 환경을 제공하고 학생들에게 적절한 정보를 발견하게 하며 문제를 생산적인 방식으로 해결하도록 안내하는 것이 좋다.

학생이 주도하는 탐구 수업모형의 수업 예시

〈표 5.12〉는 학생이 주도하는 탐구 수업모형의 예시이다.

귀납적 수업전략의 장점과 단점

여러분은 "경험이 가장 좋은 선생님이다"라는 격언을 잘 알고 있을 것이다. 경험은 우리의 행동을 안내하고 관련된 문제를 해결하는 데 유용할 수 있는 규칙을 형성하도록 한다. 많은 연구자는 우리가 규칙을 단순히 말하며 반복하는 것보다

수업 팁

수업의 정리 부분에서 개념을 확고히 하는 사례

수업을 정리하거나 복습하면서 미니 개념 형성 활동을 활용하라. 그 과정은 다음과 같다.

1. 5개에서 10개 정도의 단어들을 선택하라. 어휘 카드를 활용하라. 또는 학생들이 단어들을 선택하게 하라. 단어 선택 시 학생들에게 많은 시간을 부여하기 보다는 짧은 시간 내에 단어를 선택하도록 하라.
2. 어휘 카드나 접착성 있는 노트 위에 단어를 놓거나 일반칠판이나 전자칠판을 이용하여 단어를 보여 주어라. 만약 카드 위에 단어를 썼다면 칠판에 붙일 수 있게 자석을 활용하라. 또는 전자칠판에 단어를 보여 주라.
3. 학생들이 단어를 분류하게 하라. 어떤 단어들이 같이 분류될 수 있는가? 다른 방식으로도 단어를 분류하게 하라.
4. 학생들에게 분류된 단어를 명명하게 하고 어떤 하나의 문장을 읽으며 명명된 이름을 활용하게 하라.
5. 대체 활동: 학생들은 자기 자리에서 조별로 주어진 단어를 분류할 수 있다. 또는 학생들에게 개별적으로 단어를 나눠주고 교실을 돌아다니며 분류하게 할 수 있다.

〈표 5.12〉 학생이 주도하는 탐구 수업모형의 수업 예시

<table>
<tr><th colspan="2">학습목표: 우리 국토의 위치가 지닌 장점을 설명할 수 있다.</th></tr>
<tr><td>도입</td><td>1. 문제 제시
• 동기유발
- 생활 속에서 알아보기
T: 교실에서 자신이 앉은 자리의 위치를 말해 봅시다.
S: 앞에서 세 번째 줄에 앉습니다. 뒤에서 두 번째 줄에 앉아 있습니다.
• 학습목표 확인
- 우리 국토의 위치가 지닌 장점을 설명할 수 있다.</td></tr>
<tr><td>전개</td><td>2. 가설 설정
• 가설 세우기
- T: 우리 국토의 위치가 지닌 장점은 무엇입니까?
S: 동북아시아의 중심에 위치하고 있을 것 같습니다.
대륙과 해양으로 모두 뻗어 나갈 수 있을 것 같습니다.
아시아의 교통 중심지가 될 수 있을 것 같습니다.
3. 탐색
• 우리 국토의 위치 알아보기
- 지구본을 살펴보고 우리 국토의 위치를 찾아봅시다.
- T: 교과서 10쪽의 그림을 보고 우리나라의 지리적 특징을 말해 봅시다.
S: 우리 국토는 동북아시아의 중심에 위치해 있습니다.
동쪽, 서쪽, 남쪽으로는 해양으로 열려 있습니다.
- T: 우리나라 주변에 있는 나라는 무엇입니까?
S: 북쪽으로는 중국과 러시아가 있고 동해를 건너면 일본이 있습니다.
4. 가설 검증
- 우리 국토의 위치가 지닌 장점을 살릴 수 있는 방법 알아보기
- 교과서 11-12쪽을 보고 우리 국토의 위치적 장점을 살릴 수 있는 아이디어를 생각해 봅시다.
- T: 우리 국토의 위치가 지닌 장점은 무엇입니까?
- S: 남북이 통일이 되면 우리나라와 러시아를 연결한 대륙 철도가 만들어져 우리나라 대륙으로 뻗어 나갈 수 있는 발판이 마련될 수 있습니다.
- S: 우리 국토는 삼면이 바다와 접해 있어 바다를 통한 무역이 이루어질 수 있습니다.
• 아이디어 선정하기
- 발표한 내용 중에서 우리 국토의 위치가 지닌 장점을 살릴 수 있는 가장 좋은 방법은 무엇입니까?</td></tr>
<tr><td>정리</td><td>5. 일반화
• 우리 국토의 장점: 우리 국토는 동북아시아의 중심의 위치하고 있고, 북쪽으로는 중국과 러시아를 통해 대륙과 연결되어 있으며, 동쪽, 서쪽, 남쪽으로는 해양으로 열려 있습니다.</td></tr>
</table>

직접 경험을 통해 규칙을 만들어낼 때 학습이 보다 잠재적이고 학습의 효과도 오래 유지된다고 주장한다. 이런 측면에서 귀납적 수업전략들은 직접 경험을 하며 문제를 해결하는 발견 학습의 장점을 활용한다.

게다가 교육의 목적 중 하나는 학생들의 독립적인 사고 능력을 향상시키는 것이고 매일 접하는 수많은 정보에서 질서와 패턴을 찾아내는 것이다. 귀납적 수업전략은 이러한 목적에 적합하다. 왜냐하면 귀납적 수업전략은 학생들에게 문제를 해결하도록 설계하는 기회를 제공하고 적절한 방법을 선택하게 하며 문제의 논리를 분석하게 하기 때문이다. 문제와 복잡한 논점을 대하는 학생들의 능력을 확대하기 위해 귀납적 수업전략은 질문, 정보 수집, 학습, 내용 이해의 과정에 집중한다. 새로운 지식이 필요한 세대에게 필요한 성향과 기능이 21세기에 필수적으로 요구된다는 점을 떠올려 보라.

마지막으로 귀납적 수업전략들은 학생들의 흥미를 활용하여 학습자들의 삶과 쉽게 연계되며 학생들이 학습 방법을 선택하고 학습 속도를 조절할 수 있도록 한다. 귀납적 수업전략들은 학생들의 호기심을 자극하고 유지하며 학생들이 직접 문제를 해결하도록 함으로써 학생들의 기본적인 요구에 부응한다. 더 나아가 귀납적 수업전략들은 종종 많은 정보와 실제 자료를 활용하는데 이러한 결과로 학습환경이 풍부해진다.

그러나 귀납적 수업전략들은 몇 가지 이유로 비판을 받기도 한다. 첫째, 학생이 수업의 방향을 설정하기 때문에 교사가 수업의 결과를 예측하기 어려울 수도 있다. 학생들에게 전적으로 통제권한을 준다는 것은 교사에게는 불안하며 상황에 따라 매우 유동적으로 수업내용과 시간을 결정해야 하는 어려움이 생기게 된다. 교사가 주도하는 수업에서는 결과를 명확히 예상할 수 있지만 학생이 주도하는 탐구 수업모형과 같은 발산적 수업에서는 다양한 일반화를 가져온다. 따라서 발산적 수업방식에서 교사는 폭넓은 지식을 갖추고 있어야 한다.

마지막으로 귀납적 수업전략은 많은 자원과 시간을 요구한다. 일반화를 직접적으로 설명하는 것은 시간이 적게 드는 반면에 일반화를 유도하는 것은 반복되고 다양한 경험이 요구된다. 비록 학생들이 지속적이고 기억되는 학습을 할 수 있더라도 귀납적 수업전략들은 교사가 주도하는 수업모형보다는 시간적인 측면에서 효율적이지 않다는 단점이 있다.

여러분은 귀납적 수업전략을 활용할 것인가? 여러분이 교사로서 학생들이 할 수 있기를 바라는 것을 이해할 수 있도록 자신의 교육관을 점검하라. 만약 정보를 분석하고 비판적이며 창의적으로 생각하고 복합적인 문제를 해결하는 능력과 같은 결과를 학생들이 할 수 있기를 바란다면 여러분은 귀납적 수업전략을 이해하여 활용할 필요가 있다. 일반적으로 교사는 수업을 계획할 때 스스로에게 물어본다. "만약 내가 적절히 수업 과정과 상황들을 정리한다면 학생들이 스스로 요점을 효과적으로 발견할 수 있을까?" 만약 이러한 질문에 긍정적으로 답할 수 있다면 귀납적 수업전략을 활용해 보라.

협동 학습 수업모형

1970~1980년대에 많이 활용되었던 협동 학습 수업모형은 많은 교실에서 개별적이고 경쟁적인 실제 모습을 변화시키기 위해 시도되었다. 협동 학습 수업모형은 교실의 다양성을 활용하고 학생들의 인지적 학습과 사회적 행동을 심화시키기 위해 고안된 일련의 방법과 구조로 이루어진다(Jacob, 1999; Johnson, & Johnson, 1999). 그리고 협동 학습 수업모형은 동료 수업과 협력적 학습이라는 용어와 관련되어 있다. 자세한 부분에서 차이가 있지만 종종 이런 단어들은 상호 교환적으로 활용된다. 예를 들어, 협동 학습 수업모형은 학습의 공유된 결과를 요구하지만 협력적 학습은 그렇지 않다.

협동 학습 수업모형에 대한 연구는 상당히 광범위하게 진행되고 있다. 그리고 학년에 따라 여러 교과에서 활용되고 있고 그 결과 또한 긍정적이다(Hall & Stegila, 2003). 협동 학습 수업모형은 내용 학습, 사회적 상호작용, 교과에 대한 태도를 장려하는 데 효과적이다. 예를 들어, Marzano 등(2001)과 Maheady, Michielli-Pendl, Mallette와 Harper(2002), 그리고 Baker, Gersten과 Lee(2002)의 메타 분석 결과는 위의 내용을 지지하고 있다. 심지어 매우 어린 아동에게도 간략한 형식이지만 협동 학습 수업모형을 적용할 수 있다. 협동 학습을 하면서 학생들은 목표를 성취하고 사회적 기능을 형성할 수 있다.

협동 학습 수업모형의 기술

협동 학습 수업모형에서 학생들은 서로를 도와주어야 한다. 모둠 구성은 임시적일 수도 있고 고정적일 수도 있다. 일반적으로 협동 학습 수업모형에서 모둠은 네 명으로 구성하지만 다르게 구성할 수도 있다. 학생들이 함께 학습할 수 있도록 구성한다는 점 이외에도 모둠별로 점수를 부여한다는 점이 협동 학습 수업모형의 중요한 특징이다. 협동 학습 수업모형을 지지하는 연구자들(Kagan, 1994; Slavin, 1995)은 협동 학습 수업모형을 적용하기 위해 세 가지 기본적 원리를 실천할 필요가 있다고 주장한다.

1. 긍정적 상호의존성. 학생들이 성공

을 위해 협력할 수 있도록 학습환경을 구성해야 한다. 상호의존성은 과제를 혼자서 완수할 수 없게 하고 모둠별로 상을 줌으로써 촉진될 수 있다.

2. 개별적 책무성. 모든 학생들은 내용을 이해하려는 책무성을 가지고 있어야 한다.
3. 동시다발적 상호작용. 교사는 수업을 진행할 때 활동적인 학생들의 수를 최대한 유지해야 한다. 이것은 교실에서 한 학생만 말하는 전통적인 수업과는 대조적이다.

또 하나의 원리는 동등한 참여다(Kagan, 1994). 학생들은 모둠학습에 동등하게 기여할 필요가 있다. Kagan은 이러한 원리를 실천하기 위해 교사가 다음과 같이 해야 한다고 주장한다.

- 팀을 이질적으로 구성한다. 능력과 성별 등은 학생들을 분류하는 하나의 기준이 될 수 있다.
- 협동하려는 의지를 장려하기 위해 모둠 구성 및 교실 구성 활동을 활용하라.
- 모둠 학습에 적합한 관리 기술을 활용하라. 예를 들어, 학생들의 집중을 얻기 위한 침묵 신호와 모둠 내에 역할을 부여하는 관리 기능을 들 수 있다.
- 남의 의견을 경청하는 방법, 갈등을 해결하는 기능과 같은 사회적 기능을 가르쳐라.

요약하면 협동 학습 수업모형은 학생들이 학습에 책임을 지고 동료의 학습을 도와주는 활동과 학습자료들로 구성되어 있다.

협동 학습 수업모형의 단계

많은 교사들이 협동 학습 수업모형을 단순히 학생들이 서로를 돕는 것으로 이해하지만, 협동 학습 수업모형에는 수많은 협동 학습 구조들이 공식화 되어 있다. 〈표 5.13〉에 제시된 단계들은 1차시 단위의 수업에서 활용되는 것이 아니다. 아래 제시된 단계들은 교사가 협동 학습을 촉진할 때 교사가 하게 될 일들을 순서대로 제시하고 있다.

우리는 웹상에서 수많은 협동 학습 구조와 학습재료들을 찾을 수 있다. 다음은 협동 학습의 네 가지 종류이다.

1. 직소우 Ⅱ^Jigsaw II^: 이질적으로 구성된 집단에서 학생들은 함께 학습자료를 읽는다. 이 때 집단의 구성원들은 자신이 맡은 주제의 '전문가'가 되어 그 부분을 집중해서 읽는다. 학생들은 같은 주제를 맡은 다른 집단 속의 '전문가'들과 모여 학습자료에 대해 토론하고 원래 모둠으로 돌아가서 어떻게 자신들이 맡은 주제를 전달할 지 결정한다. 원래의 모둠으로 돌아와서 구성원들은 맡은 주제를 서로에게 가르치고 각 구성원들이 모든 주제를 확실하게 이해하도록 한다. 학생들은 평가를 받고 교사는 각 개별 학생의 향상 점수에 기초하여 개별 점수와 팀 점수를 기록한다. 여기서는 내용 습득에 중점을 둔다(Slavin, 1995).
2. 물레방아 학습^Inside–outside circle^: 같은 중심을 갖는 두 개의 원을 만들어서 학생들이 서로 마주보게 한다. 서로 마주보고 있는 학생들이 짝이 되고 안쪽의 원에 있는 학생들은 바깥쪽의 원에 있는 학생들에게 이야기하고 바깥 쪽의 원에 있는 학생들이 이야기할 때는 듣는다. 바깥 원은 새로운 짝으로 바뀔 수 있도록 일정한 방향으로 이동한다. 여기서는 정보 공유에 중점을 둔다(Kagan,

수업 팁

상호작용, 언어, 학습을 향상시키기 위한 협력적 활동 사례

여기에 세 가지 방법이 있다.

1. 동료 수업^Peer teach^: 수업시간에 수업을 간헐적으로 멈추어라. 그리고 학생들이 서로의 짝에게 학습내용을 다시 가르치게 하라. 다음에는 역할을 바꾸어 진행하라.
2. 여행 파트너^Traveling partners^: 교사는 수업을 시작하기 전에 학생들이 여행 파트너를 신청하고 파트너의 이름을 기록하게 한다. 또는 교사가 파트너를 지정하기도 한다. 여행 파트너끼리 바로 옆에 앉아서는 안 된다. 교사는 특정 시간이 되면 학생들이 자신의 파트너를 찾아 여행가도록 지시한다. 학생들은 여행 파트너와 함께 문제를 해결하고, 논의하며, 서로를 점검한다. 교사는 학생들이 자리로 돌아갈 때가 되면 학생들에게 신호를 보낸다.
3. 4-2-1^Four-two-one^: 교사는 수업이 끝날 때 학생들에게 수업에서 가장 중요하다고 생각한 네 개의 단어를 적어보게 한다. 학생들은 적은 단어들을 짝이나 모둠별로 공유하고, 다시 두 개의 중요단어를 추려낸다. 이때 모든 학생들이 반드시 동의해야 한다. 마지막으로 학생들은 짝, 모둠별로 그 날의 수업을 가장 잘 표현할 수 있는 단어를 한 개 정한다(Rogers, Ludington, & Graham, 1999).

1994).

3. 성취과제 분담학습STAD: Student-Teams Achievement Divisions: 교사는 수업목표에 기초하여 학생들이 해결할 퀴즈와 밀접하게 관련된 새로운 정보를 제시한다. 학생들은 학습지나 다른 자료를 이용하여 모둠별로 정보를 함께 학습한다. 모둠 구성원들의 책임은 서로가 내용을 확실히 이해하게 하는 것이다. 이어서 모든 학생들은 학습한 자료에 관한 퀴즈를 푼다. 각 개인들은 학습이 진행되면서 향상된 정도에 기초하여 점수를 받는다. 모둠 점수는 개별 향상 점수를 합해서 결정된다. 교사는 각 모둠을 모둠 점수에 기초하여 평가한다. 여기서는 내용 습득에 중점을 둔다(Slavin, 1995).

4. 모둠 의견Team statements: 각 개인은 주제에 대한 개별적 의견을 종이에 쓴다. 학생들은 의견을 공유하고 개별적 의견을 모두 종합하여 모둠 의견으로 발전시킨다. 이것은 사고 기능에 중점을 둔다(Kagan, 1994).

협동 학습 수업모형의 장점과 단점

협동 학습 수업모형은 전통적 교실 수업

〈표 5.13〉 협동 학습 수업모형의 단계

단계	내용
모둠 구성과 단계 설정	1. 학생들을 이질적으로 분류할 차원을 선택하라. 2. 선택한 차원에 따라서 4명으로 구성된 모둠을 조직하라. 그리고 모둠의 학생들을 배치하기 위해 학생 통계 정보와 평가 결과를 활용하라. 예를 들어, 각 모둠은 상위권 성적의 2명과 하위권 성적의 2명으로 구성할 수 있다. 이외에 남녀 비율 등의 균형을 맞추어 구성할 수 있다. 모둠은 무작위로 선택될 수도 있고 흥미, 기능을 고려하여 나눌 수도 있다. 3. 명시적으로 정해진 사회적 행동을 지도하라. 예를 들면, 적극적으로 경청하는 것, 동료들의 기여에 대해 긍정적으로 반응하는 것과 같은 행동들이 있다.
협동 학습 관리 체제 실행	4. 침묵 신호를 가르쳐라. 예를 들어, 손들기, 불 깜빡이기, 소음기, 정형화 된 손뼉치기 등이 있다. 5. 학생들에게 자료를 나눠주고 걷는 방법을 가르쳐라.
모둠 구성	6. 모둠 구성 활동을 하면서 학생들이 서로 의지하도록 하라. 예를 들어, 모둠의 이름이나 모자를 만드는 활동이 포함된다.
사회적 기능 교육	7. 학생들에게 긍정적인 방식으로 상호작용하는 것을 가르쳐라. - 학생들에게 기대하는 행동들을 교실에 게시하고 여러분이 학생들에게 기대하는 행동들을 직접 시범을 보여라. - 학생들의 학습 기능을 돕기 위하여 모둠의 이끔이, 으뜸이와 같은 역할을 정해 주어라. 8. 사회적 기능을 점검하라. 적절한 사회적 행동을 강화하라. 학생들에게 사회적 기능을 정기적으로 평가하게 하라.
수업시간 동안의 협동 학습 전략 활용	9. 여러분의 평상시 수업에서 협동 학습을 활용하기 위해 협동 학습의 다양한 구조 중 하나를 선택하라.
분석과 수정	10. 학생들의 성장을 점검하고 학생들이 자기 평가를 통해 자기 점검을 하도록 격려하라. - 모둠을 적절한 때에 새로 조직하라. - 현재 수업상황과 결과에 기초하여 여러분과 학생들을 위해 새로운 목표를 정하라.

〈표 5.14〉 협동 학습 수업모형의 수업 예시 / 6학년 1학기 사회 2단원 우리 경제의 성장과 경제 (58-60쪽)

학습목표: 경제생활 속에서 자유와 경쟁의 사례를 찾고 자유와 경쟁이 우리 경제의 주요한 특징임을 이해할 수 있다.	
도입	• 동기 유발하기 - T: 교과서 58쪽의 사진은 어떤 모습을 나타낸 것인가요? S: 휴대전화를 경쟁적으로 팔고 있는 모습입니다. - T: 이번 주제에서 학습하게 될 내용은 무엇일까요? S: 우리 경제의 특징, 사람들의 경제생활 모습 등입니다. - 이 주제에서 나오는 주요 용어를 찾아봅시다. • 학습목표 확인 - 경제생활 속에서 자유와 경쟁의 사례를 찾고 자유와 경쟁이 우리 경제의 주요한 특징임을 이해할 수 있다.
전개	• 집단별 협의 활동 - 지금부터 여러분이 조사해 온 내용을 모둠별로 협의하여 정리하여 봅시다. - 경제생활 속의 자유 모습 살펴보기 · 사람들은 직업을 자신의 능력과 적성에 따라 자유롭게 선택합니다. · 직업 생활을 통해 얻은 소득은 개인의 것입니다. · 얻은 소득을 어떻게 얼마만큼 사용할 것 인가는 소득을 얻은 사람이 결정합니다. · 사람들 각자가 재산을 소유할 수 있고, 얻은 재산을 자유로운 의사에 따라 관리하고 사용할 수 있는 제도를 사유재산 제도라고 합니다. - 경제생활 속의 경쟁의 모습 살펴보기 · 경매 시장의 모습을 통해 알 수 있는 사실은 물건을 사려는 사람들끼리 서로 경쟁을 하는 것입니다. · 취업 시험을 보는 모습으로부터 알 수 있는 사실은 원하는 자리를 얻기 위해 서로 경쟁하는 것입니다. · 상점이나 기업들이 경쟁하는 이유는 많은 물건을 팔아서 더 많은 이윤을 얻기 위해서 입니다. · 한 기업들이 여러 가지 상품을 판매하는 이유는 소비자의 취향에 맞는 상품을 많이 만들어 다른 기업보다 더 많은 물건을 팔기 위해서입니다.
정리	• 교사의 피드백 - T: 이제 조별 협의가 끝났으면 협의 내용을 발표해 봅시다. - 교사의 지명에 따라 조별로 협의 내용을 발표한다. - 우리 경제생활의 특징 · 개인과 이업이 자유롭게 경제 활동을 하며, 사람들은 경제적 자유를 누립니다. · 개인이나 기업들은 자신의 이익을 얻기 위해 경쟁합니다. • 평가 - 경제생활 속의 자유와 경쟁의 모습을 설명할 수 있는가? • 차시 예고 - 다음 시간에는 우리 경제의 특징인 자유와 경쟁이 어떤 이로움을 주는지 알아보겠습니다.

형태를 새롭게 변화시키는 데 기여하고 있다. 첫째, 교사가 수업시간 내내 이야기하는 데 그치는 전형적 담론 형태를 깨뜨린다. 이런 변화는 보다 많은 학생들이 이야기할 수 있도록 하기 때문에 교실을 보다 생기 있게 한다. 둘째, 협동 학습 수업모형은 학생들이 개별적으로 성취해야 한다는 기존의 기대를 변화시키고 새로운 규준으로 사회적 상호작용과 상호의존을 형성한다. 셋째, 협동 학습 수업모형에서 학생 간의 차이가 문제가 되기도 하지만, 모둠 구성이 이질적일수록 더욱 풍부한 잠재적 결과를 가져온다. 넷째, 협동 학습 수업모형은 상호작용적이고, 교사는 이 수업모형을 통해 학생들이 적극적으로 수업에 참여하게 함으로써 학생들의 특성을 활용할 수 있다. 또한 교사는 학생들이 교과내용을 이해하고 다른 학생들과 연계할 수 있게 한다.

그러나 협동 학습 수업모형에도 몇 가지 단점이 있다. 학생들은 협동 학습 수업모형을 통해 동시에 사회적 기능을 학습하기 때문에 전통적인 방식으로 수업을 받는 것보다 시간이 많이 든다. 교사는 협동 학습 수업모형을 적용할 때 교실을 성실하게 관리해야 한다. 또한 교사에게는 학생들이 부단히 노력하게 하고 생산적으로 학습하게 하는 기술이 필요하다. 교사가 문제를 재빨리 해결하고 넘어가기를 원하더라도, 학생들이 자신의 사회적 문제를 해결하도록 안내하는 것은 쉽지 않은 일이므로 교사는 쉽게 넘어가지 못한다. 마지막으로 모든 학생이 학습에 기여하도록 수업을 구조화하는 것은 교사의 책임이다. 협동 학습 수업모형의 가장 어려운 점은 학생들이 학습에 무임승차 하는 것을 막는 것이다.

여러분은 협동 학습 수업모형을 활용할 것인가? 짝과 공유하기와 같은 비형식적 기능은 기본적인 수업방식을 크게 바꾸지 않고서도 쉽게 활용할 수 있다. 협동 학습 수업모형의 구조를 적용한 개별 학습도 가능하다. 여러분이 협동 학습 수업모형에 대해 전문적인 연수를 받거나 문헌을 찾아 연구한다면 협동 학습 수업모형 원리를 활용해 수업을 자유롭게 구성할 수 있을 것이다. 협동 학습 수업모형을 활용할 때에는 언제나 수업의 리더로서 여러분의 역할을 기억하라. 여러분은 학생들의 행동을 관리하고 사회적 기능을 점검하며 학생들이 진정으로 서로의 성공을 위해 도움을 주고 받게 해야 한다. 자신의 활동을 돌아보면서 문제점을 발견해보고, 협동 학습 수업모형을 생산적으로 활용할 수 있는 방안을 계획하라. 또한 정보 기술이 여러분이 선택한 수업전략을 어떻게 향상시켰는지 생각해 보라.

마무리

교실 수업은 많은 노력을 요하기 때문에 교사가 최선의 수업을 계획하고, 자신의 교육관을 실행하며, 전문가로서의 의식을 발휘하고, 어릴 때 교육을 받아온 방식에서 벗어난 수업을 하기가 쉽지 않다. 그러나 수업은 단순히 내용을 전달하는 것이 아니다. 숙련된 교사들은 수업목적에 부합한 수업을 하고 학습자들이 각자의 특징을 살려 성장하도록 상황에 맞는 수업전략을 선택하여 활용한다. 수많은 수업전략에 대해 알아보고, 활용하라. 새로운 수업전략을 시도할 때는 여러분이 각 요점에 대해 말할 내용, 학생들에게 기대하는 내용, 계획대로 되지 않았을 때 활용할 전략에 대해 신중하게 생각하라. 여러분은 반복된 연습으로 새로운 수업전략을 습득할 수 있다. 교사 전문성 신장에 관한 연구에 따르면 새로운 수업전략은 12번 이상 반복하여 시행해보고 나서야 자연스럽게 익숙해진다. 다양한 수업전략을 활용하는 것이 여러분의 수업을 차별화하고, 모든 학생들이 학습 잠재력을 발휘하는 데 어떤 도움을 줄 수 있을지 생각해 보라. 여러분이 수업 레퍼토리를 구성하기 위해 많은 노력을 기울일수록, 학생들은 더욱 성장하고 발전할 수 있을 것이다.

이론에서 실천으로

1. 여러분의 수업을 기록하고 동료교사의 수업을 관찰하라. 교사의 발문과 학생의 답변을 정리하라. 발문과 답변 형태를 분석하라. 여러분이 평가하기에 발문과 답변 형태는 적절한가?
2. 동료교사의 수업을 관찰하라. 수업이 끝난 후 동료교사와 수업모형, 수업전략에 대해 협의하라. 동료교사에게 그가 알고 있고 선호하는 수업모형과 수업전략을 물어보라. 만약 수업을 관찰할 수 없다면 인터넷 사이트나 교육과정 연구 서적에 나온 사례를 분석해 보라. 얼마나 많은 수업모형과 수업전략이 제시되었는가? 여러분은 제시된 수업모형과 전략에 대해 어떻게 생각하는가? 여러분은 어떻게 변화시킬 수 있는가?
3. 여러분의 선호에 따라 수업모형과 전략들의 우선 순위를 작성하라. 번거롭다면 교사가 주도하는 수업모

형, 그리고 다른 하나를 선택해 보라. 선택한 수업모형의 단계들을 마치 시험 공부를 하듯이 탐구해 보라. 선택한 수업모형과 전략을 실제로 적용해 보고, 동료교사와 함께 이야기를 나누어 보라.

4. 이 장에서 제시한 수업전략 중, 대조적인 수업전략을 두 가지 적어 보라. 수업목표에 따라서 두 가지 수업전략을 적절히 선택하여 활용해 보라.
5. 마지막으로 이 장에서 제시한 수업모형과 전략을 교수-학습과정안 형식으로 제시하였다. 다음에 제시된 예시 자료들을 다른 수업전략과 결합하여 실제 수업에 활용할 수 있다. 인지적 · 정의적 · 신체적 영역의 목표를 적절하게 설정해야 함을 명심하라. 또한 여러분이 설정한 수업목표에 부합할 수 있게 평가하라.

교사가 주도하는 수업모형 학습목표: 기대행동: 교수-학습자료:	
도입	1. 사전 설정 • 집중: • 목표: • 취지:
전개	2. 제시 • 시범: • 이해 확인: 3. 안내된 연습
정리	4. 마무리: 5. 독립적 연습:

탐구 훈련 수업모형 학습목표: 교수-학습자료:	
도입	1. 문제와 직면함 • 학생들에게 혼란스러운 사태를 제시
전개	2. 자료 수집을 통한 문제 상황 입증 • 학생들은 그들이 이해하고 해석한 것을 검증해 보는 질문을 한다. • 학생들이 예, 아니오로 대답할 수 있는 질문을 하면서 혼란스러운 사태에 관한 정보를 수집한다. 3. 자료 수집을 통한 실험 • 교사는 관련 변인을 확인하고 인과관계에 대한 가정을 설명하는 단계로 나아간다.
정리	4. 자료를 조직하여 규칙이나 설명을 구성 5. 탐구과정 분석

개념 획득 수업모형 발견해야 될 규칙 또는 개념: 학습목표: 교수-학습자료:	
도입	1. 학생들의 흥미를 이끌기 위하여 몇 가지 예들을 간략히 제시 2. 학생들의 학습과제
전개	3. 자료 제시 및 개념 형성 • 개념의 속성을 포함한 긍정적 예와 그렇지 않은 부정적 예를 한 쌍으로 한 번에 한 개씩 제시한다. • 계속되는 예들을 보면서 공통된 속성을 적고 가설을 세우며 수정하는 활동을 개별적으로 진행한다. 4. 획득된 개념의 검증 • "예"와 "아니오"를 제시하지 않은 예들을 추가로 제시하고, 학생은 자신의 가설에 따라 예들을 "예"와 "아니오"로 분류한다. 그리고 학생들은 "예"와 "아니오"에 해당하는 예를 직접 만들어 본다. • 학생들의 가설로부터 고체의 속성을 정의하고, 고체의 개념을 제시한다. 5. 사고전략의 분석
정리	6. 수업시간에 다룬 개념의 속성을 설명하고 학생들이 획득한 개념을 정리한다.

순환 학습 수업모형 발견해야 될 규칙 또는 개념: 학습목표: 교수-학습자료:	
도입	1. 참여
전개	2. 탐색 3. 개념 도입
정리	4. 개념 응용

개념 형성 수업모형 발견해야 될 개념 또는 일반적 규칙: 학습목표: 교수-학습자료:	
도입	1. 관련 용어를 제시하고 질문하며 주제를 소개한다.
전개	2. 목록 열거 3. 분류 4. 명명 및 범주화
정리	5. 학생들의 분류에서 생긴 새로운 개념에 주목한다. 6. 학생들의 체계에 따라 새로운 정보들을 분류한다. 7. 학생들에게 다른 방식으로 분류했던 정보를 활용하도록 요구한다.

학생이 주도하는 탐구 수업모형 발견해야 될 개념 또는 일반적 규칙: 학습목표: 교수-학습자료:	
도입	1. 문제 제시
전개	2. 가설 설정 3. 탐색 4. 가설 검증
정리	5. 일반화

협동 학습 수업모형

내용 목표:

사회적 기능 목표:

교수-학습자료:

사전에 결정할 내용	1. 팀을 어떻게 만들 것인가? 2. 여러분은 어떤 침묵신호를 활용할 것인가? 3. 모둠을 조직하면서 어떤 활동을 할 것인가?
도입	1. 주의를 집중하고 수업내용과 활동으로 유도한다. 2. 기대 행동과 사회적 기능을 설명한다.
전개	3. 정보를 제시하거나 협동 학습 수업모형을 촉진하는 학습 구조를 활용한다. 4. 학생들의 사회적 기능 활용을 확인한다.
정리	5. 수업내용을 요약한다. 6. 학생들이 사회적 기능을 지속적으로 활용하도록 한다.

6

학생평가

"세상에서 가장 큰 확대경은 자기 자신을 바라보는 눈이다."

—Alexander Pope

이 장을 시작하기 전에

평가를 위한 사전 연습

여러분의 학창시절을 돌이켜보라. 그 당시 교사들은 여러분이 학습을 했는지 안 했는지 그리고 무엇을 학습했는지에 대해 어떻게 알 수 있었는가? 여러분은 교사로부터 어떤 종류의 피드백을 받았는가? 3분 동안 여러분이 경험한 그 당시 교사들의 평가전략을 아래에 적어보라.

다음의 문장에 동의한다면 O로, 아니면 X로 표시하라.

1. 교사들은 나의 다양한 강점과 기능들을 다면적으로 알고 있었다. (   )
2. 교사들은 내가 수행한 과업을 스스로 평가할 수 있는 자기 평가에 대해 관심이 있었다. (   )
3. 교사들은 학생들이 스스로 학습목표를 정하도록 장려하였다. (   )
4. 시험이나 다른 평가로부터 받은 교사의 피드백은 나의 학습에 도움이 되었다. (   )
5. 교사들은 학생 평가 자료를 바탕으로 자신들이 교실에서 해왔던 일에 변화를 주었다. (   )

마지막으로 위의 1~5번 까지의 진술문에 대한 여러분의 응답을 평가하라. 여러분이 학생이었을 때 평가는 긍정적인 경험이었는가? 만약 교사가 여러분의 학습을 다른 방식으로 평가했더라면 더 나았겠는가?

이 장은 학생들의 차이성을 극대화하기 위해 연습할 수 있는 기회를 제공한다. 우선 이 장의 내용을 전체적인 윤곽으로 잡고, 학생의 학습에 대한 진보를 평가할 수 있도록 자신만의 평가 체계를 만들기 위해 여러분이 내린 결론을 활용하라.

평가는 교육의 장에서 우리의 노력을 확인하기 위해 활용하는 일종의 확대경과 같다. 평가를 통해 우리는 학교의 과업과 학생의 진보에 대한 정보를 수집하고 분석하며 활용한다. 또한 평가를 활용하여 우리는 학교조직의 건전성을 확인하고, 학부모와 소통하며, 다른 집단과 비교한다. 하지만 평가에 대한 우리의 주요 목적은 학생의 성장에 있다.

평가의 원리

학생의 학습을 평가하는 것은 다면적이고 복합적이다. 그리고 평가는 꾸준히 이루어져야 한다. 또한 우리는 평가의 수준이나 형식과 상관없이 활동에 대한 안내지침으로 몇 가지 원리들을 반드시 활용해야 하는 데, 그 내용은 다음과 같다.

1. 가치 있는 것을 평가
2. 평가 시 학생 참여
3. 공정성
4. 평가 결과의 활용
5. 전체적인 숲을 보는 평가

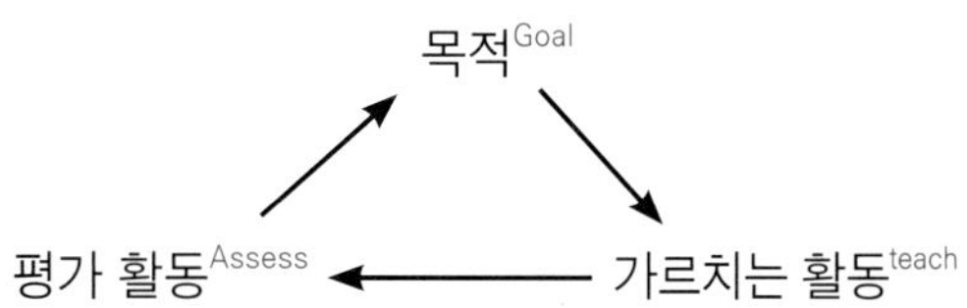

(평가의 원리: 가치있다고 여기는 것을 측정하라.)

가치 있는 것을 평가

우리는 모든 수준(전 세계적, 국가적, 전문적, 개별적)에서 교육을 통해 성취해야만 하는 것을 깊이 있게 숙고한다. 그리고 이러한 바람을 철학 혹은 강령과 같은 다양한 형태의 목적으로 구체화한다. 평가는 우리의 목적을 위하여 학생의 진보를 확인하고 행동의 진전을 조정하기 위해 사용하는 일종의 매개물이다. 따라서 가치 있는 것을 평가한다는 것은 평가에 목적과 장 · 단기 목표를 다루는 책임이 수반된다는 것을 의미한다.

평가 시 학생 참여

평가의 궁극적인 목적은 자기-평가다(Costa & Kallick, 2000). 오직 학생들이 효과적인 자기-평가자가 될 때 그들의 학습과 행동이 자율적으로 동기화될 수 있을 것이다. 따라서 교사는 학습에 대한 진보의 확인, 학습 이후 단계의 안내, 자기-평가자로서의 학생 성장 동력 등의 내용을 평가 시 반드시 고려해야 한다.

공정성

학생들이 알고 있는 것이 무엇인지를 평가하는 것은 체계적이어야 한다. 그리고 평가는 반드시 모든 학생들에게 타당하고 신뢰도 높은 정보를 제공해야 한다. 타당한 평가 방법은 측정할 것이 무엇인지 미리 예고하고 정확한 추론을 할 수 있도록 하는 것이다. 다양한 대상자와 조건 하에서 일관된 결과가 나온다면 측정의 신뢰도가 높다고 할 수 있다. 공정성을 유지하기 위해서 평가는 편견이 없고, 공정해야 할 필요가 있다. 다양한 평가전략을 활용하면 평가가 비교적 공정하고 정확하며 학생의 진보에 대해 풍부하게 기술할 수 있다.

평가 결과의 활용

평가 결과는 유용해야만 한다. 그리고 평가 자료는 학생들의 진보에 대한 자료를 축적함으로써 교사의 수업과 학교 전체의 프로그램 개정과 같은 차후 단계에 정보를 제공할 수 있어야 한다. 평가는 또한 미래의 학습목적 선정을 위한 길잡이가 되어야 한다.

전체적인 숲을 보는 평가

학생의 진보에 대한 정보는 시간이 지나며 많은 원천으로부터 수집된다. 평가에

대한 노력의 일환으로 개별 학생들 각각에 대해 우리가 알고 있는 것을 포함하는 것이 필요하다.

평가의 기초

평가자로서 중요한 역할, 효과적인 평가의 추구, 그리고 이러한 것에 도움이 될 만한 여러 기본 개념들을 충분히 고려하라.

여러 가지 목적을 위한 다양한 평가

비록 학교 교육이 인지적 영역에 초점을 두고 있더라도, 학생의 학습목적은 여러 영역(인지적, 정의적, 심동적)으로 구분되어 있다. 예를 들어, 미국의 과학 교육 기준National Science Education Standards은 학생들이 과학적 탐구(예, 데이터를 수집하기 위해 실험 장비와 도구를 사용하는 것)에 대한 능력을 숙달하도록 요구한다. 이러한 능력은 실험 장비를 정밀하고 안전하게 다루는 것과 같은 것이다. 이 기준은 또한 세상을 알아가는 방법으로 과학적인 판단과 과학과 관련된 기질과 태도를 강조한다. 따라서 평가는 이러한 다양한 목적에 따라 학생들의 진보를 측정해야만 한다. 과학 도구를 사용하는 학생의 과업은 수행을 통해 평가되고, 태도는 관찰을 통해 평가될 것이다. Stiggins(2001)는 교사가 다음과 같은 다양한 목표를 측정하기 위해

평가를 사용한다고 제안한다.

- 지식과 이해
- 추론
- 수행 기능
- 결과물을 창안해 내는 숙련도
- 성향

교실에서의 평가 이외에도 학생들은 다양한 평가에 직면한다. 학업성취도 평가가 가장 대표적인데 적성 검사(능력의 한 측면을 측정하는 것), 흥미 검사, 건강과 학습 상태를 진단하는 평가도 있다. 이러한 많은 평가는 우리의 목적에 부합되어야 한다.

규준-지향 평가와 준거-지향 평가

평가를 통해 개인의 결과를 집단 또는 외부 기준과 비교할 수 있다. 이때 규준-지향 평가는 집단과 개인의 개별적인 수행을 비교한다. 개별적으로 얼마나 잘 했는지는 다른 학생들의 성취도에 달려있다. 분포곡선과 그에 따른 등급을 떠올려 보자. 75%라는 점수는 학급의 다른 학생들의 점수에 따라 A에서 F까지 점수가 매겨질 것이다. 일반적인 규준-지향 점수는 퍼센타일 점수이고, 그 퍼센타일 아래에 있는 것은 낮은 점수이다. 90퍼센타일에 있는 점수는 시험을 치른 90%의 사람이 그 점수 이하의 점수를 받았다는 것을 의미한다. 또 다른 예는 학년척도GE: grade equivalent 점수이다. 이는 점수를 받은 학생이 평균 학생의 어느 정도 학년 수준을 의미하는지 보여준다.

준거-지향 평가는 기준에서 각 개인별 점수를 비교한다. 준거-지향 평가에서 어느 학생의 진보는 다른 학생의 점수에 영향을 받지 않는다. 같이 평가를 치른 동료의 점수와는 상관없이 여러분의 75%라는 점수는 C(공통적 합의에 의해)를 얻을 것이다. 일반적인 준거-지향의 실제는 결정된 준거점수에 따라 합격 · 불합격으로 등급이 매겨진다. 운전면허 시험이 바로 그 예이다. 또 다른 학생의 등급 수준 결정은 결정된 기준에 따라 점수가 '잘함', '보통', '기초'와 같은 수준으로 나뉘는 것이다.

규준-지향 점수와 준거-지향 점수 모두 유용한 정보를 제공한다. 이 두 가지 평가를 활용함으로써 더 분명한 학생의 진보 상황을 우리에게 보여줄 수 있다. 예를 들면, 병원에서 아이들의 몸무게 측정과 그의 백분위수는 우리에게 도움을 줄 수 있다. 준거-지향 측정값(예: 45kg)은 그 학생의 정확한 몸무게를 알 수 있고, 규준-지향 측정값(예: 68%percentile)은 그 학생 나이의 또래 아이들 몸무게와 비교할 수 있도록 해 준다. 따라서 이러한 정보의 두 측면을 아는 것은 아이, 부모, 의사에게 영양과 관련한 의사결정을 하는 데 도움이 된다.

표준화 평가와 지역 수준 평가

표준화 평가는 체계적 조건에서 개발되고 관리되며 점수화된다. 표준화 검사들은 많은 학생들을 비교할 수 있도록 해준다. 국가수준 학업성취도 평가와 대학수학능력시험이 그 예이다. 한편, 지역 수준 평가는 지역적 맥락을 고려하여 개발되고 실행되며 분석된다. 시 · 도 교육지원청이 개발한 시험은 지역 수준 평가의 예라고 할 수 있다. 평가의 두 가지 종류인 광역형과 지역형은 학생의 진보에 대한 이해를 할 수 있는 특별한 정보를 줄 수 있다.

형성평가와 총괄평가

평가의 기본 목적은 수업 이후 학생의 수행에 대한 누적 결과를 우리에게 알려주는 것이다. 국가수준 학업성취도 평가가 그 예이다. 비록 우리가 수업계획을 위해 그 결과들을 활용한다고 할지라도 학업성취도 평가의 직접적 · 본래적 목적은 학생의 수행을 나타내는 것이다.

총괄평가가 학습에 대한 평가라면, 형성평가는 학습을 위한 평가이다. 형성평가의 주요 목적은 학생의 요구를 더 잘 충족시키기 위해 학생의 진보에 대한 현재의 정보를 주는 것이다. 형성평가에 대한 그간의 연구들은 학생의 학습에 매우 긍정적인 효과가 있다는 것을 보여준다(Black & Wiliam, 1998; Herman, Osmundson, Ayala, Schneider, & Timms, 2006; Popham, 2008). 게다가 최근에는 교수-학습 향상을 위해 형성평가가 그 중심에 있다. 형성평가는 수업 전 학생들의 진단에 도움이 되는 정보를 제공할 수 있고, 수업을 하는 동안 학생들의 진보를 모니터링하며 속도 · 내용을 수정할 수 있으며, 또한 학생들의 요구에 대응하여 단위 수업에 접근할 수 있다. "형성평가는 교사들 혹은 학생들이 현재 하고 있는 것을 조정하기 위해서 평가 결과물에 초점을 둔 계획된 과정이다." (Popham, 2008: 6).

학습을 위한 평가는 학생들의 현재 수행, 목적 설정, 목적의 진보를 확인하기 위해 학생들을 포함한다. 학생과 교사가 학급 평가 과정에 동반자가 되고, 이 둘이 학생의 성공에 대해 공헌하며, 그 결과 드러난 연구 결과는 모든 학생들이 뜻 깊은 성취를 얻는데 도움이 될 것이다. 균형 있는 평가 체계는 형성평가와 총괄평가를 포함한다. 형성평가는 차후의 수업에 대한 안내지침으로 활용될 수 있고, 총괄평가는 언제, 어디에 도달했는지 그리고 도달 여부에 대한 정보를 얻는데 도움이 된다.

학생 평가의 단계

지금부터 학생 평가에 대한 교사의 역할을 탐구해 보자. 앞으로 제시될 단계적 과정은 학생 평가 과정을 기술한 것이다. 여러분은 평가 원리에 따라 그 과정을 구체화하게 될 것이다. 그 원리들은 다음과 같은 것들을 필요로 한다.

1. 가치 있는 것의 평가
2. 평가 시 학생 참여
3. 공정성
4. 평가 결과의 활용
5. 전체적인 숲을 보는 평가

위에 제시된 다섯 가지 단계는 평가와 수업을 통한 목적 설정에 대해 기술한다. 그리고 이것은 다시 순환된다. [그림 6.1]은 이미 사전에 제시된 순환 고리인 목적 → 가르치는 활동 → 평가 활동을 확장한 것이다.

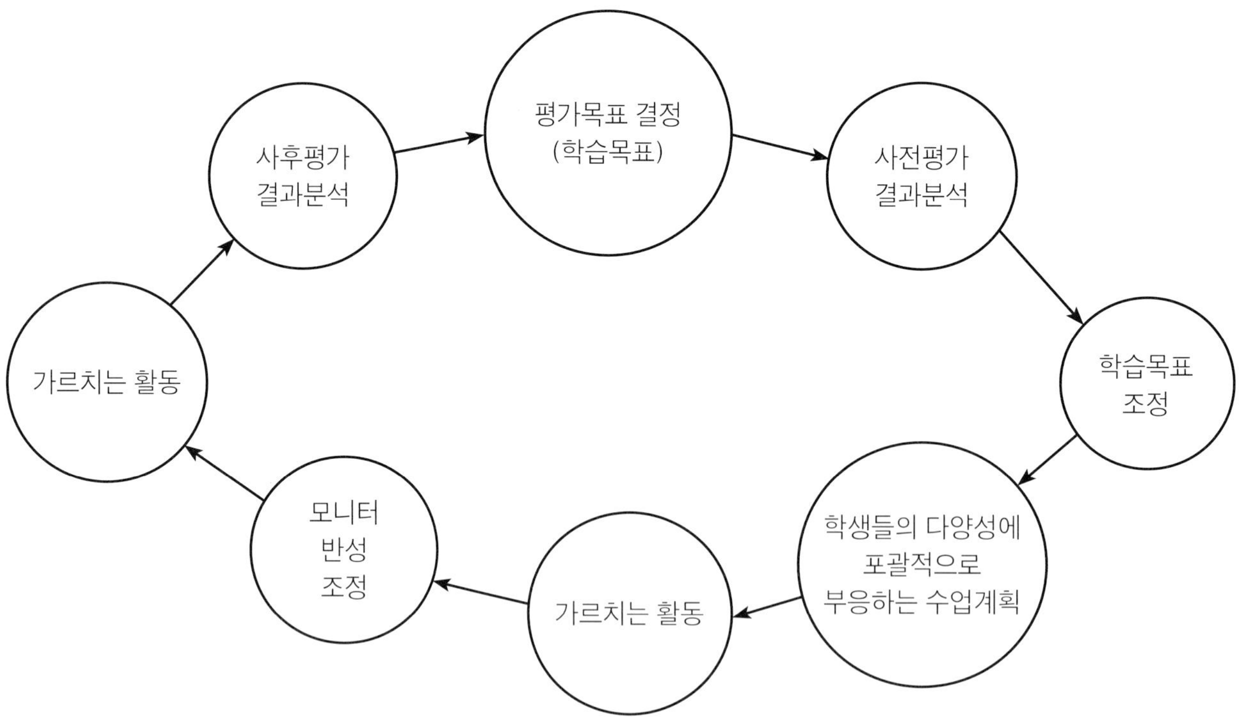

[그림 6.1] 학생 평가 순환 모형

* 출처: Ainsworth와 Viegut(2006)의 책에서 영감을 받음.

평가목표 선정

[그림 6.1]을 보면 학생 평가는 단계를 계획하는 것으로부터 시작된다(Gronlund, 2004). 우선 학습목표들을 선정하며 평가 과정을 시작하라. 가치 있게 여기는 것을 측정해야 하기 때문에, 일 년 동안의 목표에 대한 넓은 시야를 갖고 시작하라.

교육, 학교의 강령, 21세기 기능에 대한 여러분의 자세와 같은 원천을 확인하라. 만약 학생들이 '독창적이고 창의력이 풍부하다는 것을 증명'(Partnership for 21st Century Skills, 2009: 3)하고 싶다면 이러한 목적은 바로 평가의 목표가 된다. 잠재적 목표에 대한 학교의 보고서를 보라. 이에 따라 여러분은 그것이 요구하는 영역에서 학생을 평가하기 위한 책임이 생길 것이다. 또한 국가수준 평가와 같은 방법으로 정해진 평가를 재검토하라. 이러한 시험과 문제들은 온라인을 통해서도 이용 가능하다. 지역수준의 기준 혹은 중간 목적, 측정하기 위해 사용된 평가 역시 확인하라. 이러한 학습목표에 대한 넓은 시야는 교수, 학습, 평가에 대한 분명한 접근을 갖도록 여러분을 도울 수 있다.

그 다음 내용기준들에 기반을 두어 목표들을 설정함으로써 좀 더 상세화하라. Ainsworth와 Viegut(2006)는 일단 내용기준에 우선순위를 매기기 위해 우리의 기준을 검토해야 한다고 주장한다. 많은 학교들은 교육적 강조점을 인정하는 '강력한 기준들'의 목록을 제시한다. 다음으로 내용기준의 요구를 분석하기 위해 여러분의 기준을 상세하게 연구하라. Ainsworth와 Viegut는 내용기준의 요구를 분석하기 위해 도움이 되는 4단계 과정을 다음과 같이 제안한다.

1. 중요한 개념과 아이디어(학생들이 알 필요가 있는 것_명사)를 강조하고, 동사에 동그라미 표시(학생들이 정보를 가지고 활동할 필요가 있는 것)를 함으로써 기준을 명백히 하라.
2. 명백히 한 기준을 대표하기 위한 도표 혹은 목록표와 같은 그래픽 조직자를 창안하라. 아이디어를 드러낼 수 있는 교육적 맥락에 대한 약간의 정보를 포함하라.
3. 명백히 한 기준을 일반화하라.(4장에 제시한 수업계획 전략을 상기하라.)
4. 그 단원[unit]을 통해 대답될 본질적인 질문을 작성하라. 여러분이 일반화한 것을 보고, 그들이 대답할 질문들을 나타내라.

〈표 6.1〉은 공통 중핵 기준으로부터 나온 4학년 기하학 기준을 위해 네 가지 과정들을 일부 보여준다(Common Core State Standards Initiative, 2010). 학습을 통합하는 것은 강력한 학습이 될 수 있다. 또한 동시에 취할 수 있는 다른 영역으로부터의 기준을 고려하라. 기준을 명

〈표 6.1〉 4학년 수학 성취기준을 명백히 하는 활동 순서

1. 성취기준을 명백히 하는 활동
   - 평행선과 수직선의 존재 유무 혹은 미세한 크기 각의 존재 유무에 기반을 둔 2차원 형태를 분류(동그라미로 표시)하라.
   - 한 범주로서 정삼각형을 확인(동그라미로 표시)하라.
2. 그래픽 조직자의 창안
   - 개념: 2차원 형태의 특성
     - 선: 평행, 수직
     - 각: 정각, 다른 크기의 각
   - 개념: 2차원 형태의 종류
     - 삼각형
     - 정삼각형
   - 기능: 할 수 있다
     - 인지하다
     - 확인하다
     - 분류하다
   - 맥락
     - 구조에 초점을 둔 기하학 단원
3. 일반화
   - 2차원 도형는 독자적인 방식으로 배열된 선과 각이 포함된다.
   - 2차원 도형은 선과 각으로 그것들의 특성을 확인하고 분류될 수 있다.
4. 본질적 질문 작성
   - 2D 차원 도형의 변화를 위해 선과 각은 어떻게 해야 하는가?
   - 2D 차원 도형의 선과 각은 어떻게 확인하는 것이 유용한가?

백하게 하는 접근법은 다양한 시간 틀(1년, 단원, 차시)에 맞는 목표를 결정하는 데 유용하다. 여러분이 기준을 분석하기 위해 이러한 접근법 혹은 다른 방법을 사용하든지 아닌지 간에 중요한 점은 바로 다음과 같다. 그것은 학생들이 알 필요가 있는 것과 기준을 언제 숙달할 수 있는 지를 정확하게 이해하는 것이다.

평가전략의 선택

전체 단원의 학습을 평가하든 한 차시의 수업을 평가하든 여러분은 다음으로 각각의 목표에 따른 학생의 숙련도를 어떻게 평가할 것인지에 대해 결정해야 한다. 만약 평가전략을 선택하려고 할 때, 여러분에게는 여러 가지 선택권이 있다는 것을 기억하라.

학생들이 정보를 갖고 할 수 있어야 하는 것이 무엇인지에 대한 목적과 관련한 전략들을 선택하라. 그리고 목표와 일치하는 평가를 선택하라. 수많은 방법으로 실생활의 맥락 속에서 정보를 적용하고, 그들의 지식과 능력들을 표현하도록 하라.

평가를 개발하거나 혹은 선택하는 가운데 ICT의 역할을 생각할 수 있다. 컴퓨터에 기반한 기술은 평가에 대한 선택권을 크게 확장시킨다. 컴퓨터에 기반한 기술에는 디지털 비디오, 프리젠테이션, 위키^wiki^와 같은 풍부한 자료들이 있다(Salend, 2009). 독창적인 컴퓨터에 기반한 평가는 실생활 문제 속에서의 맥락과 관련이 있고, 21세기의 삶과 학습환경을 반영한다(Svihla, Vye, Brown, Phillips, Gawel, & Bransford, 2009). 디지털 기술은 또한 차별화된 투입(예, 많은 글, 독자의 말)과 산출(예, 문자를 읽어주는 주는 프로그램, 수정된 키보드)을 감안함으로써 평가를 하는 동안 학생들에게 전체적인 접근이 가능하도록 우리에게 도움을 줄 수 있다. 평가를 하기 위한 컴퓨터 기반 접근은 문제은행을 통해 평가를 단순하게 할 수 있고, 학생들에게 즉각적인 피드백을 줄 수도 있다.

평가를 개발하거나 혹은 선택하기 위해 고려해야 할 세 가지 문제는 다음과 같다.

- 전통적인 것에서부터 대안적인 것까지 나의 선택 범위는 무엇인가?
- 평가에 대한 나의 선택은 어떻게 하면 공정할 수 있는가?
- 나는 평가 전 · 중 · 후에 어떻게 평가할 수 있는가?

전통적인 평가와 대안적인 평가 모두 유용한 정보를 제공할 수 있다. 전통적인 방법에는 선다형 혹은 서술형이라는 지필 검사가 있다. 대안적(진정한) 평가는 학생들이 알고 있고 할 수 있는 것 중

수업 팁

평가^Assessment^ 대 평가^Evaluation^

평가^Assessment^는 학생의 진보에 대한 정보를 얻는 활동이다. 평가^Evaluation^는 판단 혹은 그 정보에 등급^value^을 매기는 것이다. 등급을 매기는 것은 이처럼 평가하는 활동이다. 정확하게 부여하고, 의미 있게 등급을 매기는 것은 어려운 시도이고, 상세한 계획과 윤리적 고민이 따른다(Deddeh, Main, & Fulkerson, 2010; Pope, Green, Johnson, & Mitchell, 2009). 교사는 등급을 매길 때 평가 결과를 엄정하게 적용해야 한다. 따라서 여러분은 어떠한 평가 이슈를 고려함으로써 등급을 부여할 것인지에 대해 생각하라.

에서 선다형과 서술형으로 잡히지 않는 다양한 맥락을 고려하고, 다면적으로 묘사함으로써 전통적인 평가를 상당부분 보완한다. 그 예로서, 수행평가와 포트폴리오가 있다. 대안적 평가는 풍부한 맥락을 제공하고 다방면의 답을 요구하기 때문에, 학생의 요구 범위, 특별한 도움이 필요한 학생 등을 포함한다(Layton & Lock, 2007; Vacca, 2007).

평가의 공정함을 유지하기 위해서 학생이 알고 있는 것과 할 수 있는 것이 무엇인지에 대해 설명할 수 있도록 모든 학생을 고려하여 평가전략을 세워라. 여러분의 목적과 측정에 대한 타당도를 고려하라. 또한 학생들의 평가 점수를 신뢰할 수 있는 평가를 선택하라. 한 연구 결과에 따르면, 교사들의 가장 큰 고민은 바로 학생의 행동 혹은 특성에 등급을 매길 때 영향을 미치는 '점수 왜곡'이었다. 공정한 평가를 위해서는 한 가지 이상의 평가를 실시하고, 평가를 분화시키는 것이 좋다(Pope, Green, Johnson, & Mitchell, 2009).

이 책의 3장에서 아이들의 다양성에 포괄적으로 부응하는 수업에 대한 접근을 소개했다. 이러한 접근은 우리에게 통합 평가에 대한 안내지침을 제공한다. 예를 들어, 여러분은 추가적인 시각적 그림 혹은 예들을 포함하고, 지시사항을 소리내어 읽고, 추가 과제를 제공할 필요가 있다. 다음은 실제적인 통합 평가 사례이다.

- 국어 능력이 부족한 학습자들은 기초적인 언어로 자신의 학습을 표현하고, 사전 활용이 요구되며, 서술형 답보다는 즉각적인 폐쇄형 답이 필요하다.
- 읽기 능력이 부족한 학생들은 헤드폰을 끼고 컴퓨터에 의해 문제의 지시문을 들어야 한다.
- 영재학생들은 아주 복잡하거나 더 깊은 평가 문제에 답을 할 수도 있다.

우리는 모든 학생들이 알고 있는 것을 드러낼 수 있는 조정 가능한 교실 평가를 고려해야만 한다(Gregory & Kuzmich, 2004). 학생들의 다양성에 포괄적으로 부응하는 수업 팁은 조정 가능한 평가(단계식 평가[tiered assessments])의 한 예를 제시한다(Tomlinson, 2001; Wormeli, 2006).

마지막으로 수업의 각 부분에서 학생들의 진보를 확인할 수 있는 평가를 선택하라. 내용기준을 위해 기준 검사(벤치마크 테스트[benchmark tests]) 혹은 사설기관 검사와 같이 법으로 고시된 평가인지 아닌지 확인하라. 법으로 고시된 많은 평가들이 총괄적 목적을 제시하지만, 그것만으로 충분하지 않을 수 있다. 따라서 형성

학생들의 다양성에 포괄적으로 부응하는 수업 팁

단계식 평가

1. 내용기준에 완전하게 숙달하는 것이 무엇인지 결정하라. 숙달의 증거로 받아들이는 것은 무엇인가?
2. 최소 제한 수준으로 내용기준을 활용하라. 모든 학생들은 그 수준에 대한 숙달을 증명해야만 한다.
3. 준비도 수준이 낮은 학생들을 위해 평가의 복잡성과 난제를 조정하라. 예를 들어, 준비도 수준이 낮은 학생들은 변수들을 쉽게 찾을 수 있는 1차 방정식 그래프에 대한 숙달을 증명하면 된다.
4. 학생들이 자신의 평가를 선택할 수 있는 학습 예정표와 학습 약속 역시 조정 가능한 평가이다(Wormeli, 2006).

평가와 총괄평가 둘 다 필요하고, 그것들은 수업 전 · 중 · 후 학생에 대한 정보를 교사에게 제공한다.

형성평가—사전평가

청동기 시대에 대한 수업이 있기 며칠 전, 곽 교사는 청동기 시대의 생활모습에 대한 다섯 개의 참 문장과 다섯 개의 거짓 문장으로 구성된 열 개의 문장이 있는 봉투를 각각의 모둠에게 건네준다. 각 모둠의 학생들은 두 개의 부류(참 혹은 거짓)로 그 문장들을 분류한다. 곽 교사는 학생들이 분류한 문장을 보고 평가한다. 만약 학생들이 청동기 시대의

〈표 6.2〉 수업의 모든 국면에서 평가하기 위한 적극적인 참여 전략 활용

수업 전 평가	1. 이야기 공유 2. 신속한 작성(속기) 3. 가치들 배열 4. 브레인스토밍과 사실-스토밍[fact-storming] • 그리기: 학생들은 배운 내용을 그리고, 자신이 배운 지식을 그림으로 표현한다. • 네 가지 코너: 학생들은 네 가지 가능한 답을 지체 없이 대답한다. 그리고 난 후 답을 맞춰보기 위해 교실의 한 코너로 간다. 그 다음 코너에 있는 친구들과 함께 논의한다. • 동료 인터뷰: 학생들은 주제에 대해 사전 경험한 내용을 서로 인터뷰한다. • 사전 지식에 관한 인터뷰: 교사는 과업을 완료한 학생들을 관찰하고, 몇 가지 간단한 질문을 한다.
수업 중 평가	1. 함께(동시) 대답 2. 지시문[whip] 3. 플래쉬 카드 4. 손가락 신호 5. 칠판 닦기 6. 문자 혹은 숫자 타일(패) 7. 동료 코치 8. 학생 주도 낭독 9. 공 전달 10. 파트너와 대화 11. 분류 12. 번호 순으로
수업 후 평가	1. 이해력 확인 2. Fuzzy 포인트(허용점) 3. 차트와 다이아그램(개별, 집단, 학급 전체) 4. 학생 퀴즈 5. 블랙보드 블리츠[blackboard blitz](교육용 소프트웨어 종류) 6. 갤러리 투어 • 그래픽 조직자: 학생들은 혼자서 또는 조력자와 함께 주요 개념이나 관계에 대한 자신의 이해를 설명하기 위해 내용 정보에 대한 시각적 표현을 창안한다.

생활모습에 대해 잘못된 지식을 갖고 있다면 곽 교사는 다음 수업에서 청동기 시대의 생활모습을 명확하게 정리하는 데 초점을 둔다. 참/거짓 분류와 같은 교사들의 주의집중 활동(Guillaume, Yopp, & Yopp, 2007)은 수업 전에 활용할 수 있는 형성평가의 한 예이다. 신속한 사전평가에는 숙제, 집단 문제, 브레인스토밍 목록 등이 있다. 전통적인 사전 검사, 저널 제출 역시 사전평가의 또 다른 예이다. 수업 전 · 후에 동일한 평가를 사용하는 것이 적합한지 아닌지에 대해 고려하라. 학생들이 알지 못하는 내용에 대한 문제를 제시함으로써 사전평가가 학생들을 낙심하게 하는 것이 아닌지 주의하라.

학생의 사전 지식을 평가함으로써 교사들은 수업과 학생들의 사전 지식을 연결시킬 수 있는 좋은 기회를 얻을 수 있다. 예를 들어, 사전 수업평가의 결과는 여러분이 계획했던 그 단원에서 학생들이 성공을 위해 배경지식을 갖고 있지 않은지 혹은 여러분이 가르치기로 의도했던 기준들을 그들이 이미 습득했는 지를 알려줄 수 있다. 그런데 만약 학생들을 사전에 평가하지 않는다면 수업시간과 노력을 낭비하게 될 것이다. 사전평가는 또한 학생들이 갖는 특별한 흥미와 요구를 이해하는 데 도움이 된다. 강력한 학습 요구를 갖고 있는 모든 학생들에게 사전평가를 제시하면 여러분의 수업을 차별화 할 수 있을 것이다. 사전평가의 결과에 기초하여 학습목표를 조정하라.

학생의 진보에 대한 모니터링으로서의 형성평가—수업 중 평가

학생들을 가르칠 때 그들이 무엇을 학습하는지에 대해 알기 위한 다양한 전략들을 선택하라. 연습을 위해 여러분이 제공한 어떤 과제 혹은 활동은 형성평가의 역할을 할 것이다. 교실 토론, 활동지, 퀴즈, 작문은 학생을 모니터하여 진보 정도에 대한 자료를 얻을 수 있는 방법들이다.

비공식적인 모니터링 정보 제공 및 수업 중 조정을 위해 여러분은 또한 모든 학생들이 답을 할 수 있는 적극적인 참여 전략들을 사용해야 한다. 동료와의 대화는 비공식적 평가 정보를 제공하는 또 다른 참여 전략이다. 여러분은 수업 중 학생들이 다른 동료들과 함께 이야기하게 할 수도 있다. "친구들과 함께 이 수업과 관련하여 알고 있는 것에 대해 이야기를 해 보세요. 여러분에게 2분을 줄게요. 그 다음 발표해 보세요." 이러한 진보-모니터링 전략을 통해 각각의 학생들은 편안하게 표현하고, 새롭게 지식을 형성할 수 있다. 그것은 또한 언어 사용과 진보를 위한 맥락을 제공한다. 적극적인 참여 전략들은 앞의 <표 6.2>에서 보는 것처럼 평가 정보를 검증하기 위해 모든 수업 중에 활용될 수 있다.

형성평가와 총괄평가—수업 후 평가

여러분이 수업 후 평가를 하는 이유는 학생들의 목표 숙달 수준을 결정할 수 있기 때문이다. 그런데 학생들의 목표 숙달 수준을 확인하는 방식 중 일부는 간단하며 비공식적일 것이고, 일부는 복잡하고 공식적일 것이다. 한 가지 '빠른 확인' 전략은 간단하게 학생들이 수행한 예들을 수집하고 분석하는 것이다. 예를 들어, 과학 수업을 마치고 학생들에게 신속히 간략한 답을 작성하게 한다. "흡열과 발열 반응이 다른 점은 무엇인가요?" 여러분은 학생들의 답을 수집하고 그것들을 두 개의 부류(정확한 차이를 기록하는 학생들과 그렇지 못한 학생들)로 나눈다. 여러분은 잘한 학생과 그렇지 못한 학생의 수를 세고, 다시 가르칠 것인지 혹은 넘어갈 것인지 결정한다. 그 결과는 다음 수업을 준비하는 데 활용되기 때문에, 수업 후 평가의 활용은 차후의 수업계획 구성에 중요한 역할을 한다.

이와 달리 총괄적인 방법을 활용하는 수업 후 평가는 당면한 학습목표 기준과 관련해 학생들이 알고 할 수 있는 것에 대한 최종적인 정보를 제공한다.

많은 교사들이 형성평가와 총괄평가를 혼합하여 학생들에게 등급을 매긴다. Deddeh, Main, 그리고 Fulkerson(2010)은 형성평가 역시 중요하지만 등급을 매기는 기준은 총괄평가가 되어야 한다고 주장한다. 그리고 대다수의 교사들은 총괄평가를 한 번 이상 실시하여 학생들을 평가한다고 말한다. 예를 들어, 교사가 처음에 매긴 등급과 상관없이 시험을 다시 보도록 하고, 학생들은 자신의 수행을 스스로 분석한 후 재시험을 준비한다. 이렇게 실천하는 교사는 학생들이 각자 다른 속도로 내용을 완전히 습득하게 하며, 학습과 학업성취에 대한 동기 역시 증가시킬 수 있다.

평가 시 학생 참여

[그림 6.2]는 민수가 유치원 시절에 그렸던 자화상이다. 민수의 엄마는 "자세하게 잘 그렸네!"라고 민수에게 말했다. "정말 사실적으로 그렸네! 훌륭하구나!" 오른쪽 그림이 민수가 연말에 완성한 자화상이다. 그런데 그때 "어머!"라고 민수의 엄마가 말했다. "그런데 그림이 자세하지 않구나. 손가락도 없고, 발가락도 없고, 머리카락도 없네! 그림이 정상적이지 않은데!" 나는 민수에게 질문을 하며 민수가 그린 자화상을 해석하려고 부단히 애를 썼다.

민수는 나에게 그 그림에 대해 아주 간단히 설명했다. 사실 그 그림은 상세하게 묘사되지 않았다. 그렇지만 두 팔을 들고 있었고, 주먹을 쥐고 있었으며, 이두박근이 있었다. "엄마, 제가 얼마나 힘이 세졌는 지 보세요." 민수가 생각하기에 유치원 시절 중 가장 중요한 것은 신체적으로 더 건강해지고 튼튼하게 되는 것이었다. 민수가 그린 그림에 의미를 부여하기 위해 질문하지 않았다면, 나는 민수의 진보에 대해 제한적인 결론만을 얻게 되었을 것이다.

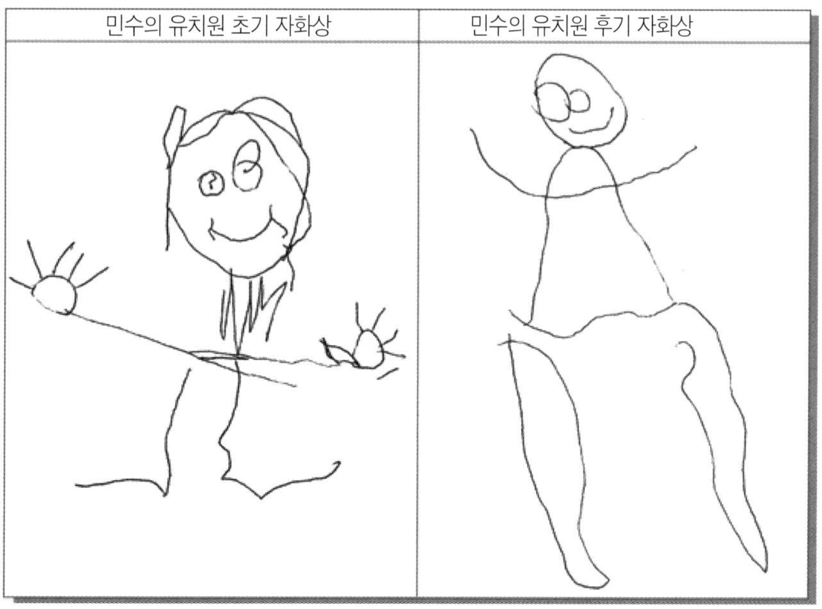

[그림 6.2] 민수의 자화상

평가의 파트너로서 학생

민수가 자화상을 그렸던 경험은 나에게 평가의 비판적 원리를 상기시키게 했다. 교사는 평가의 과정에서 학생들을 완벽한 파트너로서 참여시킬 필요가 있다. 교사의 책무성은 이러한 목표를 향해 나아가는 과정에 주목하고 목표를 달성하기 위해 필요한 기질과 기능을 학생들이 얻을 수 있도록 돕는 것이다. 나이가 어린 학생들이 메타인지적 실천의 전략적 · 반성적 수준의 자기 발전을 위해 자신의 사고와 계획을 점검하는 고차원 수준의 전략에 대해 인위적으로 생각할 수는 없지만, 평가에 대해 스스로 의사결정을 할 수 있도록 도와줄 필요가 있다(Bingham, Holbrook, & Meyers, 2010).

아래의 [그림 6.3]은 평가 순환 고리를 나타낸 것이다. 이렇게 각각의 단계에 학생들이 투입된다. 평가 파트너로서 학생을 참여시키기 위한 계획을 수립하려면 평가 순환 고리의 각 국면에 대해 우리는 다음과 같은 질문을 해야 한다.

- 학생들이 무엇을 배우고 어떻게 평가될 것인지를 어떻게 선택할 것인가?
- 학생들은 특정 내용과 관련한 자신만의 목표를 어떻게 설정할 수 있는가?
- 학습을 통한 학생들의 진보를 어떻게 확인할 수 있는가?
- 학생들이 새로운 목표를 설정하고 자신의 학습을 반성할 수 있도록 내가 어떻게 도움을 줄 수 있는가?

〈표 6.3〉은 학생들이 스스로 목표를 설정하고 평가를 선택하는 한 예이다. 그

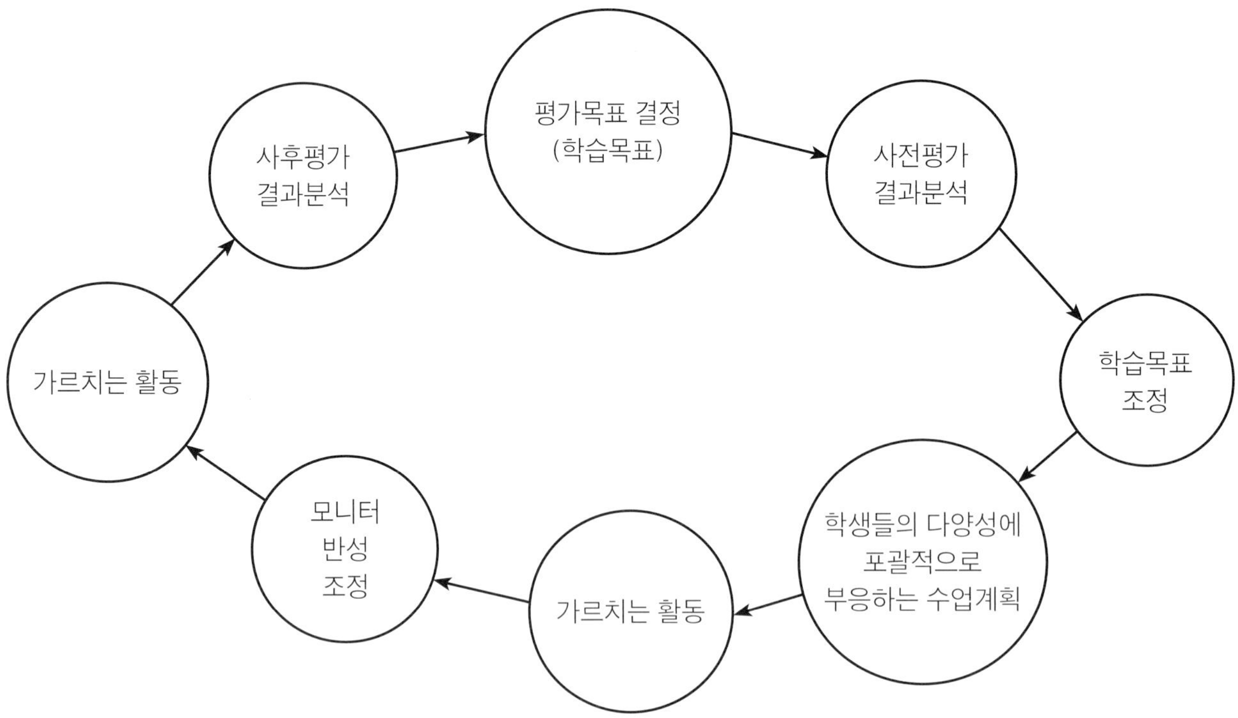

[그림 6.3] 평가의 파트너로서 학생이 참여하는 교실 평가의 순환 고리

리고 자기반성 및 수업에 대한 평가를 학생들이 스스로 내릴 수 있도록 교사가 도와줌에 따라, 학생들의 요구와 선택을 평가에 어떻게 포함할 수 있는지에 대한 예이다.

평가 파트너로서 동료

교사는 평가자로서 학생들의 능력을 향상시키기 위해 학생들에게 동료 평가의 기회를 줄 수 있다. 동료 평가를 통해 학생들은 교사에게 의존하지 않고 결과물이나 행동의 질을 평가하기 위해 학습한다. 동료 평가는 학생이 함께 서로의 과제를 할 때처럼 비공식적으로 이루어질 수 있다. 또한 협동 학습 경험이 많은 한 집단 구성원의 사회적 기능을 평가할 때처럼 공식적으로 이루어질 수도 있다.

〈표 6.3〉 평가 시 학생 참여

목표 설정	• 학생들은 이전 학년에서 배웠던 내용에 대해 논의하고, 학기 초에 배우고 싶은 주제들을 차트로 창안한다. • 학생들은 배울 내용을 제시하고, 흥미와 평가 결과에 기초한 단원과 차시를 선택한다. • 학생들은 학급과 개인의 목표를 설정하기 위해 자신의 기록(포트폴리오, 보고서 등)을 검토한다. • 학생들은 자신의 기록을 개별적으로 기록한다. 학생들은 교사와 함께 자신의 진보와 목표 수정에 대해 토론한다. • 학생들은 "다음에 무엇을 배우고 싶어요?"라는 질문에 대답함으로써 검토를 마친다. • 학생들은 교사가 작문 혹은 수행을 평가하는 데 초점을 두는 것이 무엇인지에 대한 설명을 메모한다. • 교사는 학생들에게 장기적인 목표를 작성하게 하고, 그것들을 봉투에 넣어 보관하도록 요청한다.
학생 선택	• 학생들은 몇몇 형식의 평가를 선택한다. 다중지능 이론을 적용하는 교사들은 학생들이 7~8개의 평가 형식을 선택하게 한다. • 학생들은 자신이 평가받을 주요 내용의 목록을 작성하기 위해 모둠에서 활동한다. • 학생들은 질문을 개발하거나 평가를 유도한다. • 학생들은 문제 은행을 통해 평가 문항을 선택한다. • 학생들은 평가 조건에 대해 자신의 의견을 제시한다.
자기 반성과 자기 평가	• 모둠에서 학생들은 자신의 생각을 논의하거나 문제를 분석한다. • 결과물을 제출하기 전에 학생들은 회의를 통해 스스로의 성장을 분석한다. • 학생들은 자신이 창안하고 평가 받았던 결과물의 장 · 단점을 스스로 반성한다. • 학생들은 자신을 평가하기 위해서 루브릭 혹은 체크리스트를 활용한다. • 학생들은 자신의 등급을 스스로 매긴다. 학생들은 자신과 교사의 분석 결과를 비교하고 논의한다. • 학생들은 시간이 지남에 따라 자신의 진보를 반성한다.
수업평가	• 학생들은 적합한 수준의 문제와 활동들의 난이도와 내용 적합도를 평가한다. • 일지 또는 익명의 페이퍼를 통해 학생들은 자신들의 학습을 어떻게 촉진할 수 있는 지와 더 나은 수업을 위해 교사가 무엇을 해야 하는지에 대해 교사에게 전달한다. • 학생들은 주기적으로 교사의 수업을 평가하고, 특정한 찬사나 비평을 한다. • 교사는 학생들의 평가에 기반하여 학생들이 스스로 차후 활동을 선택할 수 있도록 한다. • 교사는 자신의 수업목적을 학생들과 공유하고, 계속 진행 중인 평가에 기반 해 목적을 수정한다.

평가 파트너로서 가족

평가에는 학생과 동료뿐만 아니라 가족도 포함되어야 한다. 미국의 NBPTS(National Board for Professional Teaching Standards, 2002)는 교사와 학교가 평가 단계를 포함한 학교 교육 과정에 학생들의 가족을 포함시킬 필요가 있다고 강조한다. 가정의 역할은 단순히 학생들이 시간이 되면 잠을 자거나 식사를 하는 일상생활의 공간이라는 생각보다 훨씬 그 의미가 크다. 평가에 대한 가족 구성원과의 의사소통은 목표 중심적이고, 다각적이고, 포괄적이어야만 한다. 학생의 다양성에 포괄적으로 부응하는 수업 팁은 평가 공동체의 구성원으로서 가족을 포함하는 데 활용될 수 있는 몇 가지 아이디어를 소개한다.

다른 예는 학생들이 자신의 진보 여부에 관해 토론을 하는 학생 주도 회의[student-led conferences](Bailey & Guskey, 2001; Benson & Barnett, 2005)이다. 이러한 접근방식은 특히 중학교 수준에서 인기가 많을 수 있고, 중학교 이상의 학생들은 이러한 회의를 통해 성과를 낼 수 있다.

또한 평가에 관한 기술적인 도구들을 통해 교사와 학부모는 자연스럽게 연결될 수 있다. 많은 교사들은 학생의 진보와 관련하여 가족과 소통하기 위해 학교 이메일, 블로그, 웹 사이트를 활용한다. 일부 학교는 시험과 주요 학교활동을 포함한 다가올 행사에 대해 가족들에게 자동으로 알리는 시스템을 가지고 있다. 또한 사실상 모든 학교는 학생에 관한 정보 시스템[Student Information Systems]을 갖추고 있거나 혹은 학생들의 데이터를 바탕으로 좀 더 효과적인 소통과 의사결정을 할 수 있는 시스템을 제공하고, 학생들의 진보를 관찰하기 위해 중앙 집중적 데이터 확인 시스템을 보유하고 있다. 학생과 학부모는 일반적으로 암호화된 사이트를 통해 이러한 시스템에 접근할 수 있다.

이 사이트에 로그인을 하면 학생들의 출석 상황부터 예방접종 기록, 체력 수준, 현재 성적 등의 모든 자료를 볼 수 있다. 학생과 학부모는 또한 이러한 시스템을 통해 이메일로 교사 그리고 학교와 직접 의사소통을 할 수 있다. 이렇듯 학부모들이 학생들의 활동과 수행에 실시간으로 접근하도록 허용하는 것은 학부모들이 학교 교육 사정에 정통한 파트너로서 필요하다는 것을 의미한다.

평가의 사용과 자료 분석

일단 여러분이 평가 도구와 전략들을 개발하거나 선정했다면, 수업 전 · 중 · 후

학생들의 다양성에 포괄적으로 부응하는 수업 팁

평가 파트너로서 가족 포함

- 학습활동에 가족을 참여시키기 위해 그들에게 요청하라.
- 학생들의 학습에 관한 뉴스레터를 자주 제공한다. 홈페이지에 학생들의 학습 결과물을 제시한다. 그리고 평가 정보에 관한 가족과의 이메일 내용을 보존한다.
- 대화 일기를 활용하여 학생의 학습과정에 대해 가족과 의사소통하라.
- 일반적인 과제활동에 가족을 포함시켜라. 한 가지 방법은 매주 학생들이 자신이 배운 세 가지 내용을 가족들에게 설명하는 것이다. 가족의 구성원은 그들이 알게 된 세 가지 내용을 기록하고, 추가적으로 코멘트를 달며, 양식에 서명한다.
- 별도의 지원이 필요한 평가 시에는 가족을 교실로 초대하여 학생들과 함께 구술하고 독해하도록 해라.

에 걸쳐 학생들에게 사용해야 한다. 일단 우선 상황 모니터링을 기반으로 평가를 조정하고 이와 관련하여 수업내용을 수정한다. 그리고 교사는 학생들을 적극적으로 수업에 참여하게 하고, 학생 스스로 자신의 진행 상황을 모니터링하게 하라. 데이터를 분석하기 위한 계획으로서 교사는 늘 학습목표와 평가의 목적을 염두에 두어야 한다.

비공식적 자료 분석: 빠른 스캔

교사는 사전평가와 역동적인 학생 참여 전략을 통해 학생들의 진보 상황을 모니터함으로써 학생들이 정상 궤도에 있는 지의 여부를 신속히 분석할 수 있을 것이다. 교사는 학생들이 적절하게 진보가 되었는지를 인지하고, 진보를 약화시키는 개념이나 기능에 관한 정보가 무엇인지 알 필요가 있다. 또한 학생들은 자기 모니터를 위해 빠른 스캔을 할 수 있다. 예를 들어, 수업시간 말미에 학생들이 모둠에서 어려운 문제를 힘들게 해결하고 있을 때 스스로 두 가지 물음을 하도록 교사가 요구할 수 있다. 학생들이 스스로 할 수 있는 물음은 다음과 같다. "나는 의사결정과 문제해결에 도움을 주었다.", "나는 새로운 것을 탐구함으로써 위험을 감수했다." 그 후 학생들의 답변에 기초하여 차시 학습목표를 설정한다.

또 다른 빠른 스캔의 경우, 여러분은 "그래 그거야!", 그리고 "아직은 아니야!"와 같은 두 가지 부류로 학생의 페이퍼를 정렬시킬 수 있다. 여러분이 과학을 공부하는 학생들의 세부적인 정보를 필요로 한다면, 명백한 오개념을 바탕으로 "아직은 아니야!"의 부류로 정렬할 수 있다. 예를 들어, 한 집단이 에너지에 대해 어떠한 언급도 하지 않은 반면, 다른 집단은 에너지가 들어오고 나가는 반응에 대해 어떤 것을 이해했을 수도 있다. 그렇다면 여러분은 그러한 유형의 오류를 토대로 다음 활동을 계획할 수 있다.

공식적인 자료 분석

빠른 자료 스캔quick data scans은 여러분이 학생들의 현재 발달과 요구를 대략적으로 파악할 때 적절하다. 하지만 많은 면에서 공식적인 분석 접근이 좀 더 적절할 수 있다. 여러분은 공식적인 접근을 통해 학생들의 요구와 성장을 좀 더 정교하고 체계적이며 정밀하게 판단할 수 있다. 가장 유용하고, 널리 활용하는 평가 도구 중의 하나가 루브릭이다. 루브릭은 문항에 대해 어떻게 평가할 지에 대한 기준을 서술하는 평가 지침이다. 여러분은 많은 종류의 복합적 과업 평가를 위해 루브릭를 사용할 수 있다. 작문, 개인의 수행 성

〈표 6.4〉 포트폴리오 작품 평가를 위한 총체적 루브릭의 예시

3점	2점	1점
• 세심한 분석을 위해 좀 더 주의가 필요하지만 주어진 문항에 대해 간단히 묘사한 작품 • 의미 있는 방법으로 학생의 생각을 나타낸 작품 • 내용 영역, 정확한 개념, 주어진 문항을 분석하여 독자의 이해를 풍부하게 한 작품	• 간단한 방법으로 주어진 문항을 나타낸 작품 • 학생의 생각에 대한 피상적이거나 제한된 정보를 포함한 작품 • 제한적이나마 내용 영역과 개념을 정확한 방법으로 제시한 작품	• 주어진 문항에 대해 단지 간단한 설명을 한 작품. 설명이 다소 길지도 모른다. • 학생의 생각에 대한 정보를 포함하지 않은 작품 • 내용영역을 드러내지 않거나 지식이나 내용 정보가 부정확한 작품

과물, 포트폴리오 작품, 제작물, 디지털 프로젝트는 모두 루브릭을 통해 평가될 수 있다. 총체적 루브릭holistic rubric(항목의 전체적인 특성을 제시하고 단일 점수를 산출하는 루브릭)은 〈표 6.4〉에서 살펴볼 수 있다.

특성 분석 루브릭analytical trait rubric은 각 개인의 수행 및 성과물에 대한 어떤 특성과 구성요소를 평가하는 것이다(Arter & McTighe, 2001). 특성 분석 루브릭은 척도와 차원이라는 두 가지 종류의 정보를 포함한다.

대개 루브릭의 맨 위에 배치되는 척도는 1, 2, 3 혹은 '못함', '보통', '잘함'과 같이 수행한 성과물 수준의 범위를 나타낸다. 차원은 과업을 평가할 수 있는 개별적인 범주이다. 차원은 대개 옆 쪽에 놓이게 된다. 그리고 여러분은 자신만의 루브릭을 만들기 위해서 많은 사이트에서 제시된 루브릭을 참고할 수도 있다.

만약 여러분이 학생들의 과업을 평가하기 위해 기존의 루브릭을 사용한다면, 사전에 그것을 학생들과 공유해야 한다. 학생들에게 루브릭의 특성을 가르치고 관련 사례를 배우는 것은 학생들이 우수한 과업의 특성을 이해하는 데 도움이 된다. 만약 학생들이 루브릭을 만드는 데 참여하였다면 학생들은 훨씬 더 루브릭을 쉽게 이해하고 더욱 가치 있게 여기게 될 것이다. 그래서 적어도 가끔 학생들의 과업을 평가하는 루브릭을 학생들이 직접 만들도록 하는 일은 바람직하다.

자료 분석에 대한 또 다른 공식적 접근법에는 오류 유형 분석error pattern analysis이 있다. 철자법, 기초 읽기, 쓰기, 수학, 계산, 연설문 작성과 같이 정확도가 중시되는 기능 영역에서 오류 유형 분석은 부정확하거나 누락된 개념과 기능이 있는 유형의 과업을 점검하도록 하는 데 도움을 준다. 학생의 부정확한 답변에 대한 유형을 분석함으로써 교사와 학생은 오해의 원인을 찾을 수 있고, 수행 및 성과를 개선하기 위한 정확한 개념과 기능을 설정할 수 있다. 가령, 받아내림을 하지 못하는 학생을 찾아내기 위해 2학년 수학 수준의 뺄셈 문제를 학생들에게 풀어보게 하여 그 결과를 분석할 수도 있다. 다음은 과목이나 학년 수준에 관계 없는 오류 유형 분석의 몇 가지 일반적인 단계이다.

1. 학생들의 과업 사례를 모으고 가능하다면 교정 작업을 위해 그것들을 복사해 두어라. 읽기의 경우에 여러분은 학생들의 활동을 기록하기 위한 자료(오디오 녹음이나 노트 기록)를 사용할 수도 있다.
2. 정답과 오답 항목을 표시하라.
3. 적절한 근거(단지 요행이나 옳지 않은 규칙을 적용해서 과업을 해결한 것이 아닌)에 준하여 정답을 한 항목들을 살펴보라.
4. 오답을 한 항목에 대해 학생들이 범하는 오류를 모아 보라. 예를 들어,

수업 팁

추측 금지!: 예시 작품 게시

학생들이 학습에 대한 교사의 의도를 찾는 시간이 길어질수록 학습에 투입되는 시간이 줄어든다. 또한 이로 인해 학생들은 독립적이기 보다는 의존적인 성향을 띨 수 있다. 따라서 학생 과업에 대한 여러분의 구체적인 성취수준을 마련하라.(예, "아직 아니야!", "달성해라!", "맞아!" 혹은 "노력해야 해!", "충분해!") 루브릭을 복사해서 이러한 과업을 벽에 게시하거나 온라인에 탑재하라.

	A	B	C	D	E	F	G	H
1		1번 문항	2번 문항	3번 문항	4번 문항	5번 문항	6번 문항	합계
2	학생 1	1	1	0	1	0	0	3
3	학생 2	0	1	0	1	0	1	3
4	학생 3	0	0	1	1	1	1	4
5	학생 4	1	0	1	1	1	1	5
6	학생 5	1	1	1	1	0	0	4
7	학생 6	0	1	1	1	0	0	3
8	학생 7	1	0	0	0	0	1	2
9	합계	4	4	4	6	2	4	24

[그림 6.4] 스프레드시트로 정렬된 자료의 예

작문의 경우에 여러분은 불일치하는 주어/동사를 기록해도 좋다.

5. 오류 유형의 우선순위를 정하라. 가장 먼저 무엇을 해야할 지를 결정하라.

오류 유형 분석은 학생들이 범하는 다양한 종류의 실수를 진단하고 교정하는 매우 강력한 전략이다. 오류 유형 분석을 통해 여러분은 개별적인 오류들을 수정할 뿐만 아니라 오류 속에 내재해 있는 오해들 역시 교정할 수 있다.

스프레드시트 또한 학급 평가 자료를 이해하는 데 유용한 도구이다. 만약 학생들의 이름이 한 줄로 입력되어 있고 자료가 표 안에 입력되어 있다면, 여러분은 다른 유형을 확인하기 위해 해당 자료를 정렬시킬 수 있다. 가령, 여러분은 어떤 학생이 학급에서 높은 점수를 받았는지 낮은 점수를 받았는지 알 수 있고, 각각의 집단에 적절한 후속 조치 계획을 세울 수 있다. 그리고 여러분은 학생들이 대부분 실수하는 항목과 같은 유형을 분석할 수 있다. [그림 6.4]를 보면 학생 7은 특별한 지원이 필요하고 5번 문항에 대한 개념은 전체 학급 학생들에게 다시 한 번 가르칠 필요가 있다는 것을 보여준다. 이러한 도구를 통해 또한 학생들의 수행 및 성과를 분석하는 데 유용한 통계 자료를 얻을 수도 있다.

수업 팁

보충 및 심화 수업

- 필기시험의 결과를 분석하라. 그리고 4~7가지 주요한 오류 유형이나 학생들의 견해차를 찾아라.
- 비슷한 견해를 가진 학생들로 구성된 유연한 집단을 구성하라.
- 학생들이 시험에서 보여줬던 요구에 맞춤식으로 수업을 제공하면서 각 모둠별로 약간의 활동시간을 제공하라.

또 다른 종류의 오류 유형 분석은 표준화 시험 자료에 있는 수행 및 성과 유형의 점검 결과를 토대로 할 수도 있다. 자료에는 준거-지향적인 정보(예: 원점수, 수행 수준)와 규준-지향적인 정보(예: 백분위 점수)가 각각의 평가 영역별로 학년 수준에 의한 수행 및 성과가 제시되어 있다. 이는 교사가 차후 수업에서 강조할 새로운 영역과 유형을 결정할 수 있도록 해 준다. 이렇듯 학생 정보 시스템을 이용함으로써, 교사는 평가를 통해 학생의 과업을 측정하여 학생의 진보에 기여하게 된다.

평가 결과의 활용

학급에서 차후에 일어날 일에 대한 안내지침으로서 여러분의 평가 결과를 사용하라. 아래의 수업 팁에는 선다형 시험 후에 보충 및 심화 수업을 위한 아이디어가 들어 있다.

가령, 첫째 날에는 학생들이 지역 수준의 선다형 수학 시험을 치르게 한다. 시험은 컴퓨터로 채점이 되어 3일 후에 결과를 알 수 있다. 4일째가 되면 여러분은 시험 문항 1번에 관해 모둠 토론시간을 20분간 갖는다. 모둠은 1번 문항에 대해 선택한 답안에 따라 a, b, c, d, e라는 집단으로 구성된다. 다음 날, 여러분은 2번 문항에서 같은 답안을 선택한 학생들을 다시 만난다.

보충 및 심화 수업은 교육과정의 구조를 이해한다는 점에서 유용할 수 있다. 가령, 일부 교육과정은 내용이 나선형으로 배치되거나 이미 배운 개념을 다음 단원에서 다시 심화하여 다루기도 한다. 이를 통해 학생들은 정보를 숙달할 기회를 더 많이 제공받을 수 있다. 여러분은 보충 및 심화 시간에 학생들을 모둠으로 재편성할 수 있고, 하루 동안 가족 자원 봉사자를 개별 지도 자원으로 활용할 수도 있다. 또한 일정기간 방과 후 학교에서 공부를 하거나 학교 밖에서 인터넷을 활용하여 개별적인 학습의 기회를 제공할 수도 있다. 여러분은 과업을 숙달시키기 위해 숙제와 구분하여 지도할 수 있다. 끝으로, 다음의 학습목표를 계획할 때 평가 결과가 도움이 되도록 활용하라.

등급 부여 시 유의사항

학생들의 수행 및 성과에 등급을 부여할 때 발생하는 딜레마를 해결하기 위해서 여러분은 많은 생각을 가지고 각각의 문제에 자신만의 방식으로 판단할 필요가 있다. 교사가 기록하는 등급은 평가하는 것과 똑같은 지침을 따라야 한다. 일반적으로 교사는 각 문제에 대해 점수를 부과할 필요가 있다. 등급을 부여하기 위해서 우선 교사는 학생들이 알고 있고 할 수 있는 것을 상세하게 기술할 필요가 있다. 그리고 공정하고 체계적이며 효과적으로 평가할 필요가 있다. 다음에 제시한 내용은 등급을 부여하는 데 필요한 몇 가지 조언들이다.

1. 학생들에게 사전에 등급 부여 기준을 알려주어라. 도전의식을 일으키는 과제와 분명한 점수 기준을 제공받은 학생들은 그렇지 않은 학생들보다 더 잘 수행한다(Matsumura & Pascal, 2003). 가능하다면 학생들도 등급 기준을 마련하는 데 참여하도록 하라.
2. 학생들의 종합 등급을 매길 때는 일일과제[daily homework]의 취지를 고려하라. 만약 학생이 모든 시험에서 최고점을 받았지만 과제를 하려고 하지 않는다면 최종 등급은 F로 매겨

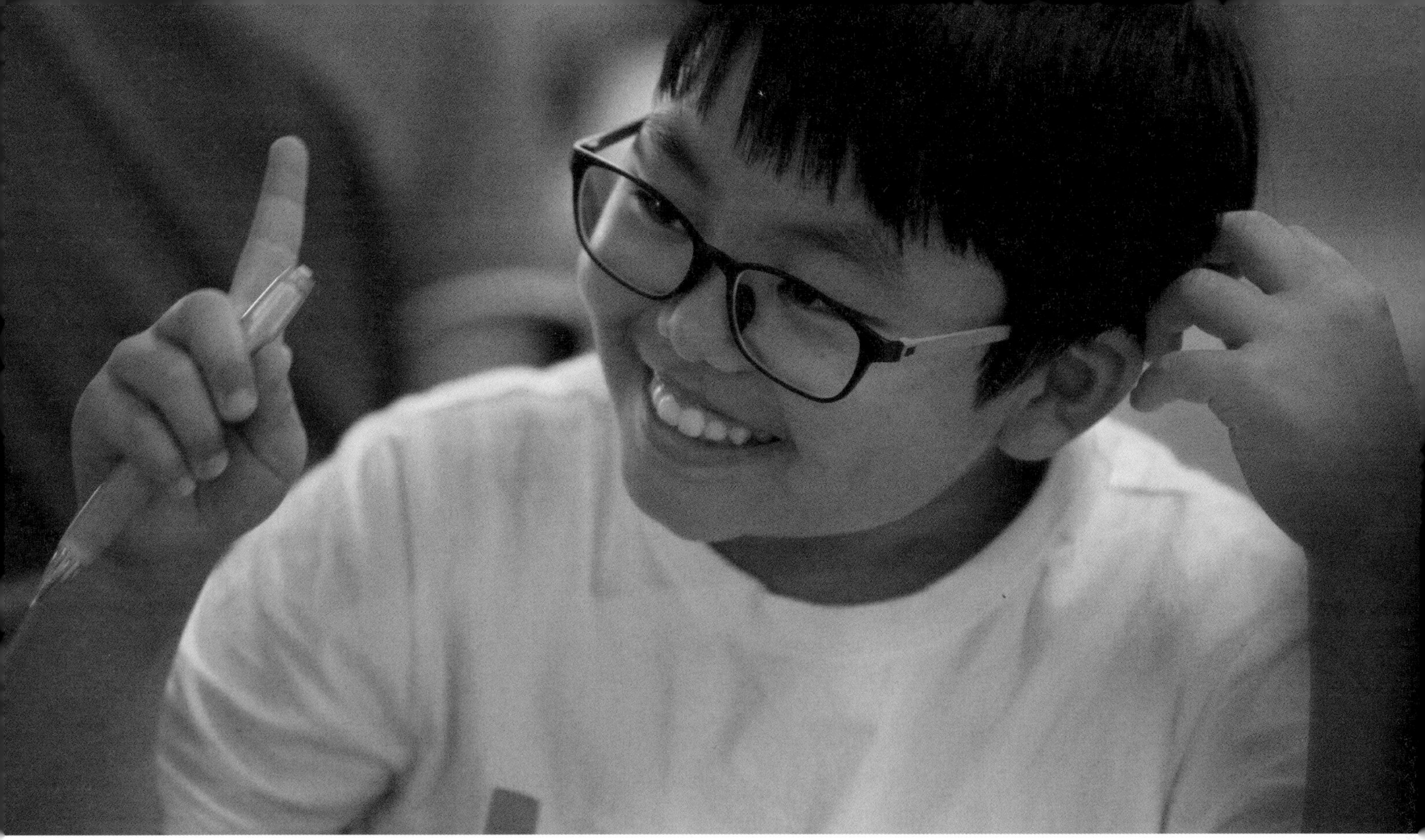

야 할까? 만약 그렇다면 여러분은 시험을 통해 파악할 수 있었던 내용에 대한 숙달도보다 다른 무언가로 등급을 부여할 것이다. 합리적이고 분명한 다른 기준이 있는가?

3. 이와 유사하게, 심각한 학습장애를 가진 학생들에 대한 성적 산출 방법을 점검하라. 자신의 능력을 다해 지속적인 수행을 하는 데 여전히 낙제점을 받을지도 모르는 학생들을 여러분은 어떻게 평가할 것인가? 많은 교사는 최선을 다함에도 불구하고 계속해서 낙제점을 받는 학생들이 의기소침 하는 것에 대해 염려한다. 그러나 이러한 교사는 일관된 평가 기준의 중요성을 인정해야 한다.
4. 교실 밖에서 완성된 과제에 대해 얼마만큼의 중요성을 두어야 하는지 생각하라. 가령, 일부 중학교 교사들은 가정에서 거의 완성된 과학 프로젝트를 상당히 중요하게 생각한다. 이러한 상황에서 교사들은 등급을 부여하면서 누가 그 과업을 실제로 수행했는 지에 대해 확신할 수 없다.
5. 칭찬 점수를 부여할 때에는 주의해야 한다. 칭찬은 적절한 수행 및 성과를 보상하는 데 활용되는 수단이다. 그러나 이에 대한 반증으로, 나는 일부 교사가 학생들이 구입한 책을 학급 도서에 기증할 때 칭찬 점수를 부여한 것을 본 적이 있다. 이 경우에 학생들은 소설책을 살 여유가 있을 때 자신의 칭찬 점수를 돈으로 사게 되는 셈이 된다. 이와 유사하게 일부 교사는 학생들이 수업시간 중 화장실 이용권을 사용하지 않을 경우, 학기말에 추가로 칭찬 점수를 부여하기도 한다. 이러한 두 가지 경우 모두 학생들이 학습과는 무관한 행동으로 칭찬 점수를 받은 것이다. 따라서 여러분이 추가로

칭찬 점수를 부여하려 한다면 우선순위를 반영한 점수를 중시하도록 해야 한다.

6. 학생들이 수행한 모든 학습지에 점수를 기록하는 것은 바람직하지 않다. 일부 과제는 단지 연습에 불과하기 때문이다. 사실상 많은 교사는 학생들이 과제 수행에서 범한 오류를 수정해주려 하기 보다는 과제의 수행 여부를 확인하는 데 그친다. 또한 교사들은 과제의 일부분을 수합해서 등급을 부여한다. 한편 피드백은 학생들에게 유용하도록 적절한 시점에 필요한 것이다. 만일 교사가 학생들에게 과제에 대한 피드백을 일주일 내로 할 수 없다면 과제 노트를 걷을 필요도 없다.
7. 교사가 시험 점수를 매길 때에는 피드백이 구체적이어야 한다. "잘했어!"라는 표현은 무난해 보이지만, 이러한 피드백은 학생의 다음 수행 및 성과에 적절한 조언이 되지 못한다. 만약 여러분이 칭찬을 피드백으로 할 경우, 교사의 권위에 입각한 의견이 아닌 학생 수행의 질에 토대를 두고 있는 지 확인해야 한다. "네가 사용한 색은 생동감을 만들어 내는 것 같구나!"라는 표현은 "나는 네가 선택한 색이 마음에 들어!"라는 표현보다 더 적절하고 유용한 피드백이라 할 수 있다.
8. 학생생활기록부에 성적 퍼센트를 입력하는 대신에, 점수를 좀 더 작은 수치로 변환시켜야 한다. 일부 교사는 1~12점의 점수 체계를 사용하고 어떤 교사들은 1~5점의 점수 체계를 사용한다. 만약 여러분이 학생생활기록부를 지속적으로 기록하려 한다면, 학기말에 작업할 수 있도록 추가로 점수를 기록할 사항을 염두에 두어야 한다. 좀 더 범위가 작은 점수 체계를 사용함으로써 총점을 쉽게 파악할 수 있고, 작은 점수 차로 인해 불리한 학생이 발생되는 것을 막을 수 있다.
9. 등급을 부여하고 난 후, 다시 한 번 그 등급이 학생들의 성취가 포괄적으로 평가에 반영되었는 지 점검해야 한다. 그리고 학부모에게 등급에 대해 충분한 근거를 마련해 주어야 한다. 여러분은 등급을 잘못 부여했을 가능성을 염두에 두고 학생들에게 높은 점수를 받으려면 어떤 행동을 해야 하는지 말해줄 필요가 있다.
10. 성적표에 기재한 단어에 주의를 기울여야 한다. 여러분은 성적표에 기재된 단어가 졸업 후에도 계속해서 남아있다는 점을 기억해야 한다. 여러분이 기재한 내용의 적절성에 대해서도 검토해야 한다. 학생들의 발달 정도에 대한 언급이 있었는 지도 역시 고려해야 한다.
11. 여러분은 학생의 수행 및 성과에 대한 등급을 부여함에 있어서 일반적이고, 지속적이며 적절한 접근이 이루어졌는 지를 동학년 교사들과 팀을 이루어 작업해야 한다.

10가지 평가 유형

지필 평가

전통적인 지필 평가는 채택된 교재를 통해 제시되거나, 교사(대개 혼자서 작성하지만 교사들이 팀을 이루어 참여할 수도 있는데 학생들 또한 참여할 수 있다.)가 직접 제작할 수도 있다. 지필 평가는 일반적으로 선택형, 서술형 문항으로 구성된다. 객관식 문항은 개발하는 데에 시간이 많이 걸리기는 하지만, 성적 산출 및

평가 결과 분석에 걸리는 시간은 적다. 자유형 문항에는 단답형, 논술형이 있으며 학생의 지식을 그래픽 조직자나 보조 그림과 같이 다소 전통적인 방식으로 변형한 문항들도 있다. 자유형 문항은 개발하는 시간보다 평가하는 데 더 많은 시간이 필요하다. 자유 기술형 문항은 객관식에 비해 판단을 내리는 일이 까다롭다. 만약 여러분이 스스로 문제를 출제한다면 다음과 같은 사항들을 고려해야 할 것이다.

- 선택형, 서술형 문항을 섞어서 출제한다. 이를 통해, 학생들의 지식을 진단하는 데 필요한 자료를 충분히 확보할 수 있을 것이다.
- 작성 방법에 대한 질문에 답을 해야 하는 수고를 덜고 싶다면, 학생들이 답할 수 있는 효과적인 형식을 창안하라(한 예로, 단어를 쓰는 것보다 참/거짓 중 하나에 ○표시 하게 할 수 있다.)
- 학생들이 문제를 잘 이해할 수 있도록 명확하고 구체적으로 제시해야 한다.
- 시험 문제는 가급적 짧게 기술해야 한다.
- 선택지 중에는 확실한 오답이 있어야 한다. 이는 평가의 타당도를 향상시키는 데 도움을 준다.

태도 조사

일반적으로 교사가 개발하는 태도 조사는 주제 혹은 기능에 대한 학생들의 선호도와 감정을 평가하는 지필 방식이다. 태도 조사에서의 개방형 문제는 학생들의 반응을 폭넓게 유도한다. 이렇듯 교사는 학기 초에 학생들을 파악하기 위해 태도 조사를 활용한다.

성과물 평가

학생들은 자신의 이해 또는 능력 수준을 보여주기 위해 과제를 제출한다. 학생들이 직접 만든 신문, 이야기, 안내 · 광고용 책자, 포스터, 미술작품, 멀티미디어 자료, 과학 발명품 등이 그 예이다. 많은 수행 및 성과물에 기반한 평가가 이러한 성과물을 요구한다.

포트폴리오

포트폴리오는 오랜 시간동안 다양한 분야와 맥락에서 수집한 자료와 작품들을 한데 모으고 그것들에 대한 반성을 반영한 작품집이다. 몇 가지 항목들은 교사가 선택한 것이지만, 어떤 것들은 학생이 직접 선택하기도 한다. 학생들은 자신의 학습 결과물에 대해 논하기 위해 작품마다 반성한 내용을 기록한다. 포트폴리오는 예전엔 실물 형식으로 제작했지만, 요즘엔 전자 포트폴리오도 많이 활용한다. 전자 포트폴리오의 두 가지 장점은 휴대가 용이하다는 점, 그리고 다양한 멀티미디어 형식으로 구현이 가능하다는 점이다. '학생 포트폴리오'와 '전자 포트폴리오'를 인터넷에서 검색하면 다양한 예시 자료를 볼 수 있다.

일지journal 활용법

일지 활용법은 비형식적 평가 방식이다. 학생들은 그림, 상징, 제시한 단어 등에 대해 응답할 수 있다. 또한 교사에게 응답하지 않고 글로 쓸 수도 있다. 일지의 가장 큰 장점은 다양한 분야에 적용할 수 있다는 점이다. 학생들은 자신의 사고를 기술하거나 경험을 기록하고, 질문을 한다거나 교사 또는 자신의 동료들과 대화할 때, 자신의 성장에 대해 분석할 때도 일지를 사용할 수 있다. 일지를 통해 학생들은 "수학이란 무엇인가?" 그리고 "여러분의 삶에서 수학은 어떻게 활용되는가?"와 같은 질문에 답을 할 수도 있다.

수행 및 성과물에 기반한 평가

학생들은 현실 세계에서 지식을 적용하거나 수행하면서 자신의 역량을 드러낸다. 자르기, 수세기, 골 집어넣기 또는 현미경 초점 맞추기 같은 측정 가능한 능력은 학생들의 수행을 통해 평가할 수 있다. 이보다 더 복합적 능력인 읽기, 사회적 문제해결법 역시 가능하다. 수행 및 성과물 평가는 21세기 평가 방식의 주된 경향으로 꼽힌다.

교사 관찰법

교사들은 전형적인 교실환경 내에서 학생들의 수행과 상호작용을 관찰한다. 학생들의 과학적 절차 수행 능력, 놀이 활동, 모둠 구성 시 수행 능력 등이 학생의 수행 및 성과와 상호작용의 대표적인 예이다. 교사들은 체계적으로 관찰하기 위해 일화 기록법을 선택하기도 한다.

일부 교사들은 학생들 각각의 기록을 남기고 지속적으로 수집한다. 이러한 시스템은 시간을 두고 교사가 학생의 수행 및 성과를 분석할 수 있도록 하는 데 도움을 준다.

인터뷰

교사는 분석적으로 인터뷰를 하는 상황에서 한 번에 한 명 또는 소수의 학생을 상대한다. 학생들은 주로 교사에게 자신의 논리를 증명하며 과업을 완성해 나간다. 한 예로, 학생들의 과학 개념을 평가하기 위해 교사는 학생과 함께 앉아서 화분을 장식한다. 교사는 학생들에게 식물에 대해 설명하고 식물의 각 기관이 어떠한 역할을 수행하는지에 대해 설명하도록 요청한다. 또 다른 예로 교사는 읽기 인터뷰를 통해 학생들에게 텍스트의 메시지를 전달하는 데 도움을 주는 텍스트의 특징을 지적하고 논의하도록 할 수도 있다.

그림과 도안 활용법

그림과 도안 활용법은 교사가 학생들의 지식을 시각적 수단을 통해 접근해 볼 수 있게 한다. 오랫동안 사용된 그리기는 학생들의 사고와 능력의 변화를 드러내는 데 매우 효과적이다. 학생들은 구체적인 용어, 감정, 경험, 사물 등에 대한 이해를 그려낼 수 있다.

[그림 6.5]의 왼쪽 그림은 지수가 네 살 때 그린 오징어이고, 오른쪽 그림은 다섯 살 때 그린 오징어이다. 두 개의 그림 모두 지수가 오징어의 내부 구조를 이해하고 있다는 점과 시간이 지날수록 상당한 향상을 보이고 있다는 좋은 증거가 된다. 게다가, 우리는 지수가 앞으로 계속 성장할 것이라는 확신을 갖게 한다. 한 예로, 색소 반점들이 실제로 무리지어 뭉쳐 있고, 오징어 몸 전체에 무작위로 흩어져 있지 않은 것을 포착한 점은 주목할 만하다.

[그림 6.5] 두 개의 그림을 비교하고, 지수의 새로운 지식을 확인하라. 지수가 오징어 구조에 대해 알게 된 것은 무엇인가? 시간이 지나며 어떻게 변화했는가? 지수가 다음에 오징어를 그릴 때 필요한 것은 무엇인가?

그래픽 조직자

그림 이외에도, 학생들은 다양한 그래픽 조직자를 완성할 수 있다. 널리 쓰이는 그래픽 조직자로 개념 지도가 있다. 개념 지도는 학생들의 성취를 지원하고 그들의 지식을 조직하고 드러내는 데 도움을 준다. 개념 지도는 주요 개념과 용어가 지도의 맨 위쪽에 제시되어 있다. 그리고 그 아래, 하위 개념들이 위계적으로 정리되어 있다. 각 개념은 주변 개념들과 긴밀하게 연결되어 있으며, 아래에 나온 동사구는 두 개념 간의 관계가 가진 본질을 구체화시킨다. 종종 개념들은 하나, 또는 그 이상의 것들과 연결되어 있다. 일반적으로 개념 지도에 더 많은 개념들이 포함될수록 그 관계는 더욱 정확하고 풍성해진다.

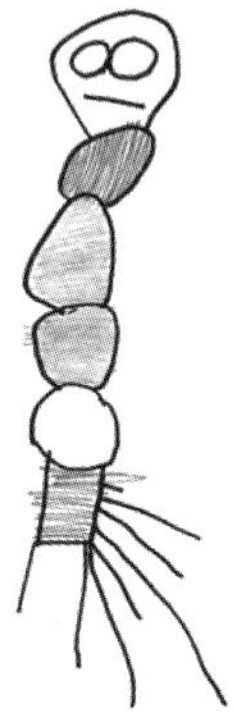

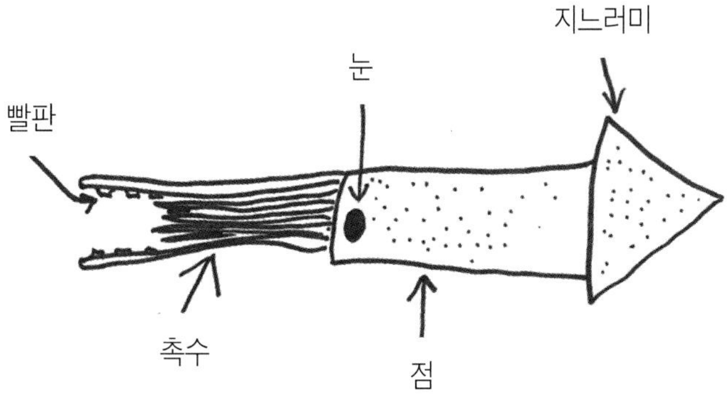

[그림 6.5] 지수가 네 살 때 그린 그림 / 지수가 다섯 살 때 그린 그림

마무리

학생이 얼마만큼 진보했는 지에 대한 평가는 매우 어려운 것임에 틀림없다. 학생의 성적표에 등급을 매기는 것은 무척 간단한 일임에도 불구하고 그것은 우리에게 다음과 같은 어려운 질문을 던진다. "이 등급이 의미하는 것은 무엇인가? 시간이 지남에 따라 성장한 것인가? 실제로 내용을 이해하고 있을 지라도 글씨가 엉망일 때 성적에 영향을 미치는가?" 이렇듯 수업은 복잡하고 도덕적인 수고를 감내해야 한다. 그리고 평가자의 역할에 대한 무게감은 상당하다. 그러나 또한 평가가 주는 의의는 크다. 여러분이 타당한 평가를 한다면, 앞으로 여러분이 맡았던 학생을 맡게 될 동료교사는 학생들을 더 잘 이해할 수 있을 것이며, 학생들의 성장과 발달에 날개를 달아줄 것이다. 만약 여러분이 자기 평가자로서 향상될 수 있도록 학생들을 도와줄 때, 학생들은 자율적인 존재가 되기 위해 유용한 기질과 기능을 기르게 될 것이다.

이론에서 실천으로

1. 앞서 2장(수업관의 스펙트럼)을 통해 여러분의 수업관, 또한 그 결과로써 5장(수업모형과 수업전략)에서 발전시킨 중요한 목적들을 끄집어 내라. 평가에 대한 시각을 갖고 여러분의 수업관과 목적들을 다시 한 번 생각하라.

   1) 평가 체제를 개발할 때, 자신의 관점에서 중요하기 때문에 수집할 필요가 있다고 생각하는 정보의 종류가 무엇인지 고민해 보라.
   2) 평가 체제를 검토할 경우 다음을 고려하라. 이 체제가 올바른 사회관을 어떻게 반영하고 있는가? 교육의 목적관, 수업관, 학습관은 어떠한가? 여러분의 교육적 입장과 학생의 학습을 평가하기 위한 체제를 연결시킬 수 있는 증거를 찾을 수 없다면, 여러분은 그 체제를 다시 개정하는 데 많은 시간을 보내게 될 것이다.

2. 다음 〈표 6.5〉에 나온 평가 분석을 활용하라. 교실에서 사용되는 평가 도구의 잠재력을 평가할 수 있을 것이다. 또한 새롭게 개발된 평가전략을 시도하라.

3. 현재 수업을 하고 있다면, 이 장에 소개된 평가전략 중 하나를 시도해 보라. 시도해 본 후에는 그 경험을 반성해 보라. 유용한 정보를 얻었다면, 이 전략을 평가 체제에 포함시키기 위해 교실 상황을 어떻게 조정할 것인가?

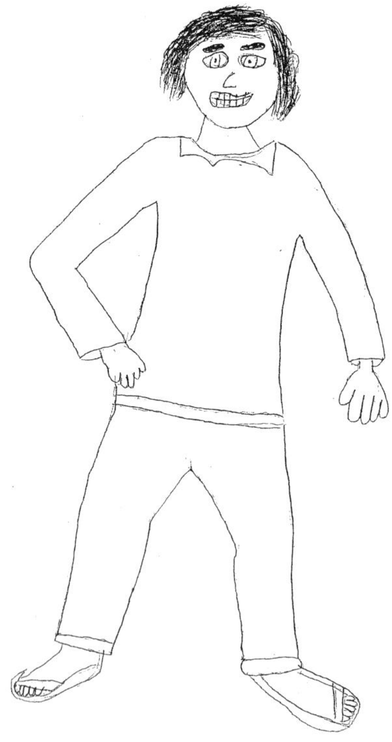

[그림 6.6] 민수의 그림

4. 평가에 대한 학생들의 의견을 조사하라. 학습한 결과를 나타내기 위해 학생들이 선호하는 방식을 선택하게 하고, 그 결과를 조사하라. 학생들이 자신이 스스로 평가할 수 있도록 교사가 도울 수 있는 방법에 대해 고민하라. 그 결과를 모두와 공유하라.

5. 이 장에 나온 수업 팁 중 하나를 시도해 보라.

6. 앞의 [그림 6.2]는 민수의 유치원 시절 자화상이다. 이제 [그림 6.6]을 살펴보자. 이것은 민수가 초등학교 졸업반 시절에 완성한 것이다. 그의 자화상이 유치원에서 졸업반에 이르기까지 어떻게 변화했는지 확인해 보라.(민수에게 유치원 시절 자화상을 보여주자 그는 "지금 이 그림을 보아도 기분이 나쁘지 않아요."라고 말했다. 민수는 시간이 지나며 자신이 성장했다는 점에 만족하는 듯 보였다.) 여러분은 민수를 어떻게 이끌어주고 싶은가?

〈표 6.5〉 평가 분석

<table>
<tr><td colspan="3">도구:
의도한 목적:
사용 확인: ______수업 전, ______수업 중, ______수업 후</td></tr>
<tr><th>준거</th><th>증거 자료</th><th>의도한 목적의 유용성</th></tr>
<tr><td>1. 도구는 가치 있는 결과를 측정한다.
영역:
가. 인지
나. 정의
다. 심동</td><td>가치 있는 결과:</td><td>1. 낮음 중간 높음
가. 낮음 중간 높음
나. 낮음 중간 높음
다. 낮음 중간 높음</td></tr>
<tr><td>2. 도구의 사용은 평가 파트너로서 학생들을 포함한다.
가. 목적 설정
나. 학생 선택
다. 진보 확인
라. 학습 반성
마. 파트너로서의 가족</td><td></td><td>가. 낮음 중간 높음
나. 낮음 중간 높음
다. 낮음 중간 높음
라. 낮음 중간 높음
마. 낮음 중간 높음</td></tr>
<tr><td>3. 도구는 공정한 평가에 기여한다.
가. 모든 학생
나. 타당도
다. 신뢰도</td><td></td><td>가. 낮음 중간 높음
나. 낮음 중간 높음
다. 낮음 중간 높음</td></tr>
<tr><td>4. 도구로부터의 결과는 높은 유용함의 잠재력을 갖고 있다.</td><td></td><td>4. 낮음 중간 높음</td></tr>
<tr><td>5. 도구는 학생의 진보에 대한 더 큰 그림에 공헌할 정보를 제공한다.</td><td></td><td>5. 낮음 중간 높음</td></tr>
<tr><td colspan="3">의도적으로 활용한 도구에 대한 전반적 평가:</td></tr>
</table>

7

학습환경 관리

"우리는 일을 처리할 때 적은 시간이 주어졌다고 생각하지만, 실제로는 그렇지 않다."

—Franklin Delano Roosevelt

이 장을 시작하기 전에

여러분이 학생들과 함께 해야 할 일은 아주 많다. 여러분은 제한된 자료, 좁은 공간, 충분하지 않은 시간을 적절히 활용해서 학생들에게 수업내용을 가르쳐야 한다. 포괄적으로 부응하는 교사는 교실 관리를 통해 수업을 올바르게 진행할 수 있다. 다시 말해서, 여러분은 자신과 학생들을 이해하기 위해서 부단히 노력하며, 학생들과 수용적 관계를 형성하고, 높은 기대감을 가지고 소통한다. 또한 여러분은 학생들을 소중히 여기는 포괄적이고 수용적인 교실 관리 접근을 활용하여 학생들을 성공으로 이끈다. 많은 학자들은 교실 관리에 대한 연구를 통해, 효과적인 교실 관리를 위한 세 가지 방향을 다음과 같이 제시하고 있다.

1. 효과적인 교실 관리자는 학생들과 서로 간 신뢰를 바탕으로 관계를 유지하고 학생들이 공동체 구성원으로서 자신을 관리할 수 있도록 도움을 준다(Bondy, Ross, Gallingane, & Hambacher, 2007; Brophy, 2010; Freiberg, 1996; Weinstein, Tomlinson-Clarke, & Curran, 2004).
2. 효과적인 교실 관리자는 구조적이고 예측 가능하며 과업 지향적인 학습환경을 유지해야 한다(Brown, 2004; Simonsen, Fairbanks, Briesch, Myers, & Sugai, 2008).
3. 효과적인 교실 관리자는 학생들을

학습환경 관리를 위한 사전 연습
자주 가는 백화점 또는 가게들을 떠올려 보라. 시간을 보내고 싶은 장소는 어느 곳인가? 다음 질문에 떠오르는 생각을 적어보자. 1. 물리적인 공간을 묘사해 보라. 어떤 점이 마음에 드는가? 어떤 점이 마음에 들지 않은가? 2. 백화점 또는 가게에서 얼마나 많은 시간을 보내고 있는가? 어떤 점이 즐거운가? 어떤 점이 즐겁지 않은가? 3. 백화점 또는 가게에서 이루어지는 전형적인 상호작용을 기술하라. 여러분은 상호작용에서 무엇을 기대하는가? 그곳에서 일어나는 상호작용이 여러분의 기대에 어긋날 때 어떤 일이 생기는가? 4. 여러분은 앞서 고객의 관점에서 답변해 보았다. 여러분이 백화점 또는 가게의 관리자라면 어떻게 답변하겠는가? 그리고 만약 여러분이 백화점 또는 가게의 직원이라면 어떻게 답변하겠는가? 여러분은 제시된 질문에 답변해 보면서, 자신이 선호하는 교실 관리 방식에 대해 알 수 있을 것이다.

수업에 참여시킴으로써 학습시간을 최대화하고 학습의 방해요소를 최소화시킨다(Jones, 1987; Palumbo & Sanacore, 2007).

교사가 효과적으로 교실을 관리하면 학생들은 더욱 즐겁게 학교생활을 할 뿐만 아니라, 중요한 사회적 기능을 배운다. 그리고 이런 장점들은 학생들의 학업성취로 이어진다(Bohn, Roehrig, & Pressley, 2004; Emmer, Evertson, & Anderson, 1980; Evertson & Emmer, 1982; Freiberg, Connell, & Lorentz, 2001; Freiberg, Huzinec, & Templeton, 2009).

이 장은 생산적이고 온화한 학습환경을 형성하는 교실 관리계획을 개발하는 데 그 목적이 있다. 교실 관리를 연구하는 학자들은 교실 관리 체제가 일관적이고 긍정적이며 사전에 문제를 예방해야 한다고 지적한다(Miller & Hall, 2009). 이 장에서는 이런 교실 관리 체제를 만들기 위해서 다음과 같은 교실 관리의 두 요소를 설명할 것이다.

- 물리적 공간 관리
- 시간 관리

물리적 공간 관리

학습목표에 걸맞은 물리적 공간을 활용하라. '학습공간'(Faltis, 2001)인 교실을 머릿속에 떠올려 보라. 그리고 '교사는 교실 앞에 서고, 학생들은 교사를 향하여 앉는 전통적인 교실 형태'의 틀에서 벗어나라. 그렇게 하면 교수-학습이 이루어지는 교실의 많은 영역들을 확인할 수 있다. 여러분과 학생들에게 필요한 다양한 종류의 공간을 생각해 보라. 초등학교의 경우 적어도 전체 학습이나 모둠 학습을 할 수 있는 공간이 고려되어야 한다. 그리고 초등학생들은 교실 내에서 다양한 활동을 하기 때문에 교사는 책상이나 탁자의 배치 영역 또한 유심히 고려해야 한다. 그러나 중·고등학교의 경우 미술실이나 목공실, 요리 실습실과 같은 특별 교실이 있기 때문에 반드시 이러한 사항을 고려할 필요는 없다.

여러분은 물리적 공간을 구조적으로 신중하게 배치하여야 한다. 하지만 물리적 공간을 배치할 때 융통성은 허용된다(Simonsen, Fairbanks, Briesch, Myers, & Sugai, 2008). 각급 학교의 교사들은 수업활동과 관련된 공간을 재배치함으로써 학생들이 융통성 있게 좌석에 앉을 수 있도록 해야 한다. 학생의 수업참여를 이끌기 위해 다양한 유형으로 집단을 편성하면 효과적이기 때문에(Bohn, Roehrig, & Pressley, 2004; Vaughn, Hughes, Moody, & Elbaum, 2001) 여러분은 주저하지 말고 학생들이 전체, 개인, 짝, 모둠 학습을 할 수 있도록 좌석을 재배치해야 한다.

또한 벽이나 창문의 장점을 최대한 살려 활용할 필요가 있다. 퍼즐 코너, 학급문고 또는 음악 코너 등과 같이 학생들의 흥미를 반영한 환경을 더욱 풍부하게 하고, 학습을 저해하는 요소를 최소화하라. 그리고 교실 내에서의 활동과 동선이 원활하게 이루어지도록 하라(Simonsen, Fairbanks, Briesch, Myers, & Sugai, 2008).

교사가 교실의 다양한 공간을 배치할 때는 학생들을 수시로 점검할 수 있어야 하며, 물리적인 위험이 없도록 해야 한다. 예를 들어, 학생들이 천장에 닿기 위해 책상 위에 의자를 올려 놓는 것을 허용해서는 안된다. 교실의 물리적 공간은

이런 안전 요소 이외에도 학생들의 협동 정신을 강화하기 위해 활용될 수 있다. 교실을 한 번 돌아보고 교실의 공간들이 균형 잡혀 있는지, 학생들의 선택을 존중했는 지, 유의미한 학습을 촉진하는 지, 공동체 의식을 계발하는 데 적합한 지를 생각해 보라. 마지막으로 공간을 활용하고 학습자료를 배치할 때, 다음의 두 가지 질문을 해 보라.

- 학습환경이 생산적인가?
- 학습환경이 효과적인가?

학습환경이 생산적인가?

학습환경이 생산적이기 위해서는 다음과 같은 사항이 필요하다.

1. 학습환경의 공간에서는 다양한 활동을 골고루 할 수 있어야 한다. 교사는 학생들의 물리적, 사회적, 정서적 요구를 반영한 동선을 고려한다. 특별히 어린 학생들은 앉아 있는 시간을 너무 길게 하지 않도록 하고, 개별 · 모둠 · 전체 학습 등을 적절히 활용하며, 정적인 활동과 동적인 활동도 균형 있게 이루어지도록 한다.
2. 학생들이 서로 바라보고, 들을 수 있도록 학급환경을 조성해야 한다. Charney(2002)는 학생들은 누군가 보고 있다고 생각해야 안전하다고 느낀다고 주장한다. Charney는 교실의 학습공간을 배치할 때 시각적 방해물을 최소화하고 교사가 전

체 교실을 볼 수 있도록 해야 한다고 말한다. 교사는 학생들을 관찰할 필요가 있고, 학생들도 서로를 바라볼 필요가 있다. 이와 관련해 학생들이 마주 볼 수 있는 학습환경에서 학생들의 상호작용은 촉진되고, 학생들도 교사에게 질문을 더 많이 한다는 연구 결과가 있다(Marx, Fuhrer, & Hartig, 1999). 그리고 5장에 따르면, 학생들이 자발적으로 교사에게 질문을 많이 할수록 학생들의 학습이 촉진된다. 일제 수업을 진행할 때에는 학생들의 책상이 교사를 향하게 돌릴 필요가 있다. 학생들이 자리를 재빨리 배열해서 수업에 잘 참여할 수 있도록 지도하라. 여러분은 학생들이 협동 학습을 할 때 학생들이 다른 모둠 학생들의 의견을 잘 들을 수 있도록 분위기를 조성해야 한다. 그러기 위해서 여러분은 다른 모둠에 방해되지 않는 정도의 목소리 크기를 사전에 학생들과 약속하여 적절한 목소리로 토론하도록 지도해야 한다.

3. 교사는 학생들이 보다 과제에 집중할 수 있도록 학습환경을 구성해야 한다. 또한 교사는 학생들의 걸상에 앉아서 칠판이 잘 보이는 지, 그리고 다른 수업 공간은 어떠한 지를 점검할 필요가 있다. 새로운 관점으로 공간을 바라봄으로써 잠재적인 문제를 예방하도록 노력하라. 색감이 너무 화려한 게시물이 수업에 방해되지는 않는가? 학생들의 좌석이 창문과 마주 보고 있기 때문에 눈부시지 않은가? 학생들이 컴퓨터를 이용하여 학습하면서 학습 외적인 요소 때문에 방해받고 있지는 않은가?

학습환경이 효과적인가?

물리적인 학습환경은 교사와 학생들이 시간을 허비하지 않고 자신의 역할을 완수할 수 있도록 효과적이어야 한다. 학습환경이 효과적이기 위해서는 다음과 같은 점을 고려해야 한다.

1. 여러분은 학생들에게 빠르게 접근할 수 있어야 한다. 학생들에게 적절한 행동을 권장하고, 학생들에게 도움을 주며, 학생들의 안전을 확보하는 측면에서 물리적 접근성은 중요하다. Jones(2000)는 학생과 교사의 물리적 거리가 멀어질수록 학생들은 과제에 덜 집중한다고 강조한다. 교실 공간을 배치할 때는 학생들에게 쉽게 다가갈 수 있도록 통로를 넓게 확보하도록 한다. Jones는 책상들을 회로나 고리형의 순환 형태로 배치하는 것이 좋다고 말한다.
2. 학생들이 서로 다가갈 수 있어야 한다. 학생들이 동료에 접근하는 동선을 고려하면 교사가 학생들에게 자료를 나눠주거나 학생들끼리 모둠 학습을 하는 데 효과적이다.
3. 여러분과 학생들은 학습자료를 쉽게 찾을 수 있어야 한다. 학생들이 학습자료를 찾는 데 시간을 낭비하는 경우가 많다. 예를 들어, 학생들이 활용하게 될 자료를 가능한 가까운 곳에 두는 것이 좋다. 또한 학생들이 자료를 어떻게 찾고 활용하는지 안내할 필요가 있다. 어떤 교사들은 2~3명의 학생에게 자료를 나눠주는 역할을 부여한다. 협동 학습을 운영하는 교실에서는 일반적으로 각 모둠 구성원들에게 학습자료를 배분하고, 정리하는 도우미를 둔다. 만약 학생들이 교실에서 자료를 나눠주는 역할을 수행할 때 그 역할을 잘하지 못하면 도우미를 다른 학생으로 바꿀 수도 있다는 것을 알려

〈표 7.1〉 교실 학습환경 점검표

점검 항목	점검 내용
책상 배치	• 여러분의 수업방식에 따라서 책상을 배치한다. • 학기 초에 책상 줄을 일렬로 맞추는 것이 효과적일 수 있다. 그러나 일렬로 책상 줄을 맞추면 공동체 의식 형성을 방해할 수 있으므로 적절히 활용한다. • 책상 줄은 길게 하는 것보다는 짧게 해서 모둠을 만드는 것이 좋다. • 책상 줄을 맞출 때는 공간을 확보하여 학생들의 상호작용을 돕도록 한다. • 책상을 서로 마주 볼 수 있게 하는 배치는 학생들의 사회적 상호작용을 증대시킨다. • 학급 회의를 위해 큰 원 형태로 책상을 배치하는 것도 시도해 본다. • 책상이 교실의 모든 공간을 차지하게 하는 것은 피한다. • 학생들 개개인에 알맞은 책상의 높낮이를 조절한다. 책상이 고장 난 경우 행정실 직원의 도움을 받아 책상을 바꾸도록 한다.
전체 학습 수업상황	• 학생들이 자리에 앉았을 때 수업매체를 잘 볼 수 있게 배치한다. • 이용 가능한 수업자료를 보관할 수 있도록 작은 책상이나 카트를 활용한다. • 초등학교 수준에서는 바닥 공간을 잘 활용하여 모든 학생들이 좀 더 친숙한 환경 속에서 과업에 임할 수 있도록 할 수 있다. 읽기나 토의 시간에는 학생들이 최대한 가까이 앉는 것이 효과적이다. 늘 하던 방식에서 벗어나 변화를 주는 것 역시 학생들의 행동과 자료를 관리하는 데 도움을 줄 수 있다.
모둠 학습 공간	• 공간이 마련된다면 모둠 학습을 위한 원형 책상을 활용한다. • 만약 공간이 협소하다면 교실 밖 복도 공간을 활용하거나 도서관과 같은 장소를 활용한다. • 교사는 모든 학생들이 잘 볼 수 있도록 벽을 등지고 선다.
학생들의 특별한 흥미를 반영한 코너	• 학급 문고, 나도 작가, 과학 탐구, 애완동물, 예술 등의 학습 코너를 마련한다. • 학생들이 자료를 조심스럽게 다루도록 가르칠 필요가 있다. • 조용히 독서할 수 있는 개인적 공간을 마련해라. 이 공간은 일시적으로 집단에서 제외할 필요가 있는 학생들을 위한 공간으로 활용되기도 한다. • 학생들의 특별한 흥미를 반영한 코너는 지속할 수도 있고 학생들의 관심과 흥미에 따라 변화를 줄 수도 있다.
공동 작업 공간	• 미술 수업을 한 후에 쉽게 손을 씻을 수 있도록 개수대를 학생들이 작업하는 책상 가까이에 배치한다. 학생들이 미술 작업을 할 때 신문지 등을 밑에 깔아서 교실 비품을 적절히 보호할 수 있도록 지도한다. • 모든 학생들을 점검하고 관리할 여건이 된다면, 교실 밖의 공간을 활용할 수 있다. • 전체수업 공간에서 활동적인 수업을 고려해서 자료를 배치하는 것은 여러분이 자료를 수집하러 가는 개별 학생들을 점검할 수 있도록 해 준다. • 자료 분배 공간을 학생들이 작업하는 책상에서 가능한 멀리 떨어뜨려 놓는다.

준다. 이렇게 하면 학생들이 게으른 행동을 하지 않고 자기가 하는 일에 자부심을 가질 수 있다.

4. 여러분과 학생들은 다른 공간에 쉽게 접근할 수 있어야 한다. 교실의 비품을 적절히 배치하여 학습공간을 확보한다. 학생들이 많이 붐비는 공간을 미리 생각하고 간격을 유지하여 음수대, 연필깎이, 휴지통 등의 교실 비품을 배치한다. 또한 모든 학생들이 비상 시에 대피할 수 있도록 비상구의 위치를 눈에 띄게 표시해둔다. 앞의 〈표 7.1〉은 교실의 물리적 공간에 대한 점검사항을 항목별로 제시하고 있다. 교실의 환경을 물리적으로 배치한 후에 학생들의 자리에 앉아 본다. 그 다음 이 장의 뒤쪽에 있는 〈표 7.6〉을 활용해서 교실 공간 배치를 위한 자신의 계획을 세워보라.

시간 관리

시간 관리를 연구하는 학자들은(Jones, 1987) 교사들이 비효과적인 교실 관리로 인해 수업시간의 반을 허비한다고 지적한다. 여러분이 학생들과 함께하는 소중한 시간의 반이 낭비된다고 생각해 보라. 교실에서의 시간을 황금처럼 활용하라. 1분의 시간이 낭비되는 것은 교실에 있는 모든 학생들의 1분을 잃는 것이다. 그리고 이러한 손실은 다시 복구할 수 없다.

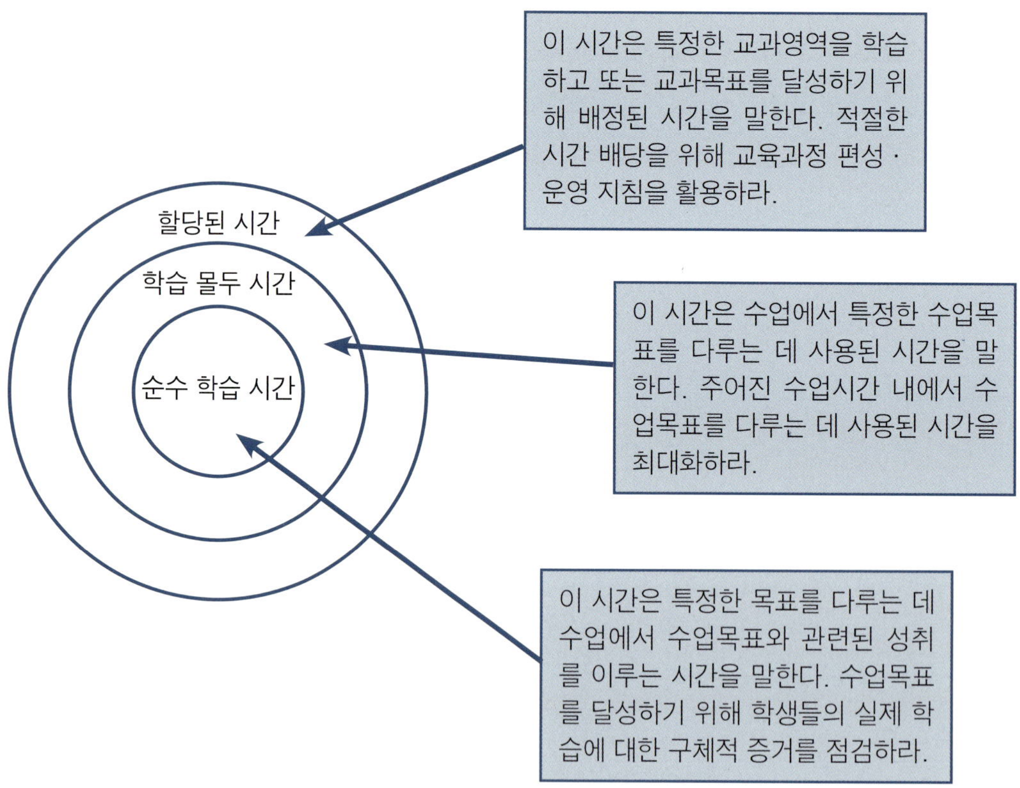

[그림 7.1] 교실 수업시간 타겟 모형

순수 학습시간Academic Learning Time의 최대화

시간을 황금과 같이 활용하라는 것은 교실에서 최대한의 시간을 학습에 활용하고, 낭비되는 시간을 최소화하라는 의미이다. 수업시간의 총량은 세 가지 형태로 나눌 수 있다. 할당된 시간allocated time, 학습 몰두 시간engaged time, 순수 학습시간academic learning time이 바로 그것이다. 이와 같은 시간의 상세한 설명은 [그림 7.1]에 제시되어 있다. 이 그림은 학생들을 분주하게 만드는 교사가 되기보다는 전문적으로 시간을 관리하는 교사가 되어야 함을 분명하게 제시해 준다. 여러분은 [그림 7.1]의 핵심인 순수 학습시간을 다른 두 종류의 시간보다 늘리기를 원할 것이다. 시간을 관리하는 사람으로서 교사는 학생들이 수업목표와 관련된 학습의 성취를 이루도록 해야 한다. 학생들이 교재를 펴서 지금 수업하고 있는 내용에 해당하는 부분을 쳐다보고 있더라도 그 내용이 무엇을 의미하는 지 알지 못한다면 시간을 적절하게 활용하는 것이 아니다.

학생들이 수업에 참여하고 수업에 부응하도록 여러분이 알고 있는 모든 것을 활용하여 학습시간을 최대화하라. 예를 들어, 교실에서 영상자료를 활용할 때도 신중하게 생각하라(Hobbs, 2006). Hobbs는 매체를 잘 활용하기 위해 다음의 내용을 강조한다.

- 수업목표를 명확하게 설정하라.
- 일시 정지, 되감기 등 여러 가지 기능을 활용하여 학습을 촉진시켜라.
- 다른 행동을 하지 말고, 비디오를 보여주는 것에만 몰두하라.
- 보상으로써 영화를 보여주는 것, 시간 때우기 식으로 비디오를 보여주는 것, 학생 행동을 통제하기 위한 수단으로 비디오를 활용하는 것과 같이 비교육적으로 매체를 사용하지 마라.

교사는 학생들이 학습시간을 스스로 관리할 수 있도록 도와서 순수 학습시간을 최대화할 수 있다. 다음의 수업 팁을 참고하라.

여러분은 업무에 활용되는 시간을 최소화함으로써 학습시간을 최대화시킬 수 있다. 낭비된 시간을 최소화하는 방식 중의 하나는 반복되는 일을 교실내-일상적인-생활규칙으로 정하는 것이다(Marzano, 2007). 교사는 학생들과 교실내-일상적인-생활규칙을 정해서 엄격한 가정에서 자란 학생, 자유분방한 가정에서 자란 학생, 명확하고 따뜻한 행동적 지원이 필요한 학생들 모두에게 예측가능성, 자신감, 안도감을 줄 수 있다(Gootman, 2001). 여러분은 수업이나 수업 이외에서도 교실내-일상적인-생활규칙이 필요할 것이다.

수업 팁

시간 관리

모둠 학습 혹은 개별 학습을 하는 동안 교사와 학생 모두 시간을 낭비하기 쉽다. 학생들에게 과제에 집중하는 시간을 측정하는 법을 안내하라. 이때 타이머를 학생들에게 직접 제시하는 것은 시계를 보며 일일이 시간을 학생들에게 말해주는 것보다 효과적이다. "시간 다 되었어요."라고 알려주면 "안 되요."라는 말만 반복하는 아이들에게, 타이머를 제공하면 '시간 관리자'로서 여러분의 부담은 줄어들 것이다. 몇몇 교사들은 알람시계를 활용하거나 스마트폰 타이머를 활용한다. 전자칠판도 타이머 기능을 갖고 있다. 만약 컴퓨터와 빔프로젝트가 있다면 타이머 프로그램을 활용해 볼 수 있다.

수업 이외의 교실내-일상적인-생활규칙

교사가 학기 초에 교실내-일상적인-생활규칙을 학생들에게 안내한다면 1년 동안의 수업에서 많은 시간을 절약할 수 있을 것이다. 과제를 어디에 제출해야 하는 지 혹은 연필을 깎아도 괜찮은 지 등의 많은 질문으로부터 교사는 자유로워질 수 있다. 여러 연구에서 효과적으로 교실을 관리하는 교사는 1년 중 수업 첫 날에 상당한 시간을 투자한다고 지적한다(Bohn et al., 2004;

수업 팁

올바른 출발로 가는 길

학기 초에 다음의 사항을 을 확실하게 하라.

- √ 학생들이 학습할 수 있는 것에 대해 기대수준을 높게 잡아라.
- √ 참여할 수 있는 학습활동을 제시해라.
- √ 교실내-일상적인-생활규칙과 절차를 수립하라.
- √ 구체적인 학생의 행동과 성공을 칭찬하라.
- √ 학생의 자기-조절을 도와라.

Emmer et al., 1980; Evertson & Emmer, 1982; Marzano, 2007). 이런 연구에 기초한 수업 팁을 통해 여러분은 학기 초에 올바르게 교실을 관리할 수 있는 안내지침을 얻을 수 있다.

〈표 7.2〉는 교사가 교실내-일상적인-생활규칙을 만들어서 교실에서 활용할 수 있는 반복되는 일들을 적은 것이다. 우선 학생들이 아침에 교실에 들어왔을 때 해야 하는 일, 출석을 부르는 방법과 같이 당면한 것들을 먼저 가르쳐라. 학생들은 시간이 지나면 교실에서 도움이 될 수 있는 교실내-일상적인-생활규칙을 완전히 익힐 수 있다. 교실내-일상적인-생활규칙을 통해 학생들은 책임감을 가지고 교실의 일을 할 수 있고, 자신의 환경을 예측할 수 있게 되면서 안정감을 느낄 수 있다. 또한 교사는 학생의 학습을 제일 우선순위로 놓고, 교실과 관련된 수많은 결정으로부터 자유로워질 수 있다.

수업전략을 특별히 신중하게 선택해서 교실내-일상적인-생활규칙을 가르쳐라. 어떤 교사들은 정확한 시범으로만 교실내-일상적인-생활규칙을 가르치려고 한다. 교사는 대개 교사가 주도하는 수업[direct instruction]을 통해(〈표 5.2〉 참고) 개별 학생이 교실내-일상적인-생활규칙을 이해하고 활용할 수 있게 한다. 교사는 학생들이 어리고 그 수가 많을수록 교사가 주도하는 수업을 통해 교실내-일상적인-생활규칙을 지도할 필요가 있다. 교사가 주도하는 수업을 통해서 다음과 같은 사항을 실행하라.

- 교실내-일상적인-생활규칙에 대한 비판적 정보를 제시하라.
- 학생들의 이해를 점검하라.
- 학생들과 함께 교실내-일상적인-생활규칙을 실행하라.
- 학생들이 교실내-일상적인-생활규칙을 실행할 때, 학생들을 개별적으로 관찰하라.

반복해서 가르치는 것은 학생들이 잘못 이해하고 있던 것들을 수정해줄 수 있다(Wong, 1998). 예를 들어, 하 교사는 3학년 학생들이 아침에 등교하면 바로 학습을 할 수 있도록 지도하려고 한다. 하 교사는 자신의 기대를 담아서 표로 정리한다. 그리고 하 교사는 학생들에게 다

[표 7.2] 교실내-일상적인-생활규칙을 통해서 혜택을 볼 수 있는 반복적인 일

• 수업이 시작할 때 해야 할 일 • 수업이 끝날 때 해야 할 일 • 교실을 들어가고 나오는 방법 • 출석 점검 • 도입활동 • 급식 지도 • 자리에 물이나 음료수를 가져올 때의 규칙 • 화장실을 이용할 때 지켜야 할 것 • 교실의 각 공간에서 행동하는 법 • 크게 이야기 할 시간과 이야기하는 방법 • 연필을 깎을 수 있는 시간 • 종이와 다른 준비물을 가져오는 장소와 시간	• 과제물에 제목을 붙이는 법 • 컴퓨터가 작동을 하지 않을 때 해야 할 일 • 완성한 과제를 제출할 시기와 장소 • 결석한 학생들을 위한 학습 안내 • 결석 후 등교했을 때 과제 안내 방법 • 교사가 교실에 없을 때 해야 할 일 • 학교 방문자가 왔을 때 해야 할 일 • 기간제 교사가 임시로 수업을 할 때 도움을 줄 사람과 도움을 주는 방법 • 교사의 심부름을 할 학생 • 비상 상황 시 해야 할 것

음과 같이 지도한다. "교실에 들어오면 세 가지 행동을 해야 해요." 하 교사는 자신의 표를 가리키고, 적절한 제스처를 활용하여 자신의 생각을 제시한다. 하 교사는 다음과 같이 말한다. "첫째, 여러분의 물건들을 정리합니다. 둘째, 사오거나 가져온 준비물을 정리하여 수납함에 놓습니다. 셋째, 일지기록장을 꺼내서 일지를 씁니다." 학생들의 이해 정도를 파악한 후에 하 교사는 행동에 대해 다시 안내한다. "지금이 아침이라고 생각해 볼까요? 가방을 들고 바른 자세로 선생님을 봅니다. 선생님은 여러분 모두가 빠짐없이 아침에 해야 할 세 가지 과제를 할 수 있을 것이라고 기대해요." 학생들은 즐거워하며 참여한다. 하 교사는 크게 따라 웃어주고 학생들이 자신의 과제를 시작할 때 많은 칭찬을 해준다. 만약 학생들이 한 단계 이상을 실행하기 어려워하면 그 단계를 멈추게 하고, 학생들을 다시 지도한다. 학생들이 교실내-일상적인-생활규칙을 내면화할 때까지 표를 정리하여 게시하고, 2주 후에 떼도록 한다.

여러분은 자신의 선호나 학생들의 연령에 따라 수업 이외의 교실내-일상적인-생활규칙을 정할 것이다. 수업 이외의 교실내-일상적인-생활규칙 중 가장 일반적인 규칙은 출석 점검이다. 어떤 교사들은 출석을 점검할 때 학생들과 개인적으로 인사할 수 있는 기회를 갖도록 학생들의 이름을 부른다. "안녕! 승준아!, 안녕! 채원아!" 학생들에게 이런 방식으로 이름을 부르는 것은 일상적인 상황에서 모든 학생들과 긍정적인 관계를 형성하게 한다. 그러나 이름을 부르고 일정한 방식으로 "예!"라는 대답을 듣는 것은 수업시간의 낭비일 뿐이다. 만약 출석을 점검할 때 학생의 이름을 부르는 것이 수업적인 측면 또는 교사와 학생의 상호작용적인 측면에서 바람직하지 않다면, 시간이 상대적으로 덜 드는 다른 방법을 생각해 볼 필요가 있다.

- 수업이 끝나는 종이 울리고 학생들이 여전히 자신의 과업을 하고 있을 때, 교사는 좌석배치표를 보고 교실을 점검하면서 결석 여부를 확인할 수 있다.
- 학생들이 모둠 학습을 할 때에 반장이 출석 상황을 보고할 수 있다.
- 학생들은 교실로 들어와서 개인의 이름표를 출석표로 옮겨 출석했다는 것을 표시한다. 이 이름표들은 이름이 적힌 집게, 카드 또는 자석을 활용한다. 가령, 김 교사는 첫 주 동안 학생들의 사진을 찍어서 사진 뒷면에 자석을 붙인다. 학생들은 사진을 매일 아침 옮겨 놓는다. 김 교사는 남아 있는 이름 만을 점검하고 결석 여부를 확인한다. 여기서 사용한 사진은 수학수업에서 그래프 자료로 활용할 수도 있다. [그림 7.2]는 어떻게 이 전략이 수업에서 활용되는지를 보여준다.

수업 관리와 교실내-일상적인-생활규칙

Kounin(1983)은 교사들이 수업을 어떻게 조직하고 관리하는 지 연구했다. 그 결과 교사들의 수업 관리와 관련된 세 가지 측면을 발견했다.

- 원활한 수업진행Smoothness: 수업이 처음부터 끝까지 원활하게 진행되고 있는가? 학생들이 질문을 할 때 갑작스런 변화 없이 수업이 원활하게 이어지는가?
- 탄력적인-수업-진행-능력Momentum: 수업이 교사의 수다와 같은 과도한 설명이나 잔소리로 인해 방해받지 않고 잘 진행되는가?
- 학급 전체 학생을 한 눈에 꿰뚫어 보

는 활동Group focus: 교사가 학생 전체를 한 눈으로 꿰뚫어 볼 수 있는가?

같은 방식으로 교실내-일상적인-생활규칙은 수업 외적인 문제와 수업의 원활한 진행에도 도움을 줄 수 있다. 다음 사항을 반영한 수업에서 교사는 학생들이 수업에 집중하도록 할 수 있다.

- 완급 조절
- 활동 전환
- 도움 제공
- 지속적인 수업참여 유도

완급 조절

완급 조절은 수업이 진행되는 속도에 관한 것이다. 초임교사들은 이러한 완급 조절에 어려움을 느낀다. 왜냐하면 수업에서 완급 조절을 하기 위해서는 학생들의 발달수준을 이해해야 하는 데, 학생들에 대한 이해는 교사와 학생이 함께 생활한 시간과 경험이 많을수록 깊어지기 때문이다. 완급 조절이 적절하게 이루어진 수업에서 교사는 학생들의 개념과 생각을 발달시키는 충분한 시간을 사용한다(Sangster, 2007). 수업은 학생들이 충분

학생들이 교실에 들어갈 때 질문내용에 대한 자신의 생각에 대해 이름표를 옮겨서 표현한다.
이름표를 옮겨 만들어진 교실의 그래프 자료는 관련된 수업에 활용될 수 있다.

• 5학년: 옳은 문장인지 판단하기	• 6학년: 스포츠 선택
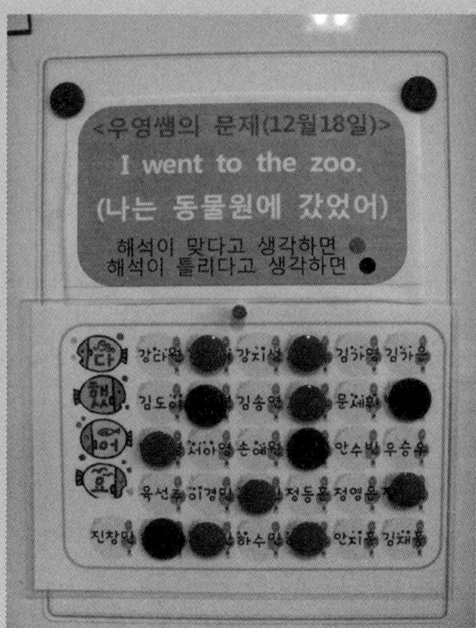	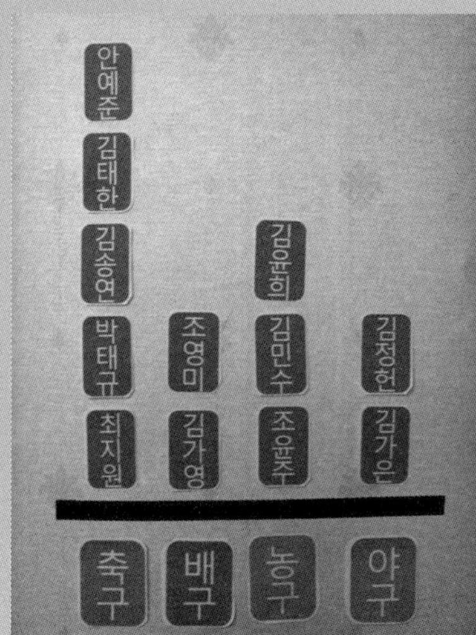
• 이름표는 학생들의 이름을 적은 판이다. 자신의 생각을 자석으로 표현한다.	• 이름표는 포스트 잇을 이용한다. 매 번 다른 설문을 활용한다. 그리고 수학 시간에 활용할 수도 있다.

[그림 7.2] 출석 점검과 수업을 동시에 할 수 있는 실례

히 이해할 수 있도록 천천히 진행되어야 한다. 그러나 다음과 같은 목적을 위해서라면 수업을 좀 더 빠르게 진행할 필요가 있다.

1. 학생들이 수업에 흥미를 가지고 주의를 집중하게 한다.
2. 학생들이 잘못된 행동을 할 가능성을 최소화한다.
3. 시간을 효율적으로 활용한다.

수업의 속도가 적절한 지를 알아보려면, 학생들로부터 그에 대한 단서를 찾아야 한다. 여러분은 서로 다른 별개의 욕구를 가진 두 명의 학생을 선정하여 그 안에서 수업속도에 대한 단서를 찾을 수 있다. 예를 들어, 학습장애를 가진 학생과 학습 속도가 빠른 학생을 생각해 보자. 학생들이 불안해하고 있는가? 그렇다면 교사의 수업은 너무 빠른 것이다. 수업이 너무 느슨하다고 생각하는가? 그렇다면 교사는 활기찬 수업으로 전환할 필요가 있다. 만일 학생이 지루해 한다면 다른 활동으로 바꿀 필요가 있다. 수업내용이 학생들에게 너무 부담을 주는가? 그때 교사는 다른 활동으로 넘어가기 전에 진행되고 있는 수업의 과정을 알려줄 필요가 있다. 그리고 학생들의 몸짓은 제한적인 정보일 수도 있고, 학생들의 몸짓을 교사가 잘못 유추할 수도 있기 때문에 학생들의 몸짓에만 지나치게 의존하지 않도록 한다.

여러분이 경험 많은 다양한 교사를 관찰해 보면 학생들과 자신의 선호에 따라 수업의 속도를 조절한다는 것을 확인할 수 있다. 나는 생산적인 교실 분위기를 좋아한다. 나는 수업이 얼마 남지 않았을 때 학생들이 수업이 끝나는 것을 알고 아쉬워하는 것을 보고 보람을 느낀다. 학생들이 정해진 수업시간을 초과하지 않도록 과제에 몰두하고 해결하는 데 걸리는 시간을 일부 제한하라. 특히 모둠활동을 할 때 모든 학생들은 주어진 시간 내에 과제를 완성해야 한다. 물론 시간을 조금 더 주어 활동을 완료할 수 있다면 학생들에게 예외적으로 추가시간을 더 줄 수도 있다. 그러나 추가시간을 과도하게 많이 주면 수업이 너무 느슨하게 운영될 수 있다. 시간은 황금과 같다는 메시지를 학생들에게 전하라. 이렇게 하면서 남는 시간을 수업에 적절히 활용하는 것이 좋다. 만약 수업이 빨리 끝난다면 다음의 수업 팁에 나온 것처럼 계획을 세우고, 이를 적용해 보라.

활동 전환

활동 전환은 한 활동에서 다음 활동으로 넘어 가는 단계를 말한다. 교사는 수업을 할 때 활동을 효과적으로 전환할 필요가 있다. 여러 교과를 가르치는 교사들

수업 팁

수업이 빨리 끝났을 때 무엇을 해야 하는가?

초임교사가 자기 수업의 완급 조절을 평가해 보면 가끔 수업이 예상보다 빨리 끝나는 경우가 있다. 수업이 빨리 끝났을 때를 대비해서 여러분이 계획하는 모든 수업에 간단한 활동을 준비해보자. 연습문제(practice page)와 심화활동(extension activity)이 그 예이다. 비교과활동(extra activity)도 의미 있는 활동이라는 것을 명심하라.

만약 이런 활동을 실시하는 것이 어려울 때는 〈표 7.3〉에 제시한 '자투리 시간에 할 수 있는 활동'이나 아래의 '지속적인 수업참여 유도'에 제시된 활동들을 해 보자.

은 교과가 바뀔 때 활동을 매끄럽게 전환해야 한다. Murphy는 학생들이 한 활동에서 다음 활동으로 전환될 때 2분 정도 집중이 유지된다고 설명한다. 사실 활동 전환은 어려운 전략 중 하나이다(Freiberg, Huzinec, & Templeton, 2009). 유연하게 활동을 전환하기 위한 방법은 다음과 같다.

1. 활동 전환을 예상해서 자료를 사전에 준비한다.
2. 활동 전환을 위한 계획을 한다. 활동 전환을 할 때 무엇이 필요한가? 학생 행동을 점검하고 필요하다면 다시 안내한다.
3. 제한된 시간 내에 활동 전환을 마무리 한다. 학생들이 빨리 다음 수업을 준비할 수 있도록 한다. 학생들에게 이전에 활동 전환을 잘했던 경험을 상기시키며 학생들을 위한 보상을 제시할 수도 있다. 몇몇의 교사는 활동 전환과 교실내-일상적인-생활규칙을 행동으로 옮길 때의 시간을 측정한다. 그리고 절약한 시간은 나중에 학생들이 좋아하는 활동에 사용한다(Jones, 2000).
4. 활동 전환을 쉽게 할 수 있도록 공간을 변화시킨다. "학습지를 끝내고 20초 안에 한 장소로 모입니다."
5. 활동 전환이 두 가지 기능을 제공하도록 한다. 가령, 초등학교에서 교사들은 활동 전환을 할 때 노래를 부르도록 하는 데 이는 학생들이 수업에 집중하고 노래가 끝날 때까지 활동 전환을 마치게 하는 의도가 있다. 어떤 교사들은 컴퓨터로 두 개의 짧은 시그널 노래를 틀어서 활동 전환을 시작할 때와 마칠 때 신호로서 사용한다. 그리고 학생들이 활동 전환을 할 때 수학 공식을 암기하게 하거나 주위의 휴지를 주우면서 활동 전환을 시킬 수도 있다.

도움 제시

학생들이 개별 학습을 하면 교사의 도움을 앉아서 기다리는 시간이 많아 학습시간이 부족한 경우가 많다. 따라서 교사는 모든 학생에게 개별적으로 도움을 줄 수 있도록 계획한다. 그 첫 번째 방법은 학생들이 어떤 도움을 요청하는 지 점검하는 것이다. 여러분이 학생들에게 사회 과제를 제시했는데, 8명의 학생들이 잘 알지 못한다는 표정을 지으면서 금방이라도 질문할 태도를 보인다고 상상해 보라. 여러분은 학생들의 이러한 태도를 보며 수업내용을 다시 가르칠 필요가 있다는 것을 알게 될 것이다. 예를 들어, 여러분은 학생들이 지도의 축척을 이해하지 못하고 있다는 것을 발견했다고 생각해 보자. 이런 때에는 개별적인 질문에 답변하는 것을 멈추고, 전체 학생을 대상으로 축척 구하는 법을 다시 가르친다. 또는 지도의 축척에 대한 설명을 더 듣고 싶어 하는 모둠을 별도로 조직하여 가르친다. 만약 여러분이 수용적인 분위기를 형성한다면, 학생들은 이전의 내용을 다시 배우기 위해 돌아가는 것을 언제든지 받아들일 것이다.

학생들이 여러분의 지시사항과 수업에서 제시한 개념들을 잘 이해하고 있는 지 확인하라. 그리고 학생들이 필요로 하는 도움을 가능한 빨리 줄 수 있는 방법을 생각해 보라. 다음은 교사가 유용하게 활용할 수 있는 네 가지 전략이다.

1. '칭찬하라-자극하라-떠나라 Praise-Prompt-Leave 전략'을 활용한다. 학생들의 질문에 대답해 주고 학생들이 잘하고 있는 점을 구체적으로 언급해서 칭찬해 주어라. 그리고 학생들이 다음 단계로 신속하게 넘어갈 수 있도록 자극하고, 떠나라. 여러분이 학생들에게 효과적으로 도움을 제시하면 여러분은 더 많은 학생들과

상호작용할 수 있다. Jones(2000)는 교사가 학생들에게 개별적으로 20초 이상 도움을 주어서는 안 된다고 권고한다.

2. 만약 학생들이 모둠별로 앉아있다면 학생들에게 개별적인 질문이 아닌 모둠 단위의 질문을 하라고 지도하라. 이런 방식으로 학생들이 질문을 하게 하면, 학생들은 질문을 하기 전에 2~3명의 동료에게 먼저 물어보게 된다. 이때 교사는 시간을 절약할 수 있을 뿐만 아니라, 학생들에게 서로 도움을 주고 받을 수 있는 기회를 줄 수 있다.
3. 각 모둠에서 활동을 빠른 시간에 잘 끝낸 학생을 확인해 두라. 그리고 활동을 잘 끝낸 학생들에게 같은 모둠의 학생들이 활동을 잘 마칠 수 있도록 도움을 주게 하라.
4. 손 들기 대신 다른 방법으로 신호를 보내도록 하라. 예를 들어, 학생들은 도움이 필요할 때 책상 위에 빨간 카드나 플라스틱 컵을 놓을 수 있다. 여러분이 도움을 주러 갈 때까지 학생들에게 다른 부분을 먼저 학습하라고 안내하라.

지속적인 수업참여 유도

공식적인 수업시간 외에도 학생들이 계속 학습해 나가도록 하려면 다음과 같이 실행하라.

- 만약 학생들이 과업을 일찍 끝내면 그 후에 무엇을 해야할 지 계획하라.
- 남은 시간을 활용하기 위해 적절한 전략을 구사하라.

일반적으로 초등학생들은 각기 다른 속도로 학습문제를 해결하는 데, "선생님, 끝났어요. 이제 뭐해요?"라고 말하기도 한다. 이때 교육적으로 타당한 답변을 하고 학생 스스로 학습활동을 선택하고 완성할 수 있도록 안내하라. 그리고 학생들이 활동을 끝내고 스스로 학습할 수 있는 사항들을 도표로 작성하고 학생들에게 도표의 내용에 대해 설명하라. 그런 다음 학생들이 "이제 뭐해요?"라고 물어보면 게시된 도표의 내용을 따르도록 안내하라. 상황에 따라 필요한 활동내용을 도표에 추가적으로 삽입하여 제시할 수 있다. 학생들의 나이를 고려하여 다음과 같은 활동을 활용할 수도 있다.

- 학습산출물-선택-계약Complete product option contracts을 한다.
- 학급 내에 특별 게시판의 내용을 추가한다.
- 좋은 책을 읽는다.
- 친구에게 편지를 쓴다.
- 지구본을 학습한다.
- 여러 가지 기초적인 기능을 연습한다.
- 코너 활동을 한다.

수업 팁

반복해서 가르칠 때의 노하우

여러분은 기준을 정하여 5명 이하의 인원수를 선택한다. 4명으로 해보자. 만약 학급에서 4명의 학생들이 비슷한 도움을 요청한다면 각각의 개별 질문에 대답하지 마라. 학급 전체를 대상으로 다른 방법을 활용해서 다시 그 내용을 가르쳐라. "수업내용이 여러분에게 분명히 전달되지 않은 것 같아요. 많은 학생들이 ________에 관해서 물어보는군요. 다른 방식으로 설명해 줄게요."

학생들이 각기 학습을 마치는 시각이 다를 때, 남는 자투리 시간이 있을 수 있다. 이렇게 남는 자투리 시간을 활용해서 의미 있는 활동을 할 수 있다. 수학 시간에 생각보다 계산이 빨리 끝난 학생들에게 다음과 같은 문제를 제시할 수 있다. "여러분이 만약 지금까지 백만 초를 살았다면 여러분의 나이는 몇 살일까요?" 이런 질문은 분, 시간, 주, 월 단위로 응용하여 제시할 수도 있다. 또는 역사적으로 오늘 무슨 일이 있었는지 신문을 활용해서 조사하게 할 수도 있다. 다음의 〈표 7.3〉에 추가 활동이 제시되어 있다. 컴퓨터에 파일로 저장해 두거나 수기로 기록해 놓아 유사시에 활용할 수 있도록 한다. 교사가 시간 관리에 대해 생각해 볼 때, 〈표 7.3〉을 사용하여 시간을 잘 사용하기 위한 임시계획을 작성해 보는 것도 좋은 일이다.

〈표 7.3〉 자투리 시간에 할 수 있는 활동

1. 학생들에게 시를 읽게 한다.
2. 스무고개 게임을 한다.
3. 어린 학생들에게는 듣기 기능 향상을 위해서 공자 가라사대 게임을 한다.
4. 숫자 세기 게임을 한다. 숫자를 세는 방법에 변화를 주어서 숫자를 세도록 한다. 예를 들어, 10의 배수에는 "쿵!"이라고 외치도록 한다. "8, 9, 쿵, 11"이런 식으로 숫자 세기 게임을 한다.
5. 개별적으로, 짝 활동 혹은 전체활동으로 수도, 동음이의어, 포유류, 정부 각료 등의 이름 제시하기 게임을 한다. 아프리카 국가, 화학기호 등을 활용할 수도 있다.
6. 정해지지 않은 양을 측정하면서 계산 기능을 연마하는 활동을 한다. "한 발로 몇 초 동안 설 수 있는가?", "손에 쥐고 있는 콩이 얼마나 많이 있는가?", "주머니에서 꺼낸 3개의 동전은 총 얼마인가?", "지구에 벌레가 얼마나 많을까?" 이 외의 세계 기록에 관한 책에서 다른 정보들을 얻을 수도 있다.
7. 간단한 이야기 짓기 활동을 한다. 한 사람이 도입부를 작성하면 다른 사람이 그 다음 내용을 이어서 작성한다.
8. "누가 내 집단에 있는가?"라는 활동을 통해 분류 기능을 연습한다. 학생들에게 사람을 분류하는 기준을 제시하지 않은 채 몇몇 학생들을 앞으로 불러 교사가 생각한 기준에 따라 배치시킨다. 앞에 나오지 않은 나머지 학생들은 분류기준을 추측한다. 기준을 두 가지 이상 활용하여 학생들이 조금 혼동되게 할 수도 있다.
9. 간단한 물체를 꺼내서 그것에 관한 과학적 관찰 목록표를 작성한다. 여러분이 얼마 동안 목록표를 작성할 수 있는지 알아보라. 그리고 순전히 동료의 관찰내용을 읽거나 들어서 특정 물체에 학생들이 위치하는 지를 확인해 보라. 시간이 지나면서 학생들은 관찰의 질을 향상시키는 데 애를 쓴다.
10. 지도를 꺼내서 학생들에게 자신이 생각하는 지역을 발견하도록 질문을 하는 "나는 __지역을 여행하고 싶다" 게임을 한다. 학생들이 계속해서 질문을 주고받으며 답을 알아내도록 한다. "여행지의 가장 북쪽선 상에는 어떤 지역들이 있는가? 동쪽은?" 등의 질문을 할 수도 있다.
11. 학생들에게 이야기를 들려준다. 이야기 중 일부분을 다시 만들어보게 하거나 이야기와 관련된 문제를 내도록 한다.
12. 유전학 조사를 한다. 혀를 둥글게 말 수 있는 학생들을 알아본다. 귓볼이 붙어 있는 학생들을 알아본다.
13. 앉아서 할 수 있는 신체활동을 한다. 한 손으로 배를 문지르면서 다른 손으로 머리를 살짝 두드리는 것을 동시에 할 수 있는가? 새끼손가락끼리 부딪히는 활동을 해 본다.
14. 세상에 대해 이야기 해본다. 학생들이 오늘 인터넷(신문)에서 무엇을 보았는가? 뉴스를 보았는가?

〈표 7.4〉 개요: 자신의 관리계획에 관한 안내 사항

1. 원칙

- 교사의 법적 책무성에 대해 확인해본다. 메모할 점 :

- 지역행정가 또는 멘토와 함께 교사에 대한 기대와 법적 근거를 검토한다.

- 유념해야 할 사항:

2. 환경

- [그림 1.1](교사들에게 영향을 주는 각종 요인)을 보며 '지역적 특성'과 그에 따른 '교사에 대한 기대'에 대하여 가지고 있었던 자신의 생각을 재구성한다.

- 유념해야 할 사항:

3. 나의 수업관

- 2장의 수업관을 다시 살펴보고 자신의 수업관을 새로이 정립한다.

- 다음의 항목들을 작성해 본다.

  좋은 사회는 ______________________________

  공동체는 ______________________________

  교육의 목적은 ______________________________

  사람들은 ______________________________

  좋은 교사는 ____________________ 에 의해 학습한다.

〈표 7.5〉 긍정적 교실 분위기를 만들기 위한 계획

- 나는 나의 교실이 ______처럼 느껴지기를 원한다.
- 나는 _______을 통해 공동체 의식을 촉진할 것이다.
- 이러한 분위기를 만드는 물리적 요소

  학습공간(책상, 탁자):

  자신의 교탁 공간:

  모둠 학습 공간:

  학생들의 특별한 흥미를 반영한 코너:

  벽과 창문 공간:

  나의 작업활동과 수납 공간:

- 나는 다음과 같은 분위기를 만드는 물리적 배치와 전략을 활용할 것이다.

  교실은 다음 사항을 제공하는가?

- 정서적 안정감과 소속감
- 지적 자극
- 사회적 상호작용
- 유쾌한 경험
- 학생의 책임감

〈표 7.6〉 교실 공간 배치를 위한 계획

- 완벽한 교실의 매핑mapping: 지도

점검 항목

- 안전한가? 내가 학생들을 모니터할 수 있는가?
- 공동체 의식을 형성하는 분위기인가?
- 생산적인가?
- 효과적인가?
- 이용 가능한 자원을 최대한 활용하는가?

〈표 7.7〉 교실 배정 시간을 잘 활용하기 위한 계획

<table>
<tr><td>• 배정된 시간에 대한 관리자나 멘토의 요구사항 또는 지침을 점검하라.
학급 시간표 예시</td></tr>
<tr><td>• 몇 가지 수업 이외의 교실내-일상적인-생활규칙
출석 점검:
도입활동:
각 공간에서 지켜야 되는 행동:
활용할 수 있는 두 가지 이상의 교실내-일상적인-생활규칙(〈표 7.2〉를 참고하라.)
• 수업과 관련된 교실내-일상적인-생활규칙
도움 제공:
자투리 시간 활용법:
독립적인 학습활동:</td></tr>
<tr><td>가정과의 연계
• 가정과 다른 자원 봉사자를 포함한 교실내-일상적인-생활규칙
• 가정과 정기적으로 의사소통하기 위한 교실내-일상적인-생활규칙</td></tr>
</table>

〈표 7.8〉 하루 동안의 관리계획

1. 학급 조회 절차
    - 출석 점검 과정:
    - 출석:
    - 지각생이나 결석생과 같은 출석자료 점검:
    - 결석 후 다시 등교한 학생의 학습 절차:
    - 결석했던 학생을 위한 수업활동:

2. 규칙과 절차
    - 교실을 나갈 때:
    - 교실자료 활용:
    - 도움 요청:
    - 동료와의 학습:
    - 과제 제출:
    - 과제 형식, 이용 가능한 자료, 과제 제출 기한을 어겼을 때, 추가 점수에 대한 요구사항:
    - 과제 평가 기록:
    - 학교 손님에 의해 교사가 바빠질 때 학생들이 해야 할 일:

3. 종례 절차
    - 청소를 알리는 신호:
    - 학생들이 귀가를 할 때 교실의 상태:

〈표 7.9〉 교실 관리의 관찰내용

관리 영역	관찰 사항 메모
분위기 1. 교실은 ____________ 같이 느껴진다. 2. 교사가 교실 분위기를 조성하기 위해 하는 말과 행동 3. 교실 분위기에서 전해지는 교수-학습에 대한 아이디어 4. 공동체: 어떻게 교실환경을 통해 공통된 관심과 관리 규준이 설정되는가? 5. 어떻게 분위기를 설정하는가? 가. 정서적 안정감 나. 지적 자극 다. 사회적 상호작용과 책임감 라. 의미 있고 즐거운 경험	
물리적 공간 6. 교사는 어떻게 교실의 물리적 공간을 구조화하는 지 관찰한다. • 바닥 • 벽 • 교탁 공간 • 특별 코너 • 기타 공간 7. 어떻게 교사가 수업자료를 배치하는 지 관찰한다. 8. 어떻게 환경이 물리적 안정감을 향상시키는가? 9. 생산성: 어떻게 환경을 통해 다음 사항들이 이루어지는가? 가. 활동의 균형과 다양성 나. 모든 학생이 교사를 바라본다. 다. 모든 학생이 수업에 집중한다. 10. 효과성: 어떻게 환경을 통해 다음 사항들이 이루어지는가? 가. 교사가 학생에게 다가간다. 나. 학생들이 서로 다가간다. 다. 교사와 학생들은 수업자료와 학급의 다른 공간에 접근한다. 시간 11. 교실의 시간표를 살펴보라. 교사는 학습에 할당된 시간동안 어떻게 학습을 촉진하는가?	

〈표 7.9〉 교실 관리의 관찰내용(계속)

관리 영역	관찰 사항 메모
12. 학생들이 학습에 몰두한 시간동안 성공을 경험하는 지를 어떻게 알 수 있는가? 13. 어떻게 교사들은 수업 외에 교실내-일상적인-생활규칙을 효과적으로 활용하는가? 특히 효과적으로 생각되는 교실내-일상적인-생활규칙을 기록해 보라. 14. 만약 수업을 관찰한다면, 다음을 점검해 본다. 가. 완급 조절 나. 활동 전환 다. 도움 제공 라. 활동을 빨리 마친 학생들을 위한 대비 **전반적인 평가** 15. 교사와 교실을 관찰하면서 교실 관리에 대해 배운 2~3가지 사항을 적어본다.	

마무리

교사가 즐겁고 생산적인 교실환경을 형성하기 위해 부단한 노력을 해도 항상 교육이 행복하게 이루어지는 것은 아니다. 교사가 훈육에 애를 먹거나, 학생들이 서로 존중하지 않거나, 공동체 의식을 형성하는 데 실패한다면 교실에는 부정적인 영향을 미칠 것이다. 만약 여러분의 교실이 비생산적이고 즐겁지 않다면 다음과 같은 방법을 실행해 보라.

1. 선견지명을 가져라. 여러분이 학생들과 함께 달성하려고 하는 것은 무엇인가? 생산적인 학습환경을 만드는 데 여러분과 학생들의 노력을 방해하는 것은 무엇인가? 믿을만한 제 삼자가 여러분에게 새로운 시각을 제시해 줄 수 있을 것이다.
2. 공동체 의식을 재형성하라. 교실의 새로운 목표를 정하기 위해 교실 모임을 가져라. 학생들이 공동체 구성원으로서 활동하는 것을 보상해 주기 위해 흥미 있는 활동과 긍정적인 결과물을 선정하라. 학생들이 교실을 자신들만의 공간으로 만들게 하라.
3. 학생 행동에 대한 기대를 재확립하라. 여러분이 학생들에게 아주 많이 신경 쓰고 있어서 서로에게 혹은 교실에 해가 되는 것을 허용하지 않는다고 학생들에게 상기시켜라. 여러분이 원하는 행동의 윤곽을 명확하게 그려 주어라.
4. 교실 분위기를 바꾸어라. 조용한 음악을 틀어라. 책상을 재배열하라. 여러분의 목소리를 녹음해서 음색을 들어보라. 여러분의 교실내-일상적인-생활규칙을 바꿔라. 일정을 바꿔라. 학생들과 함께 점심식사를 하라.
5. 포기하지 마라.

이론에서 실천으로

1. 〈표 7.9〉에 제시된 관찰내용 목록을

활용해서 교사의 교실 관리계획을 분석하라. 여러분은 두 가지 선택 사항이 있다.

- 경험이 풍부한 교사의 교실 관리를 관찰하라. 관찰한 후에 여러분의 교실 관리에 대한 생각에 부합하는 좋은 아이디어를 기록해 두라. 여러분 자신의 계획과 좋은 아이디어들을 통합하라.
- 여러분이 교육 현장에 있다면, 동료교사나 멘토에게 여러분의 교실 관리를 관찰해 주라고 요청하라. 또는 수업을 비디오로 녹화해서 녹화한 영상을 분석할 수도 있다.

2. 교실 관리에 관한 전문자료를 읽어보라. 저자가 교육에 대해 갖고 있는 입장은 무엇인가? 저자가 제시하는 전략들이 여러분이 알고 있는 좋은 수업에 부합하는 것들인가?
3. Kohn(1996)은 학교가 보상과 벌에 의존하고 또한 이러한 보상과 벌이 학생을 위한 선택이라는 오해에 대하여 비판한다. 여러분은 Kohn의 의견에 어느 정도까지 동의하는가? Kohn이 무자비한 행동으로 간주했던 것들을 변화시키려면 어떻게 해야 하겠는가?
4. 교실 관리에 관한 유망한 아이디어를 모아 두라. 동료들과 아이디어를 나누는 시간을 가져라. 교실 관리에 관한 아이디어를 얻기 위해 더 많은 교실들을 관찰하라. 여러분이 생각하는 모든 전략들은 교육을 향한 여러분의 입장이 담긴 엄격한 기준에 부합해야 한다. 또한 그 전략들은 온화한 방법으로 학생들의 학습을 장려해야 한다는 것을 명심하라. 오늘날의 많은 교실 관리 전략들이 그 기준에 미치지 못하는 경우가 있다.

8

학생 훈육

"진정한 훈육은 문제를 해결하지 않고 조용히 있었던 사람들의 침묵 속에 존재하는 것이 아니라
문제를 경험하면서 어려움을 겪었던 사람들의 충격,
문제를 해결하기 위해 노력하였던 사람들에게 생겨났던 의문,
문제를 해결하면서 깨달은 사람들의 희망에 존재한다."

—Freire(1998: 86)

이 장을 시작하기 전에

여러분이 초 · 중 · 고등학교 때에 겪었던 학교 경험을 생각해 보라. 그리고 성공적으로 학생을 훈육*역주: 품성 따위를 가르쳐 기름했다고 알려졌던 선생님을 떠올려 보라.

1. 그 선생님의 평판은 어떠했는가?

____

2. 그 선생님과 여러분의 관계는 어떠했는가? 그 선생님과 다른 학생들의 관계는 어떠했는가?

____

3. 그 선생님이 학생의 행동에 동기를 부여하였던 점은 무엇이었는가?

____

4. 그 선생님은 학생들의 부적절한 행동을 어떻게 예방하였는가?

____

5. 그 선생님은 학생들의 부적절한 행동에 어떻게 대응하였는가?

____

6. 그 선생님이 시도했던 성공적인 훈육의 핵심은 무엇이었는가?

____

(노트: 학생에 대한 훈육을 성공적으로 하지 못했던 선생님을 떠올리고 분석해 보라. 여러분은 이러한 경험을 통해 배울 점을 찾을 수 있을 것이다.)

진정한 훈육은 자기 훈육이다. 유능하고 어려움을 잘 극복하는 사람들은 사회적으로 능숙하며 긍정적인 관계와 삶에 대한 낙관적인 관점을 가지고 있다. 그리고 이러한 사람들은 자기 발달을 위해 노력하며 자기주도력과 문제해결능력과 같은 삶의 기능을 가지고 있다(Henderson & Milstein, 2003). 한편 유능한 아동과 청소년들에게 가장 영향을 주는 요소는 가족이다(Henderson & Milstein, 2003; Kaiser & Rasminsky, 2009). 이 장은 여러분이 학생들을 긍정적이고, 자기 통제적이며, 자신들의 세계에 대한 기여자로 발달시키는 데 도움을 준다. 다음 여덟 가지 주제는 학생 훈육에 대한 이론, 연구, 실제적 도구들에 대한 내용을 포함하고 있다.

1. 교수-학습 퍼즐의 한 부분으로써 학생 훈육
2. 자기 이해부터 시작하는 훈육
3. 목표는 학생들의 자기 훈육이다
4. 훈육의 핵심: 구조적이고 일관적이며 지원적 환경
5. 훈육에서 교사와 학생 간 긍정적 관계의 중요성
6. 사후 대응보다는 사전 예방
7. 훈육에 대한 체제적 접근
8. 학생 훈육 계획

교수-학습 퍼즐의 한 부분인 학생 훈육

학생 훈육을 발달시키려는 노력은 교수-학습의 큰 퍼즐 내에서 일어난다. 첫째, 학생 훈육은 계획, 수업, 관리와 같은 교실의 다른 영역과 관련이 있다. 예를 들어, 학생들은 풍부한 교육과정과 의미 있는 학습에 깊게 참여할 때 자신의 행동에 대한 생산적 선택을 하기가 훨씬 쉽다. 둘째, 학생 훈육은 학교 전체적 맥락에 의해 실행된다. 효과적인 학교 전체 훈육 프로그램은 성인과 학생들의 관계를 살펴보고, 친사회적 행동을 향상시키며, 서로 공유하는 가치를 향한 학습을 제공한다(Freiberg & Lamb, 2009; Osher, Bear, Sprague, & Doyle, 2010). 여러분 교실에서의 훈육 지도는 학교 전체의 훈육 계획의 영향을 받기도 하고, 반대로 영향을 주기도 한다. 셋째, 학생들의 다양성에 포괄적으로 부응하는 교사들은 여러 가지 사회문화적 상황을 이해한다(Gregory, Skiba, & Noguera, 2010; Yang, 2009). 사회문화적 상황을 고려하지 않은 훈육 지도는 학생들의 학습 기회를 감소시킴으로써 학업성취 격차를 더 크게 할 가능성이 있다. 이런 측면에서 다양성에 포괄적으로 부응하는 교사들은 자신들의 훈육 지도가 혹시 좋지 않은 영향을 주는 것은 아닌지에 대해 고민한다. 마지막으로 학생 훈육은 학생들이 바르게 세계를 바라보는 비전을 갖는 데 효과적인 방법이다. 교사는 학생들이 유능하고, 어려움을 극복할 수 있는 성인으로 자랄 것이라는 비전을 가지고 학생들의 자기 훈육을 지지해야 한다.

자기 이해부터 시작하는 훈육

다양성에 포괄적으로 부응하는 교사들은 자기 이해를 하면서 훈육을 시작한다. 훈육의 영역에서 자기 이해는 교사 자신의 동기, 한계, 편견을 이해하도록 돕는다. 예를 들어, 한 연구에 따르면 교사가 학생들에 대해서 흥미가 있고, 독립심이 강하고, 유능하며, 자기주장이 강한 모습으로 인지할 때 학생들의 지적 능력을 과대평가하는 경향이 있다고 한다. 그리고 교사가 학생들에 대해서 걱정이 많고, 미성숙하며, 불안한 모습으로 인지할 때는 학생들의 지적 능력을 과소평가하는 경향이 있다는 것이다(Alvidrez & Weinstein, 1999). 또한 학생이 장애를 가지고 있을 때에는 교사의 학생에 대한 인식에 부정적 영향을 미친다. Cook(2004)의 연구에서 담임교사들은 장애를 가지고 있는 학생들에게 애착을 덜 느끼고 심지어 다른 학생들보다 싫어하는 경향이 있다고 지적한다. 그 결과 교사에게 애착을 상대적으로 덜 받거나 거부를 느꼈던 학생들은 교사로부터 긍정적 관심과 피드백을 상대적으로 적게 받는다.

또한 교사가 학생에 대하여 갖고 있는

자신의 편견이나 시각을 살펴보는 것이 중요하다. 교사가 그러한 편견이나 시각에 대하여 자신의 숨겨진 이해를 명확하게 할 때, 어떤 문제를 사전에 예방할 수 있는 가능성이 높아질 것이다. 따라서 이와 관련하여 앞으로는 다음과 같은 점들을 부연해서 강조할 것이다.

- 훈육 지도자로서 교사의 자기 이해
- 정서적 통제의 유지와 발견
- 전문적 권위에 기초한 선택

훈육 지도자로서 교사의 자기 이해

이 장의 최종적 목표는 여러분이 체계적 학생 훈육 계획을 갖는 것이다. 학생 훈육에 대한 체계적 계획이 없으면 교사들은 이론을 맹목적으로 따르게 되며, 훈육 전문가로서 주도적인 능력을 발휘하기 어렵게 된다(Riley, Lewis, & Brew, 2010: 957). 따라서 효과적인 훈육 계획을 위해 교사로서의 비전을 반영하는 것뿐만 아니라 무엇이 바람직하고 가능한지에 대한 개인적 지각을 반영할 필요가 있다. 우리는 자신의 성격과 성장한 환경에 기초하여 긍정적 요소와 부정적 요소를 모두 가지고 있다. 그리고 우리는 어떤 특정한 방식으로 행동하는 사람을 찾거나 피하게 된다. 이런 개별적인 편견과 선호는 우리가 학생을 이해하고 상호작용하는 방식에 영향을 준다. 다음에 제시한 학생들의 다양성에 포괄적으로 부응하는 교사 팁은 학생 훈육을 할 때, 여러분에게 영향을 줄 수 있는 자신에 대해 알아보는 사례를 제시하고 있다.

정서적 통제의 유지와 발견

수업은 학생들의 정서에 여러 가지 영향을 준다. 학생들의 학습과 성장을 돕게 되면 학생들은 희망을 갖게 되지만, 학생들의 학습과 성장을 돕지 못하면 학생들은 절망하게 된다. 교사들이 사회적, 정서적으로 유능할 때 그들은 생산적인 분위기를 설정하고, 수용적인 관계를 조장하고, 학생들을 자기 통제로 안내하며, 친사회적 행동의 역할 모델이 된다(Jennings & Greenberg, 2010). 그리고 교사들이 화를 내거나 빈정대고, 창피를 주며, 공격적으로 행동할 때 교사는 학생들의 참여, 행동, 자아 통제에 부정적인 영향을 미친다(Sutton, Mudrey-Camino, & Knight, 2009). 따라서 여러분 자신만의 정서적 통제 방법을 계발하고 안정적인 상태를 유지해 나가는 것은 매우 중요하다.

다행히도 모든 정서는 인지적 요소를 포함한다. 그러나 우리는 정서에 의해 지

학생들의 다양성에 포괄적으로 부응하는 교사 팁

자신에 대해 알아보는 사례

학생들과의 상호작용에 영향을 줄 수 있는 몇 가지 개별적 요소들에 대해 생각하는 다음의 질문에 답해 보라.

1. 친구로서 가치가 있는 사람의 세 가지 장점을 적어보자. 여러분은 이런 특징을 보이지 않는 사람들과 어떻게 지내는가?

2. 여러분은 어떤 학생이었는가? 여러분과 다른 특징을 보였던 학생에 대해 어떻게 생각하였는가? 지금은 학생 행동의 태도에 대해 어떤 것을 가치 있게 생각하는가?

3. 잘 가르쳤던 교사들은 어떻게 하였는가? 그들이 가르쳐 준 수업에서 얻은 것은 무엇인가? 한편 교사가 되면 "나는 다르게 할 것입니다."라고 말하고 싶은 까닭이 있다면 그것은 무엇인가?

4. 여러분을 화나게 한 학생들의 태도는 어떤 것인가? 여러분은 이에 어떻게 대응하였는가?

5. 완벽한 사람은 없다. 여러분은 자신의 향상을 위해 어떤 노력을 하고 있는가?

배될 필요는 없다. 대신에 우리는 교실 사태에 대한 정서적 대응을 선택할 수 있다. 건전한 정서를 유지하는 것은 두 가지의 조절을 포함한다. 긍정적 정서를 증가시키고 부정적 정서를 감소시키는 것이다. 교사들은 긍정적 정서를 조절하기 위해 다양한 전략을 활용한다. 다음은 긍정적 정서를 증가시키는 몇 가지 공통적인 전략이다.

- 학생의 긍정적 특성에 집중
- 즐거운 분위기의 음악 감상
- 동료와의 대화
- 유머 활용
- 긍정적인 상상을 안내하는 정신적 활동

교사들은 정서적 통제를 위해 부정적 정서를 조절하는 것이 훨씬 더 어렵다고 한다. 그러나 부정적 정서의 조절 역시 똑같이 중요하다. 성인과 전문가로서 우리가 할 일은 정서적 통제의 모델이 되는 것이다. 분노는 자연스러운 사람의 정서이지만 학생들에게 부적절한 행동에 대해 말할 때에는 교사 자신의 정서를 통제할 필요가 있다. 특히 반항하는 학생들을 지도할 때는 최대한 정서적으로 성숙한 태도가 요구된다(Hall & Hall, 2003).

화가 날 때는 신체적, 정서적으로 잠시 물러서서 생각해 보는 것이 좋다. 예를 들어, 학생들이 다른 교과목을 가르치는 교사의 말을 잘 듣지 않을 수 있다. 학생들이 이런 방식으로 수업시간에 행동하면 여러분은 매우 화가 날 수 있고 심지어 학생들의 행동이 여러분에게 영향을 받은 것이라면 당황스러울 것이다. 그러나 이런 상황에서 무턱대고 소리를 지르는 대신에 나지막한 목소리로 "선생님은 이런 소식을 듣고 매우 충격을 받았고 화가 났습니다. 사실 선생님은 매우 화가 나서 지금은 여러분과 이 문제에 대해 이야기를 하지 못하겠습니다. 선생님의 마음이 차분해지면 이 상황에 대해 이야기를 합시다."라고 말할 수 있다.

교사가 매우 화가 났을 때 학생들은 교사의 부정적 통제를 받게 된다(Jones, 2000). 이런 측면에서 Jones는 정서의 통제가 차분함에서 나온다고 하였다. 교사 자신의 부정적 정서를 통제할 때는 호흡 고르기와 같이 자신의 정서를 차분히 하는 전략을 활용하는 것이 좋다. 다음의 수업 팁은 교사가 차분해질 수 있는 한 가지 방법을 제시하고 있다.

전문적 권위에 기초한 선택

자기에 대한 이해로 시작하는 한 가지 방법은 교실에서 활용할 권위의 기초를 선택하는 것이다. 교사들은 다음의 권력을 결합하여 권위의 기초로서 활용한다(French & Raven, 1959).

- 전문적 권력expert power: 학생들은 교사가 교과내용, 수업, 개인적 요구에 대한 우수한 지식을 갖고 있다고 인지한다.
- 준거적 권력referent power: 학생들은 교

수업 팁

교사가 차분해질 수 있는 한 가지 방법

만약 교사가 흥분한 상태에서 학생과의 대화를 시작하려 한다면, 학생과 대화를 할 때 학부모가 학생 옆에 있다고 상상해 보라. 이렇게 하면 여러분은 마음을 차분하게 하고 말을 신중하게 할 것이다.

사가 윤리적이며 자신들에게 관심이 있기 때문에 교사를 좋아하고 존경한다.

- 합법적 권력legitimate power: 교사는 공식적으로 명확한 결정을 할 수 있는 권리를 갖고 있다.
- 보상적 권력reward power: 교사는 사탕, 우선권 같은 유형의 보상, 칭찬, 관심과 같은 사회적 보상을 줄 수 있는 권한을 갖고 있다.
- 강제적 권력coercive power: 교사는 학생들을 처벌할 수 있는 권한을 갖는다.

사실 많은 교실에서 보상적 권력과 강제적 권력이 사용되고 있다. 그 이유는 이 권력들이 학생의 행동을 직접적으로 통제할 수 있기 때문이다. 예를 들어, 교사는 모둠 점수나 사탕과 같은 보상, 방과 후에 남기기와 같은 처벌을 사용한다. 불행히도 보상과 처벌을 활용하는 교사들의 권위는 금방 무너지는 위기를 맞는다. 게다가 보상과 처벌은 일시적으로는 효과적이지만 학생의 자기 통제 발달을 방해할 수 있다(Kohn, 1996; Marshall, 2005).

대신에 교사들은 전문적 권력과 준거적 권력에 기반을 둘 때 더욱 지속적인 존중을 받을 수 있다(Savage, 1999). 이 두 권력은 교사의 학생에 대한 지각에 기초한 것이기 때문에 교사가 교과내용에 대한 전문적 지식과 학생에 대한 관심을 보여주면 학생들은 자연스럽게 교사를 존중한다.

수업 팁

학생들의 자연스런 존중을 얻을 수 있는 방법

- 진정성을 보여라. 여러분의 스타일과 맡겨진 역할에 적합하게 학생들과의 관심과 수용 관계를 강조하라. 학생들에게 여러분은 중요한 사람이다(Raider-Roth et al., 2008; Reichert & Hawley, 2010).
- 지금 당장 결정하는 것이 통제를 하라는 의미가 아니다. 또한 지금 당장 결정하는 것이 학생들을 물리적으로 압박하라는 의미도 아니다. 여러분이 통제의 부적절한 목표를 버리게 될 때, 학생들의 자기 통제 선택을 돕기 위해 극복해야 할 장애물이 감소한다.
- 당당한 모습으로 학생들을 지도하라. 여러분은 자신감을 표출하고 학생들과 있는 것이 가장 좋다는 생각을 전달할 필요가 있다.
- 공평하게 대우하라. 여러분이 지도하게 될 몇 명의 학생들은 이미 여러분을 불신할 수 있다(Payne, 2008). 여러분의 지도 체제가 공평하고 여러분이 학생들을 존중한다고 보여주어라.
- 미리 계획하라. 여러분이 행사할 수 있는 권한의 한계를 파악하라. 몇 명의 학생들은 교사가 훈육 규정 위반에 대한 결과를 적용할 때 수용하지 않을 수 있다. 훈육 규정 위반의 여러 수준에 대한 학교 계획을 찾아보라.
- 통제에 반항할 수 있는 요소를 살펴보라. 중 · 고등학생들은 교사가 통제하는 행동주의 체제를 잘 알고 있기 때문에 충분히 피해갈 수 있다. 대신에 진정한 관계와 합리적 의사결정을 강조하라.
- 노련한 교사를 관찰하고 배울 점을 찾아보라. 보상과 처벌에 의존하지 않고 교실 관리를 잘 하는 교사의 훈육 지도 방법을 살펴보고 배울 점을 찾아보라.

목표는 학생들의 자기 훈육이다

> 오늘날 아동들은 폭군이다.
> 아동들은 자신의 부모를 잘 따르지 않고 음식을 게걸스럽게 먹으며 교사 위에 군림하고 있다.
> —Socrates (450 BCE)

피타고라스는 "자기를 다스릴 수 없는 사람은 자유로울 수 없다"라고 했다. 그러나 자기 통제는 타고나는 것이 아니다. 그래서 우리는 사회화를 통하여 자기 통제를 발달시킨다(Good & Brophy, 2000). 피타고라스가 위의 격언을 한지 2,500년 이후 교사들은 훈육지도의 목표를 충동적이고 자기중심적인 개인에서 자기 주도적이며 자율적인 개인으로 이끄는 것으로 생각하고 있다(Gootman, 2001). 교사들은 자기 통제와 협동이 중요한 기능이라는데 동의하며(Lane, Pierson, & Givner, 2003), 이와 관련된 연구들에서 자기 훈육적 접근이 존중과 책임감을 강조하고 자기 통제를 발달시키는 데 가장 효과적이며, 학생들의 성장에 많은 긍정적 결과를 가져온다고 제시한다(Freiberg & Lamb, 2009).

그러나 자기 훈육적인 접근이 중요하더라도, 교사들이 학생들에게 자기 주도적 기회를 제공하기란 쉽지 않다(Lewis & Burman, 2008). 또한 학생들은 일반적으로 교사들이 학생들의 부적절한 행동에 대하여 매우 강압적으로 지도한다고 생각한다(Lewis, 2001). 교사는 훈육을 독립성과 책임감을 얻는 기회로 바라보아야 한다. 다행스럽게도 교사가 자기 통제의 방향으로 학생을 이끌 수 있는 많은 방법이 있다. 이때 선택할 수 있는 방법은 크게 두 가지이다.

- 독립성을 향상시키는 풍토 형성
- 자기 통제를 촉진하는 훈육 전략 활용

독립성을 향상시키는 풍토 형성

교사의 수업과 물리적 환경은 학생들이 자신에 대해 생각하고 의미 있는 선택을 할 수 있도록 형성해야 한다. 이런 분위기를 형성하기 위해 다음의 세 가지 전략을 시도하라.

1. 학생 선택권 부여
2. 학생의 결정 존중
3. 자연적으로 연관된 귀결과 논리적으로 연관된 귀결

1. 학생 선택권 부여

선택은 학생들에게 권한을 부여하고 주인의식을 형성하도록 하며, 학생들의 거부감을 줄여준다(Marshall, 2005). 교사는 안전하고 수용 가능한 한계 내에서 학생들에게 의미 있는 의사결정을 하도록 다양한 기회를 제공할 수 있다. 또한 교사는 수용 가능한 범위에서 선택 사항을 제시할 수 있다. 예를 들어, 학생들이 교실 규칙, 동아리 가입, 주제, 학습공간 등에 관한 사항을 선택할 수 있다. 학생들이 성숙할수록 더 많은 범위의 선택사항을 제공할 수 있다. 학생들이 의미 있는 선택을 할 때, 학생들은 좋은 결정을 할 수 있으며 교사들은 학생들의 능력을 존중하게 된다(Coloroso, 1994).

2. 학생의 결정 존중

학생들이 선택을 할 때 교사는 학생들의 선택에 대한 결정을 존중해야 한다. 교사는 학생들의 선택이 유익하지 않거나 스스로 실행할 수 없을 경우에만 그들의 선택을 수정한다. 학생들의 선택이 교사와 맞지 않을 수 있지만 그에 따른 결과가 염려되지 않는다면 학생들의 선택을 허용하는 것이 좋다.

3. 자연적으로 연관된 귀결과 논리적으로 연관된 귀결

자기 통제를 하는 사람들은 그들의 행동과 결과가 연관된다는 것을 이해한다. 불행하게도 학교는 학생의 행동과 관련이 없을 뿐만 아니라 다른 사람에 의해 지시되는 보상과 처벌을 강조한다. 예를 들어, 학생들이 순서를 지키며 이야기를 하거나 급식을 받기 위해 기다릴 때 교실 규칙을 외워야 한다고 하자. 이런 훈육은 교사들이 학생들의 행동에 따른 결과를 전달하는 것에만 급급하도록 만들며, 학생들은 진정한 동기를 형성하는 데 점점 힘이 든다.

학생들이 내적 동기와 책임감을 형성하려면, 자신들의 행동에 대하여 자연적으로 연관된 귀결을 받아들이도록 교실 상황을 정리해야 한다. 자연적으로 연관된 귀결은 다른 것에 의해 나오는 것이 아니라 행동의 흐름에서 나온다(Dreikurs, 1968). 예를 들어, 교사가 지시를 하는 동안 학생들이 이야기를 한다면, 학생들은 과제 수행을 위한 중요 사항을 놓치게 된다.

그런데 만약 학생들이 자연적으로 연관된 귀결을 경험할 때 그것이 불안하고 실행하기 어렵다고 느낀다면, 논리적으로 연관된 귀결을 적용해야 한다. 예를 들어, 분노의 표시로 친구의 연필을 부러뜨렸을 때는 새 연필을 주어야 한다. 이와 관련하여 Charney(2002)는 다음과 같이 제안한다.

- 원상 복구: 학생 또는 모둠이 어떤 것을 잃어버리거나 부러뜨렸을 때는 원위치하거나 고쳐놓아야 한다. 이런 상황에서는 원래대로 반드시 고쳐져야 한다.
- 계약 위반과 신뢰 상실: 학생 또는 모둠이 규칙을 위반하였을 때는 권리가 임시적으로 상실된다.
- 부적절한 참여에 대한 타임아웃: 학생 또는 모둠이 기대되는 방식으로 참여하지 않을 때 학생 또는 모둠은 더 나은 선택을 할 때까지 어떤 상황에서 제외된다.

학생들은 자신들이 내린 선택에 따른 결과에 따라 생활하면서, 가장 최선의 훈육은 권위에 의한 것이 아니라 자기 자신으로부터 나온다는 사실을 이해하게 될 것이다. 학생들이 이 점을 이해할 때 자기 통제를 형성할 수 있다. 이렇게 되면 교사는 부적절한 행동에 대해 적절히 대응하면서 학생들의 자기 통제를 촉진할 수 있다.

자기 통제를 촉진하는 훈육 전략 활용

다음의 다섯 가지는 자기 통제를 촉진하는 전략이다.

1. 깊이 있는 대화
2. 자기 수정
3. 권력 갈등 회피
4. 분노 차단
5. 갈등 해결

1. 깊이 있는 대화

현명한 교사들은 다른 교사들 보다 부적절한 행동을 더 많이 감소시킨다. 그들은 부적절한 행동을 단순히 중지시키는 것이 아니라, 더 나은 선택을 지도하는 기회로 활용한다. 어떤 학생이 위험하게 야구 방망이를 휘두른 경우를 생각해 보자. 교사는 방망이 휘두르는 것을 멈추게 하고, "야구 방망이가 친구의 얼굴에 얼마나 가까운지 보겠니? 만약 야구 방망이를 그냥 휘둘렀으면 어떻게 되겠니?"라

고 말한다. 교사는 성찰적 발문을 통해 학생에게 야구 방망이를 휘둘렀을 때 어떤 피해를 줄 수 있는지 생각하게 하고, 학생의 솔직한 대답에 귀를 기울이며 함께 적절한 대안을 논의한다. 학생에게 좋지 않은 결과에 대해 생각해 보도록 하면, 학생은 자신의 행동과 그에 따른 결과를 연결할 수 있다. 이 경우, 야구 방망이를 마음대로 휘두르게 되면(행동), 다른 친구들의 얼굴이 안전하지 않게 된다(결과)는 점을 예상할 수 있다.

바쁜 상황에서 끝까지 철저하게 대화하는 것은 어려울 수 있다. 학생에게 좋은 행동에 대해 이야기하려면 충분한 시간이 필요하다. 화가 나 있는 경우에는 깊이 있는 대화를 진행하기 매우 어렵다. 왜냐하면 교사는 화가 난 상황에서 단지 학생들의 부적절한 행동이 빨리 사라지기만을 바라기 때문이다. 학생들이 행동의 결과를 생각하지 않을 때에는 깊이 있는 대화를 하여 자신들의 행동에 대한 결과를 생각하도록 해야 한다. 이렇게 하지 않으면 교사는 부적절한 행동에 대해 설명만 늘어놓게 되며 학생들의 부적절한 행동은 없어지지 않는다.

상세한 토론의 장점은 다음과 같다. 첫째, 학생들은 사용할 말을 골라서 사용하게 된다. 둘째, 학생들은 행동과 결과를 연결할 수 있다. 셋째, 다음에도 일어날 수 있는 부적절한 행동을 예방할 수 있다. 깊이 있는 대화를 하는 것은 학생들이 자신들의 잘못을 더 나은 기회로 생각할 수 있게 한다.

2. 자기 수정

교사가 가진 목표는 학생들이 자기를 통제하고 문제를 스스로 해결하며 적절한 행동을 선택하게 하는 것이다. 학생들이 자리다툼 문제로 고자질을 할 때에, 교사는 괴롭힘을 당한 학생에게 "너는 더 조용한 곳을 찾아 앉을 수 있을 거야."라고 말하고 스스로 문제를 해결하도록 도와야 한다. 괴롭힘을 당한 학생을 다른 곳으로 옮기면, 괴롭힌 학생은 자신의 부적절한 행동에 대해 느끼게 된다.

어떤 중학교 교사는 학생이 자율 학습시간에 시끄럽게 이야기를 하면, 조용하게 다가가서 "이야기하는 시간은 지나갔단다. 관련된 활동을 하거나 다른 대안을 찾아보지 않을래?"라고 말한다. 그러면 학생은 어깨를 으쓱하며 "책을 꺼내서 읽을게요."라고 한다. 학생이 책을 꺼낼 때 교사는 긍정적으로 반응한다. "좋은 선택이야. 책을 잘 읽을 것이라 믿는다."라고 말한다. 교사는 다른 모둠 활동을 지도하면서도 그 학생이 책을 잘 읽고 있는지 확인한다.

교사가 학생의 부적절한 행동을 직접 지도할 필요는 없다. 그 이유는 다음과 같다. 첫째, 사소한 수준의 부적절한 행동에 대해 불필요하게 관심을 갖는 것은 수업을 방해하고 오히려 부적절한 행동을 반복하게 할 수 있기 때문이다. 그래서 사소한 수준의 부적절한 행동은 무시함으로써 부적절한 행동을 없앨 수도 있다. 이때 한 가지 주의할 점이 있다. 만약 부적절한 행동을 무시한다면 일관되게 반복적으로 무시하도록 한다. 사소한 수준의 부적절한 행동을 처음에는 무시했는데 나중에는 그 행동에 대해 대응한다면 무의식적으로 그 행동을 강화하는 효과를 가져온다(Obenchain & Taylor, 2005). 둘째, 학생들은 서로의 행동에 대해 상당히 영향을 줄 수 있다. 예를 들어, 한 학생이 누군가를 괴롭힐 때 주변 동료들이 완강하게 싫어하는 표현을 하면 자연스레 행동 금지의 규칙이 상기될 것이다. 만약 학생들이 스스로 문제를 해결하고 있다면, 교사는 가급적 방해하지 않는 것이 좋다.

3. 권력 갈등 회피

독립적인 사람들은 자신들의 운명을 결정할 힘, 즉 '권력'을 가지고 있다. 학생들은 성인보다 권력이 적다. 그러나 학생들도 자기가 결정할 사항이 많아지면 더 많은 권력을 요구한다. 학생들이 교사의 결정에 반항하여 화가 나게 되는 상황을 경험하고 있다면 아마도 학생들과 권력 갈등을 하고 있는 것이다. 이런 상황에서 권력 갈등을 피하는 방법은 세 가지가 있다.

- 상황을 분산시켜라. 유머, 물리적 거리 두기, 따뜻한 목소리는 분노를 분산시킨다. 다음과 같이 이야기하라. "화가 나 있구나. 5분 동안 이야기하고 나면 괜찮아질 거야. 조금 이따가 이야기 하러 올게." 일시적으로 물리적, 정서적 거리를 두는 것은 학생의 분노를 가라앉히고 상황을 보다 차분하게 접근할 수 있게 한다. 만약 학생이 매우 화가 나 있는 것처럼 보인다면 조용하게 관심을 표현하는 발문으로 학생의 분노를 가라앉힐 수 있다(Khalsa, 2007). "괜찮니?", "선생님이 너를 화나게 했니?"
- 학생의 체면을 세워 주어라. 학생들이 교사를 진정으로 따를 수 있도록 해야 한다. 만약 학생들이 내릴 수 있는 유일한 선택이 교사가 말하는 대로 따르는 것이라면, 학생들은 동료 앞에서 체면을 잃을 수도 있다. 예를 들어, 교사와 학생 간에 권력 갈등이 일어날 때, 교사는 조용하게 이야기한다. "이제 책을 꺼내는 것이 좋겠어요. 만약 더 좋은 생각이 있다면 진지하게 들어줄게." 그러나 여전히 학생은 화가 나서 "아무것도 안 할 겁니다."라고 말할 수 있다. 이때 교사의 현명한 대응은 학생의 대안을 일단 수용하는 것이다. "좋아. 나도 역시 아무것도 하고 싶지 않아.

몇 분 동안은 이 방법이 좋은 선택이 될 거야. 그러나 괜찮아지면 수학수업에 참여하도록 해라." 이렇게 교사는 학생이 스스로 수학수업에 참여하도록 기회를 주었고, 학생에게 가능성이 있다는 관점을 가지고 지도하였다.

- 학생에게 권력을 부여하라. 권력 갈등 중인 학생에게는 한 번 더 기회를 줄 필요가 있다. 한 번 더 기회를 허용함으로써 학생들은 스스로 행동을 수정할 수 있는 권력을 부여받게 된다. 학생들은 한 번 더 기회가 주어졌을 때 행동을 스스로 수정한다(Schneider, 1997). 교사들은 학생들의 행동을 전적으로 통제하겠다는 욕심을 버려야 한다.

4. 분노 차단

학생들은 교사에게 화를 내거나 심지어 다치게 할 수도 있다. 화가 난 부모들은 교사에게 적대적인 말을 할 수 있다. 부정적인 감정을 피할 수는 없겠지만, 분노가 폭발하지 않도록 할 필요가 있다. 어떤 고등학교 교사는 학생들에게 자신에게 상처를 주는 메시지를 막고 싶을 때 "취소!"라고 말하도록 학생에게 지도한다. 또한 자신을 보호하기 위해 단순한 동작이지만 수신호를 활용할 수도 있다.

분노를 막는 것은 학생들이 모두 존중받을 가치가 있다고 지도하는 것이다. 비록 교사와 학생 모두 분노를 완전히 통제할 수는 없지만, 교사들은 학생들에게 어떻게 분노에 대응하는 지를 보여줌으로써 분노를 막을 수 있다. 또한 학생들이 부정적 감정을 조절하기 위해 자신들의 내적 요소를 활용하도록 돕는 것도 좋은 방법이다.

5. 갈등 해결

학교는 기본적으로 안전한 장소이고(Mayer & Furlong, 2010), 자살 및 살인과 같은 폭력 사안은 학교 외부에서 주로 발생한다(Borum, Cornell, Modzeleski, & Jimerson, 2010). 그러나 한편 학교 폭력은 전 세계적인 문제이기도 하다(Swearer, Espelage, Vaillancourt, & Hymel, 2010). 학교 폭력의 공통적인 개념으로는 권력의 불균형, 그리고 반복적이고 고의적인 사회적 폭력(예를 들어, 놀리기, 비방, 집단에서 소외시키기 등) 또는 신체적 폭력(예를 들어, 구타, 밀치기, 침뱉기)이 포함된다. 또한 최근 사이버 폭력은 익명성이라는 특징 때문에 특별히 학생들에게

21세기 교수-학습 팁

디지털 시민의식 함양을 위한 제안

디지털 시민은 안전하고 합법적이며 책임감 있게 ICT 기술을 활용한다. 올바른 기술 활용을 위해 긍정적 태도, 개별적 책임감, ICT를 활용한 리더십을 학습해야 한다. 다음과 같은 질문에 대한 답변을 바탕으로 디지털 시민의식 교육 정책을 마련하라.

- 교내 휴대폰 활용을 허락하는 시기와 방법은?

____

____

- 학생들의 디지털 녹음기 활용을 허락하는 시기와 방법은?

____

____

- 학교에서 인터넷을 이용하는 규칙은?

____

____

- 학생들이 사이버 공간에서 부정적, 폭력적 메시지를 사용하는 것을 어떻게 지도할 수 있는가? 교사와 학생의 사회적 네트워크를 형성하기 위한 학교의 역할은 무엇인가?

____

____

- 학생들이 디지털 기기를 활용하여 문제가 있는 자료를 전송하거나 내려 받지 않도록 하기 위하여 여러분은 어떤 책임을 갖고 있는가? 저작권법 위반에 대해 여러분은 어떤 책임을 갖고 있는가?

____

____

더욱 위협이 되고 있다(Mishna, Saini, & Solomon, 2009). 그리하여 학교에서 우선순위로 지도해야 할 것이 바로 디지털 시민의식이다(Ribble, Bailey, & Ross, 2004). 앞의 21세기 교수-학습 팁을 참고하라.

학생을 연구자로 참여시킨 한 연구에서는 학생들이 학교 폭력에 대해 다양한 시각을 갖고 있다고 밝혔다(Thomson & Gunter, 2008). 즉, 학생들의 학교 폭력 개념은 개인의 폭력뿐만 아니라 집단에 의한 따돌림, 신체적 괴롭힘 등과 같은 행동을 모두 포함한다. 또한 학교 폭력은 중학교와 고등학교 저학년 시절 최고조에 달하는 것으로 나타난다.

많은 학생들은 교사가 학교 폭력 사안을 인지하지 못하거나 학교 폭력 문제를 해결하기 위해 적극적으로 노력하지 않는다고 생각한다. 이런 상황에서 교사가 해야 할 일은 학생들이 긍정적 상호작용을 돕는 사회적 기능을 형성하도록 하는 것이다. 교사는 더 이상 학교 폭력 행동을 묵인해서는 안 되며 학생들이 학교에서 폭력을 하지 않도록 적극적으로 지도해야 한다.

많은 학교 폭력 예방 프로그램은 학교와 교사들이 학교 폭력을 예방하게 돕고 있다. 그러나 많은 학교 폭력 예방 프로그램이 처벌에만 집중하여 예방 목적은 다소 부족해 보이는 것이 사실이다(Casella, 2003; Dupper, 2010; Rice, 2009). 처벌에 집중하는 학교 폭력 예방 지도 대신 학생들에게 갈등을 평화적으로 해결하는 기능을 가르치는 것이 장기적으로 효과가 있다(Johnson & Johnson, 2004). 이 전략은 불가피한 갈등을 해결하는 사회적 기능을 제공하고 학생들의 도덕적 · 사회적 발달을 강화한다. 아래의 수업 팁은 갈등 해결을 위해 필요한 절차를 제시한다.

핵심: 구조적이고 일관적이며 지원적 환경

요즘 자녀교육에 대한 주요 연구 분야는 학교교육과 밀접한 관련이 있으며, 이 연구들의 결과는 담임교사에게 학생 훈육에 대한 명확한 방향을 제시하는 데 도움을 주고 있다. 학생들의 발달을 최대한 돕는 환경은 전문성에 기반한 권위가 있는 환경이다(Gregory & Cornell, 2009; Walker, 2008; 2009). [그림 8.1]은 학생 훈육을 통제 차원과 육성 차원으로 나누어 훈육 유형을 네 가지로 제시하고 있다.

수업 팁

갈등 해결을 위한 절차

1. 협력하는 분위기를 조성하기 위한 규칙을 설정하라.
2. 경청하라. 교사는 학생들을 방해하지 말고, 학생들이 스스로 갈등을 끝낼 수 있도록 중재자의 역할을 하라. 학생은 자신이 원하는 것과 솔직한 감정을 표현한다.
3. 학생들이 서로 공감하고 있는 의견의 일치점을 찾아라. 각자에게 중요한 사실과 문제에 대해서 합의하도록 하라.
4. 갈등 해결 방법을 브레인스토밍 하라.
5. 학생들이 제안한 갈등 해결 방법들을 절충하라.
6. 갈등 해결 방법을 합의하라. 학생들 각자가 갈등 해결 계획에 대한 선서를 할 때 경청하라.

		통제	
		낮음	높음
육성	낮음	무관심한	독재적
	높음	허용적	전문성에 기반한 권위(최선)

[그림 8.1] 전문성에 기반한 권위가 있는 교사는 학생을 통제하면서도 육성하는 환경을 제공한다.

전문성에 기반한 권위가 있는 교실은 통제와 육성 차원이 둘 다 높다. 이러한 유형의 교실은 구조화가 잘 되어 있고 풍부한 수용과 지원이 뒷받침된다. 학생들은 교사의 통제로 인해 행동에 제한이 있지만 학습 성공의 기대는 높다고 이해한다(Henderson & Milstein, 2003; Tartwijk, Brok, Veldman, & Wubbels, 2009). 허용적 교사는 학생들의 성공 능력을 믿고 좋은 관계를 형성하며 탐구와 학습에 대한 긍정적 분위기를 형성한다. 전문성에 기반한 권위가 있는 교사는 학생들에게 학습에 대한 도전 의식을 심어주며, 학생들이 학습에 실패할 때는 안전한 연결 체계를 제공한다. 또한 전문성에 기반한 권위가 있는 교실의 학생들은 자신의 성취 목표를 내면화하며 교사의 영향에 대해 개방적이다(Walker, 2009).

전문성에 기반한 권위가 있는 교실의 환경은 구조적, 예측 가능적, 노력이 집약된 공간이며 학생과의 관계와 상호작용 측면에서 수용적인 사회적 · 정서적 분위기를 조성한다. 따라서 다음의 여섯 가지 전략들은 전문성에 기반한 권위가 있는 교실환경을 구축하는 데 도움을 줄 수 있다.

구조

전문성에 기반한 권위가 있는 교실과 학교의 학습환경은 구조적이다. 물리적 공간에 대한 계획이 학습 과제와 맞는지 확인하라. 시간표를 구조화 하는 것은 모든 순간이 소중하다는 것을 보여 주며 실제 학습시간을 극대화시킨다. 교사는 자신의 행동과 학습 기대를 명확하게 하여 학생들이 예측 가능하도록 해야 한다. 더 나아가 학생들에게 교사가 신중하게 자신의 행동을 점검하고 학생들의 안전과 이익을 보호하기 위해 노력하고 있다는 점을 인지시켜라.

높은 기대감

전문성에 기반한 권위가 있는 교사들은 자신의 성공을 위한 능력을 모든 학생들이 가지고 있다고 신뢰하며, 자신이 가지고 있는 신뢰를 학생들에게 전달한다. 이렇게 우리가 모든 학생들이 학습할 수 있다고 믿는다는 사실을 분명하게 보여라. 다음은 학생들에게 높은 기대를 전달하는 전략들이다.

- 학생들이 학습할 필요가 있는 내용의 중요함과 즐거움의 의미를 전달하라. 지식이 힘이다. "교육은 아동에게 삶의 선택 기회를 주는 도구이다. 학생들이 어떻게 학교에서 살아갈 지 확실하게 알 수 있도록 충분하게 주의를 기울이고 학생들에게 필요한 기능을 전해주는 교사는 한 세대에서 다른 세대까지 삶에 영향을 주는 선물을 제공한다."(Payne, 2008: 52).
- 최소한의 기대로서 각 학년의 성취 기준을 활용하라.
- 학생들과 미리 평가 기준을 공유하라. 과제와 프로젝트가 최종 성적에 어떻게 반영되는지 기술하라.
- 학생들과 평가 루브릭을 공유하고 자기 평가를 할 수 있도록 학생들을 교육하라.
- 다르거나 비슷한 학생들에 의해 만

들어진 좋은 사례를 공유하라.

- 학생의 장점에 집중하고 장점을 형성하게 하라. 학생들의 멘토가 되라.
- 개별적 발달에 집중하고 학생들이 발달을 따라갈 수 있도록 도와라.
- 무의식적으로 다른 기대가 표현되지 않도록 모든 학생들에게 같은 성공 메시지나 칭찬을 활용하라.
- 학생들이 최선을 다하도록 격려하라. 학업성취가 조금 부족할 때는 학생들의 학업성취 부진 원인을 분석하도록 돕고 향상할 수 있도록 다정하게 요구하라.
- 학생들에 대한 높은 기대를 형성하고 전달하며 강화하도록 가족 구성원과 연계하라. 부모가 자녀를 양육하는 것도 힘들다는 점을 기억하라. 이렇게 하면 팀으로서 서로 협력하는 데 도움이 된다.

지원

전문성에 기반한 권위가 있는 교사들은 자신의 학생들이 높은 기대에 부합할 수 있도록 돕는다. 만약 학생들이 높은 기대에 부합할 수 있는 방법을 잃어 버린다면 높은 기대에 부합할 수 있는 방법을 찾아라. 만약 학생들이 선수학습 기능이 부족하다면 학생들이 이런 기능을 골라서 익힐 수 있는 계획을 작성하여 실행하라. 만약 학생들이 일반적 프로그램 이외에 지도가 필요하다면 이런 지도를 받을 수 있도록 도움을 주라. 요약하면 학생들의 다양성에 포괄적으로 부응하고 권위가 있는 교사는 높은 기대를 설정하고 학생들이 성취할 수 있도록 돕기 위하여 무엇이든지 한다. 전문성에 기반한 권위가 있는 교사는 학생들의 독립성을 방해하지 않는 수준에서 관여를 하여 지도한다.

배려하는 의사소통

효과적인 학교에서는 관심을 가져주는 분위기, 개별특성화[personalization], 지지적 관계가 촉진된다(Henderson & Milstein, 2003; Osher et al., 2010). 배려하는 의사소통은 이런 존중된 교실환경을 위해 필요한 부분이다(Gootman, 2008). 교사의 책임은 배려하는 의사소통을 보여주고 학생들에게 필요한 기능을 가르치는 것이다. 이런 기능은 첫째, 감정을 확인하고 명명하며, 둘째, 다른 사람에게 상처를 주지 않으면서 감정을 표현하고, 셋째, 서로의 의견을 경청하고 관심을 보여 주며 말하는 사람의 메시지가 무엇인지 끝까지 듣는 것이다.

명확한 행동의 한계

교실에서 명확한 행동의 한계는 허용 가능한 행동의 한계를 설정하는 것이다. 한계 설정은 초임교사에게 때때로 어려울 수 있다. 그러나 학생에게 할 수 있는 가장 친절한 것 중의 하나는 합리적인 행동의 한계를 설정하여 안정적인 환경을 제공하는 것이고 행동의 한계를 넘는 것을 금지하는 것이다. 모든 사람은 행동의 한계가 필요하다. 학생들은 그들의 행동 한계를 발견할 때까지 이 행동 한계를 수용하지 않을 것이다. 한편 학생들이 행동의 한계를 발견할 때 한계가 정해지지 않은 다른 행동에 관심을 돌릴 수 있다. 행동의 한계를 설정하고 처음부터 행동의 한계를 명확히 하라.

학생들은 그들에게 기대하는 바가 무엇인지 알고 있을 때 더 나은 선택을 한다. 학교와 교실 규칙은 학생들에게 무엇을 기대하는 지 가르치는 중요한 방법이다. 예를 들어, 한 학교에서는 학교의 다양한 환경에서 행동 방향을 제시하는 다섯 가지의 규칙을 적용한다. 즉, 그것은 친절, 안전, 협동, 존중, 평화다(Lewis, Sugai, & Colvin, 1998). 이런 규칙들은 모두 긍정적인 방향에서 설명하고 있음을 주목하라. 학생들의 도움을 받거나 또는 교사 스스로 이와 비슷하게 교실 규칙을 개발해 보라. 다음 수업 팁은 교실 규칙 설정을 위한 절차를 제시하고 있다.

특별한 상황을 위해 명확한 기대를 설정할 필요가 있다. 예를 들어, 현장학습 전에 학생들에게 세 가지 구체적 행동을 가르쳐라. 이때 학생들의 행동에 대한 명확하고 긍정적인 용어로 설명한다. "첫째, 친구와 함께 다녀야 합니다. 둘째, 이 행동을 스스로 지키도록 합니다. 셋째, 어른이 항상 보일 수 있는 곳에 있어야 합니다." 그 다음 교사는 학생들이 규칙을 이해하고 있는지 점검한다. "오늘 첫째 규칙을 얼마나 알고 있는지 살펴보겠습니다. 10명이 손 든 것을 보았습니다. 나머지 10명이 이해할 때까지 기다리겠습니다. 좋아요. 크게 말해 봅시다." 그는 모든 학생이 그가 기대하는 행동이 무엇인지 확실하게 알 때까지 반복하여 지도한다. 그리고 일일 교사 초청의 날, 전체조회, 체육 활동 등을 할 때에는 특히 교사가 명확하게 기대하는 행동을 제시하는 것이 중요하다.

일관성

아마도 행동 한계를 설정하는 것보다 더 어려운 것은 행동 한계를 강화하기 위해 학생의 행동에 일관성 있게 대응하는 것이다. 학생의 요구와 행동에 일관성 있게 대응함으로써 행동 한계를 강화하라. 여러분의 일관된 반응은 학생들이 자신들의 교실환경이 예측 가능하고 안정적으로 기대 행동에 의존하여 행동할 수 있다는 것을 이해하게 돕는다. 학생들은 여러분이 기대 행동에 대해 말하는 내용과 학생 행동에 대한 대응이 일관될 때 교사를 신뢰할 수 있다. 기대 행동의 내용이 의미가 있다는 것을 보이려면 학생들에게 기대 행동에 대한 대응 약속을 여러분이 반드시 지킨다는 것을 전달해야

수업 팁

교실 규칙 설정 절차

- 4~5가지 정도의 규칙을 적어보라.
- 각 규칙을 긍정적인 용어로 설명하라. 예를 들어, "소리치지 말라."보다 "말하기 전에 손을 들어라."가 훨씬 도움이 된다.
- 규칙이 유용하고 합리적일 때 확실하게 학생들이 규칙을 수용하게 하라. 권위에 도전하고 자율성을 주장하는 청소년들도 규칙이 합리적이고 공정하다면 규칙을 기꺼이 따를 것이다(Gregory & Cornell, 2009).
- 만약 여러분이 모둠 토의를 통해서 교실 규칙을 정하기로 선택한다면 교실 규칙이 합리적인지 점검하고 교실 행동에서 걱정되는 점을 설명하라.
- 어떻게 교실 규칙을 적용할 지 생각하라. 예를 들어, 어떤 교사들은 색깔 체제를 활용해서 교실에서 대화할 때의 규칙을 적용한다. '빨강'은 침묵, '노랑'은 모둠에서 속삭이기, '녹색'은 평상적인 대화 수준을 나타낸다.
- 만약 여러분이 교실 규칙을 따르거나 어겼을 때의 명확한 결과를 포함시키기 위해 교실 규칙을 정선하고 싶다면, 확실하게 교실 규칙들이 논리적이고 인간적이게 설정하라.

한다. 만약 여러분이 일관적이지 않으면 학생들은 여러분을 신뢰하지 않을 것이다. 또한 학생들의 부정적 행동을 소거하기가 더욱 어려워진다(Obenchain & Taylor, 2005). 한 번 하지 말라고 한 행동은 어떤 상황에서든지 허용해서는 안 된다. 일관성은 매우 어렵지만 일관성에 대한 노력은 보람이 있을 것이다.

훈육에서 교사와 학생 간 긍정적 관계의 중요성

교실 훈육과 학생의 학업성취 관계 연구의 명확한 결론 중의 하나는 긍정적 관계가 핵심이라는 점이다. "수업은 관계를 형성하는 것이다. 즉, 수업을 하면서 학생을 알아가고 서로의 생각과 삶의 영역을 공유한다."(Freiberg & Lamb, 2009: 102). 건강한 청소년기를 나타내는 최고의 지표는 바로 교사와 같은 어른과의 '지원적 관계' 형성 여부이다(Henderson & Milstein, 2003; Kaiser & Rasminsky, 2009). 존중과 관심을 갖는 관계는 학생들에게 지지를 제공하고 부적절한 행동을 예방한다. 그리고 학생들의 자기 가치를 끌어올리며 필수적인 학습 과제를 도전적으로 해결하게 한다. 또한 학생들의 학문적 경험을 풍요롭게 하고, 평생학습은 물론 시민으로서의 책임과 의무를 다하는 일에 헌신하도록 한다(Davis, 2003; Doyle, 2009; Gregory & Cornell, 2009; Henderson & Milstein, 2003; Payne, 2008; Zuckerman, 2007).

그러므로 건강한 관계는 필수적이며, 모든 학생들을 소중한 관계로 받아들이려는 교사의 진중함은 무엇보다도 중요하다. 교사는 학생들에게 자신이 학생들을 존중하고, 학생들의 요구에 관심을 가지며, 학생들의 생각을 이해한다는 것을 전달하는 것이 좋다. 이 장에서는 학생을 존중하면서 관계를 유지하는 전략에 대해 소개한다. 나는 여러분이 이 규칙을 꼭 지키길 당부한다. 부디 모든 학생을 존중하고 소중하게 대하라.

학생을 존중하고 소중하게 대하다보면, 우리는 학생들에게 희망을 제공할 수 있다. 교실환경과 더불어 학생을 대하는 방식을 통해 학생들이 존중받고 있다고 느끼게 함으로써 교실을 편안한 쉼터가 되게 하라. 다음은 존중하는 풍토를 조성하고 학생들의 행동을 정중하게 대하는 데 도움을 줄 수 있는 일곱 가지 팁을 제시하고 있다.

존중하는 풍토 조성

여러분은 학생들에게 교실의 모든 학생이 중요하다고 생각하기를 원할 것이다. 학생들에게 그들의 생각을 존중하는 모습을 보여 주라(Wormeli, 2001). 학생들이 관심을 갖는 주제에 대해 학습하고 학생의 눈높이에 맞춰 세계를 이해하는 것이 중요함을 기억하라. 온화하고 정중한 목소리를 활용하라(Kohn, 1999). 이렇게 하면서 자신과 다른 사람을 위한 존중을 모범적으로 보여주며 교실 분위기를 유지하라.

1. 축하와 고통

학생들의 성공과 실패를 공유함으로써 학생들의 생각과 경험에 대하여 존중하고 있음을 보여주라. 보통 학생들이 슬픔과 절망을 표현할 때 교사들은 빨리 상황을 분석하여 감정을 추스르고 다음 단계로 급하게 진행하려고 한다. 그러나 여러분은 학생들의 감정에 원인이 된 모든 사건에 대해 설명과 분석을 할 필요가 없다(Schneider, 1997). 침묵, 슬픈 미소, 박수 등은 학생의 상황을 이해하고 있음을 보여주는 좋은 방법이다. 이런 공감적 이해는 학생들에게 외로움을 덜어주고 자신들의 경험이 존중받고 있음을 느끼게

하는 데 도움이 된다(Kottler & Kottler, 2007).

2. 적극적 경청

여러분은 학생들의 말과 생각을 존중한다는 것을 적극적 경청을 통해 보여줄 수 있다(Gordon, 1974). 적극적 경청에서 교사는 말하는 사람의 메시지를 요약하거나 대화 중에 직접 반영한다. 예를 들어, 교사는 실망하고 있는 학생에게 다음과 같이 말한다. "이 숙제가 나에게 어렵다고 말하는 것처럼 보이네요." "…라고 말하는 거죠?"와 같은 말은 명확하게 의사소통을 할 수 있도록 돕는다. 적극적 경청은 교사가 학생들의 생각을 가치있게 생각한다고 보여주는 것이다. Gootman(2001)은 적극적 경청을 위해 다음과 같이 조언한다.

1. 관심을 보여 주어라. 학생들이 말할 때 관심과 주의를 기울여라. 몸을 바르게 해서 주의를 기울이고 전적으로 집중하여 들어라.
2. 끝까지 들어라. 여러분이 말하기 전에 학생들이 말하는 것이 끝나기를 기다려라.
3. 학생의 감정과 여러분의 감정을 구분하라. 감정이 아니라 문제에 집중하여 대응하라.
4. 비언어적 단서를 찾아라. 신체적 언어는 여러분에게 이 메시지의 진정한 의미를 찾는데 도움을 준다.
5. 학생의 감정을 말로 표현하라. 여러분이 생각하고 들은 것을 재진술함으로써 메시지와 감정을 해석하려

고 시도하라.

6. 학생의 감정에 대해 논쟁하지 마라. 학생의 감정을 변화시키려 하기 보다는 자신이 원하는 대로 느낄 수 있는 권리를 인정하라.

Gootman의 조언은 학생들이 서로 경청을 하는 데에도 똑같이 효과적일 수 있다.

3. 동료 의견 경청

학생들은 교사의 설명을 경청하는 것이 필요하지만 서로의 의견을 주의 깊게 경청하는 것은 필요가 없다고 생각할 수 있다. 그러나 학생들은 서로의 의견을 경청할 필요가 있다. 다음의 교실 상황에서 교사는 서로의 의견을 경청하기 위해 다음과 같이 부탁한다. "그만, 석원아. 나는 너의 말을 들을 수가 없구나." 교실이 조용해지면 교사는 석원이의 말을 다시 반복하여 준다. "석원이는 …과 같이 이야기 했습니다." 이 사례에서 교사는 대화를 통제하는 교통 정리관의 역할을 한다. 정중하고 사려 깊은 소통을 나눌 수 있도록 위의 시나리오를 다시 써 보자. 교실 대화에서 "석원아, 잠깐 기다리자. 친구들이 아직 들을 자세가 안 되었구나. 이제 관심을 갖고 들을 자세가 되었다." 교실이 조용해지면 교사는 "석원아, 네가 한 마지막 말을 다시 말해주겠니?" 이제 교사는 학생들이 서로 경청하도록 기대한다는 메시지를 보낸다. 교사는 석원이의 말을 반복하지 않지만 학생들이 서로 경청할 수 있도록 격려한다.

4. 시범을 보이고 가르쳐라

석원이의 사례에서 서로 존중을 하고 대하는 것이 중요하다는 것을 학생에게 직접적으로 강조하였다. 학생들에게 존중이 무엇인지 보여주고 느끼게 할 수 있도록 시범을 보여라. 시범이 부족할 때는 존중하는 태도로 학생들의 관심을 유도한다. 만약 학생들이 서로 존중하지 않으면 그러한 행동을 했을 경우 어떤 결과가 생길 지에 대해 차분하게 지적하고 다른 방법을 찾아 나가도록 도와준다. 예를 들어, 학생들이 나쁜 말을 사용할 때 나쁜 말은 다른 사람에게 상처를 줄 수 있으며 교실에서 사용할 수 없다고 말한다. 그리고 학생들에게 수용 가능한 대안을 제시한다.

부적절한 행동에 대해 어떻게 대응해야 할 지 선택하는 것은 여러분에게 큰 교훈을 줄 것이다. 여러분이 학생들의 행동을 형성하고자 할 때 Curwin과 Mendler(2001)는 여러분 자신에 대해 생각해 봄으로써 학생을 존중하도록 조언한다. 만약 어떤 교사가 여러분에게 이러한 전략을 사용한다면 어떻게 반응하겠는가? 여러분의 말은 굉장한 힘을 가지고 학생들에게 전달되며 다른 학생들을 창피스럽게 할 수도 있고 도움을 줄 수도 있다. 학생들을 당황시키지 않으면서 부적절한 행동을 바르게 조정해 나가라.

5. 사람의 특성이 아니라 행동에 대해 구체적으로 말하라

학생의 행동을 칭찬하거나 바르게 조정하고자 한다면, 그 행동 자체만을 언급해야 하며 다른 특성을 지적해서는 안 된다. 즉, 학생들이 누구인지가 아니라 무엇을 하는 지에 대해 집중하라. 예를 들어, 학급 전체가 외부 강사의 강연에 집중하고 있을 때 학생들의 성품("너희들 정말 착하다!")이 아닌 칭찬받는 행동("여러분 정말 집중하여 잘 듣고 있군요.")에 대해 짚어주어야 한다. 부적절한 행동을 수정할 필요가 있을 때는 예를 들어, 게으른, 부주의한, 나쁜 등의 말을 학생에게 사용하는 대신 학생들이 틀린 것에 대한 피드백을 다음과 같이 하는 것이 좋다. "여러분은 무례합니다!" 대신에 "여러분은 강사 선생님이 이야기할 때 떠들었습니다."라고 지적해야 한다. "여러분은 어지럽습니다다!" 대신에 "여러분이 교실을 어지럽게 하고 갔습니다."라고 말해야 한다. 그리고 그러한 행동을 했을 경우 어떤 결과가 생길 지에 대해 안내한다. 여러분이 사람의 특성이 아니라 구체적인 행동을 언급할 때 여러분은 "실수를 저질렀을 뿐이지 모두 소중한 존재다."라는 메시지를 전달하게 된다. 학생들 서로에게도 똑같이 하도록 가르쳐라.

6. 개별적 교정

대다수의 학생이 아닌, 한 학생만 행동을 수정할 필요가 있을 때는 개별적으로 교정한다. 이런 경우에는 다른 학생들이 학습을 할 때 조용하게 다가가서 대화를 한다. 만약 적절하게 감독할 수 있다면 복도나 문 밖에서 대화할 수도 있다. 이 접근은 학급의 다른 학생들이 방해받지 않고 학습하며 교정 받는 학생을 창피하게 하지 않는다. 개별적 교정은 학생에게 창피를 주지 않으며 동시에 행동 교정에 방어적으로 대응하는 확률을 줄여준다.

7. 암시

교실 전체 또는 일부 학생들의 재조정이 필요할 때 가능한 제일 낮은 수준의 교육적 중재를 할 수 있다. 암시가 바로 그것이다. 여러분은 예를 들어, "계산기는 지금 치워야 합니다.", "모두 83쪽을 찾아보세요."와 같은 명확한 지시 대신 암시만으로도 차분하게 학생들을 상기시킬 수 있다. 이렇게 종종 교사의 적극적인 중재가 필요하지 않을 때, 교사는 온화한 암시만으로도 학생들이 지시에 따르리라 믿는다는 점을 보여주게 되는 것이다(Zuckerman, 2007). 그러나 어떤 문화에서는 암시보다 명확한 지시에 익숙하다는 것을 상기하라. 여러분은 하나의 전략으로써 암시를 활용할 수 있다.

8. I-메시지

Gordon(1974)은 학생들이 자신의 행동이 타인에게 미치는 영향을 알지 못한다고 말한다. 교사는 분노를 표출하지 않으며 감정을 설명하기 위해 I-메시지를 활용할 수 있다. I-메시지 전략은 세 단계로 나누어진다.

1. 문제 설명
2. 문제의 영향을 구체적으로 제시
3. 교사의 감정 설명

교사가 I-메시지 전략을 활용할 때 교사와 학생들은 문제를 같이 해결할 수 있다. I-메시지 전략은 학생에게 관심을 보여 주며 존중을 표현한다. 그리고 교사가 다른 사람을 창피하게 하지 않고 감정을 설명하게 하며 교사의 신뢰를 전달한다.

9. 장점 강조

학생들이 교사에게 지도를 받을 때 학생들은 작은 실수가 단지 하나의 실수라는 생각을 잊어버리게 된다. 여러분은 장점 강조로 학생들의 교정을 시작함으로써 학생들의 선함에 대한 믿음을 재확인 받을 수 있다(Schneider, 1997). 학생들에게 그가 어떻게 평상시에 행동하는 지 상기시키고 실수가 자기에게 이례적으로 나타나는 것이 아니라는 것을 지적하라. 예를 들어, 어떤 학생이 물에 침을 뱉는 것을 볼 때 이 점을 강조한다. "승준아, 나는 너가 침을 뱉는 것을 볼 때 매우 놀랐다. 그러나 네가 평상시에는 학교가 안전하고 깨끗한 장소가 되도록 많은 도움을 주었다고 생각한다." 여러분이 승준이의 평상시 행동에 대한 믿음을 보여주었기 때문에 승준이는 침을 뱉은 사건에 대해서는 조금 꾸짖는다고 느끼지만 침을 뱉은 행동에 대해서는 보다 간절히 교정하기를 원할 것이다.

10. 유머

교사로서 여러분이 학생들에 대한 지지 분위기와 학생들과의 존중적 상호작용에도 학생들이 여러분의 마음을 닫아 버리게 하는 경우가 있을 수 있다. 만약 존중된 분위기를 유지할 수 없다면 유머를 활용하여 긴장 상황을 풀고 여러분과 학생들의 존중을 유지할 수 있다(Kottler, 2002).

행동을 설명하기 위해 유머를 활용할 때 직접적으로 학생을 대상으로 하지 마라(Frymier, Wanzer, & Wojtaszczyk, 2008). 유머는 상당히 개인적이고 문화적이다. 적어도 여러분이 학생들과 화합적 정신을 잘 이해하고 난 다음에 여러분 자신 또는 외부 학생을 대상으로 하여 유머를 활용하라. 요점은 상황을 재치 있게 대응하지 않으면 권력 갈등이나 비생산적인 상호작용을 일으킬 수 있다는 것이다.

11. 사과

마지막으로 여러분이 최선의 노력을 하더라도 학생들을 존중하지 못했다면 사과하라. 여러분은 종종 생각하기 전에 말이 먼저 나와 학생들의 감정을 해칠 수 있다. 이럴 때는 차분하게 사과하는 메시지 활용을 생각하라. 예를 들어, "이 말은 전혀 내가 의도한 것이 아니었습니다. 만약에 여러분의 마음을 상하게 했다면 사과하겠습니다. 다음에 저는 좀 더 신중하게 말을 선택할 것입니다."라고 말할 수 있다. 여러분이 자신의 실수를 인정한다고 하여 여러분의 권위가 줄어드는 것이 아니다. 오히려 여러분은 잘못을 이야기하고 수정하는 의지를 보여줌으로써 권위를 얻을 수 있다. 그리고 여러분은 어떻게 실수를 하는 지 보여주고 실수를 통하여 배우며 계속 나아간다.

사후 대응 보다는 사전 예방

부적절한 행동이 일어날 수 있지만, 교실에서의 부적절한 행동은 예방할 수 있다. 교사가 사전 예방적 훈육을 강조할 때 학생들의 참여 비율은 보다 높아지고 교사의 스트레스는 더 적어진다(Clunies-Ross, Little, & Kienhuis, 2008; Osher et al., 2010; Sutton et al., 2009). 다음의 다섯 가지 전략은 부적절한 행동을 예방하는 데 도움을 줄 수 있다.

1. 의미 있는 교육과정과 학생들의 높은 참여
2. 동기부여와 발달
3. 예상
4. 긍정적 학습 환경 조성을 통한 훈육
5. 의미 있는 존재와 비언어적 의사소통

의미 있는 교육과정과 학생들의 높은 참여

학생들이 적절하고 흥미있는 학습 경험을 할 때 학생들은 학습에 몰입하여 부적절한 행동을 할 수가 없다(Miller & Hall, 2009; Stichter et al., 2009). 학생이 학습에 몰입하고 참여하는 것은 교사가 하기 나름이다. 학생을 학습에 몰입하여 참여시키기 위해서 학습시간을 최대화할 필요가 있고 수업전략을 다양화하며, 학습의 적극적 참여를 요구하고 학생들이 학습에서 의미를 발견하도록 도울 필요가 있다. 여러분 자신에게 물어보라. 학생들은 학습목표를 이해하고 있는가? 학생에게 중요한 학교 문제를 잘 이해하고 있는가? 모든 학생이 참여하도록 수업이 구조화 되어 있는가?

내용이 적절하고 학생들의 다양한 요구에 부응하는 수업을 활용하고 있는지 교육과정을 점검해 보라. 또한 여러분의 수업 기록을 살펴보라. 수업에서 희망하는 대로 학생들이 참여하고 있는가? 그렇지 않다면 여러분이 학창시절에 부적절한 행동을 했을 때를 생각해 보라. 다음에 제시된 학생들의 다양성에 포괄적으로 부응하는 수업 팁에서는 교육과정과 수업 사이의 간격을 연결함으로써 부적절한 행동을 사전 예방하는 전략을 제시하고 있다.

동기부여와 발달

여러분이 맡고 있는 학생들을 살펴보고 학생들에 대한 신체적, 정서적 발달 기대를 나열하여 보라. 예를 들어, 유치원 학생들의 수업은 활동을 바꾸기 전에 10분 동안만 앉도록 구성해야 한다. 고등학생들은 좀 더 긴 시간을 앉을 수 있지만 고등학생들도 10분을 듣는 데 활용하면 2분간은 적극적으로 정보를 처리하는 데 사용하는 것이 좋다. 즉, 여러분이 10분간 정보를 제공하고 나면 학생들은 토론할 기회가 필요하다는 뜻이다. 학생들의 정보 처리 과정을 돕기 위해 서로 이야기하는 전략을 시도해 보라.

또한 수업의 활동과 기대 요소는 때에 맞게 구성하라. 점심시간 이후나 마지막 종이 울리기 전에 조금 졸린 것은 어쩔 수 없다. 초등학교 교사들은 예를 들어, 선생님 가라사대 게임 또는 박수 치기 등을 활용하여 학생들의 주의 집중을 위한 방법을 적용한다. 중학교 교사들은 학생들의 학습 열정과 관심이 사라지면 관심을 높일 수 있는 활동을 활용할 수 있다. 또한 학생들의 물리적 위치나 자리에 변화를 주는 것은 학생에게 휴식을 제공하

학생들의 다양성에 포괄적으로 부응하는 수업 팁

학생들의 세상과 학교를 연결하여 학생들의 부적절한 행동을 예방한 사례

학생의 세계와 여러분의 교실을 연결하고 학교가 제시해야 하는 내용의 중요성을 이해하도록 도움을 주는 전략을 적극적으로 이용하라.

- 학생들이 토론하는 문제를 경청하고 이런 내용을 수업에 결합하여 활용하라. 연구자들은 학생들의 문제가 학습 계획과 교육과정의 중심에 위치해야 한다고 제안한다. 또는 더욱 직접적으로 교사는 학생들이 전국적으로 유행하는 전염병에 대해 토론하는 것을 듣고 이 관심을 과학 수업에서 전염병의 역사, 과정, 백신에 대한 문제를 설명하는 데 활용한다.
- 학생들이 주제에 대해 알고 싶어나는 내용을 발견하기 위하여 단원을 계획하기 전에 학생 설문조사를 활용하라. 설문조사는 다음과 같이 할 수 있다. "공룡에 대해서 알고 싶은 내용은 무엇인가?", "공룡에 대하여 우리가 알고 싶은 것의 목록을 만들어 봅시다."
- 스포츠 · 음악에 관한 학생의 관심, 여러 문화의 다른 측면, 여러분이 학습에 활용하는 방법을 수업에 결합하여 활용하라. 예를 들어, 학생들은 시 구조의 예로서 랩이 있는 음악의 가사를 분석할 수 있다.
- 동기유발을 하며 수업을 시작하라. 동기유발은 학생들의 흥미와 수업내용의 지식을 연결한다.
- 수업의 목적을 설명하라. 학생들에게 이 정보 또는 이 기능이 어떻게 유용한 지를 설명하라. 또는 학생들이 여러분에게 말하도록 하라. 예를 들어, "여러분은 시험을 위해 이것이 필요할 것입니다" 또는 "…몇 년 동안"처럼 말하는 것은 많은 학생들에게 이유를 확신시키지 못할 것이다.

고 다시 집중할 수 있게 해준다.

여러분은 부적절한 행동을 예방하고 동기부여 이론을 적용함으로써 학습을 촉진할 수 있다. 이와 관련한 연구에서 학생의 동기에 영향을 주는 많은 요소를 제시한다. 다음의 〈표 8.1〉은 교사가 직접적으로 영향을 주는 요소를 보여준다(Turner, Meyer, Midgley, & Patrick, 2003).

만약 교사가 한 학생에게 학습지 한 장을 풀라고 했을때 바로 포기한다면, 학생의 노력에 대한 지각과 성공 가능성에 영향을 주기 위해 교사는 학습지를 반으로 잘라서 나눠 줄 수 있다. 또한 교사는 학생들의 글을 수합하여 즉각적으로 학생들에게 되돌려주기가 어려울 것이다. 그러나 교사는 노력하여 즉각적으로 피드백을 해주는 것이 학생들의 동기부여를 증가하게 한다는 것을 알고 있다.

학생들의 집중을 유지하는 열정이 부족할 때는 동기부여의 요소를 조금 바꾸어보라. 예를 들어, 수업시간에 생생함과 긴장감을 적절하게 활용하여 학생의 동기를 지원하라(Wormeli, 2001). 비록 학습의 동기는 궁극적으로 학생에게 있지만, 교사의 행동은 학생의 동기부여에 영향을 줄 수 있다.

예상

여러분은 문제를 예상함으로써 학생들의 부적절한 행동을 사전에 예방할 수 있다. 만약 과학수업에서 사용하였던 현미경을 치우지 않고 그대로 두고 사회수업을 한다면 호기심 많은 학생들의 부적절한 행동을 유발시킬 수 있다. 이런 경우에는 현미경을 학생들이 볼 수 없는 곳에 옮김으로써 학생들을 수업에 집중하게 한다. 비슷하게 만약 3교시에 수학수업을 할 때 컴퍼스를 사용하였다면 다음 시간 전에 사용하였던 컴퍼스를 걷는다. 산만한 요소를 제거하는 것은 확실히 부적절한 행동을 예방하게 한다.

예상은 학생들의 부적절한 행동을 예방하기 위한 핵심이다. 교실에서 학생들을 지도할 때 처음에는 사소한 수준의 부적절한 행동이었지만 바로 큰 문제로 이어졌던 경험이 있을 수 있다. 이런 경우의 부적절할 행동을 예방하는 방법은 여러분이 학생들을 지도하면서 경험하였던 학생의 이미지를 상기하는 것이다. 보통 충동적인 행동의 감소는 그러한 행동이 시작되기 전에 중단되는 것과 관련이 있다. 예를 들어, 교사는 특히 부적절한 행동의 유발요소를 알아야 하고 분명하게 드러나는 학생들의 분노에 주의를 가지

〈표 8.1〉 동기부여의 요소

1. 학생들의 요구와 흥미, 동기는 자신들의 신체적, 심리적, 사회적 요구가 충족될 때 증가한다.
2. 학생들의 과제에 대한 걱정의 정도, 동기는 과제를 마치는 것에 대한 긴장이 있지만 불안을 일으키는지는 않을 정도일 때 최대화 된다.
3. 학생들이 과제를 해결하는 데 요구되는 노력의 인지, 동기는 과제를 마치는 데 요구되는 노력의 양이 합리적이라고 지각할 때 증가한다.
4. 학생들의 학습에 대한 성공 가능성, 동기는 자신이 성공할 좋은 기회가 있다고 인지할 때 증가한다.
5. 학생들 자신의 노력에 대한 결과의 인지정도, 동기는 자신의 노력 결과에 대한 구체적 · 즉각적 정보를 얻을 때 증가한다.

며 학생들에게 일어날 수 있는 부적절한 행동을 예상하여 문제를 예방해야 한다(Shukla-Mehta & Albin, 2003). 다음의 〈표 8.2〉는 신중한 계획으로 문제를 예상하여 피할 수 있는 사례를 보여준다.

공통적 문제를 예상하는 여러분의 능력은 학생들의 부적절한 행동을 지도하는 경험을 하며 향상된다. 여러분은 학생들의 성공을 위해 수업과 교실환경을 계획하여 시작할 수 있다. 한편 적절한 규칙과 행동을 명확하게 가르치는 학기 초에는 보통 다른 시기보다 부적절한 행동의 비율이 낮은 편이다. Charney(2002)는 학기 초 6주 동안은 자기의 행동을 점검한 후에 다음에 제시된 3R의 관점을 통해 부적절한 행동을 지도하라고 제시한다.

- 강화[Reinforcing]: 긍정적 행동을 설명하고 학생에게 보여주어라. ("나는 여러분이 문제를 함께 해결하는 것을 보았습니다.")
- 상기[Reminding]: 학생들에게 기대 행동을 설명하도록 요구하라. ("학습이 끝났을 때 사용했던 계산기들은 어디에 두어야 하는 지 말해주겠어요?")
- 재조정[Redirecting]: 학생들에게 보다 적절한 행동을 가르쳐라. ("이 자들은 장난하는 것이 아니라 길이 측정을 위한 것입니다.")

여러분은 부적절한 행동을 예상하기 위해 특정 학생에 대한 지식을 활용할 것이다. 수업과 수업 사이의 과도기 시간 동안 학생들이 과제에서 벗어나서 다른 것에 주의를 가진다고 느꼈다면 이런 행동에 대한 적절한 대응을 계획하라. 수업과 수업 사이의 과도기 시간 동안 학생들이 잡담을 하면 어떻게 할 것인가? 미리 준비한 대응은 문제를 예방하는 데 도움이 된다. 만약 교실에 기간제 교사와 갈등을 겪고 있는 학생이 있다면, 다음날 출장 때문에 학교에 못나갈 것을 예상하고 학생들과 함께 미리 계획을 작성하라.

긍정적 학습환경 조성을 통한 훈육

우리는 행복한 장소를 더 좋아한다. 즉, 학습환경이 더 낫다고 느낄 때 긍정적으

〈표 8.2〉 신중한 계획으로 문제를 예상하여 피할 수 있는 사례

학생들은 다음과 같을 때 부적절한 행동을 할 수 있다.

1. 학생들은 교사가 자신들을 보지 못한다고 생각한다. 그래서…
   - 학생들과 이야기할 때에는 벽에 등을 붙이고 교실 전체를 볼 수 있도록 위치하라.
   - 판서할 때 칠판 외의 기기를 활용한다면 OHP 위에 쓰거나 실물 화상기를 활용할 때 학생들을 보며 판서하라.
   - 학생들과 학습할 때 가장 멀리 있는 학생들과도 종종 눈을 마주쳐라.
2. 명확한 기대 없이 참여하지 않아도 된다. 그래서…
   - 교사가 주도하는 수업을 통하여 여러분의 지시사항을 가르쳐라.
   - 수업과 수업 사이의 과도기 시간에 대해 계획하라. 과도기 시간일 때에는 여러 측면에 대해 생각해 보라. 여러분의 지시를 명확히 하고 활동 전환 시간을 최소화하라.
   - 모든 자료를 준비하라. 적절할 때 자료를 빨리 나눠주고 모으기 위해 준비된 자료의 위치를 정하여 배치하라.
   - 만약 갑자기 손님이 방문해 수업을 중지하고 다른 곳으로 가야할 때를 대비하여 학생에게 권한을 위임하도록 준비하라. 교실 내의 일상적인 생활 규칙 및 절차[routine]를 연습하라.

로 행동할 것이다(Marshall, 2005). 다음의 〈표 8.3〉은 긍정적 학습환경을 조성하고 부적절한 행동을 예방하도록 돕는 전략이다.

교실이 매우 복잡하고 바쁘기 때문에 일단 교사는 수업을 방해하는 학생들에게 집중하기가 쉽다. 그러나 우리가 부적절한 행동을 강조할 때 교실의 분위기를 부정적으로 조성할 수 있으며 오히려 부적절한 행동에 대한 관심을 제공하는 결과를 가져온다. 여러분이 교과서를 크게 읽으며 수업하고 있을 때 부적절한 행동을 하는 학생들을 비난하는 대신 일단 학생들을 둘러보라. 여러분은 아마도 교실의 절반 이상의 학생이 열심히 듣고 있다는 것을 알게 된다. 무엇보다 학생들의 긍정적인 측면에 집중하라. 따뜻한 미소를 짓고 "절반 이상의 학생이 열심히 듣고 있네요!"라고 말하라. 이렇게 칭찬하고 기다려라.

그러나 잘못된 칭찬은 더 이상 칭찬이 아니다. 진정성 있게 칭찬하라. 학생들에 대한 공개적 칭찬에 대한 학생들의 반응은 나이와 개인에 따라 다양할 수 있음을 명심하라. 다음 쪽에 제시한 학생들의 다양성에 포괄적으로 부응하는 수업 팁에서는 진정성 있는 칭찬의 실제를 제시하고 있다.

의미 있는 존재와 비언어적 의사소통

훈육을 하기 위한 수많은 노력들은 말이 아닌 교사의 강력한 존재와 인내를 통해 전해진다. 강력한 존재감을 가진 교사들은 학생들에게 자신있게 자신의 교육관을 전달하며 능력있고 여유있어 보인다. 한편 강력한 존재감은 신체적 크기와 상관이 없다. 의미 있는 존재가 되는 것은 큰 덩치나 신장에서 나오는 물리적 위협이 아니라는 점에 유의해야 한다. 대신에 교사의 존재감은 학생에게 관심을 보이는 메시지를 보내고 자신의 능력에 자신감을 느끼며 학생들이 좋은 선택을 도울 수 있도록 하는 것이다. 일단 여러분이 의미 있는 존재감을 가지고 의사소통하기 위해서는 학생을 존중한다는 메시지를 전달하라. 그리고 똑바로 서서 긴장을 풀어라. 눈을 마주보고 학생을 지지하는 메시지를 얼굴 표현으로 전달하라.

또한 여러분은 부적절한 행동을 예방

〈표 8.3〉 개학 첫날의 긍정적 환경 조성

1. 학생들의 이름을 빨리 외워라. 이름을 외우는 것은 존중을 보여주는 가장 직접적인 방법이다. 학생들과 10분간 학생들의 이름을 반복하며 외워보기 게임을 해 보라. 학생들의 이름을 빨리 외운 팀이 승리한다.
2. 수업과 학습에 대해 높은 기대와 열정을 전달하라. 예를 들어, 여러분이 수업시간을 같이하며 기뻐한다는 열정적 메시지, 학생들과 연계하는 기대, 학생들이 학습하게 될 내용을 즐겁게 미리 살펴보는 것이 해당될 수 있다. 또한 학생들이 서로 알게 하는 데 도움을 주라.
3. 교실 규칙을 가르치거나 학생들이 공동체에서 발전하도록 하라. 규칙의 수를 간략히 하고 긍정적인 용어로 규칙을 설명하라.
4. 개학 첫날 학습하게 될 내용과 학생들의 선택을 제시하라. 학생들에게 어떤 주제를 학습하고 싶은지 물어본다. 적어도 개학 첫날 실제 수업에서 이 중 한 가지를 지도하고 학생들이 집에 돌아가서도 학습한 내용을 공유하도록 가르쳐라.
5. 부적절한 행동을 즉시 예방하기 위해 교실 내의 일상적인 생활 규칙 및 절차와 효과적 교실 관리계획을 작성하라. 학생들에게 연필 깎는 방법, 자리 이동 방법, 화장실 사용 방법, 과제 제출 방법 등의 교실 내의 일상적인 생활 규칙 및 절차와 관련한 과정 및 규칙을 지도하라.

하기 위해 비언어적 의사소통을 활용하라. Jones(2000)는 말을 하지 않고도 의도적으로 돌아다니며 눈을 마주치거나 신체 움직임 등을 통해 메시지를 전달할 수 있다고 한다.

그래서 효과적인 교실 관리 교사들은 부적절한 행동을 예방하고 의도적으로 점검하며 학생들에게 올바른 행동을 안내하면서 눈을 마주친다(Miller & Hall, 2009). 또한 여러분의 비언어적 의사소통으로 조심스럽게 존중하는 메시지를 보내도록 하라. 한편 Payne(2008)은 교사에 의해 무시당하는 고등학생들은 언어적 공격이 아니라 비언어적 메시지를 통해 존중받지 못한다고 느낀다는 사실에 주목한다. 다음의 세 가지 전략은 여러분의 의사소통 전략을 확장시킬 것이다.

- 제스처. 교향곡 지휘자처럼 행동 요구를 하며 제스처를 활용하라. 손가락을 입에 갖다대 이야기를 멈추게 하는 메시지를 보낼 수 있다. 말을 하지 않고 행동을 안내하기 위해 거울을 보며 연습하라.
- 신체적 근접. 어떤 교사들은 교실 앞에 딱 붙어 앞에만 있고 움직이지 않는다. 신체적으로 근접하고 있음을 모두가 느낄 수 있도록 교실을 돌아다닌다. 과제를 하지 않는 학생들을 볼 때는 좀 더 가까이 가서 지도한다. 신체적으로 근접한 것만으로 학생들이 주의를 하게 한다. 이런 노력들이 효과가 없을 때에만 언어적으로 메시지를 보낼 필요가 있다.
- 완벽한 교실 파악력[withitness]. 효과적인 교사는 교실의 모든 일을 완벽하게 파악하고 있다. Kounin(1977)은 완벽한 교실 파악력을 교사가 머리 뒤에도 눈이 있어 학생들의 행동을 완전히 파악한다는 의미로 설명한다. 교사는 학생의 행동을 항상 파악할 필요가 있다. 모든 학생들이 잘 볼 수 있도록 위치하라. 예를 들어, 실물화상기나 OHP 등과 같은 기자재를 활용할 때에도 학생들과 등을 져서 지도하는 것보다 학생들과 마주 보면서 지도할 수 있도록 배치하도록 하라.

학생들의 다양성에 포괄적으로 부응하는 수업 팁

진정성 있는 칭찬의 실제

단순히 하는 칭찬은 학생들에게 도움이 안 되며 오히려 왜곡되거나 부적절한 행동을 유도할 수 있다. 칭찬을 할 때 칭찬은 구체적으로 칭찬을 하고 칭찬할 만한 행동을 열거하도록 하라. 또한 학생이 이해할 수 있는 방식으로 칭찬을 전달할 필요가 있다. 교사의 칭찬에 대한 학생의 반응은 부정적인 모습에서 긍정적인 모습까지 매우 다양하다(Brophy, 1981). 학생들에게 다른 동료들이 칭찬을 어떻게 받아들이는지 기록하고 조사하도록 하라. 칭찬은 상황에 따라 개인적 또는 공개적으로 하라. 학생의 행동에 대한 설명을 직접적으로 표현하라.

여러분은 개인적, 공개적으로 좋은 행동에 대해서 구체적으로 칭찬하고 그 행동과 논리적으로 연관된 귀결을 강조하라. 예를 들어, "청소를 해줘서 고마워요! 이제 더 많은 시간이 생겼네요!"와 같이 말할 수 있다. 학생들의 행동에 대한 동기의 관점을 강화하는 방법은 단순히 학생들에게 좋은 말을 하여 기쁘게 하는 것이 아니고 교실환경을 생산적이고 즐겁게 유지하는 것이다.

요약하면 여러분은 학생 훈육에 대해서 사전 예방적으로 생각함으로써 학생들을 성공으로 이끌 수 있다. 신중한 계획을 통해서 학생들이 수업을 하기 전에 여러분은 많은 비생산적인 행동을 멈출 수 있다.

훈육에 대한 체제적 접근

생산적인 학습환경을 유지하고 학생들의 자기 통제 발달을 돕기 위해서는 교실을 하나의 체제로써 생각할 필요가 있다. 어떤 체제에서 각 요소는 독립되어 존재하는 것이 아니라 서로 상호작용하고 같은 목적으로 체제에 기여한다. 체제는 행동 유형을 발달시키고 외부 동인에 어떤 특정한 방식으로 대응할 수 있게 한다(Guillaume, 1991; Meadows, 2008). 체제적 사고 활용은 인과관계와 복잡한 사태에서도 반복되는 변화 요소를 찾게 한다.

학생 훈육을 위해 체제적 사고를 활용하여 접근하면서 우리는 상황 맥락적으로 문제를 생각해야 한다. 그리고 학생들을 다른 교실 요소와 관련하여 생각해야 한다. 또한 긍정적으로 학생 행동에 영향을 미치기 위해서 우리는 관련 변인을 확인하고 원인 및 결과 관계를 생각하며 체제 내에서 피드백을 평가하고 "다음에 어떻게 되겠는가…"와 같은 탐구 틀을 활용해야 한다.

부적절한 행동의 대응을 위해 많이 활용되는 접근은 기능적 행동 분석 또는 기능적 행동 평가이다. 반복되는 부적절한 행동을 위해 많이 활용되는 이 접근은 학생들의 행동 발달을 돕기 위해 처벌하지 않는 훈육 접근을 하게 한다. 행동 분석에서 우리는 부정적 행동을 훈육에 유용하며 목적에 도움이 되는 것으로 바라본다. 행동 분석을 함으로써 우리는 부적절한 행동을 변화시키기 위해 보다 구체적이고 적절한 계획을 세울 수 있다.

학생들의 다양성에 포괄적으로 부응하는 수업 팁에서는 행동 분석을 위해 활용되는 전반적 접근방법을 제시한다(Danforth & Smith, 2005; Jackson & Panyan, 2002; Ryan, Halsey, & Matthews, 2003). 한편 행동 분석은 많은 학생들에게 효과적이지만 반드시 그

학생들의 다양성에 포괄적으로 부응하는 수업 팁

행동 분석을 위해 활용되는 전반적 접근

1. 문제 행동은 무엇인가?
2. 행동은 언제 일어나는가?
3. 행동 전후에 무엇이 일어나는가?
4. 학생은 이런 행동에서 어떻게 도움을 얻는가?
   (학생들이 무엇을 피하는 데 도움을 주는가? 어떤 것을 얻었는가?)
5. 이제까지 다른 사람들은 행동을 변화시키는 무엇을 시도하였는가?
6. 여러분은 무엇을 시도할 것인가?
7. (후에) 여러분의 계획은 효과가 있었는가?

런 것은 아니다. Hall과 Hall(2003)은 행동 분석을 하는 접근에 반대하는 학생들은 행동주의적 접근을 받아들이지 않을 것이라고 설명한다. 훈육 전략을 고려할 때는 항상 특정한 학생들의 경우를 생각해 보라.

체제적 사고는 여러분이 다양한 문제에 대해 빠르게 대응할 것을 요구한다. 학생 훈육을 유지하기 위해 다른 요구를 통합하는 능력은 이와 관련된 경험을 하며 증대될 것이다. 지금부터 여러분은 집단 규모, 동시 지도, 대응 강도, 부적절한 행동의 동기, 행동 재조정에 대해 사고함으로써 다양한 방식으로 행동을 설명할 수 있다.

집단 규모

여러분은 매일 학생들과 개별적으로 만나지만, 대부분의 시간을 학생 '집단'과 생활하며 보낸다. 학생들은 집단에서 개인으로 활동할 때와는 다르게 행동을 하고 각 집단은 집단 자체의 특성을 발달시키려고 한다. 또한 학생들은 부적절한 행동을 두려워하면서도 그러한 행동을 저지른다. 이 중에서 가장 일반적으로 발생하는 부적절한 행동은 학생들이 뒤에서 험담하는 것과 학생을 괴롭히는 행동과 같은 목표에서 벗어난 행동이다(Clunies-Ross et al., 2008; Jones, 2000).

이런 이유로 여러분은 집단의 학생들이 집중을 유지할 수 있는 전략을 마련할 필요가 있다. 〈표 8.4〉는 집단행동을 관리하기 위한 몇 가지 공통적 기술을 제시한다. 제시된 방법이 처벌에 관한 것이 아니라는 것에 주목하라. 대신에 제시된 전략들은 긍정적, 기대에 대한 명확한 의사소통, 신중한 검토, 구체적 피드백에 기반한다. 여러분의 생각과 학생에 대하여 알고 있는 점에 맞는 방법과 조언을 선택하라.

교사가 교실에서 한 번에 여러 가지 일을 동시에 처리하는 능력overlapping

체제적 접근에서 여러분은 한 번에 여러 가지 문제를 동시에 지도할 경우도 생긴다. 학습에 활용되는 시간을 최대화하기 위해서 여러분은 여러 과제를 동시에 지도할 필요가 있다. 또한 여러분은 많은 경우에 한 번에 여러 가지 일을 동시에 처리하면서 학생의 훈육 문제도 다루게 된다. 예를 들어, 학생들의 질문에 대답하며 동시에 연필 싸움을 하는 두 학생에게 더 가까이 간다. 학생들의 읽기를 경청하는 동안 여러분은 교실의 다른 학생들이 과제를 하고 있는지 둘러볼 수 있다. 또한 종이비행기를 접기 시작하는 학생들

21세기 교수-학습 팁

학생들의 체제적 사고를 돕는 실제

- 21세기 학생들은 사회, 환경 문제를 많이 다루면서 체제적 사고 기능을 필요로 할 것이다. 체제적 사고자는 큰 그림으로 문제를 이해하고 변화를 찾으며 이해의 관점을 변화시키고 결과에 대해 생각한다(Waters Foundation, 2007).
- 미래를 대비하며 체제적 사고의 기초를 찾아보라.
- 많은 도식 조직자는 학생들에게 체제를 분석하게 하고, 체제 요소간의 관계를 발견하게 하며 계속되는 변화에 대해 사고하도록 돕는다.

에게 여러분은 교사가 보고 있다는 암시를 주고 고개를 흔들어서 하지 말라는 메시지를 보낼 필요가 있다. 여러분은 교실에서 한 번에 여러 가지 일을 동시에 처리하는 능력을 활용하여 학생들의 부적절한 행동을 효과적으로 예방할 수 있다.

학생들의 행동에 대한 대응방식

학생 행동에 대한 여러분의 대응방식은 강도에 있어 상당히 다양할 수 있다. Canter(1976)는 학생 행동의 심각성에

〈표 8.4〉 모둠활동시 학생들을 집중시키는 방법

1. 학생들이 집중하도록 신호를 활용하라. 학생들이 이야기하는 중에는 말하지 마라.
   - 명확한 요구를 하라. “여기 주목하세요. 다시 돌아갑시다.”
   - 철저히 따라하라. “나는 여러분의 눈이 나를 바라보고 연필을 놓을 준비가 되었다는 것을 알고 있습니다” 또는 “수인아 고마워. 나는 수인이가 준비가 되었다는 것을 보았어. …고마워 주원아”
   - “내 목소리가 들리면 박수 한 번, 두 번…”
   - 잠시 기다려라.
   - 손을 들어라. 학생들이 교사의 손을 보았을 때 학생들은 이야기를 멈추고 손을 들 필요가 있다는 것을 가르쳐라. 철저히 따라하라.
   - 교실의 불을 껐다가 켜라.
   - 소리내는 장난감과 같은 것을 이용한 소리 신호를 활용하라.
   - 박수를 유도하라.
   - 스톱워치를 들어서 시간이 얼마나 걸리는지 측정하라.
   - “다섯 가지를 하게 하라”(Wong, 1998). 여러분이 말할 때 학생들이 다섯 가지를 하게 하라. 눈을 맞추고, 조용히 하며, 가만히 있고, 손에서 물건을 놓고, 경청하라.

2. 신중하게 점검하고 학생의 행동에 피드백을 제공하라.
   - 과제 행동을 유지하는 암시를 활용하라. “여러분의 모둠은 지금 두 번째 과제를 해야 합니다.”
   - 자기 점검을 하도록 하라. “여러분이 얼마나 소란스러운지 확인해보세요. 여러분 목소리가 시끄럽지 않은가요?”
   - 부드러운 음악을 틀어서 조용하게 놀이를 하라. “만약 음악소리가 들리지 않으면, 더 조용히 해야 합니다.”
   - 소음이 어떤 수준에 도달할 때 부저와 같은 점검 장치를 활용하라.

3. 모둠별로 학생 행동에 대한 피드백을 제공하라.
   - 언어적 설명을 활용한다. “2, 3모둠은 아주 잘하고 있습니다. 감사합니다.” 또는 “우리가 같이 학습할 때 많은 것을 이룰 수 있습니다. 같이 해봅시다!”
   - 활동에 집중하는 시간을 증가시키기 위해서 모둠별 점수, 교실 점수를 활용하라.
   - 학생들의 낭비 시간을 최소화할 때 바람직한 활동을 추가적으로 부여하기 위해 스톱워치를 활용하라.

4. 여러분이 보다 큰 규모의 모둠을 다룰 때에는 공평하게 대하라. 몇 명의 행동으로 전체 학생을 벌하지 않는 전략을 활용하라. 만약 학생들이 교사가 불공평하다고 인지하면 여러분의 전문적 권력과 준거적 권력은 사라진다.

따라 대응 방식 수준을 조절하라고 한다. 여러분은 다음과 같이 암시를 주는 말로 시작할 수 있다. "여러분, 수업시간이네요!" 만약 이렇게 암시를 주어 대응한 것보다 더욱 강한 대응이 필요하다면 여러분은 다음과 같은 여러 가지 대응방식 중에서 하나를 선택하여 활용할 수 있다.

1. 학생이 해야 할 행동에 대한 요구. "여러분은 지금 무엇을 해야 할까요?" 다음으로 "여러분은 시작할 때 도움이 필요한가요?
2. 학생의 이름을 활용한 지시적 설명. "승민아 잡지를 집어넣어라."
3. 눈 맞춤과 어조와 메시지가 부합되는 진지한 얼굴 표정을 활용하라. "승민아 잡지를 집어넣어라"라고 이야기할 동안 진지한 표정으로 학생을 쳐다보라.
4. 눈 맞춤, 진지한 얼굴 표정, 설득적 주장과 함께 동작을 활용하라. "승민아 잡지를 집어넣어라"라고 이야기하면서 잡지를 닫는 동작을 활용하라.

학생의 부적절한 행동이 심각할 때는 더욱 강도 있게 대응하는 것이 적절하다. 많은 교사들은 타임아웃 방법을 활용한다. 이때 학생들이 모욕감을 느끼지 않고 마음을 가라앉힐 수 있는 공간을 제공하는 것이 좋다. 또한 학생들이 타임아웃이 끝났을 때는 즉시 교실로 돌아오도록 하라. 여러분은 모든 학생을 적절하게 지도할 법적 책임이 있음을 기억하고 타임아웃을 활용할 때는 확실하게 학생들이 집단으로부터 떨어져 있어도 지도를 받을 수 있도록 하라. 또한 집단으로부터 떨어진 시간은 학생들이 학습할 기회를 감소시킨다는 것을 기억하라.

학생들의 부적절한 행동은 신체적 다툼에 의해 형성될 수 있다. 이런 경우에는 즉각적이지만 신중한 조치가 필요할 것이다. 다음의 수업 팁에서 제시된 학생들의 다툼을 다루는 방법을 참고하라.

교실 수준을 넘어서 다양한 수준의 다른 접근은 반응중심중재response to intervention이다. 반응중심중재는 적절한 행동을 지지하기 위해 활용된다. 이 원리는 학생들의 부적절한 행동 지도에도 똑같이 적용될 수 있다. 학생들은 요구 수준에 기초하여 교사의 지지와 중재를 받고, 이런 과정은 중재 없이도 충분하게 점검된다. 대부분의 학생들에게는 적절한 행동 선택을 하기 위해 낮은 수준의 중재로도 충분하다. 그러나 일부 학생들의 경우 학교 전체 기대와 지지만 가지고는 불충분하다. 이런 학생들에게는 사회적 기능 집단, 상담, 멘토 등을 포함한 높은 수준의 중재가 필요하다. 그리고 보다 개인적인 지지와 중재가 필요한 학생들은 상세한 개인지도 계획이 요구된다. 훈육의 관점에서 반응중심중재는 종종 긍정적 행동 지지 전략과 연계되어 활용된다(Sandomierski, Kincaid, & Algozzine, 2007).

반응중심중재

미국의 경우 2004년 IDEA* 미국의 장애인 교육법의 재개정이 이루어지고 학습장애에 대한 진단 및 후속 조치 방법에 큰 변화가 일어났다. 과거에 학생들은 지능과 학업 수행 및 결과물 간의 격차를 보여주는 평가 결과에 의해 판별되었다. 결과적으로, 대부분의 학습장애는 학생이 이미 학업에 대한 실패를 경험한 3학년 또는 시간이 많이 지난 후에 판별되어 왔다.

그러나 현재 학교들은 다른 모델을 선택하여 활용하고 있다. 그것은 바로 반응중심중재이다. 학습장애가 있다고 판정되려면, 학생은 일반적인 체계적 수업에 대한 대응력이 현저히 떨어져야 한다. 반응중심중재는 학습장애학생을 판별할 때, 학생에게 강도 높은 수업을 제공하여 장애를 가지고 있는 학생으로서의 적격성 여부를 판별하게 하고, 초기에 진단을 내리게 한다. 이러한 변화는 모든 학생들

수업 팁

학생의 다툼을 교육적으로 중재하는 방법

1. 지금 당장: 지침을 점검하라. 여러분의 법적인 책임이 무엇인가?
2. 다음: 계획을 작성하라. 여러분은 무엇을 할 것인가? 관련 자료는 무엇인가?
3. 만약 갈등이 일어나면:
   - 학생들의 감정을 조정할 수 있는 유머로 긴장을 완화시켜라. 만약 가능하다면 문제를 최소화 할 수 있는 언어적 상호작용을 활용하라.(예를 들어, 학생들의 개별적 공간을 증가시키는 것은 학생들에게 정서적 통제를 다시 할 수 있도록 돕는다. 학생들이 어렵게 생각하지 않는 수수께끼나 넌센스 질문을 활용하여 학생들이 이야기하도록 하라. 그러나 '왜'라고 묻지 마라.)
   - 큰 소리로 명확하게 언어적 명령을 하라. 구체적으로 하라. 예를 들어, "여기에 앉아!"와 같이 이야기한다.
   - 만약 안전하지 않다면 학생들을 보호하는 동안 도움을 요청하라.
   - 만약 안전하다면 화를 내지 않고 학생들의 다툼에 관여하라. 아이들의 마음을 잘 감싸 주어라.
   - 이런 이후에는 신중하게 학생들의 다툼에 대해 기록해 두어라.

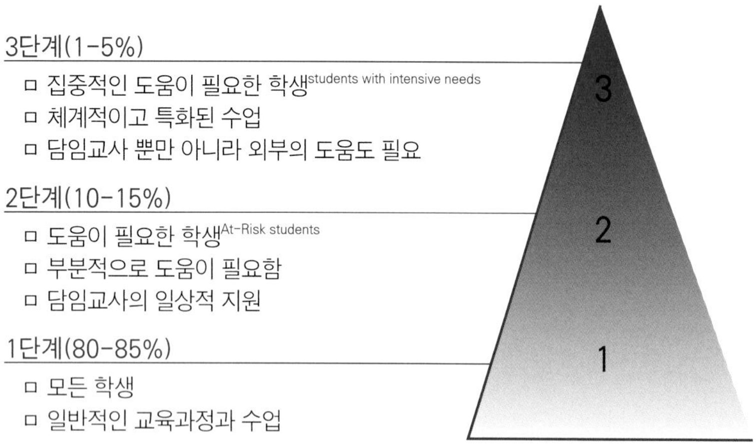

[그림 8.2] 반응중심중재 모델 피라미드

이 불공정한 판정으로 인하여 학업 손실을 입거나 실패를 경험하게 하는 것을 줄여준다. 반응중심중재의 단계는 다음과 같다.

1. 심도 있는 검사: 모든 학생의 우선적인 요구를 판별하기 위하여 엄격한 평가가 이루어져야 한다.
2. 단계식 중재: 학생들이 낮은 강도의 중재를 받고 진전을 보이지 않는 경우, 점차 강도 높은 수업 중재를 제공받는다.
3. 학생 평가: 학생의 진보는 심도 있는 검사를 통해 체계적으로 모니터링 된다.

반응중심중재는 일반적인 교육 환경(1단계)에서 모든 학생들이 심사를 받고 엄격한 수업을 제공받는다. 그 수업을 받고 성공적인 반응(진전)을 보이지 않는 평가 결과가 나온 학생들은 좀 더 강도 높은 2단계 수업 중재를 받는다.

일부 학교는 3단계 형식의 수업 중재 방식을 채택하며, 4~5단계를 취하는 곳도 있다. 반응중심중재는 일반적으로 학생 대부분이 학습장애를 갖고 있는 경우 읽기 수업에 사용(환경중심언어중재milieu language intervention)되며, 행동 중재에도 응용된다. [그림 8.2]는 반응중심중재의 일반적인 모델을 설명한다.

중·고교에서 아이들의 다양성에 부응하면서 엄격한 수업을 실천하기는 어려울 것이다. 시간표를 짜기도 어려우며, 많은 학생들은 이미 몇 년 동안 학업에 대한 박탈감을 경험하였으며 낮은 학습 동기를 가지고 있다(Fuchs, Fuchs, & Compton, 2010). 학생의 학습장애를 예방하고 학생 성공을 지원하는 반응중심중재접근은 점차 전개되고 있으며, 특수 교육적 요구에 부응하는 다면적 접근의 한 부분이다.

학생들의 부적절한 행동의 원인과 그에 따른 대책

어떤 학생이 계속 부적절한 행동을 보인다면 반드시 그 원인이 있기 마련이다. 부적절한 행동의 원인을 찾을 수 있을 때 여러분은 보다 수용 가능한 대안을 적용할 수 있고 자기 통제를 촉진하며 부적절한 행동의 재발을 예방할 수 있다.

Dreikurs, Grunwald, 그리고 Pepper(1982)는 학생들이 갖고 있는 네 가지 부적절한 목표를 규정하였다. 〈표 8.5〉는 이 네 가지 부적절한 목표를 규정하고 이런 목표를 확인할 수 있는 단서에 대해 대응하는 조언을 제시하고 있다. Dreikurs와 동료들은 여러분이 학생들의 목표를 확인한 후에 "더 집중 할 수 있나요?"와 같은 확인 질문을 할 수 있다고 한다. 그리고 부적절한 목표에 대한 첫째 대응이 잘못될 수도 있다. 한편 더욱 생산적인 대안은 넷째 칸에 제시되어 있다.

〈표 8.5〉는 교사가 부적절한 행동에 침착하게 대응하고 학생들에게 자신의 부적절한 목표를 발견할 수 있도록 하며 더욱 수용 가능한 방법을 선택하도록 도울 수 있게 한다.

황금률[1]에 대해서 또 다른 호소력 있는 대안은 백금률[2]이다. 이 백금률은 잘못된 목표로 가고 있는 학생들에게 올바른 길로 향할 수 있도록 도와준다. 백금률은 "남이 원하는 대로 남을 대하라"라는 뜻이다. 만약 학생들이 권력을 나누어 가지고자 할 때 교사가 적절하게

1 황금률(Golden Rule): 황금처럼 귀하다 해서 황금률의 명칭이 붙여졌으며 마태복음 7장 12절 "여러분은 무엇이든지 사람들이 여러분에게 해주기 바라는 것을 그대로 그들에게 해주시오"의 구절이 황금률에 해당하는 말이다(자료 출처: 200주년 신약성서 번역위원회(2001). 200주년 신약성서 주해. 왜관: 분도출판사, p. 55) "Do for others what you want them to do for you." American Bible Society(1992). Good News Bible. New York: American Bible Society. p. 1140)

2 백금률(Platinum Rule): 백금률은 사람들의 성격에 대한 오랜 심리학적 연구와 그것의 실천적 변용으로 Alessandra와 O'Conner 박사가 그들의 저서에서 황금률의 대안적 성격으로 제안한 표현이다. 즉, 그들이 제안한 백금률은 "남이 원하는 대로 남을 대하라"의 뜻을 담고 있는 표현이다. 어떤 환경에서 어느 누구와 일하더라도 좋은 관계를 맺을 수 있도록 도와주는 검증된 처방, 그것이 바로 백금률이다. 백금률은 황금률의 업그레이드 버전이라고 할 수 있다. (자료 출처: Alessandra, T., & O'Connor, M. J. (1998). The Platinum Rule. New York: Warner Books. 유강문 역(2002). 백금률. 서울: 참솔. p. 14). Treat others in the way they like to be treated.)

〈표 8.5〉 부적절한 목표의 확인 및 대응

부적절한 목표	학생들의 부적절한 행동 기술	드러나는 교사와 학생의 모습은 무엇인가?	여러분은 어떻게 대응할 것인가?
관심을 받으려고 한다.	학생들은 인정 및 수용을 얻기 위해 노력하면서 오히려 사회적으로 부적절한 방식으로 행동한다.	교사의 첫 번째 반응은 소리를 치는 것이다. 학생들은 처음에 부적절한 행동을 멈추지만 다시 곧 부적절한 행동을 시작한다.	• 부적절한 행동을 계속 무시하라. • 학생들이 부적절한 행동을 몇 번 허용할 것인가 개별적 면담을 하여 정하라. • 면담을 기초로 하여 학생들의 부적절한 행동을 계속 점검하고 피드백을 하라. • 긍정적 행동에 대해서는 집중을 해 주어라.
권력을 얻으려고 한다.	학생들은 권력을 얻기 위해 수용되지 않는 수단을 활용하는 행동으로 되돌아간다.	교사의 첫 번째 반응은 도전을 받는다고 느끼는 것이다. 학생의 반응은 반항적이다.	• 공감적 대응을 하는 대신에 권력 갈등에 개입되는 것을 거부하라. • 상황에서 학생들을 제외시켜라. • 학생들에게 권력을 실행하는 진정한 방식을 찾게 하라.
복수를 하려고 한다.	학생들은 잘못 대해졌다고 느끼면서 부정적인 행동을 하여 보상받으려고 한다.	교사의 첫 번째 반응은 상처를 받거나 좌절감을 느끼는 것이다. 학생은 공정하지 못한 점에 대해 불평하거나 비난을 한다.	• 학생들과 교사 및 동료 간의 관계를 바꾸어라. • 존중을 촉진하라. • 학생들이 사회적 기능을 습득하도록 도와라. • 복수를 거부하라. 행동에 대한 사실적 메시지를 활용하라.
부족함을 드러내려고 한다	무능력하다고 느끼는 학생들은 심지어 도전을 회피하기 위하여 도움을 거부한다.	교사의 첫 번째 반응은 학생들의 포기에 대한 좌절이다. 학생들은 아무것도 하지 않는다.	• 학생을 포기하지 마라. • 위험을 최저 수준으로 유지하고, 작은 성공일지라도 축하해 주어라.

권력을 학생들에게 위임한다면 학생들이 학교에서 하는 행동에 대해 의미 있게 통제하는 교실을 형성할 수 있다.

단기적 재조정과 장기적 재조정

자기 통제라는 무엇보다 중요한 목표를 위해서 여러분은 학생 훈육의 장 · 단기적 전략을 세울 필요가 있다. 단기적 전략은 빠른 결과를 기대할 때 활용될 수 있다. 장기적 전략은 보다 큰 체제와 학생들에 대한 희망의 보다 넓은 관점으로 훈육 문제에 접근한다. 여러분은 훈육 문제를 충분하게 설명하기 위해서 여러 장 · 단기적 전략을 활용하고 결과와 효과를 보면서 전략을 수정할 필요가 있을 것이다.

5학년 학생 준호가 하나의 예시가 될 수 있다. 준호는 수업시간에 과제를 거의 하지 않고 숙제도 제출하지 않는다. 학교에서 책임과 실천의 중요성에 대한 수업을 들을 때 어깨가 움츠러든다. 준호의 학습에 대한 무관심에 실망하여 여러분은 다른 사람의 도움을 받기로 결정한다. 여러분은 문제해결을 위해 동학년 협의회를 열어서 준호의 인식과 관심을 평가하고 협동하여 학습할 수 있는 방법을 찾아 볼 것이다(Charney, 2002). 다음의 〈표 8.6〉에 제시된 것처럼 계획을 작성하고 기록하라. 여러분의 계획이 준호의 성공을 돕는 여러 측면의 접근을 포함한다는 것에 주목하라. 여러분은 교육과정을 조율하고, 다른 전문가의 도움을 받으며, 준호의 가족과 연계하여 지도하고, 준호가 성공할 수 있게 교실 상호작용을 재구조화한다. 장기적 접근과 더불어 이 계획에서는 단기적 전략을 활용하고 있음에 주목하라. 단기적 전략은 예를 들어, 강화 방법을 들 수 있다. 비록 외적 강화 방법 사용에 반대하더라도 여러분은 준호에게 즉각적인 성공에 대한 피드백이 필요하다고 결정한다.

무관심의 문제를 여러 방식으로 다루면서 여러분은 성공의 가능성을 증가시킨다. 여러분은 계획의 어떤 부분들은 준호에게 적용할 때 보다 효과적이고 또 어떤 부분들은 효과가 없다는 것을 발견한다.

이상으로 학생 훈육 문제를 몇 가지 차원으로 설명하였다. 예방과 대응, 교육과

〈표 8.6〉 학생들의 행동을 재조정하는 장 · 단기적 전략 계획

단기적 전략	장기적 전략
• 준호가 과제를 하지 않는 원인에 대한 문제로 회의를 하라. • 학부모와 통화하고 학부모의 의견을 들어라. • 준호가 좋아할 수 있는 보상을 포함하여 약속을 다시 작성하라. • 흥미가 있고 글은 적게 나온 책을 찾아라. • 준호에게 학습의 어려움이 발견되면 원인을 찾기 위해 관련 포트폴리오 자료를 점검해 보라. • 준호가 흥미 있어 하는 과학 분야의 독서를 활용하는 소프트웨어 프로그램을 찾아보라.	• 교육과정을 점검해 보라. 관심 있는 주제의 개별 프로젝트를 제시하여 각각의-학습자-수준과-특성에-맞춘-수업(Differentiated Instruction, DI)을 시도하라. • 동기를 높일 수 있도록 학습 양을 조절하라. 성공의 가능성을 높이고 노력이 많이 요구된다는 인식을 줄이기 위해 과제를 작은 부분으로 나누어라. • 협동 학습 모둠을 재조직하고 준호에게 책임감 있는 리더십을 발휘할 수 있게 하라. • 교실 활동과 연계를 형성하기 위해 준호의 학교 외부 활동에 대한 학부모가 제공하는 정보를 활용하라.

정과 교실 관리, 집단에 초점을 두는 것과 개인에게 초점을 두는 것, 원인과 즉각적인 지도 등의 내용이었다. 이런 면을 모두 고려하는 것이 여러분에게 부담이 될 수 있지만 여러 가지 전략들은 다양한 학습자들에게 도움이 될 수 있다.

초임교사들은 학생들을 훈육하는 데 많은 어려움을 겪는다. 그래서 〈표 8.7〉은 초임교사들이 겪게 되는 훈육의 어려움에 도움이 되는 도구와 전략들을 제시하고 있다.

자신의 교실 훈육 지도 계획

여러분은 일관성 있고, 긍정적이며, 사전 예방차원으로 교실을 관리하고 훈육 프로그램을 실시할 필요가 있다(Miller & Hall, 2009). 이 장에서는 학생들의 자기 통제를 촉진하는 수많은 전략을 제시하였다. 관련 문헌, 웹사이트, 경력 있는 교사들에게서 좋은 제안을 찾을 수 있다. 그러나 학생 훈육을 위해서는 무엇보다 여러분이 중심이 되어야 한다. 여러분은 자신의 철학, 개성, 선호도에 기초하여 훈육 계획을 작성해야 한다. 훈육을 계획할 때는 특별히 학생들을 고려하고 학생에 대한 이해를 반영할 필요가 있다.

〈표 8.8〉은 훈육 계획을 위한 양식을 제시하고 있다. "학생들이 어떤 사람이 되기를 바라는가?", "학생들의 성격은 어떠

〈표 8.7〉 초임교사를 위한 훈육 향상 전략

지도→점검→피드백
- 학생들의 행동을 지도하기 위해 명확하고 긍정적인 언어를 사용하라.
- 학생들이 따르는 지 점검해 보라. 기다리고 지켜보라.
- 학생의 따르려는 노력에 대해 구체적인 피드백을 주라.
- 필요하면 지도를 다시 하라.

긍정적으로 유지하라.
- 학생들이 잘하는 것에 초점을 맞춰라.
- 학생들의 좋은 선택에 초점을 맞춰라.
- 진정성 있고 구체적으로 칭찬하라.
- 공정하라. 미소 지어라. 웃어라.

여러분의 존재감을 느끼게 하라.
- 교실을 돌아다니면서 가르치고 점검하라.
- 다른 행동을 시작하는 학생들에게 더 근접하여 지도하라.
- 여러분이 학생들의 행동을 주시하고 있다는 것을 알게 하라.
- 자신감을 갖고 지도하라.

보상과 처벌에 대한 과도한 신뢰는 피하라.
- 점수, 카드, 상품 등은 긍정적인 영향을 줄 수 있지만, 여러분이 교실에서 가장 영향력 있는 존재임을 명심하라.
- 논리적으로 연관된 귀결과 자기 통제에 집중하라.

한가?"와 같은 질문으로 훈육 계획을 시작할 수 있다. 그리고 학생들의 배경, 환경, 연령, 발달수준 등의 특징을 적는다.

다음으로 여러분 자신의 필요, 선호도를 고려하라(Charles, 1992). 교실 훈육 계획을 설계하고 유지할 수 있는 여러분의 규칙을 정리하라([그림 8.3] 참고). 이 규칙들은 학생에게 적용되는 것이 아니라 여러분 자신에게 적용되는 규칙이다. 여러분이 훈육에 도움이 되는 행동을 선택할 때 어떤 원리를 활용하는가? 예를 들어, 두 가지 규칙이 제시되어 있다. 학생들을 존중하고 부적절한 행동을 예방하라. 그 다음에 구체적 전략들을 적어보라.

자신의 경험에 비추어 전략들을 정리하라. 많은 사람들이 여러분에게 교실 훈육 전략들을 제안했을 것이다. 여러 훈육 계획을 통합하여 사용하기 전에 우선 여러분의 훈육 전략은 규칙에 부합해야 한다. 만약 선택한 전략이 규칙에 부합하지 않는다면 여러분의 훈육 전략은 여러분의 훈육관에도 맞지 않을 것이다. 학생들에게도 도움이 되는 전략은 적극적으로 활용하라. 또한 정기적으로 계획을 점검하고 피드백하라. 학생들에게 무조건 규칙에 따르라고 강요하였는가? 보상과 처벌은 어떠하였는가? 학생들을 존중하였는가? 등의 질문을 해보라.

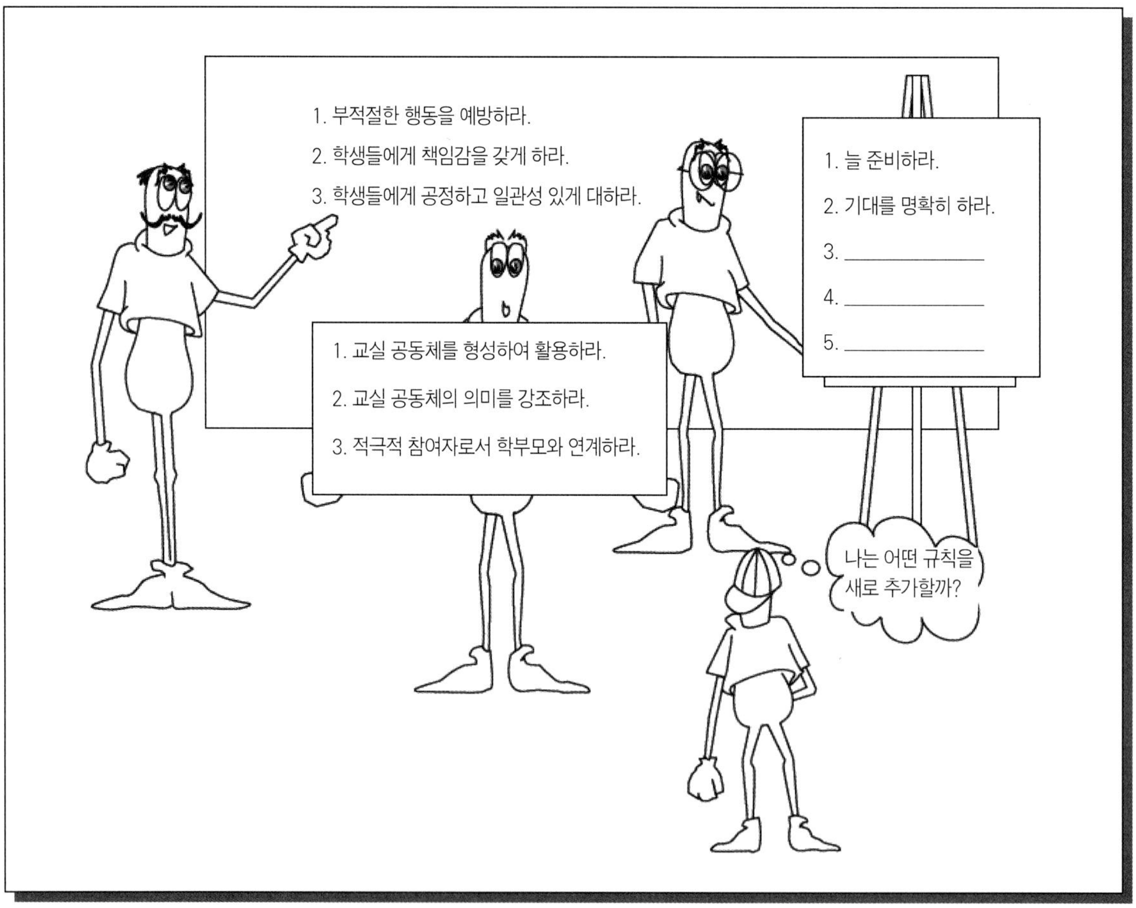

[그림 8.3] 규칙의 공식화

〈표 8.8〉 나의 훈육 계획

나는 이렇게 믿는다…(여러분의 교육관에 대한 주요 내용) 나의 학생들은…(학생들의 구체적 특징) 나는 필요하다… 나는 좋아한다… 나는 싫어한다… *학생의 특징에 대해서 상투적인 표현은 피하라.
나의 규칙과 몇 가지 전략 (여기서의 규칙은 교실 규칙이 아니라 훈육 접근에 대한 기본 원칙이다).
나의 규칙: 몇 가지 전략: 환경 설정 부적절한 행동 예방 행동에 대한 대응
나의 규칙: 몇 가지 전략: 환경 설정 부적절한 행동 예방 행동에 대한 대응
학생들의 자기 통제 발달을 돕기 위해 다른 집단 구성원과 가족을 연계하여 계획한다.

그리고 여러분이 훈육을 계획할 때는 학생들의 문화적, 발달적, 언어적, 개별적 특성을 고려할 필요가 있다. 가족들은 자녀에 대한 전문가이고 누구보다 더 학생들을 잘 알고 있다. 학생들에 대해 알고, 학생들의 발달을 지원하기 위해 어떻게 하면 가족들의 정보를 활용할 수 있을까? 학생 발달을 지원하기 위해 가족 구성원을 협력자로서 어떻게 효과적으로 활용할 것인가? 어떤 전문가가 도움을 줄 수 있는가? 지역의 담당 행정가로부터 얻을 수 있는 도움은 무엇인가? 이렇게 학생 훈육과 관련된 사람들은 여러분에게 도움을 줄 수 있기 때문에 이들을 적극적으로 활용하라. 즉, 지원 체제를 고안하기 위해 학생들이 부적절한 행동을 할 때까지 미루지 마라. 마지막으로 여러분의 교실 훈육 프로그램을 적용하라. 비효율적이고 비인간적이며 다루기 어려운 측면은 수정하라. 다음의 수업 팁에서는 이제 교직 1년을 마친 곽교사의 교실 관리와 훈육 계획을 제시하고 있다.

마무리

만약 여러분이 교실 훈육을 향상시키는 데 어려움을 겪는다면 다음의 팁에 대해 생각해 보는 것이 좋다.

- 나쁜 날 다음에 좋은 날이 온다.
- 학생 훈육은 작은 승리의 연속이다. 교사는 학생과의 꾸준한 상호작용을 통하여 차츰 바람직한 훈육을 실시할 수 있다. 한 가지 실수를 하는 것이 나머지 모든 것을 영원히 잃는 것을 의미하지는 않는다.
- 교실에서 일어났던 많은 일들이 여러분의 책임이라는 것을 명심하라. 학생들이 부적절한 행동을 할 때는 자신에게 먼저 물어보라. "나는 더 나은 교실환경을 만들고 부적절한 행동을 예방하기 위해 무엇을 할 수 있을까?"
- 여러분이 선택한 교실 훈육 전략이 효과가 없으면 즉시 변화를 주어라.

학생 훈육에 대해 자신감이 있는 교사들은 부절적한 행동에 보다 긍정적이며 자신의 교육관에 부합하는 교실 훈육을 실시한다. 훈육을 통해 학생의 행동과 교실 상황을 변화시킬 수 있다고 믿는 교사만이 그것을 실현할 수 있다(Rimm-Kaufman & Sawyer, 2004).

수업 팁

교실 관리와 학생 훈육을 위한 곽교사의 팁

- 학생들의 학습 동기를 유발하면서 학생들과 좋은 관계를 유지하라.
- 학기가 시작되는 첫날 여러분의 교실을 조직하라. 모든 학생들에게 역할을 부여하면 여러분의 일을 덜 수 있다.
- 조직화시켜라. 그리고 조직화하는 과정에 학생들을 참여시켜라.
- 내가 먼저 해보고 안내를 해주면 학생들이 훨씬 잘 따라한다는 것을 명심하라.
- 모든 것을 기록하라. 기록을 보면서 내년에는 변화를 주어야 할 새로운 점들을 발견할 수 있다.

이론에서 실천으로

1. 학생과 함께 시작해 보라. 학생들에게 적합한 훈육 계획을 만들기 위해 다음과 같은 전략을 시도해 보라.
   가. 교사의 훈육 방식에 대한 학생들의 선호도를 살펴보라. "좋은 교사는 어떤 사람인가?", "새로운 교사들을 위해 무슨 조언을 해 줄 수 있는가?"와 같은 질문을 이용하라.
   나. 문화는 차이를 만든다. 문화 차이에 관한 실제 학생들의 경험을 학습시간에 활용한다.
2. 진정한 권위는 학생 훈육에 영향을 주기 때문에 학생들과 연결하여 계획을 세우라. 학생들과 연계하는 데 도움을 주는 아이디어를 작성해 보라. 경력이 풍부한 교사들과 함께 여러분의 전략이 적절한 지 다시 확인해 보라. 학생들의 의견을 들어보라.
3. 경력 있는 교사들을 관찰해 보라.
   가. 교실환경은 어떻게 학생들의 긍정적 행동을 촉진하는가?
   나. 교육과정은 학생들의 부적절한 행동을 어떻게 예방할 수 있게 하는가?
   다. 교사가 학생들의 행동에 대한 피드백을 줄 때 활용하는 전략을 적어보라. 이 메시지가 긍정적, 중립적, 부정적인지 살펴보라.
   라. 교사들이 어떻게 학생들의 행동을 모니터링하는 지 알아보고, 사용한 행동 수정 전략을 적어보라.
   마. 교사가 학생들을 이해하려 노력하고 있다는 것은 무엇을 통해 알 수 있는가?
   바. 교실 훈육 전략에서 주목할 점은 무엇인가?
4. 이 장에서 제시된 훈육 전략 중 하나를 선택하라. 훈육 전략을 실시해 보고 어떤 상황이 일어나는지 살펴보라. 여러분은 교사로서 어떤 생각을 하게 되는가? 여러분이 적용한 훈육 전략은 언제나 영향을 줄 수 있다는 것을 명심하라. 이 전략은 어떤 영향을 주었는가?
5. 여러분의 교실 훈육에 대해서 함께 모의 면담mock interview을 할 수 있는 친구를 찾아보라. 여러분의 훈육 계획을 주제로 모의 면담을 진행하라.
6. 학생, 가족, 동료교사, 다른 이해 당사자들에게 제시할 수 있는 훈육 프로그램 유인물을 만들어라. 여러분의 학생 훈육에 대한 믿음과 신조로 유인물의 머리말을 작성할 수 있다. 유인물을 작성하면서 특히 학생들의 가족을 염두하라.
7. 이 장에서 제시한 규칙과 전략을 활용해서, 다음의 문제 상황을 해결할 수 있는 훈육 계획을 제안해 보라.
   가. 중학교 2학년인 민기는 5교시에 2분 늦게 교실로 들어왔다. 민기의 팔은 책, 종이, 공책들로 가득하다. 민기는 교사에게 수줍은 미소를 지으며 말한다. "늦어서 죄송합니다. 제 가방이 점심시간에 찢어져서요." 민기는 자신의 자리로 돌아오면서 민정이의 책상에 걸려 넘어진다. 교실의 아이들이 웃는다. 민기의 얼굴이 빨갛게 되었고, 소지품이 교실 바닥에 떨어졌다.
   나. 1학년 담임교사인 정 교사는 점심시간에 힘없이 휴게실로 들어온다. "왜 그래요?" 동료 이 교사가 묻는다. "저는 학생들이 고자질 하는 것 때문에 못 살겠어요." 예를 들어, "선생님 제 것을 컨닝했어요.", "제 지우개를 훔쳐가요.", "제발 저는 학생들이 고자질을 그만했으면 좋겠어요."

다. 오 교사는 5학년을 맡고 있는 신규교사다. 오 교사는 학생들이 활발히 상호작용하고 있는 점에서 만족한다. 하지만 학생들이 계속 떠드는 것을 볼 때는 힘이 빠진다. 오 교사가 조용하라고 이야기할 때만 잠시 조용했다가 3분 정도 지나면 다시 떠들기 시작한다. 오 교사는 자신이 잔소리꾼이 되어간다고 느낀다.

참고문헌References

서명석(2012). 교수법 노하우: DI를 중심으로. 방과후학교 전문강사 양성과정 교직 연수 자료집. 서울: 서울교육대학교 평생교육원. pp. 95-104.

박성현(2011). 개인이라 불리는 기적. 파주: 들녘.

Adams, G. L., & Engelmann, S. (1996). *Research on direct instruction: 25 years beyond DISTAR*. Seattle, WA: Educational Achievement Systems.

Adams, J. (12 May 1780). Letter to his wife Abigail Adams. Retrieved from http://www.creativequotations.com.

Adams, M., Bell, L. A., & Griffin, P., Eds. (2007). *Teaching for diversity and social justice* (2nd ed.). New York: Routledge.

Ainsworth, L, & Viegut, D. (2006). *Common formative assessments: How to connect standards-based instruction and assessment*. Thousand Oaks, CA: Corwin.

Allchin, D. (2005). “Hands-off” dissection? *American Biology Teacher*, *67*, 369–373.

Allen, J. B., Ed. (1999). *Class actions: Teaching for social justice in elementary and middle school.* New York: Teachers College Press.

Alvidrez, J., & Weinstein, R. (1999). Early teacher perceptions and later student academic achievement. *Journal of Educational Psychology, 91*, 731–746.

American Association of School Librarians (2007). Standards for the 21st Century Learner. Retrieved from http://www.ala.org/ala/mgrps/divs/aasl/guidelinesandstandards/learningstandards/AASL_Learning_Standards_2007.pdf

Amrein, A. L., & Berliner, D. C. (2002). High-stakes testing and student learning. *Policy Analysis Archives*, *10*(18). Retrieved from http://epaa.asu.edu/ojs/article/viewFile/297/423

Amrein, A. L., & Berliner, D. C. (2003). The effects of high-stakes testing on student motivation and learning. *Educational Leadership*, *60*(5), 32–38.

Anderson, K. (2007). Tips for teaching: Differentiating instruction to include all students. *Preventing School Failure, 51*(3), 49–54.

Anderson, L. W. (2005). Objectives, evaluation, and the improvement of education. *Studies in Educational Evaluation*, *31*(2–3), 102–113.

Anderson, L. W. (Ed.), Krathwohl, D. R. (Ed.), Airasian, P. W., Cruikshank, K. A., Mayer, R. E., Pintrich, P. R., Raths, J., & Wittrock, M. C. (2001). *A taxonomy for learning, teaching, and assessing: A revision of Bloom's Taxonomy of Educational Objectives*. Boston: Allyn & Bacon.

Arter, J. A., & McTighe, J. (2001). *Scoring rubrics in the classroom: Using performance criteria for assessing and improving student performance.* Thousand Oaks, CA: Corwin Press.

Baglieri, S., & Knopf, J. (2004). Normalizing difference in inclusive teaching. *Journal of Learning Disabilities, 37*(6), 525–529.

Bailey, J. M., & Guskey, T. R. (2001). *Implementing student-led conferences.* Thousand Oaks, CA: Corwin Press.

Baker, S., Gersten, R., & Lee, D. S. (2002). A synthesis of empirical research on teaching mathematics to low-achieving students. *The Elementary School Journal*, *103*(1), 51–73.

Banks, J. (1997). *Teaching strategies for ethnic studies* (6th ed.). Needham Heights, MA: Allyn & Bacon.

Banks, J. (2009). Human rights, diversity, and citizenship education. *Educational Forum, 73*(2), 100–110.

Banks, J. A. (2005). Multicultural education: Characteristics and goals. In J. A. Banks and C. A. M. Banks (Eds.), *Multicultural education: Issues and perspectives* (5th ed., pp. 3–30). Hoboken, NJ: Wiley.

Banks, J. A. (2008). Diversity, group identity, and citizenship education in a global age. *Educational Researcher, 37*(3), 129–139.

Bellamy, T., & Goodlad, J. (2008). Continuity and change: On the pursuit of a democratic public mission for our schools. *Phi Delta Kappan, 89,* 565–571.

Benson, B., & Barnett, S. (2005). *Student-led conferencing using showcase portfolios.* (2nd ed.). Thousand Oaks, CA: Corwin Press.

Benzel, K. N. (Ed.). (1997). *Western landscaping book.* Menlo Park, CA: Sunset Books.

Berliner, D. (1984). The half-full glass: A review of research on teaching. In Hosford, Philip L., Ed. *Using What We Know About Teaching*. Reston, VA: Association for Supervision and Curriculum Development, pp. 51–84.

Berliner, D. (2004). Describing the behavior and documenting the accomplishments of expert teachers. *Bulletin of Science Technology and Society*, *24*(3), 200–212.

Berliner, D. (2006). Our impoverished view of educational research. *Teachers College Record*, *108*, 949–995.

Berliner, D. (2009). MCLB (Much Curriculum Left Behind): A U.S. calamity in the making. *The Educational Forum, 73*(4), 284–296.

Bingham, G., Holbrook, T., & Meyers, L. (2010). Using self-assessments in elementary classrooms. *Phi Delta Kappan, 91*(5), 59–61.

Black, P., & Wiliam, D. (1998). Assessment and classroom learning. *Assessment in Education: Principles, Policy & Practice, 5*(1), 7–74.

Bloom, B., Englehart, M., Hill, W., Furst, E., & Krathwohl, D. (1956). *Taxonomy of educational objectives: The classification of education goals. Handbook I: Cognitive domain.* New York: Longman Green.

Bohn, C. M., Roehrig, A. D., & Pressley, M. (2004). The first days of school in the classrooms of two more effective and four less effective primary-grade teachers. *The Elementary School Journal, 104*, 269–287.

Bomer, R., & Bomer, K. (2001). For *a better world: Reading and writing for social action*. Portsmouth, NH: Heinemann.

Bondy, E., & Ross, D. (2008). The teacher as warm demander. *Educational Leadership, 66*(1), 54–58.

Bondy, E., Ross, D., Gallingane, C., & Hambacher, E. (2007). Creating environments of success and resilience. *Urban Education, 42*, 326–348.

Borum, R., Cornell, D., Modzeleski, W., & Jimerson, S. (2010). What can be done about school shootings? A review of the evidence. *Educational Researcher, 39*(1), 27–37.

Bransford, J. (2000). *How people learn: Brain, mind, experience, and school*. Washington, DC: National Academy Press.

Brenner, D., & Hiebert, E. (2010). If I follow the teachers' editions, isn't that enough? Analyzing reading volume in six core reading programs. *The Elementary School Journal 110*(3), 347–363.

Brigham, F., & Brigham, M. (2010). Preventive instruction. *American School Board Journal, 197*(6), 32–33.

Broderick, A., Mehta-Parekh, H., & Reid, D. (2005). Differentiating instruction for disabled students in inclusive classrooms. *Theory into Practice, 44*(3), 194–202.

Brophy, J. (1981). Teacher praise: A functional analysis. *Review of Educational Research, 51*, 5–32.

Brophy, J. (1997). Effective instruction. In H. J. Walberg & G. D. Haertel (Eds.), *Psychology and educational practice* (pp. 212–232). Berkeley, CA: McCutchan.

Brophy, J. (2010). Classroom management as socializing students into clearly articulated roles. *Journal of Classroom Interaction, 45*(1), 41–45.

Brown, D. (2004). Urban teachers' professed classroom management strategies: Reflections of culturally responsive teaching. *Urban Education, 39*, 266–289.

Brown, M. R. (2007). Educating all students: Creating culturally responsive teachers, classrooms, and schools. *Intervention in School and Clinic, 43*, 57–62.

Bruner, J. (1960). *The process of education*. Boston: Harvard University Press.

Bruner, J. (1986). *Actual minds, possible worlds*. Cambridge, MA: Harvard University Press.

Bruner, J. B., Goodnow, J. J., & Austin, G. A. (1960). *A study of thinking*. New York: John Wiley & Sons.

Bumgardner, S. (2010). The equitable distribution of high-quality teachers. *District Administration, 46*(2), 45–47.

Burris, C. (2010). Detracking for success. *Principal Leadership, 10*(5), 30–34.

Caine, G., & Caine, R. N. (2001). *The brain, education, and the competitive edge*. Lantham, MD: Scarecrow Press.

Caine, R. N., & Caine, G. (1994). *Making connections: Teaching and the human brain*. Menlo Park, CA: Addison-Wesley.

Caine, R. N., Caine, G., McClintic, C. L., & Klimek, K. J. (2005). *12 brain/mind learning principles in action*. Thousand Oaks, CA: Corwin.

Caldwell, J. S., & Ford, M. P. (2002). *Where have all the bluebirds gone? How to soar with flexible grouping*. Portsmouth, NH: Heinemann.

California Department of Education & California Association for the Gifted. (1994). *Differentiating the core curriculum and instruction to provide advanced learning opportunities*. Sacramento: California Department of Education. Retrieved from http://eric.ed.gov/ERICDocs/data/ericdocs2/content_storage_01/0000000b/80/23/2c/b9.pdf.

California Department of Education. (2005). *Physical education model content standards for California public schools kindergarten through grade twelve*. Sacramento: California Department of Education.

Canter, L. (1976). *Assertive discipline: A take-charge approach for today's educator*. Seal Beach, CA: Canter & Associates.

Casella, R. (2003). Zero tolerance policy in schools: Rationale, consequences, and alternatives. *Teachers College Record, 105*, 872–892.

Center for Applied Special Technology (CAST). (2010). UDL guidelines version 1.0. Retrieved from http://www.udlcenter.org/aboutudl/udlguidelines.

Center for Media Literacy. (2007). Media literacy: A definition . . . and more. http://www.medialit.org/reading_room/rr2def.php.

Center for Research on Education, Diversity & Excellence. (2002). The five standards for effective pedagogy. Retrieved from http://crede.berkeley.edu/standards/standards.html.

Center for the Study of Mathematics Curriculum. (2006). The intended mathematics curriculum as represented in state-level curriculum standards: Consensus or confusion? Executive summary. Retrieved from http://www.mathcurriculumcenter.org/st_std_exec_sum.pdf.

Center on Education Policy. (2006). From the capital to the classroom: Year 4 of the No Child Left Behind Act. Retrieved from http://www.ecs.org/html/Document.asp?chouseid56851.

Center on Education Policy. (2010). *How many schools have not made adequate yearly progress under the No Child Left Behind Act?* Retrieved from http://www.cep-dc.org/index.cfm?fuseaction5document_ext.showDocumentByID&nodeID51&DocumentID5303.

Centers for Disease Control and Prevention. (2004) Youth risk behavior surveillance—United States, 2003. MMWR Surveillance Summaries [Introduction] 2004; 53(SS02), pp 1–96. Retrieved from www.cdc.gov/mmwr/preview/mmwrhtml/ss5302a1.htm.

Charles, C. M. (1992). *Building classroom discipline* (4th ed.). White Plains, NY: Longman.

Charney, R. S. (2002). *Teaching children to care: Classroom management for ethical and academic growth, K–8*. Greenfield, MA: Northeast Foundation for Children.

Child Labor Public Education Project. (n.d.). Child labor

in U.S. history. http://www.continuetolearn.uiowa.edu/laborctr/child_labor/.

Chorzempa, B. F., & Graham, S. (2006). Primary-grade teachers' use of within–class ability grouping in reading. *Journal of Educational Psychology*, *98*, 529–541.

Clunies-Ross, P., Little, E., & Kienhuis, M. (2008). Self-reported and actual use of proactive and reactive classroom management strategies and their relationship with teacher stress and student behaviour. *Educational Psychology, 28*, 693–710.

Cochran-Smith, M. (2003). The unforgiving complexity of teaching: Avoiding simplicity in the age of accountability. *Journal of Teacher Education*, *54*(1), 3–5.

Coles, G. (July 2000). "Direct, explicit, and systematic"—bad reading science. *Language Arts*, *77*, 543–545.

Colombo, M., & Colombo, P. (2007). Using blogs to improve differentiated instruction. *Education Digest, 73*(4), 10–14.

Coloroso, B. (1994). *Kids are worth it! Giving your child the gift of inner discipline.* New York: William Morrow.

Common Core State Standards Initiative. (2010). English Language Arts Standards » Writing » Grade 5. Retrieved from http://www.corestandards.org/the-standards/english-language-arts-standards/writing/grade-5/.

Cook, B. G. (2004). Inclusive teachers' attitudes toward their students with disabilities: A replication and extension. *The Elementary School Journal*, *104*(4), 307–320.

Cooper, J. M. et al. (2011). *Classroom teaching skills*(9th ed.). New York: Cengage Learning / 서명석 외 옮김(2011). **수업 전문성 Cafe: 그것의 지형과 맥락**. 서울: 아카데미프레스.

Cortes, C. E. (2000). *The children are watching: How the media teach about diversity.* New York: Teachers College Press.

Costa, A., & Kallick, B. (Eds.). (2000). *Assessing and reporting on habits of mind.* Alexandria, VA: Association for Supervision and Curriculum Development.

Costa, J., Caldeira, H., Gallastegui, J. R., & Otero, J. (2000). An analysis of question asking on scientific texts explaining natural phenomena. *Journal of Research in Science Teaching*, *37*, 602–614.

Croninger, R., Rice, J., Rathbun, A., & Nishio, M. (2007). Teacher qualifications and early learning: Effects of certification, degree, and experience on first-grade student achievement. *Economics of Education Review, 26*(3), 312–324.

Csikszentmihalyi, M., & Csikszentmihalyi, I. S. (Eds.). (2006). *A life worth living: Contributions to positive psychology.* Oxford: Oxford University Press.

Cuban, L. (2010). *How long does it take to become a "good" teacher?* Retrieved from http://larrycuban.wordpress.com/2010/04/20/how-long-does-it-take-to-become-a-good-teacher/.

Curwin, R., & Mendler, A. N. (2001). *Discipline with dignity.* Upper Saddle River, NJ: Merrill/Prentice Hall.

Danforth, S., & Smith, T. J. (2005). *Engaging troubling students: A constructivist approach.* Thousand Oaks, CA: Corwin.

Danielson, C. (1996). *Enhancing professional practice: A framework for teaching.* Alexandria, VA: Association for Supervision and Curriculum Development.

Darling-Hammond, L. (2000). Teacher quality and student achievement: A review of state policy evidence. *Educational Policy Analysis Archives*, *8*(1). Retrieved from http://epaa.asu.edu/epaa/v8n1/.

Darling-Hammond, L. (2007). Third annual "Brown" lecture in education research—the flat earth and education: How America's commitment to equity will determine our future. *Educational Researcher, 36*(6), 318–334.

Darling-Hammond, L. (2009). America's commitment to equity will determine our future. *Phi Delta Kappan 91*(4), 8–14.

Darling-Hammond, L., French, J., & Garcia-Lopez, S. (Eds.). (2002). *Learning to teach for social justice.* New York: Teachers College Press.

Darling-Hammond, L., & Friedlaender, D. (2008). Creating excellent and equitable schools. *Educational Leadership, 65*(8), 14–21.

Darling-Hammond, L., & McCloskey, L. (2008). Assessment for learning around the world: What would it mean to be internationally competitive? *Phi Delta Kappan, 90*(4), 263–272.

Darling-Hammond, L, & Richardson, N. (2009). Teacher learning: What matters? *Educational Leadership, 66*(5), 46–53.

Davis, H. (2003). Conceptualizing the role and influence of student-teacher relationships on children's social and cognitive development. *Educational Psychologist, 38*(4), 207–234.

Deddeh, H., Main, E., & Fulkerson, S. (2010). Eight steps to meaningful grading. *Phi Delta Kappan*, *91*(7), 53–58.

Dillon, J. T. (1987). Unpublished course syllabus for Education 139: Curriculum and Instruction, University of California at Riverside.

Din, F. S. (2000). Use direct instruction to improve reading skills quickly. *Rural Educator*, *21*(3), 1–4.

Dorrell, L. D., & Busch, A. (2000). Censorship in schools: The impact of conservative Christian pressure. *Quest*, *28*(3), 24–26.

Douglas, K. (2009). Sharpening our focus in measuring classroom instruction. *Educational Researcher*, *38*(7), 518–521.

Doyle, W. (1986). Classroom organization and management. In M. Wittrock (Ed.), *Handbook of research on teaching* (3rd ed., pp. 392–431). New York: Macmillan.

Doyle, W. (2009). Situated practice: A reflection on person-centered classroom management. *Theory into Practice, 48*(2), 156–159.

Dreikurs, R. (1968). *Psychology in the classroom* (2nd ed.). New York: Harper & Row.

Dreikurs, R., Grunwald, B., & Pepper, F. (1982). *Maintaining sanity in the classroom: Classroom management techniques* (3rd ed.). New York: Harper & Row.

Driscoll, M. P. (2002). *How people learn (and what*

technology might have to do with it). ERIC Digest. (ERK Document Reproduction Service No. ED470032 2002-10-00)
Driver, R. (1981). Pupils' alternative frameworks in science. *European Journal of Science Education, 3*, 93–101.
Driver, R. (1989a). Changing conceptions. In P. Adey (Ed.), *Adolescent development and school science*. London: Falmer.
Driver, R. (1989b). Students' conceptions and the learning of science. *International Journal of Science Education, 11*, 481–490.
Duffy, D. G. (1998, June). Teaching and the balancing of round stones. *Phi Delta Kappan, 79*, 777–780.
Dupper, D. (2010). Does the punishment fit the crime? The impact of zero tolerance discipline on at-risk youths. *Children & Schools, 32*(2), 67–69.
Dutro, E. (2009). Children writing "hard times": Lived experiences of poverty and the class-privileged assumptions of a mandated curriculum. *Language Arts, 87*(2), 89–98.
Education Commission of the States. (2000). *Every student a citizen: Creating the democratic self (executive summary)*. Denver, CO: Education Commission of the States. Retrieved from http://www.ecs.org/clearinghouse/16/77/1677.pdf.
Educational Testing Service. (2002). Pathwise/Praxis III domains. Retrieved from http://www.ets.org.
Education Week. (4 May 2006). The information edge: Using data to accelerate achievement. *Education Week, 25*(35), 8–9. Retrieved from http://www.edweek.org/ew/articles/2006/05/04/35intro.h25.html.
Effrat, A., & Schimmel, D. (2003). Walking the democratic talk: Introduction to the special issue on collaborative rule making as preparation for democratic citizenship. *American Secondary Education, 31*(3), 3–15.
Eisner, E. (1979). *The educational imagination: On the design and evaluation of school programs* (3rd ed., pp. 87–107). Upper Saddle River, NJ: Merrill/Prentice Hall.
Eisner, E. (2006). The satisfactions of teaching. *Educational Leadership, 63*(6), 44–46.
Ellis, A. K. (1998). *Teaching and learning elementary social studies* (6th ed.). Boston: Allyn & Bacon.
Elmore, R. F. (1979–1980). Backward mapping: Implementation research and policy decisions. *Political Science Quarterly, 94*, 601–616.
Elsaleh, I. (2010). Teachers' interactions with curriculum materials in mathematics. *School Science and Mathematics, 110*(4), 177–179.
Emmer, E., Evertson, C., & Anderson, L. (1980). Effective classroom management at the beginning of the school year. *Elementary School Journal, 80*, 219–231.
Emmer, E. T., Evertson, C., & Worsham, M. E. (2002). *Classroom management for secondary teachers* (6th ed.). Boston: Allyn & Bacon.
Evertson, C., & Emmer, E. (1982). Effective classroom management at the beginning of the school year in junior high classes. *Journal of Educational Psychology, 74*, 485–498.
Faltis, C. (2001). *Joinfostering: Teaching and learning in multilingual classrooms* (3rd ed.). Upper Saddle River, NJ: Merrill/Prentice Hall.
Fenstermacher, G., & Richardson, V. (2005). On making determinations of quality in teaching. *Teachers College Record, 107*(1), 186–213.
Finkel, D. L. (2000). *Teaching with your mouth shut*. Portsmouth, NH: Boynton/Cook.
Flowers, C. P., Hancock, D. R., & Joyner, R. E. (2000). Effects of instructional strategies and conceptual levels on students' motivation and achievement in a technology course. *Journal of Research and Development in Education, 33*(3), 187–194.
Ford, D. Y. & Kea, C. D. (2009). Creating culturally responsive instruction: For students' sake and teachers' sake. *Focus on Exceptional Children, 41*(9), 1–18.
Fordham Foundation. (2006). How well are states educating our neediest children? The Thomas F. Fordham Foundation. Retrieved from http://www.edexcellence.net/doc/TFR06FULLREPORT.PDF.
Fordham Institute. (2008). High achieving students in the era of No Child Left Behind. Retrieved from http://www.fordhamfoundation.org/doc/20080618_high_achievers.pdf.
Freiberg, H. (1996). From tourists to citizens in the classroom. *Educational Leadership, 54*, 32–36.
Freiberg, H., Connell, M., & Lorentz, J. (2001). Effects of consistency management on student mathematics achievement in seven Chapter 1 elementary schools. *Journal of Education for Students Placed at Risk, 6*(3), 249–270.
Freiberg, H., Huzinec, C., & Templeton, S. (2009). Classroom management—a pathway to student achievement: A study of fourteen inner-city elementary schools. *Elementary School Journal, 110*(1), 63–80.
Freiberg, H., & Lamb, S. (2009). Dimensions of person-centered classroom management. *Theory into Practice, 48*(2), 99–105.
Freire, P. (1998). *Pedagogy of freedom*. Lanham, MD: Rowman & Littlefield Publishers.
French, J. R. P., & Raven, B. (1959). Bases of social power. In D. Cartwright (Ed.), *Studies in social power*. Ann Arbor, MI: University of Michigan.
Frey, N., Fisher, D., & Moore, K. (2005). *Designing responsive curriculum: Planning lessons that work*. Lanham, MD: Rowman & Littlefield Education.
Frymier, A., Wanzer, M., & Wojtaszczyk, A. (2008). Assessing students' perceptions of inappropriate and appropriate teacher humor. *Communication Education, 57*(2), 266–288.
Fuchs, L., Fuchs, D., & Compton, D. (2010). Rethinking response to intervention at middle and high school. *The School Psychology Review, 39*(1), 22–28.
Fuhrman, S., & Lazerson, M. (Eds.). (2005). *The public*

schools. Oxford, NY: Oxford University Press.
Gagne, R. (1985). *The conditions of learning* (4th ed.). New York: Holt, Rinehart & Winston.
Gagnon, G. W., Jr., & Collay, M. (2001). *Designing for learning: Six elements in constructivist classrooms*. Thousand Oaks, CA: Corwin Press.
Gardner, H. (1983). *Frames of mind: The theory of multiple intelligences*. New York: Basic Books.
Gardner, H. (1993). *Multiple intelligences: The theory in practice*. New York: Basic books.
Gardner, H. (1999). *Intelligence reframed: Multiple intelligences for the 21st century*. New York: Basic Books.
Gardner, H. (2006). *Multiple intelligences: New horizons*. New York: Basic Books.
Gardner, J. E., Wissick, C. A., Schweder, W., & Canter, L. S. (2003). Enhancing interdisciplinary instruction in general and special education. *Remedial & Special Education*, *24*(3), 161–172.
Garrett, J. L. (2006). Educating the whole child. *Kappa Delta Pi Record*, *42*(4), 154–155.
Gartner. (7 April 2010). Gartner says more than 50 percent of pcs purchased for users under the age of 15 will have touchscreens by 2015. Gartner Newsroom. Retrieved from http://www.gartner.com/it/page.jsp?id51336913.
Gatto, J. T. (1992). *Dumbing us down: The hidden curriculum of compulsory schooling*. Philadelphia: New Society Publishers.
Gatto, J. T. (2001). *The underground history of American education: A schoolteacher's intimate investigation into the problem of modern schooling*. New York: Oxford Village Press.
Gaudin, S. (19 November 2009). Intel: Chips in brains will control computers by 2020. *Computerworld*. Retrieved from http://www.computerworld.com/s/article/9141180/Intel_Chips_in_brains_will_control_computers_by_2020.
Gega, P. C., & Peters, J. M. (2002). *Science in elementary education* (9th ed.). Upper Saddle River, NJ: Merrill/Prentice Hall.
Gersten, R., Baker, S. K., Shanahan, T., Linan-Thompson, S., Collins, P., & Scarcella, R. (2007). Effective literacy and English language instruction for English learners in the elementary grades: A practice guide (NCEE 2007–4011). Washington, DC: National Center for Education Evaluation and Regional Assistance, Institute of Education Sciences, U.S. Department of Education. Retrieved from http://ies.ed.gov/ncee/wwc/publications/practiceguides.
Glasgow, N. A. (1997). *New curriculum for new times: A guide to student–centered, problem-based learning*. Thousand Oaks, CA: Corwin Press.
Glickman, C. (2009). Educating for citizenship. *Education Digest*, *74*(8), 50–56.
Goldstein, L. (2005). Becoming a teacher as a hero's journey: Using metaphor in preservice teacher education. *Teacher Education Quarterly, 32*(1), 7–24.
Goleman, D. (1995). *Emotional intelligence*. New York: Bantam Books.
Goleman, D. (1998). *Working with emotional intelligence*. New York: Bantam Books.
Gonzalez, N., Andrade, R., Civil, M., & Moll, L. (2001). Bridging funds of distributed knowledge: Creating zones of practices in mathematics. *Journal of Education for Students Placed at Risk (JESPAR)*, *6*(1–2), 115–132.
Gonzalez, N., Moll, L. C., & Amanti, C. (Eds.). (2005). *Funds of knowledge: Theorizing practices in households, communities, and classrooms*. Malwah, NJ: Lawrence Erlbaum.
Good, T. L., & Brophy, J. E. (1987). *Looking in classrooms* (4th ed.). New York: Harper & Row.
Good, T. L., & Brophy, J. E. (2000). *Looking in classrooms* (8th ed.). New York: Longman.
Goodlad, J. (1984). *A place called school*. New York: McGraw-Hill.
Goodlad, J. I. (1990). The occupation of teaching in schools. In J. I. Goodlad, R. Soder, & K. A. Sirotnik (Eds.), *The moral dimensions of teaching*. San Francisco: Jossey-Bass.
Goodlad, J. I. (1997). *In praise of education*. New York: Teachers College Press.
Goodlad, J. (2004). Fulfilling the public purpose of schooling: Educating the young in support of democracy may be leadership's highest calling. *School Administrator, 61*(5), 14–17.
Gootman, M. E. (2001). *The caring teacher's guide to discipline: Helping young students learn self-control, responsibility, and respect* (2nd ed.). Thousand Oaks, CA: Corwin Press.
Gootman, M. (2008). *The caring teacher's guide to discipline: helping students learn self-control, responsibility, and respect, K-6 (*3rd ed.). Thousand Oaks, CA: Corwin Press.
Gordon, T. (1974). *Teacher effectiveness training*. New York: David McKay.
Grant, C. A. (Ed.). (1995). *Educating for diversity: An anthology of multicultural voices*. Boston: Allyn & Bacon.
Grant, C. A., & Sleeter, C. E. (1998). *Turning on learning: Five approaches for multicultural teaching plans for race, class, gender, and disability* (2nd ed.). Upper Saddle River, NJ: Merrill/Prentice Hall.
Gregory, A., & Cornell, D. (2009). "Tolerating" adolescent needs: Moving beyond zero tolerance policies in high school. *Theory into Practice, 48*(2), 106–113.
Gregory, A., Skiba, R., & Noguera, P. (2010). The achievement gap and the discipline gap: Two sides of the same coin? *Educational Researcher, 39*(1), 59–68.
Gregory, G. H., & Kuzmich, L. (2004). *Data driven differentiation in the standard-based classroom*. Thousand Oaks, CA: Corwin.
Gronlund, N. E. (2004). *Writing instructional objectives for teaching and assessment* (7th ed.). Upper Saddle River,

NJ: Merrill/Prentice Hall.
Guillaume, A. M. (1991). *Teachers' pedagogy and their perceptions of classroom complexity*. Unpublished doctoral dissertation, University of California.
Guillaume, A. M., Yopp, R., & Twardos, K. (2006). Helping new teachers: Forging family links. Presentation at the State BTSA and Intern Directors' Meeting, Sacramento, CA.
Guillaume, A. M., Yopp, R. H., & Yopp, H. K. (1996). Accessible science. *Journal of Educational Issues for Language Minority Students*, *17*, 67–85.
Guillaume, A. M., Yopp, R. H., & Yopp, H. K. (2007). *50 strategies for active teaching: Engaging K–12 learners in the classroom*. Upper Saddle River, NJ: Merrill/Prentice Hall.
Hadhazy, A. (14 March 2010). Beyond the mouse: 5 ways we'll interface with future computers *TechNewsDaily*. Retrieved from http://www.technewsdaily.com/beyond-the-mouse-5-ways-well-interface-with-future-computers-0308/6.
Hall, B. (2009). Differentiated instruction: Reaching all students. Research into Practice. Retrieved from http://pearsonschoolapps.com/live/assets/200932/PHMath2011_BasiaHall_24382.pdf
Hall, P. S., & Hall, N. D. (2003). *Educating oppositional and defiant children*. Alexandria, VA: Association for Supervision and Curriculum Development.
Hall, T., & Stegila, A. (2003). *Peer mediated instruction and intervention*. Wakefield, MA: National Center on Accessing the General Curriculum. Retrieved from http://www.cast.org/publications/ncac/ncac_peermii.html.
Hamm, M., & Adams, D. (2002). Collaborative inquiry: Working toward shared goals. *Kappa Delta Pi Record*, *38*(3), 115–118.
Harrow, A. (1969). *A taxonomy of the psychomotor domain: A guide for developing behavioral objectives*. New York: David McKay.
Helsing, D. (2007). Regarding uncertainty in teachers and teaching. *Teaching & Teacher Education, 23*, 1317–1333.
Henderson, A. T., Mapp, K. L, Johnson, V. R., & Davies, D. (2007). *Beyond the bake sale: The essential guide to family-school partnerships*. New York: The New Press.
Henderson, M. T., & Mapp, K. L. (2002). *A new wave of evidence: The impact of school, family, and community connections on student achievement*. Austin, TX: National Center for Family & Community Connections with Schools and Southwest Educational Development Laboratory. Retrieved from http://www.sedl.org/connections/resources/evidence.pdf.
Henderson, N., & Milstein, M. (2003). *Resiliency in schools: Making it happen for students and educators*. Thousand Oaks, CA: Corwin Press.
Herman, J. L., Osmundson, E., Ayala, C., Schneider, S. & Timms, S. M. (2006). *The nature and impact of teachers' formative assessment practices*. CSE Report 703. Los Angeles: CRESST/University of California.
Hill, J. D., & Flynn, K. M. (2006). *Classroom instruction that works with English language learners*. Alexandria, VA: Association for Supervision and Curriculum Development.
Hobbs, R. (2006). Non-optimal uses of video in the classroom. *Learning, Media & Technology*, *31*(1), 35–50.
Holt, J. C. (2004). *Instead of education: Ways to help people do things better*. Boulder, CO: Sentient Publications.
Horgan, D. D. (1995). *Achieving gender equity: Strategies for the classroom*. Boston: Allyn & Bacon.
Hu, W. (28 February 2010). In middle school, charting their course to college and beyond. *New York Times*. Retrieved from http://www.nytimes.com/2010/03/01/education/01schools.html?_r51.
Huebner, T. (2010). What the research says about differentiated instruction. *Educational Leadership, 67*(5), 79–81.
Hunter, M. (1982). *Mastery teaching*. El Segundo, CA: Instructional Dynamics.
Hurt, J. (2003). *Taming the standards: A commonsense approach to higher student achievement, K–12*. Portsmouth, NH: Heinemann.
International Association for the Evaluation of Educational Achievement (IEA). (2007a) Table 1. Average mathematics scores of fourth- and eighth-grade students, by country: 2007. Trends in International Mathematics and Science Study (TIMSS), 2007. Retrieved from http://nces.ed.gov/timss/table07_1.asp.
International Association for the Evaluation of Educational Achievement (IEA). (2007b) Table 3. Average science scores of fourth- and eighth-grade students, by country: 2007 Trends in International Mathematics and Science Study (TIMSS), 2007. Retrieved from http://nces.ed.gov/timss/table07_3.asp.
International Society for Technology Education. (2007). The ISTE National Education Technology Standards (NET·S) and Performance Indicators for Students. Retrieved from http://www.iste.org/Content/NavigationMenu/NETS/ForStudents/2007Standards/NETS_for_Students_2007_Standards.pdf.
Irvine, J., & Fraser, J. (1998). Warm demanders. *Education Week, 17*(35), 56–57.
Jackson, L. & Panyan, M. V. (2002). *Positive behavioral support in the classroom*. Baltimore: Paul H. Brookes.
Jackson, P. (1986). *The practice of teaching*. New York: Teachers College Press.
Jacob, E. (1999). *Cooperative learning in context: An educational innovation in everyday classrooms*. Albany: State University of New York Press.
Jehlen, A. (2000). Science texts flunk the test. *NEA Today*, *18*(7), 29.
Jennings, P., & Greenberg, M. (2010). The prosocial classroom: Teacher social and emotional competence in relation to student and classroom outcomes. *Review of Educational Research, 80*(1), 491–525.

Jensen, E. (2000). Brain-based learning: A reality check. *Educational Leadership*, *57*(7), 76–80.

Jensen, E. (2005). *Teaching with the brain in mind*. Alexandria, VA: Association for Supervision and Curriculum Development.

Jeynes, W. H. (2005). A meta-analysis of the relation of parental involvement to urban elementary school student academic achievement. *Urban Education*, *40*, 237–269.

Johnson, D. D., Johnson, B., Farenga, S. J., & Ness, D. (2008). *Stop high-stakes testing: An appeal to America's conscience*. Lanham, MD: Rowman & Littlefield Publishers.

Johnson, D. W., & Johnson, R. T. (1999). *Learning together and alone: Cooperative, competitive, and individualistic learning* (5th ed.). Boston: Allyn & Bacon.

Johnson, D. W., & Johnson, R. T. (2004). Implementing the "Teaching Students to Be Peacemakers Program." *Theory into Practice*, *43*(1), 68–79.

Johnson, J. Y., & Hirsch, J. (2010). Are interactive whiteboards worth the investment? No. *Learning and Leading with Technology, 37*(8), 6–7. Reprinted electronically at http://www.iste.org/Content/NavigationMenu/Publications/LL/LLIssues/Volume3720092010/JuneJulyNo8/Are_Interactive_Whiteboards_Worth_the_In.htm.

Jones, F. (1987). *Positive classroom discipline*. New York: McGraw-Hill.

Jones, F. (2000). *Tools for teaching: Discipline, instruction, motivation*. Santa Cruz, CA: Frederic H. Jones & Associates.

Jones, R. (2000). Textbook troubles. *American School Board Journal*, *187*(12), 18–21.

Kagan, S. (1994). *Cooperative learning*. San Juan Capistrano, CA: Kagan Cooperative Learning.

Kagan, S. (2000). *Silly sports and goofy games*. San Clemente, CA: Kagan Publishing.

Kagan, S. (spring 2001). Kagan structures: Research and rationale. *Kagan Online Magazine*. Retrieved from http://www.kaganonline.com/free_articles/dr_spencer_kagan/research_rationale.php.

Kaplan, S. (2003). Advocacy as teaching: The teacher as advocate. *Gifted Child Today*, *26*(3).

Kaiser, B., & Rasminsky, J. (2009). *Challenging behavior in elementary and middle school*. Upper Saddle River, N.J.: Pearson.

Keller, J. B., & Bichelmeyer, B. A. (2004). What happens when accountability meets technology integration. *TechTrends: Linking Research & Practice to Improve Learning*, 48(3), 17–24.

Kelley, M., & Clausen-Grace, N. (2009). Facilitating engagement by differentiating independent reading. *Reading Teacher, 63*, 313–318.

Khalsa, S. S. (2007). *Teaching discipline and self-respect: Effective strategies, anecdotes, and lessons for successful classroom management*. Thousand Oaks, CA: Corwin.

King, M. L., Jr. (1947). *The purpose of education*. Excerpted in the Papers of Martin Luther King., The Martin Luther King, Jr. Papers Project, Stanford University. Retrieved from http://www.ncat.edu/~univstud/The%20Purpose%20of%20Education.pdf.

Kleinfeld, J. (1975). Effective teachers of Eskimo and Indian students. *School Review*, 83(2), 301–344.

Kliebard, H. M. (2002). *Changing course: American curriculum reform in the 20th century*. New York: Teachers College Press.

Knowles, L. (2009). Differentiated instruction in reading: Easier than it looks! *School Library Media Activities Monthly, 25*(5), 26–28.

Kohn, A. (1996). *Beyond discipline: From compliance to community*. Alexandria, VA: American Society of Curriculum and Development.

Kohn, A. (1999, September). Constant frustration and occasional violence. *American School Board Journal*, *186*(9), 20–24.

Kohn, A. (2001). Fighting the tests. *Phi Delta Kappan*, *82*(5), 348–347.

Kottler, J. A. (2002). *Students who drive you crazy*. Thousand Oaks, CA: Corwin.

Kottler, J. A., & Kottler, E. (2007). *Counseling skills for teachers*. Thousand Oaks, CA: Corwin.

Kounin, J. (1977). *Discipline and group management in classrooms*. New York: Holt, Rinehart & Winston.

Kounin, J. (1983, November). Classrooms: Individuals or behavioral settings? *Monographs in Teaching and Learning*. Bloomington, IN: Indiana University.

Kovalik, S. J., & Olsen, K. D. (2001). *Exceeding expectations: A user's guide to implementing brain research in the classroom* (3rd ed.). Federal Way, WA: Books for Educators.

Krathwohl, D., Bloom, B., & Masia, B. (1964). *Taxonomy of educational objectives: The classification of educational goals. Handbook II: Affective domain*. New York: David McKay.

Kulik, C. C., & Kulik, J. A. (1991). Effectiveness of computer-based instruction: An updated analysis. *Computers in Human Behavior*, *7*(1–2), 75–94.

Laczko-Kerr, I., & Berliner, D. C. (2002). The effectiveness of "Teach for America" and other under-certified teachers on student academic achievement: A case of harmful public policy. *Education Policy Analysis Archives, 10*(37). Retrieved from http://epaa.asu.edu/epaa/v10n37.

Laczko-Kerr, I., & Berliner, D. C. (2003). In harm's way: How undercertified teachers hurt their students. *Educational Leadership*, *60*(8), 34–39.

Lambros, A. (2002). *Problem-based learning in K–8 classrooms*. Thousand Oaks, CA: Corwin.

Lane, K. L., Pierson, M. R., & Givner, C. C. (2003). Teacher expectations of student behavior: Which skills do elementary and secondary teachers deem necessary for success in the classroom? *Education and Treatment of Children*, *26*, 413–430.

Layton, C. A., & Lock, R. H. (2007). 20 ways to. . . use authentic assessment techniques to fulfill the promise of

No Child Left Behind. *Intervention in School and Clinic, 42*(3), 169–173.

Lee, J. (2006). *Tracking achievement gaps and assessing the impact of NCLB on the gaps: An in depth look into national and state reading and math outcome trends*. Cambridge, MA: The Civil Rights Project at Harvard University.

Lee, S., Wehmeyer, M., Soukup, J., & Palmer, S. (2010). Impact of curriculum modifications on access to the general education curriculum for students with disabilities. *Exceptional Children, 76*(2), 213–233.

Levy, T. (2000). Lookout point: The character of their content. *Social Education*, *64*(5), 2.

Lewis, C., Perry, R., & Hurd, J. (2004). A deeper look at lesson study. *Educational Leadership*, *61*(5), 6–11.

Lewis, J., & Kim, E. (2008). A desire to learn: African American children's positive attitudes toward learning within school cultures of low expectations. *Teachers College Record, 110*, 1304–1329.

Lewis, R. (2001). Classroom discipline and student responsibility: The students' view. *Teaching and Teacher Education*, *17*, 307–319.

Lewis, R., & Burman, E. (2008). Providing for student voice in classroom management: Teachers' views. *International Journal of Inclusive Education, 12*(2), 151–167.

Lewis, T., Sugai, G. & Colvin, G. (1998). Reducing problem behavior through a school-wide system of effective behavioral support: Investigation of a school-wide social skills training program and contextual interventions. *School Psychology Review*, *27*, 446–459.

Loewen, J. W. (1996). *Lies my teacher told me: Everything your American history textbook got wrong*. New York: Simon & Schuster.

Lopez, O. S. (2010). The digital learning classroom: Improving English language learners' academic success in mathematics and reading using interactive whiteboard technology. *Computers & Education, 54*, 901–915.

Lou, Y., Abrami, P., Spence, J. C., Poulsen, C., Chambers, B., & d'Apolliana, S. (1996). Within-class grouping: A meta-analysis. *Review of Educational Research, 66*, 423–458.

MacIver, M. A., & Kemper, E. (2002). The impact of direct instruction on elementary students' reading achievement in an urban school district. *Journal of Education for Students Placed at Risk*, *7*(2), 197–220.

Mager, R. F. (1997). *Preparing instructional objectives. A critical tool in the development of effective instruction* (3rd ed.). Atlanta: Center for Effective Performance.

Maheady, L., Michielli-Pendl, J., Mallette, B., & Harper, G. F. (2002). A collaborative research project to improve the academic performance of a diverse sixth grade science class. *Teacher Education and Special Education*, *25*(1), 55–70.

Maloney, R. S. (2002). Virtual fetal pig dissection as an agent of knowledge acquisition and attitudinal change in female high school biology students. Unpublished doctoral dissertation for New Orleans University. Retrieved from http://louisdl.louislibraries.org/cgi-bin/showfile.exe?CISOROOT=/NOD&CISOPTR529&filename530.pdf.

Manning, S. (2006). Recognizing gifted students: A practical guide for teachers. *Kappa Delta Pi Record*, *42*(2), 64–68.

Manning, S., Stanford, B., & Reeves, S. (2010). Valuing the advanced learner: Differentiating up. *Clearing House, 83*(4), 145–149.

Marlowe, B. A., & Page, M. L. (1998). *Creating and sustaining the constructivist classroom*. Thousand Oaks, CA: Corwin Press.

Marshall, M. (2005). Discipline without stress, punishments, or rewards. *Clearing House, 79*(1), 51–54.

Marx A., Fuhrer U., & Hartig T. (1999). Effects of classroom seating arrangements on children's question-asking. *Learning Environments Research*, *2*, 249–263.

Marzano, R. J. (2004). *Building background knowledge for academic achievement*. Alexandria, VA: Association of Supervision and Curriculum Development.

Marzano, R. J. (2007). *The Art and Science of Teaching: A Comprehensive Framework for Effective Instruction*. Alexandria, VA: Association for Supervision and Curriculum Development.

Marzano, R. J. (2009). Teaching with interactive whiteboards. *Educational Leadership, 67(*3), 80–82.

Marzano, R. J., Pickering, D. J., & Pollock, J. E. (2001). *Classroom instruction that works: Research-based strategies for increasing student achievement.* Alexandria, VA: Association for Supervision and Curriculum Development.

Matsumura, L. C., & Pascal, J. (2003). *Teachers' assignments and student work: Opening a window on classroom practice*. CSE Report 602. Los Angeles: CRESST/University of California.

Meadows, D. (2008). *Thinking in systems: A primer*. White River Junction, VT: Chelsea Green Publishing.

Meeks, G. (2009). Goodbye interactive whiteboard. *School Planning & Management, 48*(12), 13.

Metiri Group. (2006). Technology in schools: What the research says. Cisco Systems. Retrieved from http://www.cisco.com/web/strategy/docs/education/TechnologyinSchoolsReport.pdf.

MetLife. (2010). *The MetLife survey of the American Teacher: Collaborating for student success*. Retrieved from http://www.metlife.com/assets/cao/contributions/foundation/american-teacher/MetLife_Teacher_Survey_2009.pdf.

Meyer, L. M. (2000). Barriers to meaningful instruction for English learners. *Theory into Practice*, *39*(4), 228–236.

Miller, G. A. (1956). The magical number seven, plus or minus two: Some limits on our capacity for processing information. *Psychological Review*, *63*, 81–97.

Miller, G. A., Galanter, E., & Pribram, K. H. (1960). *Plans and the structure of behavior*. New York: Holt, Rinehart & Winston.

Miller, G., & Hall, T. (2009). *Classroom management*. Wakefield, MA: National Center on Accessing the General Curriculum. Retrieved from http://www.cast.org/publications/ncac/ncac_classroom.html.

Miller, T., & Spicer, R. (1998). How safe are our schools? *American Journal of Public Health, 88*(3), 413–418.

Mishna, F., Saini, M., & Solomon, S. (2009). Ongoing and online: Children and youth's perceptions of cyber bullying. *Children & Youth Services Review, 31*, 1222–1228.

Mosher, R. S. (2001). Silence, listening, teaching, and the space of what is not. *Language Arts, 78*, 366–370.

National Association of School Psychologists. (2002). Social skills: Promoting positive behavior, academic success, and school safety. Retrieved from http://www.naspcenter.org/factsheets/socialskills_fs.html.

National Board for Professional Teaching Standards. (2002). The five propositions of accomplished teaching. Retrieved from http://www.nbpts.org/the_standards/the_five_core_propositio.

National Center for Education Statistics. (2003). Highlights from the TIMMS 1999 video study of eighth-grade mathematics teaching. Retrieved from http://nces.ed.gov/pubs2003/timssvideo/.

National Center for Education Statistics. (2005). Distance Education Courses for Public Elementary and Secondary School Students: 2002–03. Retrieved from http://nces.ed.gov/surveys/frss/publications/2005010/index.asp?sectionid52.

National Center for Education Statistics. (2008a). Table 5.3. Percentage of children ages 6–18 whose parents had completed high school, by parent and race/ethnicity: 2007. Retrieved from http://nces.ed.gov/pubs2008/nativetrends/tables/table_5_3.asp.

National Center for Education Statistics. (2008b). Table 23. Percentage of elementary and secondary school children whose parents were involved in school activities, by selected child, parent, and school characteristics: 1999, 2003, and 2007. *Digest of Education Statistics*. Retrieved from http://nces.ed.gov/programs/digest/d09/tables/dt09_023.asp.

National Center for Education Statistics. (2009a). NAEP 2008 trends in academic progress. Retrieved from http://nces.ed.gov/nationsreportcard/pdf/main2008/2009479.pdf.

National Center for Education Statistics. (2009b). Table 18. Number and percentage distribution of family households, by family structure and presence of own children under 18: Selected years, 1970 through 2008. Digest of Education Statistics. Retrieved from http://nces.ed.gov/programs/digest/d09/tables/dt09_018.asp.

National Center for Education Statistics. (2009c). Table 42. Number and percentage of public school students eligible for free or reduced-price lunch, by state: 2000–01, 2004–05, 2005–06, and 2006–07. Digest of Education Statistics. Retrieved from http://nces.ed.gov/programs/digest/d08/tables/dt08_042.asp.

National Center for Education Statistics. (2009d). Table 51. Percentage distribution of students 6 to 21 years old served under Individuals with Disabilities Education Act, Part B, by educational environment and type of disability: Selected years, fall 1989 through fall 2007. Retrieved from http://nces.ed.gov/programs/digest/d09/tables/dt09_051.asp.

National Center for Education Statistics. (2009e). Table 54. Percentage of gifted and talented students in public elementary and secondary schools, by sex, race/ethnicity, and state: 2004 and 2006. Retrieved from http://nces.ed.gov/programs/digest/d09/tables/dt09_054.asp.

National Center for Education Statistics. (2009f). Table 2. Percentage distribution of school teachers, by race/ethnicity, school type, and selected school characteristics: 2007–08. Retrieved from http://nces.ed.gov/pubs2009/2009324/tables/sass0708_2009324_t12n_02.asp

National Center for Education Statistics. (2010a). Educational Technology in Public School Districts: Fall 2008, First Look. Retrieved from http://nces.ed.gov/pubs2010/2010003.pdf.

National Center for Education Statistics. (2010b). Indicator 4: Racial/Ethnic Enrollment in Public Schools. *The Condition of Education*. Retrieved from http://nces.ed.gov/programs/coe/2010/section1/indicator04.asp.

National Center for Education Statistics. (2010c). Indicator 25: Poverty Concentration in Public Schools. *The Condition of Education, 2010*. Retrieved from http://nces.ed.gov/programs/coe/2010/section4/indicator25.asp.

National Center for Education Statistics. (2010d). Indicator 6: Children and youth with disabilities. *The Condition of Education*. Retrieved from http://nces.ed.gov/programs/coe/2010/section1/indicator06.asp.

National Center for Education Statistics. (2010e).What are the characteristics of teachers working in high-poverty schools? *The Condition of Education*. Retrieved from http://nces.ed.gov/programs/coe/2010/analysis/section2b.asp.

National Center for Education Statistics. (2010e). TIMSS 2007 Results. Trends in International Mathematics and Science Study (TIMSS). Retrieved from http://nces.ed.gov/timss/faq.asp#9.

National Center for Education Statistics. (2010g). Table A-5-2. Number and percentage of children ages 5–17 who spoke a language other than English at home and who spoke English with difficulty, by selected characteristics: 2008. Retrieved from http://nces.ed.gov/programs/coe/2010/section1/table-lsm-2.asp

National Center for Education Statistics. (2010h). *Trends in International Mathematics and Science Study*. Retrieved from http://nces.ed.gov/timss/index.asp.

National Comprehensive Center for Teacher Quality. (2009). America's opportunity: Teacher effectiveness and equity in K-12 classrooms. Retrieved from http://www.tqsource.org/publications/2009TQBiennial/2009BiennialReport.

pdf.
National Research Council. (1996). *National Science Education Standards*. Washington, DC: National Academy Press.
National Research Council. (2000). *How people learn: Brain, mind, experience, and school*. J. Bransford, A. L. Brown, & R. R. Cocking (Eds.). Washington, DC: National Academies Press.
National Research Council. (2008). *Common standards for K-12 education? Considering the evidence*. Washington DC: The National Academies Press.
New York Times. (17 December 1911). Taft to lay first light house stone; New settlement headquarters for the blind will be a six-story structure. *New York Times*. Retrieved from http://query.nytimes.com/mem/archive-free/pdf?res59F0DE2D91E31E233A25754C1A9649D946096D6CF.
New York Times. (30 July 1915). Miss Holt now aids men blinded in war; Opens a "Lighthouse" in France, to be operated on lines of the one in New York. *New York Times*. Retrieved from http://query.nytimes.com/gst/abstract.html?res59906E0DF133FE233A25753C3A9619C946496D6CF.
Noble, T. (2004). Integrating the revised Bloom's taxonomy with multiple intelligences: A planning tool for curriculum differentiation. *Teachers College Record*, *106*, 193–211.
Noddings, N. (1995). *Philosophy of education*. Boulder, CO: Westview Press.
Noddings, N. (2010). Differentiate, don't standardize. *Education Week*, *29*(17), 29–31.
Nunley, K. F. (2006). *Differentiating the high school classroom*. Thousand Oaks, CA: Corwin Press.
O'Shea, M. R. (2005). *From standards to success*. Alexandria, VA: Association for Supervision and Curriculum Development.
O'Toole, J., & Dunn, J. (2008). Learning in dramatic and virtual worlds: What do students say about complementarity and future directions? *Journal of Aesthetic Education, 42*(4), 89–104.
Oakes, J. (2005). *Keeping track: How schools structure inequality* (2nd ed.). New Haven, CT: Yale University Press.
Oakes, J., & Rogers, J. (2006). *Learning power: Organizing for education and justice*. New York: Teachers College Press.
Obenchain, K. M., & Abernathy, T. V. (2003). 20 ways to build community and empower students. *School Intervention in School and Clinic*, *39*(1), 55–60.
Obenchain, K., & Taylor, S. (2005). Behavior management: Making it work in middle and secondary schools. *The Clearing House*, *79*(1), 7–11.
Osher, D., Bear, G., Sprague, J., & Doyle, W. (2010). How can we improve school discipline? *Educational Researcher, 39*(1), 48–58.
Painter, D. (2009). Providing differentiated learning experiences through multigenre projects. *Intervention in School and Clinic, 44*(5), 288–293.
Palumbo, A., & Sanacore, J. (2007). Classroom management: Help for the beginning secondary school teacher. *Clearing House, 81*(2), 67–70.
Pappas, C. C., Kiefer, B. Z., & Levstik, L. S. (2006). *An integrated language perspective in the elementary schools: An action approach* (4th ed.). Boston: Allyn and Bacon.
Partnership for 21st Century Skills. (2004). Learning for the 21st century: A report and mile guide for 21st century skills. Retrieved from http://www.21stcenturyskills.org/downloads/P21_Report.pdf.
Partnership for 21st Century Skills. (2009). *P21 framework definitions*. Retrieved from http://www.p21.org/documents/P21_Framework_Definitions.pdf.
Payne, R. (2008). Nine powerful practices. *Educational Leadership, 65*(7), 48–52.
Peterson, M. (2010). Computerized games and simulations in computer-assisted language learning: A meta-analysis of research. *Simulation & Gaming, 41*, 72–93.
Piaget, J. (1952). *Origins of intelligence in children*. New York: W. W. Norton.
Pisha, B., & Coyne, P. (2001). Smart from the start: The promise of universal design for learning. *Remedial and Special Education*, *22*, 197–203.
Pope, N., Green, S., Johnson, R., & Mitchell, M. (2009). Examining teacher ethical dilemmas in classroom assessment. *Teaching & Teacher Education*, *25*(5), 778–782.
Popham, W. J. (2008). *Transformative assessment*. Alexandria, VA: Association for Supervision and Curriculum Development.
Popham, W. J., & Baker, E. (1970). *Establishing instructional goals*. Upper Saddle River, NJ: Prentice Hall.
Prakash, M. S., & Waks, L. J. (1985). Four conceptions of excellence. *Teachers College Record*, *87*(1), 79–101.
Predavec, M. (2001). Evaluation of E-Rat, a computer-based rat dissection, in terms of student learning outcomes. *Journal of Biological Education*, *35*(2) 75–80.
Prensky, M. (2001). Digital natives, digital immigrants. *On the Horizon*, *9*(5). Retrieved from http://www.marcprensky.com/writing/Prensky%20-%20Digital%20Natives,%20Digital%20Immigrants%20-%20Part1.pdf.
Prensky, M. (2005–2006). Listen to the natives. *Educational Leadership*, *63*(4), 8–13.
Pryor, C. R. (2004). Creating a democratic classroom: Three themes for citizen teacher reflection. *Kappa Delta Pi Record, 40*(2), 78–82.
Raider-Roth, N., Albert, N., Bircann-Barkey, I., Gidseg, E., & Murray, T. (2008). Teaching boys: A relational puzzle. *Teachers College Record, 110*, 443–481.
Ravitch, D. (2003a). Thin gruel: How the language police drain the life and content from our texts. *American Educator*, *27*(2), 6–19.
Ravitch, D. (2003b). Leaving reality out: How textbooks (don't) teach about tyranny. *American Educator*, *27*(3), 32–38.
Reichert, M., & Hawley, R. (2010). Reaching boys: An

international study of effective teaching practices. *Phi Delta Kappan, 91*(4), 35–39.

Reis, S. M., & Renzulli, J. S. (1995). Curriculum compacting: A systematic procedure for modifying the curriculum for above average ability students. *Gifted Education Communicator*, *26*(2). Retrieved from http://www.gifted.uconn.edu/sem/semart08.html.

Resnick, L. (2010). Nested learning systems for the thinking curriculum. *Educational Researcher, 39*(3), 183–197.

Rettig, M. D., McCullough, L. L., Santos, K. E., & Watson, C. R. (2004). *From rigorous standards to student achievement: A practical process*. Larchmont, NY: Eye on Education.

Reynolds, A. (1992). What is competent beginning teaching? A review of the literature. *Review of Educational Research*, *62*(1), 1–35.

Ribble, M. S., Bailey, G. D., & Ross, T. W. (2004). Digital citizenship: Addressing appropriate technology behavior. *Learning and Leading with Technology*, *32*(1), 6–9, 11.

Richardson, V., Ed. (2001). *Handbook of research on teaching* (4th ed.). Washington, DC: American Educational Research Association.

Rice, S. (2009). Education for toleration in an era of zero tolerance school policies: A Deweyan analysis. *Educational Studies, 45*, 556–571.

Riley, P., Lewis, R., & Brew, C. (2010). Why did you do that? Teachers explain the use of legal aggression in the classroom. *Teaching and Teacher Education, 26*, 957–964.

Rimm-Kaufman, S. E., & Sawyer, B. E. (2004). Primary-grade teachers' self-efficacy beliefs, attitudes toward teaching, and discipline and teaching practice priorities in relation to the "responsive classroom" approach. *The Elementary School Journal*, *104*, 321–341.

Roberts, P. L., & Kellough, R. D. (2008). *A guide for developing interdisciplinary thematic units* (4th ed.). Upper Saddle River, NJ: Merrill/Prentice Hall.

Roberts, S. M., & Pruitt, E. Z. (2003). *Schools as professional learning communities.* Thousand Oaks, CA: Corwin.

Rock, M., Gregg, M., Ellis, E., & Gable, R. (2008). REACH: A framework for differentiating classroom instruction. *Preventing School Failure, 52*(2), 31–47.

Rogers, B. (Ed.). (2004). *How to manage children's challenging behaviour*. London: Paul Chapman.

Rogers, M. (13 December 2006). *What will replace the laptop?* MSNBC Interactive. Retrieved from http://www.msnbc.msn.com/id/16042808/

Rogers, S., Ludington, J., & Graham, S. (1998). *Motivation and learning*. Evergreen, CO: Peak Learning Systems.

Rollins, K., Mursky, C., Shah-Coltrane, S., & Johnsen, S. (2009). RTI models for gifted children. *Gifted Child Today, 32*(3), 20–30.

Ronis, D. L. (2008). *Clustering standards in integrated units* (2nd ed.). Thousand Oaks, CA: Corwin Press.

Rose, L. C. (2004). No Child Left Behind: The mathematics of guaranteed failure. *Educational Horizons*, *82*(2), 121–130.

Ross, D., Bondy, E., Gallingane, C., & Hambacher, E. (2008). Promoting academic engagement through insistence: Being a warm demander. *Childhood Education, 84*(3), 142–146.

Rush, S. E. (2006). *Huck Finn's "hidden" lessons: Teaching and learning across the color line*. Lanham, MD: Rowman & Littlefield.

Ryan, A. L., Halsey, H. N., & Matthews, W. J. (2003). Using functional assessment to promote desirable student behavior in schools. *Teaching Exceptional Children*, *35*(4), 8–15.

Salend, S. (2009). Technology-based classroom assessments: Alternatives to testing. *Teaching Exceptional Children, 41*(6), 48–58.

Sandomierski, T., Kincaid, D., & Algozzine, B. (2007). *Response to intervention and positive behavior support: brothers from different mothers or sisters from different misters?* Retrieved from http://www.rti4success.org/images/stories/pdfs/rti_and_positive_behavior_support.pdf

Sangster, M. (2007). Reflecting on pace. *MT: Mathematics* Teaching, *204*, 34–36.

Savage, T. V. (1999). *Teaching self-control through management and discipline* (2nd ed.). Boston: Allyn & Bacon.

Savage, T. V., & Armstrong, D. (2000). *Effective teaching in elementary social studies* (4th ed.). Upper Saddle River, NJ: Merrill/Prentice Hall.

Schneider, M. F. (1997). *25 of the best parenting techniques ever*. New York: St. Martin's Press.

Schultz, K. (2003). *Listening: A framework for teaching across differences*. New York: Teachers College Press.

Schultz-Zander, R., Buchter, A., & Dalmer, R. (2002). The role of ICT as a promoter of students' cooperation. *Journal of Computer Assisted Learning*, *18*, 438–448.

Shaywitz, S. E., Holahan, J. M., Freudenheim, D. A., Fletcher, J. M., Makuch, R. W., & Shaywitz, B. A. (2001). Heterogeneity within the gifted: Higher IQ boys exhibit behaviors resembling boys with learning disabilities. *Gifted Child Quarterly*, *45*, 16–23.

Sheldon, S. B., & Epstein, J. L. (2005). Involvement counts: Family and community partnerships and mathematics achievement. *Journal of Educational Research*, *98*(4), 196–206.

Shukla-Mehta, S. M., & Albin, R. W. (2003). Twelve practical strategies to prevent behavioral escalation in classroom settings. *Preventing School Failure*, *47*(4), 156–161.

Simonsen, B., Fairbanks, S., Briesch, A., Myers, D., & Sugai, G. (2008). Evidence-based practices in classroom management: Considerations for research to practice. *Education & Treatment of Children, 31*, 351–380.

Skinner, B. F. (1971). *Beyond freedom and dignity*. New York: Knopf.

Slavin, R. E. (1995). *Cooperative learning* (2nd ed.). Boston: Allyn & Bacon.

Slavin, R. E. (1997). *Educational psychology: Theory and practice* (5th ed.). Boston: Allyn & Bacon.

Slavin, R. E. (2003). A reader's guide to scientifically based research. *Educational Leadership*, *60*(5), 12–16.

Slavin-Baden, M., & Major, C. H. (2004). *Foundations of problem-based learning*. New York: Society for Research into Higher Education & Open University Press.

Smith, F., Hardman, F., Wall, K., & Mroz, M. (2004). Interactive whole class teaching in the National Literacy and Numercy Strategies. *British Educational Research Journal*, *30*, 395–411.

Smutny, J. F. (2003). *Gifted education: Promising practices*. Bloomington, IN: Phi Delta Kappa Educational Foundation.

St. John, E. P., Manset, G., Chung, C. G., & Worthington, K. (2001). *Assessing the rationales for educational reforms: A test of the professional development, comprehensive reform, and direct instruction hypotheses*. Policy Research Report. Bloomington: Indiana University. Education Policy Center. (ERIC Document Reproduction Service No. ED458 641)

Starnes, B. (2010). On carrots and sticks, joyful teaching, and coming to the light. *Phi Delta Kappan, 91*(8), 74–75.

Stichter, J., Lewis, T., Whittaker, T., Richter, M., & Johnson, N., et al. (2009). Assessing teacher use of opportunities to respond and effective classroom management strategies: Comparisons among high- and low-risk elementary schools. *Journal of Positive Behavior Interventions, 11*(2), 68–81.

Stiggins, R. (2001). *Student-involved classroom assessment* (3rd ed.). Upper Saddle River, NJ: Merrill/Prentice Hall.

Stiggins, R. (2009). Assessment for learning in upper elementary grades. *Phi Delta Kappan, 90*(6), 419–421.

Stronge, J. H. (2002). *Qualities of effective teachers*. Alexandria, VA: ASCD.

Suchman, J. R. (1962). *The elementary school training program in scientific inquiry*. Report to the U.S. Office of Education, Project Title VII, Project 216. Urbana, IL: University of Illinois.

Sunkin, A. (21 June 2010). Schools react to textbook trends. More districts look for online components. *Times-Herald Record*. Retrieved from http://www.recordonline.com/apps/pbcs.dll/article?AID=/20100621/NEWS/6210319.

Sutton, R., Mudrey-Camino, R., & Knight, C. (2009). Teachers' emotion regulation and classroom management. *Theory into Practice, 48*(2), 130–137.

Svihla, V., Vye, N., Brown, M., Phillips, R., Gawel, D., & Bransford, J. (2009). Interactive learning assessments for the 21st century. *Education Canada, 49*(3), 44–47.

Swanson, H. L. (2001). Searching for the best model for instructing students with learning disabilities. *Focus on Exceptional Children*, *34*(2), 1–15.

Swanson, H. L., & Sachse-Lee, C. (2000, March–April). A meta-analysis of single-subject-design intervention research for students with LD. *Journal of Learning Disabilities*, *33*(2), 114–136.

Swearer, S., Espelage, D., Vaillancourt, T., & Hymel, S. (2010). What can be done about school bullying? Linking research to educational practice. *Educational Researcher, 39*(1), 38–47.

Taba, H. (1967). *Teacher's handbook for elementary social studies*. Reading, MA: Addison-Wesley.

Tannenbaum, R., & Rosenfeld, M. (1997). *Evaluation criteria of teaching practices: A study of job-relatedness and training needs assessment.* Princeton, NJ: Educational Testing Service. Retrieved from http://www.ets.org/Media/Research/pdf/RR-97-23.pdf.

Thomson, P., & Gunter, H. (2008). Researching bullying with students: A lens on everyday life in an 'innovative school.' *International Journal of Inclusive Education, 12*(2), 185–200.

Thousand, J. S., Villa, R. A., & Nevin, A. I. (2007). *Differentiating Instruction: Collaborative planning and teaching for universally designed learning*. Thousand Oaks, CA: Corwin Press.

Tomlinson, C. A. (1999). *The differentiated classroom: Responding to the needs of all learners*. NY: ASCD.

Tomlinson, C. A. (2001). *How to differentiate instruction in mixed-ability classrooms* (2nd ed.). Alexandria, VA: Association for Supervision and Curriculum Development.

Tomlinson, C. A. (2005). Quality curriculum and instruction for highly able students. *Theory into Practice, 44*(2), 160-166.

Tomlinson, C. A., Kaplan, S. N., Renzulli, J. S., Purcell, J., Leppien, J., & Burns, D. (2002). *The parallel curriculum: A design to develop high potential and challenge high-ability learners*. Thousand Oaks, CA: Corwin.

Torff, B., & Tirotta, R. (2010). Interactive whiteboards produce small gains in elementary students' self-reported motivation in mathematics. *Computers & Education, 54*, 379–383.

Tullis, P. (2010). An 'A' in abstractions. *T H E Journal, 37*(3), 26–32.

Turner, J. C., Meyer, D. K., Midgley, C., & Patrick, H. (2003). Teacher discourse and sixth-graders' reported affect and achievement behaviors in two high-mastery/high-performance mathematics classrooms. *The Elementary School Journal*, *103*, 357–382.

Tyack, D. (2003). *Seeking common ground: Public schools in a diverse society*. Cambridge: Harvard University.

Tyack, D., & Cuban, L. (1995). *Tinkering toward utopia: A century of public school reform*. Cambridge: Harvard University.

U.S. Department of Education, National Center for Education Statistics. (2006a). Internet access in U.S. public schools and classrooms: 1994–2005 (NCES 2007-020). Retrieved http://www.nces.ed.gov/fastfacts/display.asp?id546.

U.S. Department of Education, National Center for Education Statistics. (2006b). *The condition of education: 2006. Ratings of school violence and crime*. NCES 2006-071. Washington, DC: http://www.eric.ed.gov/PDFS/

ED491909.pdf.
U.S. Department of Education, National Center for Education Statistics. Indicators of School Crime and Safety. (2006c) Indicator 11: Bullying at school. Retrieved from http://nces.ed.gov/programs/crimeindicators/crimeindicators2006/ind_11.asp.
U.S. Department of Education. (2003). Meeting the highly qualified teachers challenge: The secretary's second annual report of teacher quality. Retrieved from http://www.ed.gov/about/reports/annual/teachprep/2003title-ii-report.pdf.
U.S. Department of Education. (2010). *Blueprint for reform. The reauthorization of the Elementary and Secondary Education Act*. Retrieved from http://www2.ed.gov/policy/elsec/leg/blueprint/blueprint.pdf.
Vacca, J. J. (2007). Incorporating interests and structure to improve participation of a child with autism in a standardized assessment: A case study analysis. *Focus on Autism and Other Developmental Disabilities*, *22*(1), 51–59.
van Tartwijk, J., den Brok, P., Veldman, I., & Wubbels, T. (2009). Teachers' practical knowledge about classroom management in multicultural classrooms. *Teaching & Teacher Education, 25*, 453–460.
Vandewater, E. A., Rideout, V. J., Wartella, E. A., Huang, X., Lee, J. H., & Shim, M. (2007). Digital childhood: Electronic media and technology use among infants, toddlers, and preschoolers. *Pediatrics, 119*(5), 1006–1015. Retrieved from http://pediatrics.aappublications.org/cgi/content/full/119/5/e1006.
Vaughn, S., Hughes, M. T., Moody, S. W., & Elbaum, B. (2001). Instructional grouping for reading for students with LD: Implications for practice. *Intervention in School and Clinic*, *36*(3), 131–137.
VOYCE. (2008). *Student-led solutions to the nation's dropout crisis*. Retrieved from http://voyceproject.org/sites/default/files/voycereport111308.pdf.
Vygotsky, L. S. (1978). *Mind in society: The development of higher psychological processes*. M. Cole, V. John-Steiner, S. Scribner, & E. Souberman (Eds.). Cambridge, MA: Harvard University Press.
Wakefield, J. F. (2006, April). Textbook usage in the United States: The case of U.S. history. Paper presented at the International Seminar on Textbooks, Santiago, Chile. Retrieved from http://www.eric.ed.gov/PDFS/ED491579.pdf.
Walker, J. (2008). Looking at teacher practices through the lens of parenting style. *Journal of Experimental Education, 76*(2), 218–240.
Walker, J. (2009). Authoritative classroom management: How control and nurturance work together. *Theory into Practice, 48*(2), 122–129.
Walker-Dalhouse, D., Risko, V., Esworthy, C., Grasley, E., & Kaisler, G., et al. (2009). Crossing boundaries and initiating conversations about RTI: Understanding and applying differentiated classroom instruction. *Reading Teacher, 63*(1), 84–87.
Waters Foundation (2007). Habits of a systems thinker. Systems Thinking in Schools. Retrieved from http://www.watersfoundation.org/index.cfm?fuseaction5search.habits
Webb, P. T. (2002). Teacher power: The exercise of professional autonomy in an era of strict accountability. *Teacher Development*, *6*(1), 47–62.
Weinstein, C. S., Tomlinson-Clarke, S., Curran, M. (2004). Toward a conception of culturally responsive classroom management, *Journal of Teacher Education, 55*(1), 25–38.
Westby, C. (2010). Multiliteracies: The changing world of communication. *Topics in Language Disorders, 30*(1), 64–71.
Wiggins, G., & McTighe, J. (2005). *Understanding by design* (2nd ed). Alexandria, VA: Association for Curriculum and Supervision.
Wiggins, G., & McTighe, J. (2006). Examining the teaching life. *Educational Leadership*, *63*(3), 26–29.
Wilkins, M. M., Wilkins, J. L. M., & Oliver, T. (2006). Differentiating the curriculum for elementary gifted mathematics students. *Teaching Children Mathematics*, *13*(1), 6–13.
Wolk, R. (2010). Education: The case for making it personal. *Educational Leadership, 67*(7), 16–21.
Wong, H. (1998). *The first days of school*. Mountain View, CA: Harry K. Wong Publications.
Wormeli, R. (2001). *Meet me in the middle: Becoming an accomplished middle-level teacher*. Portland, ME: Stenhouse.
Wormeli, R. (2006). *Fair isn't always equal: Assessing and grading in the differentiated classroom*. Portland, ME: Stenhouse.
Wren, D. (1999). School culture: Exploring the hidden curriculum. *Adolescence*, *34*, 593–596.
Yang, K. (2009). Discipline or punish? Some suggestions for school policy and teacher practice. *Language Arts, 87*(1), 49–61.
Yu, L., & Rachor, R. (2000). *The two-year evaluation of the three-year direct instruction program in an urban public school system*. (ERIC Document Reproduction Service No. ED 441 831).
Zuckerman, J. (2007). Classroom management in secondary schools: A study of student teachers' successful strategies. *American Secondary Education, 35*(2), 4–16.

Teaching*

#

부록

* 출처: UNESCO http://www.ibe.unesco.org/fileadmin/user_upload/archive/publications/EducationalPracticesSeriesPdf/prac01e.pdf

※ 여기서는 번역의 과정에서 불필요하게 발생되는 원어의 의미 탈락과 과잉 해석의 오류를 최소화하기 위해 원문을 그대로 싣는다.

INTERNATIONAL ACADEMY OF EDUCATION

INTERNATIONAL BUREAU OF EDUCATION

Teaching

By Jere Brophy

EDUCATIONAL PRACTICES SERIES-1

The International Bureau of Education–IBE

An international centre for the content of education, the IBE was founded in Geneva in 1925 as a private institution. In 1929, it became the first intergovernmental organization in the field of education. In 1969, the IBE joined UNESCO as an integral, yet autonomous, institution with three main lines of action: organizing the sessions of the International Conference on Education; collecting, analysing and disseminating educational documentation and information, in particular on innovations concerning curricula and teaching methods; and undertaking surveys and studies in the field of comparative education. At the present time, the IBE: (a) manages World data on education, a databank presenting on a comparative basis the profiles of national education systems; (b) organizes courses on curriculum development in developing countries; (c) collects and disseminates through its databank INNODATA notable innovations on education; (d) co-ordinates preparation of national reports on the development of education; (e) administers the Comenius Medal awarded to outstanding teachers and educational researchers; and (f) publishes a quarterly review of education–Prospects, a quarterly newsletter– Educational innovation and information, a guide for foreign students–Study abroad, as well as other publications.

In the context of its training courses on curriculum development, the Bureau is establishing regional and subregional networks on the management of curriculum change and developing a new information service–a platform for the exchange of information on content.

The IBE is governed by a Council composed of representatives of twenty-eight Member States elected by the General Conference of UNESCO.

The IBE is proud to be associated with the work of the International Academy of Education and publishes this material in its capacity as a clearing house promoting the exchange of information on educational practices.

Series preface

This booklet on the generic aspects of effective teaching has been prepared for inclusion in the Educational Practices Series developed by the International Academy of Education and distributed by the International Bureau of Education and the Academy. One mission of the International Academy of Education is to foster scholarly excellence in all fields of education. As part of this mission, the Academy provides timely syntheses of research on educational topics of international importance. This booklet is the first in a series on educational practices that generally improve learning. It focuses on the most central act of education–teaching.

The author is Jere Brophy, who is University Distinguished Professor of Teacher Education at Michigan State University and a Fellow of the International Academy of Education. He is well known both for his personal contributions to educational research and for his policy-oriented syntheses of work on various aspects of classroom teaching. He was one of the developers of process/product research, which examines relationships between teaching practices and student outcomes. Also, he has contributed to research and scholarship concerning teachers' attitudes, beliefs and expectations, including self-fulfilling prophecy effects; the interpersonal dynamics of teacher/student interaction; classroom management; student motivation; the analysis of instructional materials and learning activities; and the teaching of school subjects for understanding, appreciation and life application.

The Academy is grateful to Professor Brophy for planning, drafting and revising this booklet. Professor Brophy wishes to thank Lorin Anderson, Erik De Corte, Barry Fraser and Herbert Walberg for their comments on previous drafts of the booklet, and June Benson for her assistance with manuscript preparation.

The officers of the International Academy of Education are aware that this booklet is based on research carried out primarily in economically advanced countries. The booklet, however, focuses on aspects of teaching that appear to be universal in much formal schooling and thus seem likely to be generally applicable throughout the world.

Even so, the principles need to be assessed with reference to local conditions, and adapted accordingly. In any educational setting, guidelines for practice require sensitive and sensible application and continuing evaluation of their effectiveness.

HERBERT J. WALBERG
Editor, Educational Practices Series
University of Illinois at Chicago

Officers of the International Academy of Education

- Erik De Corte, President of the Academy and Professor of Education, Catholic University of Leuven, Belgium.
- Herbert J. Walberg, Vice-President of the Academy and Research Professor of Education and Psychology, University of Illinois at Chicago, United States.
- Barry J. Fraser, Executive Officer of the Academy and Professor of Education, Curtin University of Technology, Perth, Australia.

Table of contents

This publication has been produced by the International Academy of Education (IAE), Palais des Acad ies, 1, rue Ducale, 1000 Brussels, Belgium, and the International Bureau of Education (IBE), P.O. Box 199, 1211 Geneva 20, Switzerland.

It is available in English and French and may be freely reproduced and translated into other languages. Please send a copy of any publication that reproduces this text in whole or in part to the IAE and the IBE. This publication is available on Internet in its printed form, see:

http://www.ibe.unesco.org

Introduction

This booklet is a synthesis of principles of effective teaching that have emerged from research in classrooms. It addresses generic aspects of curriculum, instruction and assessment, as well as classroom organization and management practices that support effective instruction. It focuses on learning outcomes but with recognition of the need for a supportive classroom climate and positive student attitudes towards schooling, teachers and classmates.

Much of the research support for these principles comes from studies of relationships between classroom processes (measured through observation systems) and student outcomes (most notably, gains in standardized achievement tests). However, some principles are rooted in the logic of instructional design (e.g. the need for alignment among a curriculum's goals, content, instructional methods and assessment measures). In addition, attention was paid to emergent theories of teaching and learning (e.g. socio-cultural, social constructivist) and to the standards statements circulated by organizations representing the major school subjects. Priority was given to principles that have been shown to be applicable under ordinary classroom conditions and associated with progress towards desired student outcomes.

The principles rest on a few fundamental assumptions about optimizing curriculum and instruction. First, school curricula subsume different types of learning that call for different types of teaching, and so no single teaching method (e.g. direct instruction, social construction of meaning) can be the method of choice for all occasions. An optimal programme will feature a mixture of instructional methods and learning activities.

Second, within any school subject or learning domain, students' instructional needs change as their expertise develops. Consequently, what constitutes an optimal mixture of instructional methods and learning activities will evolve as school years, instructional units and even individual lessons progress.

Third, students should learn at high levels of mastery yet progress through the curriculum steadily. This implies that, at any given time, curriculum content and learning activities need to be difficult enough to challenge students and extend their learning, but not so difficult as to leave many students confused or frustrated. Instruction should focus on the zone of proximal development, which is the range of knowledge and skills that students are not yet ready to acquire on their own but can acquire with help from their teachers.

1. A supportive classroom climate

Students learn best within cohesive and caring learning communities.

Research findings

Productive contexts for learning feature an ethic of caring that pervades teacher/student and student/student interactions and transcends gender, race, ethnicity, culture, socio-economic status, handicapping conditions and all other individual differences. Students are expected to manage instructional materials responsibly, participate thoughtfully in learning activities, and support the personal, social and academic well-being of all members of the classroom community.

In the classroom

To create a climate for moulding their students into a cohesive and supportive learning community, teachers need to display personal attributes that will make them effective as models and socializers: a cheerful disposition, friendliness, emotional maturity, sincerity, and caring about students as individuals as well as learners. The teacher displays concern and affection for students, is attentive to their needs and emotions, and socializes them to display these same characteristics in their interactions with one another.

In creating classroom displays and in developing content during lessons, the teacher connects with and builds on the students' prior knowledge and experiences, including their home cultures. Extending the learning community from the school to the home, the teacher establishes and maintains collaborative relationships with parents and encourages their active involvement in their children's learning.

The teacher promotes a learning orientation by introducing activities with emphasis on what students will learn from them, treating mistakes as natural parts of the learning process, and encouraging students to work collaboratively and help one another. Students are taught to ask questions without embarrassment, to contribute to lessons without fear of their ideas being ridiculed, and to collaborate in pairs or small groups on many of their learning activities.

References: Good & Brophy (2000); Sergiovanni (1994).

2. Opportunity to learn

> Students learn more when most of the available time is allocated to curriculumrelated activities and the classroom management system emphasizes maintaining their engagement in those activities.

Research findings

A major determinant of learning in any academic domain is the degree of exposure to the domain at school. The lengths of the school day and the school year create upper limits on students' opportunities to learn. Within these limits, the learning opportunities actually experienced by students depend on how much of the available time they spend participating in lessons and learning activities. Effective teachers allocate most of the available time to activities designed to accomplish instructional goals.

Research indicates that teachers who approach management as a process of establishing an effective learning environment tend to be more successful than teachers who emphasize their roles as disciplinarians. Effective teachers do not need to spend much time responding to behaviour problems because they use management techniques that elicit students' co-operation and sustain their engagement in activities. Working within the positive classroom climate implied by the principle of a learning community, the teacher articulates clear expectations concerning classroom behaviour in general and participation in lessons and learning activities in particular, teaches procedures that foster productive engagement during activities and smooth transitions between them, and follows through with any needed cues or reminders.

In the classroom

There are more things worth learning than there is time available to teach them, and so it is essential that limited classroom time be used efficiently. Effective teachers allocate most of this time to lessons and learning activities rather than to non-academic pastimes that serve little or no curricular purpose. Their students spend many more hours each year on curriculumrelated activities than do students of teachers who are less focused on instructional goals.

Effective teachers convey a sense of the purposefulness of schooling and the importance of getting the most out of the available time. They begin and end lessons on time, keep transitions short, and teach their students how to get started quickly and maintain focus when working on assignments. Good planning and preparation enable them to proceed through lessons smoothly without having to stop to consult a manual or locate an item needed for display or demonstration. Their activities and assignments feature stimulating variety and optimal challenge, which help students to sustain their task engagement and minimize disruptions due to boredom or distraction.

Successful teachers are clear and consistent in articulating their expectations. At the beginning of the year they model or provide direct instruction in desired procedures if necessary, and subsequently they cue or remind their students when these procedures are needed. They monitor the classroom continually, which enables them to respond to emerging problems before they become disruptive. When possible, they intervene in ways that do not disrupt lesson momentum or distract students who are working on assignments. They teach students strategies and procedures for carrying out recurring activities such as participating in whole-class lessons, engaging in productive discourse with classmates, making smooth transitions between activities, collaborating in pairs or small groups, storing and handling equipment and personal belongings, managing learning and completing assignments on time, and knowing when and how to get help. The teachers' emphasis is not on imposing situational control but on building students' capacity for managing their own learning, so that expectations are adjusted and cues, reminders and other managerial moves are faded out as the school year progresses.

These teachers do not merely maximize 'time on task', but spend a great deal of time actively instructing by elaborating content for students and helping them to interpret and respond to it. Their classrooms feature more time spent in interactive discourse and less time spent in solitary seatwork. Most of their instruction occurs during interactive discourse with students rather than during extended lecture presentations.

Note: The principle of maximizing opportunity to learn is not meant to imply maximizing the scope of the curriculum (i.e. emphasizing broad coverage at the expense of depth of development of powerful ideas). The breadth/depth dilemma must be addressed in curriculum planning. The point of the opportunity-to-learn principle is that, however the breadth/depth dilemma is addressed and whatever the resultant curriculum may be, students will make the most progress towards intended outcomes if most of the available classroom time is allocated to curriculum-related activities.

Note: Opportunity to learn is sometimes defined as the degree of overlap between what is taught and what is tested. This definition can be useful if both the curriculum content and the test content reflect the major goals of the instructional programme. Where this is not the case, achieving an optimal alignment may require making changes in the curriculum content or in the test content, or in both (see next principle).

References: Brophy (1983); Denham & Lieberman (1980); Doyle (1986).

3. Curricular alignment

All components of the curriculum are aligned to create a cohesive programme for accomplishing instructional purposes and goals.

Research findings

Research indicates that educational policy-makers, textbook publishers and teachers often become so focused on content coverage or learning activities that they lose sight of the larger purposes and goals that are supposed to guide curriculum planning. Teachers typically plan by concentrating on the content they intend to cover and the steps involved in the activities their students will carry out, without giving much thought to the goals or intended outcomes of the instruction. Textbook publishers, in response to pressure from special interest groups, tend to keep expanding their content coverage. As a result, too many topics are covered in not enough depth; content exposition often lacks coherence and is cluttered with insertions; skills are taught separately from knowledge content rather than integrated with it; and in general, neither the students' texts nor the questions and activities suggested in the teachers' manuals are structured around powerful ideas connected to important goals.

Students taught using such textbooks may be asked to memorize parades of disconnected facts or to practise disconnected subskills in isolation instead of learning coherent networks of connected content structured around powerful ideas. These problems are often exacerbated by externally imposed assessment programmes that emphasize recognition of isolated bits of knowledge or performance of isolated subskills. Such problems can be minimized through goal-oriented curriculum development, in which curricular planning is guided by the overall purposes and goals of the instruction, not by miscellaneous content coverage pressures or test items.

In the classroom

A curriculum is not an end in itself; it is a means of helping students to learn what is considered essential for preparing them to fulfil adult roles in society and realize their potential as individuals. Its goals are learner outcomes–the knowledge, skills, attitudes, values and dispositions to action that society wishes to develop in its citizens. The goals are the reason for the existence of the curriculum, so that beliefs about what is needed to accomplish them should guide each step in curriculum planning and implementation. Goals are most likely to be attained if all of the curriculum's components (content clusters, instructional methods, learning activities and assessment tools) are selected because they are believed to be needed as means of helping students to accomplish the overall purposes and goals.

This involves planning curriculum and instruction to develop capabilities that students can use in their lives inside and outside school, both now and in the future. In this regard, it is important to emphasize goals of understanding, appreciation and life application. Understanding means that students learn both the individual elements in a network of related content and the connections among them, so that they can explain the content in their own words and connect it to their prior knowledge. Appreciation means that students value what they are learning because they understand that there are good reasons for learning it. Life application means that students retain their learning in a form that makes it usable when needed in other contexts.

Content developed with these goals in mind is likely to be retained as meaningful learning that is internally coherent, well connected with other meaningful learning and accessible for application. This is most likely to occur when the content itself is structured around powerful ideas and the development of this content through classroom lessons and learning activities focuses on these ideas and their connections.

References: Beck & McKeown (1988); Clark & Peterson (1986); Wang, Haertel & Walberg (1993).

4. Establishing learning orientations

> Teachers can prepare students for learning by providing an initial structure to clarify intended outcomes and cue desired learning strategies.

Research findings

Research indicates the value of establishing a learning orientation by beginning lessons and activities with advance organizers or previews. These introductions facilitate students' learning by communicating the nature and purpose of the activity, connecting it to prior knowledge and cueing the kinds of student responses that the activity requires. This helps students to remain goal-oriented and strategic as they process information and respond to the questions or tasks embodied in the activity. Good lesson orientations also stimulate students' motivation to learn by communicating enthusiasm for the learning or helping students to appreciate its value or application potential.

In the classroom

Advance organizers orient students to what they will be learning before the instruction begins. They characterize the general nature of the activity and give students a structure within which to understand and connect the specifics that will be presented by the teacher or text. Such knowledge of the nature of the activity and the structure of its content helps students to focus on the main ideas and order their thoughts effectively. Therefore, before beginning any lesson or activity, the teacher should ensure that students know what they will be learning and why it is important for them to learn it. Other ways to help students learn with a sense of purpose and direction include calling attention to the activity's goals, overviewing main ideas or major steps to be elaborated, pretests that sensitize students to main points to learn, and prequestions that stimulate their thinking about the topic.

References: Ausubel (1968); Brophy (1998); Meichenbaum & Biemiller (1998).

5. Coherent content

> To facilitate meaningful learning and retention, content is explained clearly and developed with emphasis on its structure and connections.

Research findings

Research indicates that networks of connected knowledge structured around powerful ideas can be learned with understanding and retained in forms that make them accessible for application. In contrast, disconnected bits of information are likely to be learned only through low-level processes such as rote memorizing, and most of these bits either are soon forgotten or are retained in ways that limit their accessibility. Similarly, skills are likely to be learned and used effectively if taught as strategies adapted to particular purposes and situations, with attention to when and how to apply them; but students may not be able to integrate and use skills that are learned only by rote and practised only in isolation from the rest of the curriculum.

In the classroom

Whether in textbooks or in teacher-led instruction, information is easier to learn to the extent that it is coherent–the sequence of ideas or events makes sense and the relationships among them are apparent. Content is most likely to be organized coherently when it is selected in a principled way, guided by ideas about what students should learn from studying the topic.

When making presentations, providing explanations or giving demonstrations, effective teachers project enthusiasm for the content and organize and sequence it so as to maximize its clarity and coherence. The teacher presents new information with reference to what students already know about the topic; proceeds in small steps sequenced in ways that are easy to follow; uses pacing, gestures and other oral communication skills to support comprehension; avoids vague or ambiguous language

and digressions that disrupt continuity; elicits students' responses regularly to stimulate active learning and ensure that each step is mastered before moving to the next; finishes with a review of main points, stressing general integrative concepts;
and follows up with questions or assignments that require students to encode the material in their own words and apply or extend it to new contexts. If necessary, the teacher also helps students to follow the structure and flow of the content by using outlines or graphic organizers that depict relationships, study guides that call attention to key ideas, or task organizers that help students keep track of the steps involved and the strategies they use to complete these steps.

In combination, the principles calling for curricular alignment and for coherent content imply that, to enable students to construct meaningful knowledge that they can access and use in their lives outside school, teachers need to: (i) retreat from breadth of coverage in order to allow time to develop the most important content in greater depth; (ii) represent this important content as networks of connected information structured around powerful ideas; (iii) develop the content with a focus on explaining these important ideas and the connections among them; and (iv) follow up with authentic learning activities and assessment measures that provide students with opportunities to develop and display learning that reflects the intended outcomes of the instruction.

References: Beck & McKeown (1988); Good & Brophy (2000); Rosenshine (1968).

6. Thoughtful discourse

> Questions are planned to engage students in sustained discourse structured around powerful ideas.

Research findings

Besides presenting information and modelling application of skills, effective teachers structure a great deal of content-based discourse. They use questions to stimulate students to process and reflect on content, recognize relationships among and implications of its key ideas, think critically about it, and use it in problem solving, decision making or other higher-order applications. The discourse is not limited to rapidly paced recitation that elicits short answers to miscellaneous questions. Instead, it features sustained and thoughtful development of key ideas. Through participation in such discourse, students construct and communicate content-related understandings. In the process, they abandon naïve ideas or misconceptions and adopt the more sophisticated and valid ideas embedded in the instructional goals.

In the classroom

In the early stages of units when new content is introduced and developed, more time is spent in interactive lessons featuring teacher/student discourse than in independent work on assignments. The teacher plans sequences of questions designed to develop the content systematically and help students to construct understandings of it by relating it to their prior knowledge and collaborating in dialogue about it.

The forms and cognitive levels of these questions need to be suited to the instructional goals. Some primarily closed-end and factual questions might be appropriate when teachers are assessing prior knowledge or reviewing new learning, but accomplishing the most significant instructional goals requires open-ended questions that call for students to apply, analyse, synthesize or evaluate what they are learning.

Some questions will admit of a range of possible correct answers, and some will invite discussion or debate (e.g. concerning the relative merits of alternative suggestions for solving problems).

Because questions are intended to engage students in cognitive processing and construction of knowledge, they should ordinarily be addressed to the class as a whole. This encourages all students, not just the one eventually called on, to listen carefully and respond thoughtfully to each question. After posing a question, the teacher needs to pause to allow students enough time to process it and at least begin to formulate responses, especially if the question is complicated or requires students to engage in higher-order thinking.

Thoughtful discourse features sustained examination of a small number of related topics, in which students are invited to develop explanations, make predictions, debate alternative approaches to problems, or otherwise consider the content's implications or applications. The teacher presses students to clarify or justify their assertions, rather than accepting them indiscriminately. In addition to providing feedback, the teacher encourages students to explain or elaborate on their answers or to comment on classmates' answers. Frequently, discourse that begins in a question-and-answer format evolves into an exchange of views in which students respond to one another as well as to the teacher and respond to statements as well as to questions.

References: Good & Brophy (2000); Newmann (1990); Rowe (1986).

7. Practice and application activities

Students need sufficient opportunities to practise and apply what they are learning, and to receive improvement-oriented feedback.

Research findings

There are three main ways in which teachers help their students to learn. First, they present information, explain concepts and model skills. Second, they ask questions and lead their students in discussion and other forms of discourse surrounding the content. Third, they engage students in activities or assignments that provide them with opportunities to practise or apply what they are learning. Research indicates that skills practised to a peak of smoothness and automaticity tend to be retained indefinitely, whereas skills that are mastered only partially tend to deteriorate. Most skills included in school curricula are learned best when practice is distributed across time and embedded within a variety of tasks. Thus, it is important to follow up thorough initial teaching with occasional review activities and with opportunities for students to use what they are learning in a variety of application contexts.

In the classroom

Practice is one of the most important yet least appreciated aspects of learning in classrooms. Little or no practice may be needed for simple behaviours such as pronouncing words, but practice becomes more important as learning becomes complex. Successful practice involves polishing skills that are already established at rudimentary levels in order to make them smoother, more efficient and more automatic, and not trying to establish such skills through trial and error.

Fill-in-the-blank worksheets, pages of mathematical computation problems and related tasks that engage students in memorizing facts or practising subskills in isolation from the rest of the curriculum should be minimized. Instead, most practice should be embedded within application contexts that feature conceptual understanding of knowledge and selfregulated application of skills. Thus, most practice of reading skills is embedded within lessons involving reading and interpreting extended text, most practice of writing skills is embedded within activities calling for authentic writing, and most practice of mathematics skills is embedded within problemsolving applications.

Opportunity to learn in school can be extended through homework assignments that are realistic in length and difficulty given the students' abilities to work independently. To ensure that students know what to do, the teacher can get them started on assignments in class, and then have them finish the work at home. An accountability system should be in place to ensure that students complete their homework assignments, and the work should be reviewed in class the next day.

To be useful, practice must involve opportunities not only to apply skills but also to receive timely feedback. Feedback should be informative rather than evaluative, helping students to assess their progress with respect to major goals and to understand and correct errors or misconceptions. At times when teachers are unable to circulate to monitor progress and provide feedback, they should arrange for students working on assignments to get feedback by consulting posted study guides or answer sheets or by asking peers designated to act as tutors or resource persons.

References: Brophy & Alleman (1991); Cooper (1994); Dempster (1991); Knapp (1995).

8. Scaffolding students' task engagement

The teacher provides whatever assistance students need to enable them to engage in learning activities productively.

Research findings

Research on learning tasks suggests that activities and assignments should be sufficiently varied and interesting to motivate student engagement, sufficiently new or challenging to constitute meaningful learning experiences rather than needless repetition, and yet sufficiently easy to allow students to achieve high rates of success if they invest reasonable time and effort. The effectiveness of assignments is enhanced when teachers first explain the work and go over practice examples with students before releasing them to work independently, and then circulate to monitor progress and provide help when needed. The principle of teaching within the students' zones of proximal development implies that students will need explanation, modelling, coaching and other forms of assistance from their teachers, but also that this teacher structuring and scaffolding will be faded as the students' expertise develops. Eventually, students should become able to use what they are learning autonomously and to regulate their own productive task engagement.

In the classroom

Besides being well chosen, activities need to be effectively presented, monitored and followed up if they are to have their full impact. This means preparing students for an activity in advance, providing guidance and feedback during the activity, and leading the class in post-activity reflection afterwards. In introducing activities, teachers should stress their purposes in ways that will help students to engage in them with clear ideas about the goals to be accomplished. Then they might call students' attention to relevant background knowledge, model strategies for responding to the task or scaffold by providing information about task requirements. If reading is involved, for example, teachers might summarize the main ideas, remind students about strategies for developing and monitoring their comprehension as they read (paraphrasing, summarizing, taking notes, asking themselves questions to check understanding), distribute study guides that call attention to key ideas and structural elements, or provide task organizers that help students to keep track of the steps involved and the strategies that they are using.

Once students begin working on activities or assignments, teachers should circulate to monitor their progress and provide assistance if necessary. Assuming that students have a general understanding of what to do and how to do it, these interventions can be kept brief and confined to minimal and indirect forms of help. If teacher assistance is too direct or extensive, teachers will end up carrying out tasks for students instead of helping them learn to carry out the tasks themselves.

Teachers also need to assess performance for completion and accuracy. When performance is poor, they will need to provide re-teaching and follow-up assignments designed to ensure that content is understood and skills are mastered.

Most assignments will not have their full effects unless they are followed by reflection or debriefing activities in which the teacher reviews the task with the students, provides general feedback about performance, and reinforces main ideas as they relate to overall goals. Reflection activities should also include opportunities for students to ask follow-up questions, share task-related observations or experiences, compare opinions, or in other ways deepen their appreciation of what they have learned and how it relates to their lives outside school.

References: Brophy & Alleman (1991); Rosenshine & Meister (1992); Shuell (1996); Tharp & Gallimore (1988).

9. Strategy teaching

The teacher models and instructs students in learning and self-regulation strategies.

Research findings

General learning and study skills as well as domain-specific skills (such as constructing meaning from text, solving mathematical problems or reasoning scientifically) are most likely to be learned thoroughly and become accessible for application if they are taught as strategies to be brought to bear purposefully and implemented with metacognitive awareness and selfregulation. This requires comprehensive instruction that includes attention to propositional knowledge (what to do), procedural knowledge (how to do it) and conditional knowledge (when and why to do it). Strategy teaching is especially important for less able students who otherwise might not come to understand the value of consciously monitoring, self-regulating and reflecting upon their learning processes.

In the classroom

Many students do not develop effective learning and problemsolving strategies on their own but can acquire them through modelling and explicit instruction from their teachers. Poor readers, for example, can be taught reading comprehension strategies such as keeping the purpose of an assignment in mind when reading; activating relevant background knowledge; identifying major points in attending to the outline and flow of content; monitoring understanding by generating and trying to answer questions about the content; or drawing and testing inferences by making interpretations, predictions and conclusions. Instruction should include not only demonstrations of and opportunities to apply the skill itself but also explanations of the purpose of the skill (what it does for the learner) and the occasions on which it would be used.

Strategy teaching is likely to be most effective when it includes cognitive modelling:

the teacher thinks out loud while modelling use of the strategy. Cognitive modelling makes overt the otherwise covert thought processes that guide use of the strategy in a variety of contexts. It provides learners with firstperson language ('self talk') that they can adapt directly when using the strategy themselves. This eliminates the need for translation that is created when instruction is presented in the impersonal third-person language of explanation or even the second-person language of coaching.

In addition to strategies used in particular domains or types of assignments, teachers can model and instruct their students in general study skills and learning strategies such as rehearsal (repeating material to remember it more effectively), elaboration (putting material into one's own words and relating it to prior knowledge), organization (outlining material to highlight its structure and remember it), comprehension monitoring (keeping track of the strategies used to construct understandings and the degree of success achieved with them, and adjusting strategies accordingly), and affect monitoring (maintaining concentration and task focus, and minimizing performance anxiety and fear of failure).

When providing feedback as students work on assignments and when leading subsequent reflection activities, teachers can ask questions or make comments that help students to monitor and reflect on their learning. Such monitoring and reflection should focus not only on the content being learned, but also on the strategies that the students are using to process the content and solve problems. This will help the students to refine their strategies and regulate their learning more systematically.

References: Meichenbaum & Biemiller (1998); Pressley & Beard El-Dinary (1993); Weinstein & Mayer (1986).

10. Co-operative learning

Students often benefit from working in pairs or small groups to construct understandings or help one another master skills.

Research findings

Research indicates that there is often much to be gained by arranging for students to collaborate in pairs or small groups as they work on activities and assignments. Co-operative learning promotes affective and social benefits such as increased student interest in and valuing of subject matter, and increases in positive attitudes and social interactions among students who differ in gender, race, ethnicity, achievement levels and other characteristics.

Co-operative learning also creates the potential for cognitive and metacognitive benefits by engaging students in discourse that requires them to make their task-related information-processing and problem-solving strategies explicit (and thus available for discussion and reflection). Students are likely to show improved achievement outcomes when they engage in certain forms of co-operative learning as an alternative to completing assignments on their own.

In the classroom

Traditional approaches to instruction feature whole-class lessons followed by independent seatwork time during which students work alone (and usually silently) on assignments. Co-operative learning approaches retain the whole-class lessons but replace part of the individual seatwork time with opportunities for students to work together in pairs or small groups on follow-up practice and application activities. Co-operative learning can be used with activities ranging from drill and practice to learning facts and concepts, discussion and problem solving. It is perhaps most valuable as a way of engaging students in meaningful learning with authentic tasks in a social setting. Students have more chances to talk in pairs or small groups than in whole-class activities, and shy students are more likely to feel comfortable expressing ideas in these more intimate settings.

Some forms of co-operative learning call for students to help one another achieve individual learning goals, for example by discussing how to respond to assignments, checking work, or providing feedback or tutorial assistance. Other forms of co-operative learning call for students to work together to achieve a group goal by pooling their resources and sharing the work. For example, the group might conduct an experiment, assemble a collage, or prepare a research report to be presented to the rest of the class. Co-operative learning models that call for students to work together to produce a group product often feature a division of labour among group participants (e.g. to prepare a biographical report, one group member will assume responsibility for studying the person's early life, another for the person's major accomplishments, another for the person's effects on society, and so on).

Co-operative learning methods are most likely to enhance learning outcomes if they combine group goals with individual accountability. That is, each group member will be held accountable for accomplishing the activity's learning goals (students know that any member of the group may be called on to answer any one of the group's questions or that they will all be tested individually on what they are learning).

Activities used in co-operative learning formats should be well suited to those formats. Some activities are most naturally carried out by individuals working alone, others by students working in pairs, and still others by small groups of three to six students.

Students should receive whatever instruction and scaffolding they may need to prepare them for productive engagement in co-operative learning activities. For example, teachers may need to show their students how to listen, share, integrate the ideas of others and handle disagreements constructively. During times when students are working in pairs or small groups, the teacher should circulate to monitor progress, make sure that groups are working productively and provide any assistance needed.

References: Bennett & Dunne (1992); Johnson & Johnson (1994); Slavin (1990).

11. Goal-oriented assessment

The teacher uses a variety of formal and informal assessment methods to monitor progress towards learning goals.

Research findings

A well-developed curriculum includes strong and functional assessment components. These assessment components are aligned with the curriculum's goals, and so they are integrated with its content, instructional methods and learning activities, and designed to evaluate progress towards its major intended outcomes.

Comprehensive assessment does not just document students' ability to supply acceptable answers to questions or problems; it also examines the students' reasoning and problem-solving processes. Effective teachers routinely monitor their students' progress in this fashion, using both formal tests or performance evaluations and informal assessments of students' contributions to lessons and work on assignments.

In the classroom

Effective teachers use assessment for evaluating students' progress in learning and for planning curriculum improvements, not just for generating grades. Good assessment includes data from many sources besides paper-and-pencil tests, and it addresses the full range of goals or intended outcomes (not only knowledge but also higher-order thinking skills and content-related values and dispositions). Standardized, norm-referenced tests might comprise part of the assessment programme (these tests are useful to the extent that they measure intended outcomes of the curriculum and attention is paid to students' performance on each individual item, not just total scores). However, standardized tests should ordinarily be supplemented with publisher-supplied curriculumembedded tests (when these appear useful) and with teachermade tests that focus on learning goals that are emphasized in instruction but not in external testing sources.

In addition, learning activities and sources of data other than tests should be used for assessment purposes. Everyday lessons and activities provide opportunities to monitor the progress of the class as a whole and of individual students, and tests can be augmented with performance evaluations such as laboratory tasks and observation checklists, portfolios of student papers or projects, and essays or other assignments that call for higher-order thinking and application. A broad view of assessment helps to ensure that the assessment component includes authentic activities that provide students with opportunities to synthesize and reflect on what they are learning, think critically and creatively about it, and apply it in problemsolving and decision-making contexts.

In general, assessment should be treated as an ongoing and integral part of each instructional unit. Results should be scrutinized to identify learner needs, misunderstandings or misconceptions that may need attention; to suggest potential adjustment in curriculum goals, instructional materials or teaching plans; and to detect weaknesses in the assessment practices themselves.

References: Dempster (1991); Stiggins (1997); Wiggins (1993).

12. Achievement expectations

The teacher establishes and follows through on appropriate expectations for learning outcomes.

Research findings

Research indicates that effective schools feature strong academic leadership that produces consensus on goal priorities and commitment to instructional excellence, as well as positive teacher attitudes towards students and expectations regarding their abilities to master the curriculum. Teacher effects research indicates that teachers who elicit strong achievement gains accept responsibility for doing so. They believe that their students are capable of learning and that they (the teachers) are capable of and responsible for teaching them successfully. If students do not learn something the first time, they teach it again, and if the regular curriculum materials do not do the job, they find or develop others that will.

In the classroom

Teachers' expectations concerning what their students are capable of accomplishing (with teacher help) tend to shape both what teachers attempt to elicit from their students and what the students come to expect from themselves. Thus, teachers should form and project expectations that are as positive as they can be while still remaining realistic. Such expectations should represent genuine beliefs about what can be achieved and therefore should be taken seriously as goals towards which to work in instructing students.

It is helpful if teachers set goals for the class and for individuals in terms of floors (minimally acceptable standards), not ceilings. Then they can let group progress rates, rather than limits adopted arbitrarily in advance, determine how far the class can go within the time available. They can keep their expectations for individual students current by monitoring their progress closely and by stressing current performance over past history.

At the very least, teachers should expect all their students to progress sufficiently to enable them to perform satisfactorily at the next level. This implies holding all students accountable for participating in lessons and learning activities and for turning in careful and completed work on assignments. It also implies that, in addition to the other elements of good teaching summarized in the preceding principles, struggling students will receive whatever extra time, instruction and encouragement are needed to enable them to meet expectations.

When individualizing instruction and giving students feedback, teachers should emphasize continuous progress relative to previous levels of mastery rather than how students compare with their classmates or with standardized test norms. Instead of merely evaluating relative levels of success, teachers can diagnose learning difficulties and provide feedback accordingly. If students have not understood an explanation or demonstration, teachers can follow through by re-teaching (if necessary, in a different way rather than by merely repeating the original instruction).

In general, teachers are likely to be most successful when they think in terms of stretching students' minds by stimulating them and encouraging them to achieve as much as they can, not in terms of 'protecting' them from failure or embarrassment.

References: Brophy (1998); Creemers & Scheerens (1989); Good & Brophy (2000); Shuell (1996); Teddlie & Stringfield (1993).

Conclusion

To date, most research on teaching has been conducted in the United States, Canada, Western Europe and Australia, and so the degree to which findings apply to other countries has yet to be addressed. The principles presented in this booklet are believed to apply universally, however, for two reasons. First, research done all over the world suggests that schooling is much more similar than different across countries and cultures. The day is divided into periods used for teaching each of the subjects included in the curriculum, and teaching includes whole-class lessons in which content is developed through teacher explanation and teacher/student interaction, followed by practice and application activities that students work on individually or in pairs or small groups. Second, the principles refer to generic aspects of teaching that cut across grade levels and school subjects, not to particular curriculum content. In summary, these principles ought to apply universally because they focus on basic and universal aspects of formal schooling. They still require adaptation to the local context, however, including relevant characteristics of the nation's school system and the students' cultures.

The generic principles featured in this booklet need to be supplemented with more specific principles that apply to the teaching of particular school subjects to particular types of students. Readers interested in planning instruction for particular grade levels and subject areas can consult the scholarly literature in the subject areas for elaborations on and additions to the principles outlined here.

Finally, although twelve principles are highlighted for emphasis and discussed individually, each principle should be applied in conjunction with the others. That is, the principles are meant to be understood as mutually supportive components of a coherent approach to teaching in which the teacher's plans and expectations, the classroom learning environment and management system, the curriculum content and instructional materials, and the learning activities and assessment methods are all aligned as means of helping students attain intended outcomes.

References

Ausubel, D. 1968. Educational psychology: a cognitive view. New York, Holt, Rinehart & Winston.

Beck, I.; McKeown, M. 1988. Toward meaningful accounts in history texts for young learners. Educational researcher (Washington, DC), vol. 17, no. 6, p. 31-39.

Bennett, N.; Dunne, E. 1992. Managing small groups. New York, Simon & Schuster.

Brophy, J. 1983. Classroom organization and management. The elementary school journal (Chicago, IL), vol. 83, p. 265-285.

—.1998. Motivating students to learn. Boston, McGraw-Hill.

Brophy, J.; Alleman, J. 1991. Activities as instructional tools: a framework for analysis and evaluation. Educational researcher (Washington, DC), vol. 20, no. 4, p. 9-23.

Clark, C.; Peterson, P. 1986. Teachers' thought processes. In: Wittrock, M.C., ed. Handbook of research on teaching, 3rd ed., p. 225-296. New York, Macmillan.

Cooper, H. 1994. The battle over homework: an administrator's guide to setting sound and effective policies. Thousand Oaks, CA, Corwin.

Creemers, B.; Scheerens, J., guest eds. 1989. Developments in school effectiveness research. International journal of educational research (Oxford, UK), vol. 13, p. 685-825.

Dempster, F. 1991. Synthesis of research on reviews and tests. Educational leadership (Alexandria, VA), vol. 48, no. 7, p. 71–76.

Denham, C.; Lieberman, A., eds. 1980. Time to learn. Washington, DC, National Institute of Education.

Doyle, W. 1986. Classroom organization and management. In: Wittrock, M.C., ed. Handbook of research on teaching, 3rd ed., p. 392-431. New York, Macmillan.

Good, T.; Brophy, J. 1986. School effects. In: Wittrock, M.C., ed. Handbook of research on teaching, 3rd ed., p. 570-602. New York, Macmillan.

—; — . 2000. Looking in classrooms, 8th ed. New York, Longman.

Johnson, D.; Johnson, R. 1994. Learning together and alone: cooperative, competitive, and individualistic learning, 4th ed. Boston, Allyn & Bacon.

Knapp, M. 1995. Teaching for meaning in high-poverty classrooms. New York, Teachers College Press.

Meichenbaum, D.; Biemiller, A. 1998. Nurturing independent learners: helping students take charge of their learning. Cambridge, MA, Brookline.

Newmann, F. 1990. Qualities of thoughtful social studies classes: an empirical profile. Journal of curriculum studies (Basingstoke, UK), vol. 22, p. 253-275.

Pressley, M.; Beard El-Dinary, P., guest eds. 1993. Special issue on strategies instruction. The elementary school journal (Chicago, IL), vol. 94, p. 105-284.

Rosenshine, B. 1968. To explain: a review of research. Educational leadership (Alexandria, VA), no. 26, p. 275-280.

Rosenshine, B.; Meister, C. 1992. The use of scaffolds for teaching higher-level cognitive strategies. Educational leadership (Alexandria, VA), vol. 49, no. 7, p. 26-33.

Rowe, M. 1986. Wait time: slowing down may be a way of speeding up! Journal of teacher education (Thousand Oaks, CA), vol. 37, p. 43-50.

Sergiovanni, T. 1994. Building community in schools. San Francisco, Jossey-Bass.

Shuell, T. 1996. Teaching and learning in a classroom context. In: Berliner, D.; Calfee, R., eds. Handbook of educational psychology, p. 726-764. New York, Macmillan.

Slavin, R. 1990. Cooperative learning: theory, research, and practice. Englewood Cliffs, NJ, Prentice-Hall.

Stiggins, R. 1997. Student-centered classroom assessment, 2nd ed. Upper Saddle River, NJ, Prentice-Hall.

Teddlie, C.; Stringfield, S. 1993. Schools make a difference: lessons learned from a 10–year study of school effects. New York, Teachers College Press.

Tharp, R.; Gallimore, R. 1988. Rousing minds to life: teaching, learning, and schooling in social context. Cambridge, Cambridge University Press.

Wang, M.; Haertel, G.; Walberg, H. 1993. Toward a knowledge base for school learning. Review of educational research (Washington, DC), vol. 63, p. 249-294.

Weinstein, C.; Mayer, R. 1986. The teaching of learning strategies. In: Wittrock, M.C., ed. Handbook of research on teaching, 3rd ed., p. 315–27. New York, Macmillan.

Wiggins, G. 1993. Assessing student performance: exploring the purpose and limits of testing. San Francisco, Jossey-Bass.

EDUCATIONAL PRACTICES SERIES-1

The International Academy of Education

The International Academy of Education(IAE) is a not-for-profit scientific association that promotes educational research, its dissemination, and the implementation of its implications. Founded in 1986, the Academy is dedicated to strengthening the contributions of research, solving critical educational problems throughout the world, and providing better communication among policy makers, researchers and practitioners. The seat of the Academy is at the Royal Academy of Science, Literature and Arts in Brussels, Belgium, and its co-ordinating centre is at Curtin University of Technology in Perth, Australia.

The general aim of the IAE is to foster scholarly excellence in all fields of education. Towards this end, the Academy provides timely syntheses of research-based evidence of international importance. The Academy also provides critiques of research, its evidentiary basis, and its application to policy.

The current members of the Board of Directors of the Academy are:

수업전문성 Cafe: 기초와 원리

발행일 2013년 7월 8일 초판 발행
옮긴이 서명석 · 곽유진 · 김외솔 · 박상현 · 신혜원 · 하우영 · 한민철
발행인 홍진기
발행처 아카데미프레스
주 소 413-756 경기도 파주시 문발동 출판정보산업단지 507-9
전 화 031-947-7389
팩 스 031-947-7698
웹사이트 www.academypress.co.kr
이메일 info@academypress.co.kr
등록일 2003. 6. 18. 제406-2011-000131호
ISBN 978-89-97544-30-1

값 25,000원